Markus Mähler

abGEZockt

Warum Millionen Deutsche keinen Rundfunkbeitrag zahlen und wie auch Sie sich wehren können

FBV

Bibliografische Information der Deutschen Nationalbibliothek:
Die Deutsche Nationalbibliothek verzeichnet diese Publikation in der Deutschen National-
bibliografie. Detaillierte bibliografische Daten sind im Internet über http://dnb.d-nb.de
abrufbar.

Für Fragen und Anregungen:
info@finanzbuchverlag.de

Originalausgabe, 1. Auflage 2020

© 2020 by FinanzBuch Verlag, ein Imprint der Münchner Verlagsgruppe GmbH
Nymphenburger Straße 86
D-80636 München
Tel.: 089 651285-0
Fax: 089 652096

Redaktion: Anne Büntig
Korrektorat: Karla Seedorf
Umschlaggestaltung: Manuela Amode, München
Umschlagabbildung: shutterstock/SkillUp
Satz: ZeroSoft, Timisoara
Druck: GGP Media GmbH, Pößneck
Printed in Germany

ISBN Print 978-3-95972-061-8
ISBN E-Book (PDF) 978-3-96092-100-4
ISBN E-Book (EPUB, Mobi) 978-3-96092-101-1

Weitere Informationen zum Verlag finden Sie unter:

www.finanzbuchverlag.de

Beachten Sie auch unsere weiteren Verlage unter www.m-vg.de.

INHALT

Einleitung 5

Teil I. Der Retter 13

Kapitel 1
Haft und Rundfunkbeitrag: Wir sind der Einzelfall 14

Kapitel 2
Vollstreckung: Mein Selbstversuch mit dem Haftbefehl 52

Kapitel 3
Rettung naht 103

Kapitel 4
Haftbefehl Reloaded 119

Teil II. Der Vollstrecker 173

Kapitel 5
Gewissensnot: Wenn ein Vollstrecker nicht mehr
vollstrecken kann 174

Kapitel 6
Hinter den Kulissen: So orchestriert der Beitragsservice die
Vollstrecker 211

Kapitel 7
Von oben verordnet: Erzwingungshaft und
Vermögensauskunft 244

Teil III. Der Anwalt 261

Kapitel 8
Ein Schicksalstag in Karlsruhe 262

Kapitel 9
Die Strategie der kleinen Steine 314

Anmerkungen 332

EINLEITUNG

Seit dem Jahr 2013 schulden wir ARD und ZDF den Rundfunkbeitrag. Wir haben keine Wahl mehr. Jeder Inhaber einer Wohnung ist immer auch Beitragsschuldner. Bereits dieses steife Wort genügt und viele möchten innerlich abschalten. Tun Sie es bitte nicht. Hier geht es um das Schicksal von Millionen, die doch bloß den Rundfunkbeitrag nicht zahlen wollen. Schon viel zu viele wurden aber gezwungen – am Ende sitzen dann Menschen im Gefängnis, die sich nicht zwingen lassen wollen.

Reden wir also wenigstens einmal ganz offen: Wer wohnt, der muss an ARD und ZDF zahlen. Somit müssen auch die bezahlen, die nichts davon haben. Es spielt weder eine Rolle, welche Geräte wir besitzen, noch ob wir auch zuschauen oder -hören. Nichts von dem, was die Menschen wollen – oder nicht wollen –, spielt hier eine Rolle. Beim Rundfunkbeitrag gibt es bloß ein Müssen, lebenslang. Wer ihn eine Zwangsabgabe nennt, der beschreibt leider die Wirklichkeit.

Es ist keine schöne Wirklichkeit, und sie wird schon wieder teurer: Der Beitrag dürfte bereits zum 1. Januar 2021 von jetzt 17,50 Euro auf monatlich 18,36 Euro steigen.[1] Unsere Sendeanstalten haben bei der Politik mehr gefordert – »drei Milliarden Euro zusätzlich«, verteilt auf die nächsten Jahre.[2] Dabei haben sie die alten Rekorde bereits 2014 überboten: Dank des neuen Rundfunkbeitrags sprudelten die Einnahmen, unfassbare 8,32 Milliarden Euro in nur einem Jahr.[3] Der Kassensturz brachte viel mehr ein als erwartet, bis Ende 2016 summierte sich dieser hübsche Überschuss sogar auf 1,5 Milliarden.[4] Heute spricht die ARD wieder über Milliarden, die ihr fehlen. Viele mögen sich besorgt fragen: *Wann wird es endlich genug sein?*

Vielleicht nie. Es gibt zu viele düstere Diagnosen. Deutschland gönnt sich »den mit Abstand teuersten öffentlich-rechtlichen Rundfunk Europas«.[5] Unternehmensberater machten beim Rundfunk eine »attraktive Versorgungslandschaft« aus.[6] Wir reden also statt über das Programm über »Hybris« bei den Öffentlich-Rechtlichen, über »überdurchschnittliche Gehälter« und Milliardenlücken in den Pensionskassen.[7] Das sind die Folgekosten einer allzu üppigen Vergangenheit. Die Deutschen lesen hingegen wenig über das Sparen beim ZDF oder über das Schrumpfen der ARD. Viele fühlen, dass wir hier längst draufzahlen. Das ist ein Gefühl, aber dieses Gefühl ist eben auch der kleinste gemeinsame Nenner: Es gibt längst die große Unzufriedenheit mit ARD und ZDF – quer durch alle Schichten –, und es eskaliert gerade beim größten Reibungspunkt, dem Rundfunkbeitrag.

Eine erdrückende Mehrheit der Deutschen würde hier nur allzu gerne aussteigen. 2016 wollten über 70 Prozent der Befragten überhaupt nicht mehr zahlen, wenn es denn ginge.[8] Laut einer aktuellen Umfrage möchten bloß noch 7,9 Prozent der Menschen den Rundfunkbeitrag in gleicher Höhe weiterzahlen, wenn er freiwillig wäre.[9] Er ist es aber nicht und deshalb zahlt die überwiegende Mehrheit eben weiter – oft handeln wir dabei gegen die eigene Überzeugung. So sind wir eben. Viele tun es mit Wut im Bauch. Es sind nur 17,50 Euro im Monat, aber sie tun weh. Ich glaube, dass es nicht das Bezahlen ist, das den Schmerz verursacht. Wir spüren, dass es so, wie es läuft, einfach nicht richtig ist. Da steht ein unheimlicher Zwang dahinter.

Vor Jahren brachte der *FAZ*-Herausgeber Jürgen Kaube den Ärger vieler kluger Köpfe auf den Punkt: »Die größenwahnsinnige Bezeichnung der Fernsehgebühren als ›Demokratieabgabe‹ [...] unterstreicht die Fusion von Politik und Funk in den Köpfen der Begünstigten. Man hält sich für die Öffentlichkeit der Demokratie und zieht daraus den Schluss, einen Beitrag selbst von denen eintreiben zu dürfen, die sich andernorts oder gar nicht informieren wollen. Nur weil sie im Sendegebiet einen Haushalt führen.«[10] Das sind deutliche Worte, aber es sind eben auch Worte aus dem Jahr 2017 – und da war es längst zu spät. Wer genau hinsah, der wusste von Anfang an, was mit dem Rundfunkbeitrag wirklich auf uns zukommt. Bereits 2010 stand im *Spiegel* eine treffende Analyse: »Man verbietet die Flucht. Der Trick [...] ist ganz einfach: Man schafft eine Gebühr ab, die nach Zwang riecht, aber immer weniger bezahlen wollen, um eine Abgabe zu schaffen, die tatsächlich Zwang ist. Und das Geld fließt in alle Ewigkeit.«[II]

2013 kam die große Umstellung auf den Zwang und viele glaubten zunächst, dass sich nur ein Name ändert: Die alte Rundfunkgebühr ging in den Ruhestand, es kam der neue Rundfunkbeitrag. Vorher wurde die Gebühr je nach Anzahl der Fernseher und Radiogeräte erhoben. Jetzt soll es keinen Ausweg und keine Fluchtmöglichkeit mehr geben, damit die Milliarden verlässlich fließen. Wir müssen an ARD und ZDF zahlen, weil wir wohnen. Für den Rundfunkbeitrag selbst spielt es keine Rolle, ob noch einer anschaut, was die Sender senden.

Dieser Zwang mutet altertümlich an und es fällt nicht leicht, dahinter einen Sinn zu erkennen, der über das Geld oder die Pfründe hinausgeht. Die ganze Welt ändert sich, nur ARD und ZDF dürfen bleiben, was sie doch längst nicht mehr sind? Ihre Rolle als Institution für alle wird inzwischen angezweifelt. Trotzdem gilt unbeirrbar das Argument: *Beitragsgerechtigkeit für alle.* Sieht so Gerechtigkeit aus? Die eine Seite will nicht verzichten, während die Bedürfnisse der anderen konsequent ignoriert werden? Es stimmt schon lange nicht mehr zwischen den Rundfunkanstalten und den Menschen, deshalb wird auch der Rundfunkeitrag nicht akzeptiert – er ist der schmerzhafte Teil einer Beziehung, die viele als gescheitert betrachten. Eigentlich waren wir doch schon dabei, uns auseinanderzuleben. Dann kam diese Zwangsabgabe und presste zusammen, was offenbar schon lange nicht mehr zusammengehörte.

Seit Jahren regt sich hartnäckiger Widerstand. Der Rundfunkbeitrag ist beim Realitätscheck gescheitert – und zwar krachend. In weniger aufgeregten Zeiten würde es heißen: Wir müssen in einer Demokratie doch miteinander reden. Wir müssen etwas verändern, wir müssen nachjustieren. Im Grunde müssen wir uns auch fragen: Braucht es den öffentlich-rechtlichen Rundfunk noch und wenn ja: wie viel?

Doch all das geschieht nicht. Wir alle zahlen und haben doch in dieser Sache keine Lobby. Die ARD geht den Konflikt auf schlimme Weise an: Ihre Sendeanstalten wollen für Demokratie und die Freiheit der Meinungen einstehen, aber wenn der Rundfunkbeitrag nicht gezahlt wird, lassen sie den Zwang sprechen. Jahr für Jahr schieben sie Millionen Menschen in die staatliche Verwaltungsvollstreckung. Dort geht es verstörend zu. Ich habe es hautnah erlebt. Das ist eine Tragödie. Zum Glück für die ARD bleibt es meist still: Jeder wird für sich allein vollstreckt.

Trotzdem muss der Beitragsservice seine Zahlen offenlegen: Ende 2015 befanden sich fast 5 Millionen der insgesamt 45 Millionen Inhaber von »Beitragskonten« im Mahnverfahren.[12] Das ist mehr als jeder Zehnte. Wie reagiert der Beitragsservice auf anhaltenden Zahlstreik? Mit der Vollstreckung. Bereits 2013 wurden mehr als 700.000 Menschen in diesen bürokratischen Schraubstock gespannt,[13] 2016 lag das Jahrespensum schon bei fast 1,5 Millionen.[14] Insgesamt wurde der Rundfunkbeitrag in den Jahren zwischen 2013 und 2018 über 7 Millionen Mal vollstreckt.[15]

Es sind lediglich Statistiken, aber diese nackten Zahlen bleiben auch in einem anderen Punkt sehr zurückhaltend: Sie erzählen nichts über das Schicksal so vieler. Wie viele Millionen Menschen wurden mit einem Haftbefehl bedroht und wie viele tatsächlich verhaftet? Wie oft wurden Wohnungen aufgebrochen? Wie oft Konten, Löhne und Renten gepfändet? Wie viele Autos wurden lahmgelegt oder gar beschlagnahmt, weil der Rundfunkbeitrag nicht mehr gezahlt wird?

Im April 2016 sehen wir dann doch eine Wirklichkeit, die nicht in den Statistiken des Beitragsservice auftaucht. Wir lesen eine Schlagzeile: »Gebühren-Rebellin nach 61 Tagen aus Haft entlassen.«[16] Die Thüringerin Sieglinde Baumert will damals weiter im Gefängnis durchhalten – aber der Mitteldeutsche Rundfunk (MDR) ist es, der öffentlich unter Druck gerät und diese Haft beendet. Warum so etwas überhaupt passieren konnte, erfahren wir schon nicht mehr. Viele Journalisten schreiben darüber, doch der Erkenntnisgewinn bleibt gering. Ausgerechnet die ARD, die sich doch von allen fürs Informieren finanzieren lässt, bleibt damals und in eigener Sache erstaunlich zurückhaltend. Die Haft von Sieglinde Baumert war die erste Nachricht dieser Art und sie war auch die öffentliche Bankrotterklärung einer Zwangsabgabe.

Da wird ein Mensch verhaftet, der 190 Euro Rundfunkbeitrag schuldig bleibt. Das macht traurig und sorgt für Kopfschütteln, aber dieser bürokratische Irrsinn soll sich nicht mehr wiederholen, oder? Schließlich stand es in den Medien. Im September 2016 titelt der *Berliner Tagesspiegel*: »Für den Rundfunkbeitrag muss keiner mehr ins Gefängnis.«[17] Wer sich heute noch einmal anschaut, was die ARD-Intendanten damals beteuern, der erkennt: Nein, es gab keine Aussage, die rechtlich verbindlich ist. Eine offizielle Entscheidung der Senderbosse in der Haftfrage steht immer noch aus. Also werden Menschen, die den Rundfunkbeitrag nicht zahlen, weiter in die staatliche Verwaltungsvollstreckung gestoßen. Dort werden sie weiter massenhaft und systematisch mit Haftbefehlen bedroht – und sie werden nach wie vor auch verhaftet. Sonst könnte es dieses Buch in dieser Form gar nicht geben. Es begann für mich mit einer einfachen Frage: Brauchen wir diesen Zwang wirklich, geht es nicht mehr ohne? Was ich gesehen und erlebt habe, beunruhigt mich zutiefst:

- Ein Mensch zahlt den Rundfunkbeitrag nicht, am Ende sitzt er in der Gefängniszelle. War das angemessen? Wird es wieder dazu kommen? Die ARD fand auf diese beängstigende Frage eine verstörende Antwort: »Es ist immer eine Einzelfallbetrachtung.«[18] Ich möchte dem gerne entgegenhalten: *Wir sind der Einzelfall.* Es gibt seit 2016 weitere Beitragsrebellen, die in einer Gefängniszelle saßen und die sich noch heute fragen, ob und warum ihre Haft denn angemessen war. Das Protokoll ihrer Fälle ist schonungslos und stellt die Frage nach einer kalkulierten Verantwortungslosigkeit. Der erste Buchteil trägt aber auch den hoffnungsvollen Titel »Der Retter«. Weil es da einen Menschen gibt, der vielleicht mehr über diese Haftfälle weiß als die ARD selbst: Olaf Kretschmann. Der Berliner ist Inhaber einer Werbeagentur. Ich habe ihn als Netzwerker kennengelernt, der sich dafür stark macht, dass Beitragsrebellen endlich eine Stimme haben, dass sie in der Öffentlichkeit wahrgenommen werden. Was im April 2016 passiert ist, macht aber auch Olaf Kretschmann sprachlos, für einen Moment: Der freie Wille von Sieglinde Baumert sollte in der Haftzelle gebrochen werden – und das kommt mehr durch Zufall ans Licht. Kretschmann schwört sich damals: *Nie wieder! Ich werde jedem helfen, der den Rundfunkbeitrag verweigert und vor solch einer Haft steht.* Einige Haftfälle kann er mit seinem Eingreifen verhindern, andere nicht mehr. Der Umgang der ARD-Anstalten mit den Menschen mutet wirklich seltsam an. Auch ich stehe bei den Recherchen wie vor einer Mauer. Gemeinsam wagen wir das Experiment: Ich verweigere den Rundfunkbeitrag und lasse mich eben selbst vollstrecken, um endlich Antworten zu finden. Wie funktioniert der wilde Ritt durch das bürokratische Absurdistan und was tun die Menschen im Land, um sich wieder zu befreien? Hier gibt ein Anwalt bemerkenswerte Einblicke, die überraschen. Das eigentliche Ziel meines Experiments ist hingegen von Anfang an klar, ich möchte es herausfinden: Wie werden wir bei einer Vollstreckung des Rundfunkbeitrags denn nun verhaftet? Welche Rolle spielt dabei der Rundfunk? Am Ende erörtere ich mit dem Gerichtsvollzieher und dem Südwestrundfunk (SWR) die Frage meiner eigenen Verhaftung. Olaf Kretschmann steht bei diesen Gesprächen im Hintergrund beratend zur Seite – und nicht nur mir. Er hilft weiteren Menschen, die sich in einer solchen Zwangslage allein gelassen fühlen. Er gewinnt dabei Einblicke in die absurde Mechanik der Paragrafen. Kretschmann sieht aber auch einen verblüffend einfachen Ausweg aus dem Desaster: Die ARD könnte alle weiteren Haftfälle bei der Vollstreckung ihres Rundfunkbeitrags verhindern – die Sender müssten es nur wollen.

• Wenn wir über die Vollstreckung sprechen, dann zeichnen wir oft ein Bild ganz in Schwarz. Dabei sind Vollstrecker doch auch nur Menschen und es gibt einen, der sich seinen Sinn für das Richtige nicht nehmen lassen will. Wir lernen ihn im zweiten Buchteil kennen: Der Vollstrecker H. steht beim Rundfunkbeitrag vor einer unmöglichen Wahl. Er verweigert ihn selbst – aus Überzeugung – und soll doch andere dafür vollstrecken. H. spielt lieber bürokratisches Ping Pong mit dem Beitragsservice. Er gibt die Fälle zurück, bekommt sie erneut auf den Tisch und spielt wieder ab. H. sucht einen Ausweg und muss doch dabei zusehen, wie der Rundfunk langsam Oberhand gewinnt, wie sehr er Einfluss auf seine Arbeit nimmt. H. möchte nicht in einem Schulungsseminar des Beitrags-service sitzen, möchte in dieser Sache keine Haftbefehle beantra-gen oder der Prellbock für den Frust auf ARD und ZDF sein. Doch dann kommt Druck von oben: Der Vollstrecker soll endlich drasti-sche Maßnahmen ergreifen.

- Der Rundfunkbeitrag ist eine Zwangsabgabe, wie es sie noch nie gab. Viele Menschen hatten deshalb Hoffnung: Das Bundesver-fassungsgericht zeigt am Ende die Rote Karte. Im dritten Buchteil begleiten wir Thorsten Bölck auf dem langen Weg nach Karlsruhe. Der Anwalt betreute 162 Mandanten und 50 Verfassungsbeschwer-den. Lesen Sie die ganze Geschichte über eine Verhandlung, in der wir nur wenig über den Sinn einer Zwangsabgabe erfahren – dafür aber umso mehr über die Logik im Politikbetrieb, über den Lobbyismus der ARD und über das Demokratiedefizit beim Rundfunkbeitrag. Bölcks Geschichte ist nach dem Urteil 2018 in Karlsruhe aber nicht zu Ende. Der Anwalt initiiert weitere Prozes-se. Zusammen mit ihm wage ich ein weiteres Experiment: Lässt sich die Vollstreckung des Rundfunkbeitrags eigentlich noch aus-bremsen, begeht der Beitragsservice Fehler? Ein erster Erfolg vor Gericht ist bereits erzielt, der nächste könnte folgen.

Schauen wir uns nun aber noch einmal den ungewöhnlichsten Tatort an, der nie im Abendprogramm des *Ersten* ausgestrahlt wurde. Rollen wir den Haftfall von Sieglinde Baumert noch einmal auf.

Markus Mähler, im März 2020

TEIL I
DER RETTER

KAPITEL 1

HAFT UND RUNDFUNKBEITRAG: WIR SIND DER EINZELFALL

Immer mehr und vor allem junge Menschen müssen lange überlegen bei der Frage, wann sie das letzte Mal noch ganz klassisch ferngesehen haben. Kein *Tatort* mehr, keine *Schwarzwaldklinik*, kein *Traumschiff*. Der Fernseher läuft oft bloß noch zum Streamen und für das ganz eigene Programm. ARD und ZDF – das ist doch nur noch was für die Großeltern, oder? Der neue Zeitgeist ist längst da, und er könnte eigentlich dieses Buch füllen. Warum sollen alle für ein Angebot zahlen, das immer weniger nutzen? Vorsicht: Wer ARD und ZDF auf diese Weise aus seinem Leben verabschieden will, wer nicht mehr zahlt – der erlebt Dinge, die beinahe unbeschreiblich sind. Leider sind sie es, die dieses Buch füllen. Es soll keinen Ausstieg aus der Zahlpflicht für ARD und ZDF geben; das scheint wie von oben verordnet, auch wenn es immer weniger verstehen. Es sind eben solche Widersprüche, die sich auftürmen, und sie kommen zur Sprache, wann immer die Rundfunkanstalten wieder in der Kritik stehen – das tun sie oft, bereits seit vielen Jahren. Widersprüche provozieren den Unwillen und den Widerstand der Menschen.

Erst, als eine Beitragsrebellin 2016 für ihre Sache ins Gefängnis und an die Öffentlichkeit geht, bekommt diese anonyme Widerstandsbewegung ein Gesicht. Sieglinde Baumert bleibt unbeugsam. Sie verliert für über zwei Monate die Freiheit, aber sie bringt dabei auch ein System ins Wanken. Ganz Deutschland erfährt damals durch ihren *Einzelfall*: Die öffentlich-rechtlichen Rundfunkanstalten lassen inzwischen Millionen vollstrecken. Menschen, die nur den Rundfunkbeitrag nicht gezahlt haben. Was passiert dabei, was widerfährt den

Menschen? Die Anstalten der ARD wissen oft nicht einmal, dass ihre Vollstreckten gerade verhaftet oder mit Haftbefehlen bedroht werden. Darf das denn sein? Die Herren des Rundfunkbeitrags kommen seit 2016 in Erklärungsnöte – denn Sieglinde Baumert ist nur der erste von vielen *Einzelfällen.*

Sieglinde Baumert – das Ende einer Zwangsvollstreckung

Die Wege in Bad Salzungen sind kurz. Vom Landratsamt an der Erzberger Allee zum Amtsgericht am Kirchplatz sind es gerade einmal 500 Meter und von dort lediglich 400 Meter zur Polizeiinspektion in der Rosa-Luxemburg-Straße. Verbindet man auf der Karte diese drei Punkte, ergibt sich ein Dreieck, und in diesem bürokratischen Dreieck verliert eine Frau ihre Freiheit, die seit 2013 den Rundfunkbeitrag nicht zahlt und deshalb gerade vollstreckt wird. Am 4. Februar 2016, als das Ende ihrer Vollstreckung naht, arbeitet sie in einem Metallbetrieb in der Nähe.

Es ist 10:30 Uhr und sie ahnt noch nichts von ihrer Verhaftung: »Ich habe in meiner Halle gerade Platinen bestückt, als der Anruf kam, ich solle ins Hauptgebäude kommen. Dort stand der Gerichtsvollzieher mit zwei Polizisten und hat mich gefragt, ob ich jetzt bereit wäre, eine Vermögensauskunft abzugeben.«[1] Doch Sieglinde Baumert weigert sich, denn so könnte ihr der Rundfunkbeitrag vom Konto gepfändet werden. Später nennt sie den Grund für ihr Handeln: »Mit meiner Unterschrift würde ich die Rechtmäßigkeit der Zwangsgebühren bestätigen. Das will ich nicht. Ich kann nicht verantworten, dass ich diesen Rundfunk mitfinanziere.«[2]

Erst einmal wird die Beitragsrebellin auf die Polizeiwache in Bad Salzungen gebracht und von dort direkt in das Chemnitzer Frauengefängnis. »Ohne Handschellen, trotzdem gab es perplexe und schockierte Gesichter«[3] unter den Arbeitskollegen. Haft als Streik gegen den Rundfunkbeitrag, so etwas hat das Land noch nicht gesehen –

und noch bemerkt es ja auch kaum keiner. Sieglinde Baumert verschwindet erst einmal von der Bildfläche.

Die ARD und ihr Haftskandal

Der Rundfunkbeitrag ist mehr als nur eine Zwangsabgabe. Viele Menschen sehen in ihm eine Art Wohnsteuer, die wir ein Leben lang an ARD und ZDF zahlen müssen. »Das kann nicht richtig sein, das ist der falsche Weg«, vermeldet da bei vielen die innere Stimme. Doch wie weit würden sie für ihre Überzeugung gehen? Sieglinde Baumert wagt, was nur wenige wagen: Sie bezahlt keinen Rundfunkbeitrag mehr, wird erst zwangsvollstreckt, soll dabei ihr gesamtes Vermögen offenlegen, und sitzt dann in einer Erzwingungshaft. Ganz drastisch formuliert: Dabei wird ein Mensch in einer Zelle weichgekocht, sein freier Wille und sein Widerstand werden damit gebrochen. Gesetze erlauben solch eine *Maßnahme* längstens für 6 Monate. Die Beitragsrebellin darf ihre Zelle aber bereits nach 61 Tagen räumen. Nicht, weil sie aufgibt. Nein, der Mitteldeutsche Rundfunk (MDR) ist es, der diese Beitragsrebellin in die Vollstreckung geschickt hat, aber am Ende aufgibt.

Im Frühjahr 2016 überschlagen sich die Ereignisse. Das Einsperren von Sieglinde Baumert bleibt nicht mehr unbemerkt. Die Menschen im direkten Umfeld teilen ihren Ärger in den sozialen Netzwerken. Journalisten erfahren von der unglaublichen Geschichte. Sie lesen im Internet mit – und was sie lesen, klingt unglaublich: Da will eine Frau nicht dafür zahlen, dass sie kein Fernsehen schaut. Sie sitzt gerade im Gefängnis und hält durch. Wahnsinn! Was ist das bloß für eine Frau und wie heißt sie?

Ironischerweise bin ich wohl einer der Ersten im Land, der von Sieglinde Baumerts Haftmarathon erfährt. Ich werde bereits im Februar 2016 in einer anonymen E-Mail gebeten, diesem Fall doch einmal nachzugehen. Doch das möchte ich damals nicht. Bei uns wird schließlich niemand verhaftet, der eine kleine Zwangsabgabe schuldig bleibt. Das ist absurd, das klingt nach einem Fiebertraum. So wie ich halten es wohl auch die anderen Journalisten. Sieglinde Baumert sitzt weiter in Haft. Woche für Woche finden sich neue Hinweise in den sozialen Netzwerken. Aber was wäre, wenn es doch kein Fiebertraum ist, sondern der Stoff für eine Traumgeschichte? Das hier kann ein Zeitzeugnis sein, der erste Fall, das sichtbare Symbol einer Misere, das Resultat eines unentrinnbaren Zwangs.

Im März 2016 erhält dann der Journalist Lutz Stordel einen Hinweis auf den Haftmarathon: »Der Tipp kam aus der Redaktion des *SAT.1 Frühstücksfernsehens*. Ich war überrascht, dass kein anderes Medium bis dato auf diese Geschichte gestoßen war.« Es geht ja auch bloß um eine Frau, die den Rundfunkbeitrag bis zu einem Punkt verweigert, den keiner für möglich hält. Erkennt Stordel sofort die Tragweite der Geschichte? »Mir war bewusst, dass die Geschichte Wellen schlägt. Und weil sie so außergewöhnlich war, hat sie mich interessiert. Dass ein Beitrag in unserer newsgefluteten Zeit aber keine Mauern zum Einsturz bringt, ist genauso klar.« Lutz Stordel möchte nicht für oder gegen etwas schreiben. Er spürt einfach, dass diese Geschichte erzählt werden muss. Wie nimmt er aber Kontakt auf – zu einer Frau, die in der Zelle sitzt? »Ich habe oft in Gefängnissen gedreht. Grundsätzlich ist es aus meiner Erfahrung möglich, Kontakt zu jedem zu bekommen, wenn denn der Inhaftierte will.«

Sieglinde Baumert möchte mit Lutz Stordel sprechen, das Gefängnis erteilt auch eine Besuchserlaubnis. Der Journalist schlägt ein Fernsehinterview vor, doch das möchte sie nicht. Damit hat sich der Beitrag für den Nachrichtensender Welt/N24 eigentlich erledigt. Stordel fährt trotzdem nach Chemnitz – ohne sein Kamerateam. Er gibt sein Handy an der Gefängnispforte ab, wartet mit dem Fotoapparat, überprüft das Diktiergerät, und er fragt sich, was das wohl für ein Mensch ist: »Und dann wird eine ganz normale Frau in den Besucherraum gebracht. Sieglinde Baumert erzählt, anfangs etwas nervös, ihre Geschichte – oder das, was sie als Geschichte preisgeben will.«

Diese Geschichte ist eigentlich sehr einfach. Der Text von Lutz Stordel muss später bloß Antworten auf eine einzige Frage liefern: Was treibt einen Menschen an, so weit zu gehen? Und tatsächlich kann der Journalist eindrückliche Zitate von Sieglinde Baumert einfangen: »Solange man mir meine Freiräume lässt, bin ich friedlich. Aber wenn man mich bevormunden will, dann ist meine Grenze erreicht.«[4] Die Freiheit, eine Zwangsabgabe an ARD und ZDF nicht bezahlen zu müssen, findet die Beitragsrebellin ausgerechnet im Gefängnis.

Da der Text ausgewogen sein soll, kommt auch ein Anwalt zu Wort, der allen Lesern rät: »Erst einmal zahlen, wenn auch unter Vorbehalt. Ein Widerstand gegen Vollstreckungsmaßnahmen ist im Grunde zwecklos.« Das ist richtig, aber im Grunde bedeutungslos. Es geht nicht mehr ums Geld, sondern um die Würde eines Menschen. Mit ihrer Entscheidung zahlt die Beitragsrebellin ohnehin einen sehr viel höheren Preis, und ich glaube, wir alle wissen: Den Weg von Sieglinde Baumert können nur wenige gehen. Hier ist aber der Weg das Ziel. Die Botschaft hinter einer solchen Haft ist doch klar: *Lasst uns einmal unvernünftig sein, denn die ARD hat die Vernunft scheinbar selbst über Bord geworfen; nicht nur einmal, sondern millionenfach.* Vernunft ist nicht die Aufgabe eines Beitragsrebellen, denn es gibt ihn ja überhaupt erst, weil der Irrsinn mit den Haftbefehlen zu weit geht. Das große Vollstrecken der ARD lässt den Menschen sowieso keine Wahl mehr, wir können nur verlieren – immer. Warum dann also nicht ein Zeichen setzen? Die ARD hat beinahe alles auf ihrer Seite: die Politik, das Recht, die Bürokratie, den staatlichen Zwang – nur die Menschen, die hat sie nicht mehr auf ihrer Seite. Und das können hier alle sehen. Wenn der freie Wille beim Rundfunkbeitrag schon auf diese Weise gebrochen werden muss, dann kann sich die ARD nur noch totsiegen. Einfach, indem jeder erkennt, *wie* und mit welchen Mitteln sie inzwischen siegen muss. Wenn ich eines durch die Haft von Sieglinde Baumert gelernt habe, dann das: Es mangelt nicht an Weisheit, es mangelt an Taten.

Worte bleiben immer nur Worte. Sie können von der Leidenschaft eines Menschen nur berichten, aber oft sind diese Worte schnell wieder vergessen. Nach einer Stunde hat Lutz Stordel genügend Worte gesammelt, das Interview ist beendet. Er muss jetzt recherchieren und den Text schreiben. Ein Wärter will Sieglinde Baumert gerade wieder zurück in ihre Zelle bringen, da äußert der Journalist eine letzte Bitte: ein Foto. Viele werden dieses Bild später sehen, nur wenige können es wieder vergessen: Sieglinde Baumert lächelt sanft in die Kamera. Das ist also das Gesicht einer Beitragsrebellin. Sie lächelt und trägt dabei blaue Anstaltskleidung – die Haare sind raspelkurz geschnitten, ganz offensichtlich mit einer Schermaschine. Das Fenster ist weit geöffnet, aber die massiven Gitterstäbe lassen kaum Tageslicht herein und Stordel muss mit dem Blitzlicht nachhelfen. Das Bild zeigt im Hintergrund Beton, Flutlichtmasten, Metallzäune und vor allem Stacheldraht. Das Bild friert aber auch den vielleicht wichtigsten Moment im Leben eines besonderen Menschen ein – es braucht keine Wörter, die unser Kopfkino erst einmal mühsam in Gang setzen, dieses Bild weckt sofort Emotionen. Lutz Stordel weiß das: »Dieses Foto druckt am Tag nach der Veröffentlichung ein Großteil der deutschen Presse nach, der Widerstand gegen die Zwangsgebühren hat ein sympathisches Gesicht bekommen.«

Das Interview mit Sieglinde Baumert findet am Mittwoch, den 30. März 2016, statt. Bereits am Freitag, am 1. April, wird der Haftbefehl schriftlich zurückgezogen. Das ist erstaunlich, denn der Text erscheint erst am 3. April in der *Welt am Sonntag* mit der Schlagzeile: »Sie hat den Kanal voll«. Am Montag veröffentlicht die Zeitung eine längere Fassung auf der Website und dann geht alles ganz schnell. Zu Axel Springer gehört nicht nur die blaue *Welt*-Gruppe; bekannter ist die rote *Bild*-Gruppe: Die Boulevard-Spezialisten werden im Berliner Verlagshaus mit den Zutaten Haft und Rundfunkbeitrag sehr bald volksnahe Schlagzeilen texten. Es wird zum Selbstläufer. Andere Journalisten schreiben ab oder erzählen die Geschichte nach: die Geschichte einer Frau, die keinen Rundfunkbeitrag zahlt und deshalb im Gefängnis sitzt. Am Montag sitzt diese Frau aber schon gar nicht mehr. Sie kommt gerade frei.

Früher mussten Zeitungsjungen erst einmal schreiend durch die Straßen rennen, damit die Menschen erfuhren, was gestern neu war. Heute glühen die sozialen Netzwerke, und am Ende gewittert sich ein Sturm der Entrüstung über den Rundfunkanstalten ab.

Ein Tatort, aber kein Täter

Das Imperium ist unaufmerksam: ein Schuss, ein Treffer, ein Haft-skandal. Das ist der Image-GAU für den Rundfunkbeitrag und auch ein Indiz dafür, wie wenig sich der Rundfunk mit den Beitragszah-lern beschäftigt, die er gerade zwangsvollstrecken lässt. Das ist aber vor allem ungerecht. Viele Menschen fragen sich nun ganz instinktiv: *Seit wann muss man den Rundfunkbeitrag mit seiner Freiheit bezahlen?* Irrtum, wir dürfen diese Zwangsabgabe nicht absitzen. Wir müssen auch danach zahlen, immer, ein Leben lang. Ins Gefängnis kommen wir deshalb, weil wir nicht zahlen und auch unsere Vermögensver-hältnisse nicht offenlegen, damit der Rundfunkbeitrag gepfändet wer-den kann. Natürlich fühlt sich das nicht weniger ungerecht an, aber so sehen eben die Feinheiten im Paragrafendschungel aus.

Störend ist vor allem diese Mauer des Schweigens. Die ARD or-chestriert millionenfach ihre Vollstreckungen. Entging ihr vor lauter Dirigieren die Verhaftung eines Menschen? Ließ man es darauf an-kommen, im Vertrauen darauf, dass es in der Haftzelle dunkel bleibt? Seit wie vielen Jahren läuft dieses systematische Drohspiel mit den Haftbefehlen? Vor allem der MDR steht hier im Brennpunkt, und er schweigt erst einmal. Wie Sieglinde Baumert wirklich in die Zelle kommt und was bei ihrer Freilassung im Hintergrund passiert, dazu gibt es bis heute keine klaren Informationen. Tatsächlich erinnert es an einen Krimi in Agatha-Christie-Manier, bei dem das letzte Kapitel fehlt, es gibt keine Auflösung: Wer ist hier der Täter und wer war bloß am Tatort? Die Verdächtigen verschweigen das, was wichtig ist.

Hinter den Kulissen passiert aber einiges. Schließlich zieht sich der Haftbefehl einer Beitragsrebellin nicht von selbst so rasend schnell zurück. In den Tagen, bevor alles öffentlich wird, bevor der Bericht in der *Welt am Sonntag* erscheint, müssen Telefondrähte geglüht haben und zwischen den Krisensitzungen hatten auch die Bürosessel keine Chance abzukühlen.

Informationen gibt es im April 2016 allerdings nur aus dem Amts-gericht, in dem der Haftbefehl ausgestellt wurde. Genau an diesem

Punkt bleibt die öffentliche Berichterstattung auch stehen. Die Journalisten geben auf.

»Der MDR hat den Antrag auf Erlass eines Haftbefehls zurückgezogen, sodass das Amtsgericht diesen aufhob«[5], erklärt Hans-Otto Burschel, Direktor des Amtsgerichts Bad Salzungen. Der MDR beendet als Gläubiger des Rundfunkbeitrags also die Haft von Sieglinde Baumert. Hat er sie aber auch zwei Monate zuvor beantragt? Warum ist die Rundfunkanstalt »erstaunt«[6], als der Haftskandal bekannt wird? Was hat man in Leipzig überhaupt gewusst? Offenbar gibt es bei der Vollstreckung des Rundfunkbeitrags eine Verantwortungslücke.

Burschel ist glaubwürdig. Schließlich wird der Haftbefehl in seinem Gericht beantragt und auch wieder zurückgezogen. Aus seinen Worten ist aber Frustration herauszuhören: Der MDR »kann nun 30 Jahre lang versuchen, sein Geld anderweitig einzutreiben«[7]. Auch das ist bezeichnend: Der MDR handelt, aber das Amtsgericht kommentiert, dass es die Rundfunkanstalt war, die gehandelt hat. Die Vollstreckungsbehörde sagt: gar nichts. Es gibt mehrere Parteien bei dieser Haft, jede spielt ihr eigenes Spiel, viele Puzzleteile passen nicht zusammen. Wer beginnt diese Haft, wer beendet sie? Keine der Behörden will die Hand heben und sagen: »Ich allein habe das zu verantworten.«

Menschen einzusperren, um ihren Willen zu brechen – das markiert das Ende der Fahnenstange. Etwas Schlimmeres kann uns nicht mehr angetan werden. Wäre es dann nicht das oberste Gebot, dabei absolute Transparenz zu wahren? Es wird noch einen weiteren Haftfall geben und noch einen und noch einen – viele *Einzelfälle*. Wir müssen endlich wissen, wie Menschen, die den Rundfunkbeitrag nicht zahlen, verhaftet werden.

Die ARD erklärt die Haft der Beitragsrebellin

Sieglinde Baumert geht erst ins Gefängnis, dann an die Öffentlichkeit und besiegt so die Öffentlich-Rechtlichen. Sie ist eine Frau mit einer Botschaft: Haftzellen für Beitragsrebellen. Das ist einfach und gnadenlos – die ARD muss jetzt einiges erklären. Wie reagiert Deutschlands Meinungsgigant darauf? Mit Arbeitsverweigerung.

Ich habe die gesamte Berichterstattung der ersten Tage ausgewertet, ich habe gesiebt und übrig geblieben sind bloß zwei winzige Kieselsteinchen. Nummer eins: Datenschutzgründe. Praktisch jede verwertbare Information wird damit von vornherein ausgeschlossen. Ein Beispiel: »Auch ein Sprecher des Beitragsservice [...] wollte aus datenschutzrechtlichen Gründen keine Details in dieser Angelegenheit nennen.«[8]

Nummer zwei: Ich lese gefühlte 100 Mal, dass es 4,5 Millionen Beitragskonten im Mahnstatus gibt, aber das sei natürlich kein Zeichen für irgendetwas. Gleich dahinter darf nämlich wieder und wieder der Sprecher des Beitragsservice betonen: »Hierbei von Zahlungsverweigerern zu sprechen, wäre jedoch falsch.«[9] Nein, es ist richtig. Wer nicht zahlen will, der verweigert die Zahlung.

Tagelang sieht die ARD dabei zu, wie andere Medien eine Schlagzeile nach der anderen schreiben, wie sich der Proteststurm im Land abgewittert. Niemand hat einen ARD-*Brennpunkt* in eigener Sache zur Freilassung einer Beitragsrebellin erwartet. Doch wenn Sender schweigen, die sich fürs Informieren bezahlen lassen, dann sagt das auch sehr viel aus. Vielleicht ist es Ratlosigkeit, vielleicht eine Strategie. Die große Empörungswelle soll erst einmal abebben. Schweigen ist nicht immer schlecht, hier gefährdet es aber die Glaubwürdigkeit – und das ist ein Schnitt in die Achillesferse der ARD. Der Medienkoloss wird schon seit Jahren infrage gestellt. In Sachen Glaubwürdigkeit brennt es im Fundament, es flammt immer wieder auf, der Rundfunkbeitrag wirkt dabei wie ein Brandbeschleuniger. Jetzt werden auch noch Menschen verhaftet, die diese Zwangsabgabe nicht mehr zahlen wollen. Wenn die ARD eine Krisenstrategie hat, dann muss sie verdammt gut sein, denn ich bemerke sie nicht einmal.

Vielleicht erkennt auch die ARD, dass eine Strategie zu gut ist, wenn sie unsichtbar bleibt. Kaum einen Monat später folgt die beitragsfinanzierte Informationsoffensive. Vorhang auf: Die ARD erklärt ihren Haftskandal – wenigstens ein bisschen, wenigstens irgendwo im

Internet. *ZAPP*, das Medienmagazin des NDR, bringt im Mai 2016 eine Stellungnahme des Amtsgerichts Bad Salzungen zum Haftbefehl, auch der MDR kommt als Gläubiger von Sieglinde Baumert zu Wort. Heute sind solch informative Zeiten längst vorbei. Der Name Sieglinde Baumert taucht im ARD-Universum nicht mehr auf. Er wurde gelöscht. Viele Dokumente gibt es einfach nicht mehr, auch die *ZAPP*-Berichterstattung zur Haft ist aus dem Internet verschwunden. Spurlos und restlos. Ich habe mir die archivierten Kopien angeschaut – und bin enttäuscht.

Die große Enttäuschung: *ZAPP* hakt gerade an dem Punkt nicht mehr nach, an dem es brisant wird. Dabei ist das Medienmagazin damals doch auf der richtigen Spur. Es stellt die Frage aller Fragen, auch wenn das Wort Haft dabei unterschlagen wird: »War es eigentlich im Sinne des MDR, dass es zu der Erzwingungsmaßnahme kam? (Hatte Ihr Haus das so geplant?)«[10]

Der Pressereferent des MDR weicht der Frage aus. Er lädt die Verantwortung sogar bei Sieglinde Baumert ab: »Das ist zunächst eine rein individuelle Entscheidung des Schuldners, auf die der MDR keinen Einfluss hat.« Glückwunsch zu dieser Wortwahl, denn zwei Monate Haft klingen nun beinahe wie *Individualurlaub*. Das Weichkochen in der Zelle ist aber kein »rein individuell« zu buchendes Abenteuer. Der »Schuldner« kann die Vermögensauskunft tausendmal verweigern und bekommt immer noch keine Freifahrt ins Gefängnis.

Denn: Es fehlt das Ticket – der Haftbefehl! Es braucht also einen Täter, der die Verantwortung für diese Haft übernimmt. Der Gläubiger muss erst einmal den Haftbefehl beantragen und dann sein ausdrückliches Okay geben. Wer beantragte Sieglinde Baumerts Haftbefehl, wer stimmte ihrer Verhaftung zu? Die kommunale Vollstreckungsbehörde. Wer hätte es im Sinne unserer Grundrechte besser tun müssen? Der MDR als eigentlicher Gläubiger des Rundfunkbeitrags.

Der MDR war über die Haft eines Menschen aber nicht einmal informiert! Das kommuniziert er zumindest allen Ernstes in seiner Stellungnahme: »Es handelt sich um einen ungewöhnlichen Einzelfall, der uns auch erstaunt hat. Schuldner verweigern in den seltensten

Fällen gegenüber Gerichtsvollziehern die Offenlegung ihrer finanziellen Verhältnisse und nehmen lieber eine Erzwingungshaft in Kauf.«

Das Wort »erstaunt« erschüttert mich, deshalb habe ich es markiert. Sieglinde Baumert wird hier nie mit ihrem Namen erwähnt. Es heißt immer nur »der Schuldner«. Sie wird sogar wiederholt als Fehler im System dargestellt: »Üblicherweise unterzeichnen Schuldner im Moment einer drohenden Verhaftung das Vermögensverzeichnis.« Das klingt beinahe wie ein trotziger Vorwurf. Darf es denn so einfach sein: Alle Schuld dem »Schuldner«? Eine Frage von ZAPP an den MDR gipfelt dann in der Maschinen-Antwort schlechthin:

> ZAPP: »Treten Sie in einen Dialog mit Frau Baumert? Also versucht der MDR, herauszufinden, was sich ändern müsste, damit sie gerne zahlt?«
>
> MDR: »Die vielfältigen bisherigen Kontaktaufnahmen im Rahmen des mehrstufigen Verfahrens haben über Wochen und Monate zu keinem Dialog geführt.«

Will ZAPP ernsthaft wissen, ob es so etwas wie eine Wohlfühltemperatur beim Zwang gibt? Die Haft, die zwei zermürbenden Monate in der Zelle und der Verlust der Arbeit sind ein überaus reales Desaster. Ich glaube nicht, dass es irgendetwas gibt, was der MDR tun kann, damit Sieglinde Baumert in Zukunft »gerne« zahlt. Eine bessere Frage wäre doch gewesen: Was kann der MDR tun, damit das nie wieder passiert?

Grundsätzlich ist es eine gute Idee, Rundfunkanstalt und Mensch zusammen an einen Tisch zu bringen. Um besser zu verstehen, was den Menschen antreibt, so weit zu gehen, und was hier falsch läuft. Auf beiden Seiten. Der MDR spricht aber nur von »vielfältigen bisherigen Kontaktaufnahmen im Rahmen des mehrstufigen Verfahrens«. Was könnte damit bloß gemeint sein?

- Vielleicht die Massenbriefe der Maschine Beitragsservice: *Zahlen!*
- Vielleicht die automatischen Textbausteine, mit denen Widersprüche abgeschmettert werden: *Zahlen!*

- Vielleicht die bedrohlichen Briefe der Vollstrecker: *Zahlen!*
- Vielleicht die bedrohlichen Briefe des Gerichtsvollziehers: *Zahlen, Vermögen für eine Pfändung offenlegen oder Gefängnis!*

Natürlich stellen zwei Polizisten, die mit den Handschellen rasseln, auch eine Form der »Kontaktaufnahme« dar. Mit Sieglinde Baumert gibt es aber keinen echten »Dialog«. Zu keinem Zeitpunkt. Mit den Inhabern der 45 Millionen anderen Beitragskonten auch nicht. Das automatisierte Abernten aller Wohnenden muss widerspruchsfrei ablaufen, sonst funktioniert es nicht. Da gibt es keinen Raum für einen echten Dialog, da stört der Faktor Mensch. Das wäre die schonungslose, aber ehrliche Antwort auf die Frage von *ZAPP* gewesen. Genauso wie: Die Sender stehlen sich bei der Vollstreckung ihrer Millionen Beitragsschuldner aus der Verantwortung. Womöglich ist solch ein Massenverfahren in all seinen schrecklichen Auswüchsen auch gar nicht mehr zu steuern. Gut möglich. Auf jeden Fall wundert sich der MDR nun über diesen »ungewöhnlichen Einzelfall, der uns auch erstaunt hat«.

Über die Haft eines Menschen darf die ARD aber nicht erstaunt sein. Das ist nicht zu entschuldigen. Das ist mehr als nur eine Betriebsstörung in der Maschinerie. Es geht hier nicht um Beitragskonten, die nicht mehr fließen. Es geht nicht ums millionenfache, automatisierte und ausgelagerte Abernten. Es geht um die vielen Haftbefehle, die beim großen Abpressen standardmäßig eingesetzt werden. Es geht um Eskalation und um Kontrollverlust – und um Menschen im Gefängnis. Es geht um unsere Freiheit. Führt das zum Umdenken innerhalb der ARD, beim Beitragsservice, bei der Vollstreckungsbehörde, beim Amtsgericht, beim Gerichtsvollzieher? Ich würde es gerne glauben wollen.

Ich sehe dafür aber etwas anderes: Die Täter im Haftfall von Sieglinde Baumert spielen miteinander Pingpong bei der Frage der Verantwortung. Keine Seite sagt: »Ich habe den Haftbefehl beantragt, ich trage dafür die Verantwortung.« Keine Seite sagt: »Ich habe diese Vollstreckung gestoppt, denn sie lief fürchterlich schief; das war nicht mehr angemessen, aber das habe ich erst hinterher erfahren.« Die vielen Beteiligten erklären der Öffentlichkeit nicht, was hier genau passiert und wo das Problem liegt – bis heute. Bei der Zwangsvollstreckung des Rundfunkbeitrags gibt es einen Bereich, in dem unser Grundrechteschutz durchbrochen wird. Leider wird er zum Graubereich, weil Verantwortung weggelegt wird. Der ganze Vorgang ist nicht transparent und er wird auch nicht verständlich erklärt. Die Menschen werden im Dunkeln gelassen, in der Zelle und in der Öffentlichkeit.

Schade: Gerade das NDR-Medienmagazin *ZAPP* könnte hier endlich Licht ins Dunkel bringen. Die gesamte Stellungnahme des MDR lädt förmlich zum gnadenlosen Nachhaken ein. Doch *ZAPP* fragt nicht nach und lässt im Mai 2016 seine gewohnte journalistische Durchbeißmentalität vermissen.

Kommunikationswunder ARD: Wie »extern« endet die Haft von Sieglinde Baumert?

Sieglinde Baumert wird im Sendereich des MDR verhaftet. Trotzdem muss dem Sender jeder Halbsatz zum Haftskandal förmlich abgerungen werden. Am 20. April 2016 auf der ARD-Pressekonferenz in Potsdam: Siebzig erschöpfende Minuten sind bereits vorbei, noch fünf Minuten bis zum Ende. Auf der großen Leinwand läuft gerade ein Werbespot der ARD in eigener Sache. Es sind Konzertbilder, das »Vivaldi-Experiment: Klassik trifft Rap«, grenzenlos und ohne Berührungsängste. Sanft klingt die Streichermusik des WDR-Funkhausorchesters aus, sanft klingt auch der Gesang: »Lass die anderen sich verändern und bleib so, wie du bist.«[II] Der ARD-Sprecher Steffen Grimberg setzt langsam mit tiefer, sonorer Stimme ein und spricht zu den Journalisten: »Das Ganze soll jetzt aber nicht der finale Punkt dieser Pressekonferenz gewesen sein. Wenn Sie noch Fragen hätten, wäre jetzt die Möglichkeit, noch einmal zuzugreifen.«

Also dann: »Frau Wille, Sie hatten bei sich im Sendegebiet eine renitente Nicht-Beitragszahlerin, die dann kurz im Gefängnis war. Jetzt hat der MDR das fallen gelassen. Warum? Verzichtete der MDR auf die Ansprüche oder wie kam die Dame wieder frei?«

Achten wir zunächst auf die Körpersprache des Gremien-Adels, der nebeneinandersitzt und sich diese überraschende Frage anhören muss. Das Nonverbale lässt tief blicken: Als das Wort »Nicht-Beitragszahlerin« fällt, schnaubt Karola Wille in der Mitte sitzend kurz auf. Ihr Gesicht wirkt versteinert. Die damalige ARD-Vorsitzende und MDR-Intendantin blickt nach unten, wieder nach oben und spielt ungeduldig mit dem Kugelschreiber in ihren Händen. Volker Herres sitzt links und kratzt sich mit dem Zeigefinger an der Wange. Anschließend schlürft der Programmdirektor auffallend lange aus der Kaffeetasse. Er unterbricht das immer wieder, presst seine Lippen zusammen und führt die Tasse dann wieder zum Mund.

Die damalige RBB-Intendantin Dagmar Reim sitzt rechts. Sie faltet ihre Hände erst wie zum Gebet und presst dann das Kinn auf die Handknöchel. Als der Journalist endet: »Verzichtet der MDR auf die Ansprüche oder wie kam die Dame wieder frei?«, legt Reim den Kopf schief und lächelt den Journalisten kurz an. Es ist aber ein seltsames und intensives Lächeln, bei dem mir ganz mulmig wird – und ich bin bloß Zuschauer.

Nun richten sich alle Augen auf Karola Wille. Sie muss eine kritische Frage nach der Beitragsrebellin beantworten – und das stand nicht im Sendeplan der ARD-Pressekonferenz. Die MDR-Intendantin drückt auf den Mikrofonknopf und beginnt mit unsicherer Stimme: »Es geht ja um Frau Maumert [sic]. Wir waren im Vollstreckungsthema so weit angekommen, dass es um die Auskunft zu den Vermögensverhältnissen geht. Und das Vollstreckungsrecht sieht vor, dass tatsächlich als Rechtsinstrument die Erzwingungshaft für den Fall vorgesehen werden *kann*, wenn die Auskunft zum Vermögen nicht gegeben wird von dem Betreffenden.«

Wille schürzt die Lippen, überlegt kurz, zieht die Augenbrauen nach unten: »Wir haben uns den Sachverhalt dann genauer angeschaut und haben unter dem Gesichtspunkt der Verhältnismäßigkeit – also wie hoch ist die Forderung – dann für uns entschieden, dass wir den

Antrag zurücknehmen, und deswegen gab es dann die Entscheidung nach zwei Monaten, dass das sozusagen nicht fortgesetzt wird. Theoretisch gibt der Gesetzgeber die Möglichkeit vor, dass das bis zu sechs Monaten fortgesetzt werden kann. Dabei hat der Betreffende auch jederzeit die Möglichkeit, das selbst zu beenden, aber das war jedenfalls nicht absehbar. Gleichwohl haben wir unter dem Gesichtspunkt der Verhältnismäßigkeit die Entscheidung getroffen.« Sie wartet ab, ihr Blick wandert rastlos durch den Raum; sie prüft, ob noch einer der Journalisten im Raum in dieses Verhör mit einsteigen will.

Einer fragt nach: »Die Medienberichterstattung hat da keine Rolle gespielt bei Frau Baumert?« Wille zögert, sekundenlanges Schweigen, alle ARD-Granden blicken zu dem Journalisten, dann drückt Wille auf den Mikrofonknopf: »Es war ja von uns die Entscheidung zu treffen. Klar hat man sich den Fall dann genau angeguckt.«

Der Journalist hakt nach: »Und hätten Sie die auch getroffen, wenn nicht plötzlich alle Zeitungen in Deutschland darüber berichtet hätten?«

Die RBB-Intendantin Dagmar Reim malt mit dem Kugelschreiber ungeduldig ihre Kreise, Karola Wille spricht sofort weiter: »Es gab ja schon eine Prüfung im Haus. Es war ja schon sozusagen an uns herangetragen worden von Externen.« Sie hebt ihre flache Hand und zieht sie von links nach rechts. Das lässt sich auch als unterbewusstes Genug-Zeichen deuten. Schnell fügt sie noch hinzu: »Neben der Presseberichterstattung, die gelaufen ist.« Wille drückt auf den Mikrofonknopf und blickt unzufrieden. Im Raum könnte man jetzt die berühmte Stecknadel fallen hören.

Das Fragespiel geht noch einige Runden weiter, ein Erkenntnisgewinn bleibt aus. Hinterher beugt Madame RBB ihren Kopf zur erschöpft wirkenden Madame MDR und flüstert ihr etwas zu. Es ist interessant, eine mächtige Medienmanagerin wie bei der mündlichen Abschlussprüfung zu erleben. Das war das Offenste, was die ARD-Vorsitzende Karola Wille jemals zum »Sachverhalt« sagte, der aus 191,82 Euro unbezahltem Rundfunkbeitrag entsteht. Leider bleiben es trotzdem Worte mit eingebautem Fallschirm, leider wird auch hier nicht klar: Was hat der MDR gewusst? Wird Sieglinde Baumert im Wissen des Senders über zwei Monate in einer Gefängniszelle weichgekocht? Sieht der MDR tatenlos dabei zu, während hier der Wille eines Menschen brechen soll?

Ich muss die Stellungnahme aus der ARD-Chefetage noch einmal mit deutlicheren Worten für mich selbst durchspielen: Eine Haft ist also nicht verhältnismäßig – bei einem Menschen, der eigentlich nur eine aufgezwungene Abgabe verweigert. Jedes Kind erkennt so etwas instinktiv und binnen einer Sekunde. Der MDR begreift das als Gläubiger des Rundfunkbeitrags erst nach zwei Monaten »Sachverhalt«. So lange schmort Sieglinde Baumert bereits im Gefängnis und ein Ende, also ein Aufgeben, ist nicht »absehbar«. Der MDR erfährt vom »Sachverhalt« aber nicht nur durch Presseanfragen, sondern durch eine rätselhafte Gruppe im Hintergrund. Karola Wille nennt sie die »Externen«. Schließlich wird die Fachabteilung *Wir* bei der ARD aktiv und schaut sich »den Fall dann genau an« – endlich. Das klingt alles nebulös.

Zum Glück macht Sieglinde Baumert ihre Vollstreckungsunterlagen der Öffentlichkeit inzwischen auf der Website www.rundfunk-frei.de zugänglich. Ich schaue mir also ein Dokument an, das viel Licht ins Dunkel bringt: Es ist ein Fax des MDR an die Vollstreckungsbehörde des Wartburgkreises. In diesem Dokument stehen bloß zwei Sätze, aber damit fällt am 1. April 2016 die gesamte Vollstreckung von Sieglinde Baumert wie ein Kartenhaus in sich zusammen:

»Sehr geehrte Damen und Herren,

inzwischen gehen wir davon aus, dass in diesem besonderen Einzelfall eine Fortsetzung der Erzwingungshaft nicht erfolgversprechend und daher nicht länger angemessen ist.

Deshalb bitten wir, den Auftrag auf Vollzug des Haftbefehls gegen die Schuldnerin – die Daten des Haftbefehls sind uns nicht bekannt, das Aktenzeichen des Obergerichtsvollziehers [...] lautet: [...] – zurückzunehmen.«[12]

Dieses Schreiben ist aus zwei Gründen von höchstem Interesse. Erstens: Die Rundfunkanstalten der ARD werden später sagen, dass sie »nicht zuständig« seien, dass die Vollstreckung die Sache der Vollstrecker bleibe – also auch die Erzwingungshaft. Dieses Dokument beweist das Gegenteil. So schnell kann in der ARD eine Haft beendet werden, wenn sie es möchte. Die Rundfunkanstalt ist der Gläubiger des Rundfunkbeitrags, sie hat auch den Auftrag zu dieser Vollstreckung erteilt. Stimmt sie der Haft gar nicht zu, dann erleben die Vollstrecker ihr juristisches Waterloo.

Zweitens: Dieses Schreiben beginnt mit einem: »Eilt – Bitte sofort vorlegen!« Darunter befindet sich eine Betreffzeile, die Zündstoff für einen neuen Skandal liefern könnte: »Am 09.02.2016 weitergeleitete Mitteilung des Herrn OGV [...] vom 05.02.2016.« OGV ist eine Abkürzung für Gerichtsvollzieher. Am 4. Februar 2016 will er die Vermögensauskunft von Sieglinde Baumert erzwingen. Sie weigert sich. Anschließend liefern der Gerichtsvollzieher und zwei Polizisten die Beitragsrebellin im Chemnitzer Frauengefängnis ab. Laut dieser Betreffzeile schreibt der Gerichtsvollzieher einen Tag später, also am 5. Februar, eine Mitteilung an die Vollstrecker. Den Inhalt können wir nur erraten, aber ich möchte darauf wetten, dass dort sinngemäß steht: *Schuldnerin gibt nicht auf. Habe sie verhaften lassen, sitzt jetzt im Gefängnis. Bitte um Feedback, ob diese Haft weiter durchgezogen werden soll.* Eine solche Mitteilung erscheint auch deshalb geboten, weil der Haftirrsinn Geld kostet und mit jedem weiteren Tag teurer wird. Hält Sieglinde Baumert sechs Monate lang durch, muss sie freigelassen werden – dann bleiben nicht nur 191 Euro Rundfunkbeitrag ungezahlt, sondern es kommt ein weiterer offener Posten hinzu: Tausende Euro an Haftkosten.

Die Vollstreckungsbehörde leitet die Nachricht des Gerichtsvollziehers nun am 9. Februar an den MDR weiter. Das klingt wie Stille Post, ist aber trotzdem brisant. Damit erklärt sich, wer die mysteriösen »Externen« sind, die Karola Wille in der Pressekonferenz erwähnt. Demnach wäre der MDR bereits am 9. Februar über die Verhaftung von Sieglinde Baumert informiert. Der Sender unternimmt allerdings nichts. In seinem Blitz-Schreiben vom 1. April erklärt der MDR dann aber den Vollstreckern: »[I]nzwischen gehen wir davon aus, dass in diesem besonderen Einzelfall eine Fortsetzung der Erzwingungshaft nicht erfolgversprechend und daher nicht länger angemessen ist.« Wenn er es »inzwischen« anders sieht, muss er die Haft vorher für »erfolgversprechend« gehalten haben. Bezeichnenderweise ändert der MDR seine Meinung erst, als sich bereits ein Medienskandal ankündigt; als klar wird, dass Sieglinde Baumert mit ihrer Haft an die Öffentlichkeit geht. Erst »dann« schauen sich die Entscheider beim Sender den Fall »genau an«.

All das ist plausibel und leider auch erschreckend. Gewissheit werden wir hier erst haben, wenn der MDR seinen Schriftverkehr mit den Vollstreckern offenlegt. Genau das möchte ich später gemeinsam mit Sieglinde Baumert erreichen. Wir schreiben einen offenen Brief an den MDR. Die Beitragsrebellin fordert dabei Akteneinsicht; sie möchte Daten einsehen, die sie betreffen, und dazu gehört auch der Schriftverkehr. Leider wird der MDR das verweigern. Ausgerechnet Sieglinde Baumert wird der Blick in ihre Fallakte verwehrt. Ausgerechnet Ross und Reiter bleiben ungenannt. Der MDR spricht hier bloß von einem »Sachverhalt«. Wieso kann er die Öffentlichkeit dann nicht über den Stand der Dinge aufklären? Vielleicht, weil die Wahrheit noch viel verstörender wäre als ein »Einzelfall«, von dem der Sender bloß nichts wusste?

Werfen wir aber noch einmal einen Blick zurück auf die ARD-Pressekonferenz vom 20. April 2016. Karola Wille hat gerade über den Haftskandal gesprochen – damals klingen ihre Antworten rätselhaft, heute erscheinen sie mir erhellend, wenn sie mit dem passenden Dokument verknüpft werden. Diese Pressekonferenz könnte jetzt eigentlich zu Ende sein, es ist alles gesagt. Der ARD-Sprecher Steffen Grimberg möchte aber »aus Sicht der ARD noch etwas« hinzufügen, die Journalisten sollen noch etwas erfahren: Die Erzwingungshaft sei »eine Ultima Ratio, die das Gesetz und dieses Vollstreckungsverfahren vorsieht«.[13] Das mag richtig sein, aber es geht nicht darum, was gesetzlich möglich wäre.

Es geht darum, was die ARD will. Schließlich ist sie hier das Epizentrum der riesigen und andauernden Vollstreckungswelle. Erst durch ihren Rundfunkbeitrag stellt sich die Frage, ob aus einer Ultima Ratio für wenige die neue Normalität für Millionen werden soll. Die ARD fordert Milliarden, sie fordert die Vollstrecker auf: Presst den Menschen dieses Geld auch durch Zwang ab. Also nein, Herr Grimberg: Das Verhaften ist nicht automatisch »vorgesehen«, das muss der Gläubiger beantragen. Und Gläubiger sind die ARD-Sender. Stattdessen haben sie hier aber Vollstreckungsbehörden vorgeschaltet, die als eine Art Ersatz-Gläubiger die schmutzige Arbeit erledigen – ausgerechnet dort, wo Menschen ihre Freiheit verlieren. Das ist kein Graubereich und kein Mysterium. Das ist auch keine Frage von ein paar Hundert Euro. Die ARD trägt die Verantwortung für ihre Beitragsschuldner!

Wenn es die Ultima Ratio der ARD ist, dann soll sie wenigsten dazu stehen: *Bis zu sechs Monate sind für uns eben verhältnismäßig.* Dann segnet der eigentliche Gläubiger des Rundfunkbeitrags diese Haft eben öffentlich ab.

Leider geht das zynische Spiel mit der Ungewissheit aber weiter. Am 28. Juni 2016 findet in Bonn eine weitere ARD-Pressekonferenz statt. Wieder werden Fragen zur überraschenden und mysteriösen Freilassung der Beitragsrebellin gestellt, allerdings nur beiläufig, denn eigentlich geht es um die üppigen Betriebsrenten der ARD, die fantastisch klingenden Honorare von Fußballkommentatoren wie Oliver Kahn und Mehmet Scholl und um millionenschwere Bundesligarechte.

Das sind sie, die alltäglichen Baustellen der ARD, und so geht das Erste damit um: Zu den Bundesligamillionen hat der ARD-Programmdirektor Volker Herres eine Verschwiegenheitsverpflichtung unterschrieben. Über die Zahlen der anderen kann er aber doch reden. Es geht um das spekulierte Millionenhonorar für Fußballkommentatoren: »Die Zahl [des Magazins *Kress Pro*] ist unwahr und meilenweit von der Wirklichkeit entfernt.«[14] Wie viel überweist die ARD an Herrn Scholl denn nun wirklich? Über eigene Zahlen möchte Herres aber auch hier nicht sprechen: »Was er bekommt, werde ich nicht sagen, das unterliegt der Vertraulichkeit.«[15] Ein Journalist möchte dann noch wissen: »Finden Sie es fair, dass der Gebührenzahler Betriebsrenten bezahlt, die zum Beispiel bei der ehemaligen RBB-Intendantin Dagmar Reim 12.000 Euro monatlich zusätzlich zur gesetzlichen Rente betragen?« Der Gremienadel schweigt nach dieser Frage erst einmal für acht Sekunden, bevor die Floskel mit den »Reformschritten« wieder als Erklärung genügen muss. Die Frage selbst bleibt unbeantwortet. Willkommen bei der wortreichen ARD-Schweigekonferenz.

Das Volk muss eben Vertrauen haben, die Milliarden aus unserem Beitrag werden schon nicht versickern. Schließlich hat die ARD auch im vergangenen Jahrtausend immer sparsam gehaushaltet. Das mit dem guten Glauben fällt aber leichter, wenn die Zahlen nicht wie ein Staatsgeheimnis im Tresor weggeschlossen werden. Millionen und Milliarden – ich kann kaum glauben, dass die ARD so einsilbig über ihr Geld redet, was doch einmal unseres war. Lassen wir die schwindelerregenden Zahlen endlich einmal unbeachtet. Was ist mit den Zahlern? Ein Journalist wechselt jetzt die Perspektive. Er möchte nicht wissen, wohin unser Geld fließt. Er möchte bloß noch einmal nachhaken, wie weit denn die ARD beim großen Abpressen gehen will: »Im Februar 2016 wurde erstmals eine Person wegen Nichtzahlung des Rundfunkbeitrags inhaftiert. Können die ARD-Intendanten für die Zukunft ausschließen, dass Zahlungsverweigerer inhaftiert werden?«

Karola Wille antwortet und wieder nennt sie die Haft eines Menschen einen »Sachverhalt«. Die ARD-Vorsitzende möchte die verbliebenen Zuschauer »viel lieber über unsere Programme überzeugen; dass sie überzeugt sind, dass es gut ist, dass es diese Programme gibt – und dass sie deshalb auch zahlen«. Hier zeigt sich: Die ARD-Chefetage versteht die Menschen einfach nicht. Sie weiß nicht, wie sich Millionen da draußen fühlen; mit einer Wohnabgabe, bei der es kein Entkommen mehr geben darf; mit einem großen Zwang für ein paar Fernsehsender, die längst den Zenit überschritten und ihr Alleinstellungsmerkmal verloren haben. Der ARD-Chefetage geht es offenbar um eigene Befindlichkeiten:

Weil sowieso alle zahlen müssen, sollen bitte auch alle vom Programm überzeugt sein, denn sonst könnten sie ja nicht mit Freude weiterzahlen. Nein, also das geht nun wirklich nicht, dann würde es ja nach Zwang aussehen, dann müsste es ja zu »weiteren Sachverhalten« kommen. Entschuldigung, aber jetzt sind wir am Punkt, an dem sich Größenwahn und Realitätsflucht die Hand reichen. Wenn die ARD doch nur ein einziges Mal von außen auf sich blicken könnte.

Mich erstaunt, dass niemand im Saal diese seltsamen Grundsätze der ARD infrage stellen will. Es bleibt bei der einen Haftfrage des einen Journalisten: Kommt es wieder zur Haft? Wie beantwortet Karola Wille diese Frage nun? Wie eine ausgebildete Juristin: »Wir haben das aber natürlich intensiv diskutiert, ob so eine Maßnahme angemessen ist. Und vor dem Hintergrund des Gesichtspunktes der Angemessenheit ist es schwer vorstellbar, dass weitere Maßnahmen kommen. Aber es ist immer eine Einzelfallbetrachtung.«

Das sind Worte wie warmer Käse, der zwischen den Fingern zerfließt. Wer will, kann hier herauslesen, dass Haft vielleicht auch einmal ausfällt, was aber immer von der Nebellage an der Themse abhängt – und von der Lust und der Laune. Außerdem spricht die ARD ja bloß von Maßnahmen. Das Wort Haft nimmt die Chefetage nicht in den Mund und deshalb darf man sie bitte auch auf gar nichts festnageln.

Leider zeigt gerade der Fall von Sieglinde Baumert, wann der MDR über die Angemessenheit einer Haft »intensiv diskutiert«: Nach zwei Monaten Haft – kurz, bevor der ARD diese Haft um die Ohren fliegt, und das vor den Augen aller. Die Faktoren Image und Öffentlichkeit bestimmen also die Angemessenheit der Haft eines Menschen? Das klingt ketzerisch, trotzdem bestätigen die nächsten Haftskandale mein Urteil.

Ende Oktober 2016 steht Kathrin Weihrauch in Brandenburg kurz vor einer Erzwingungshaft: Die alleinerziehende Mutter tritt als Clownin unter dem Künstlernamen Sonnenblume auf. Mit ihrem strohblonden Haar, einer roten Schaumstoffnase und der Vorliebe für alles Bunte möchte sie Kindern etwas schenken – Lachen und

Leichtigkeit. Das ist der Beruf und die Berufung einer ehemaligen Krankenschwester, die aus dem deutschen Alltag ausgestiegen ist. Sie weigert sich aber auch hartnäckig, den Rundfunkbeitrag zu zahlen; einfach nur deshalb, weil ARD und ZDF in ihrem Lebensentwurf keine Rolle mehr spielen.

Vor der großen Erntemaschine ARD sind wir aber kein individueller Farbklecks, sondern bloß eine Beitragsnummer unter 45 Millionen. Kathrin Weihrauch wird vollstreckt; auch dieser Freigeist soll im Gefängnis gebrochen werden, wie Sieglinde Baumert. Auch sie geht an die Öffentlichkeit – bereits vor der Haft. Es folgen viele Medienberichte: »Eigentlich sollte es Fälle wie den von Kathrin Weihrauch gar nicht mehr geben.«[16] Die Deutschen finden Gefallen an dieser neuen Beitragsrebellin, der RBB gibt sich kleinlaut, der Haftbefehl wird zurückgezogen. Kathrin Weihrauch liebt dafür direkte Worte: »Der RBB hat ein Eigentor geschossen. Jetzt wissen alle, wie er versucht, GEZ-Gegner einzuschüchtern. Vielleicht macht mein Fall jetzt auch anderen Mut, in die Offensive zu gehen.«[17]

Das ist wohl der Kern des Ganzen. Trotz all der Paragrafen bleibt das millionenfache Abpressen des Rundfunkbeitrags ein fragwürdiges und tragisches Spiel im Schatten. Licht stört. Der beste Freund eines Beitragsrebellen ist daher die Öffentlichkeit. Hier könnte die Geschichte nun zu Ende sein. Wie die ARD wirklich zum Weichkochen der Menschen per Haftbefehl steht, weiß zwar niemand. Sie hat aber irgendetwas dazu gesagt – und außerdem: Das landet doch dann sowieso in der Öffentlichkeit! »Das wird bestimmt nicht mehr passieren«, so denken die meisten Deutschen.

Bereits der dritte Haftskandal zeigt jedoch, dass sich etwas ändert, allerdings nicht zum Guten. Beitragsrebellen setzen in ihrem ungleichen Kampf auf die Unterstützung der Menschen. Um die zu erreichen, brauchen sie die Medien. Leider sehen sich Beitragsrebellen aber auch der ARD gegenüber. Der Rundfunk lässt diese Menschen nicht nur vollstrecken, sondern ist selbst eine Medienmaschine mit enormer Meinungsmacht. Dort weiß man, wie Öffentlichkeit hergestellt wird – und damit auch, wann und wie etwas unter dem öffentlichen Radar bleibt. Vereinfacht ausgedrückt: Die Beitragsrebellen wagen hier ein Spiel, das gerade zur Paradedisziplin ihres Gegners gehört. Im Fall von Heinrich Dück bekommen wir nun einen Eindruck davon, wie schwer dieses Ringen um Öffentlichkeit werden kann. Was passiert etwa, wenn Journalisten, die berichten wollen, auf Granit beißen?

Übrigens: Der Journalist, der den dritten großen Haftskandal ans Licht bringen wird, heißt Adrian Arab. Sie haben ihn gerade kennengelernt. Er stellt im Juni 2016 während der ARD-Pressekonferenz die eine Frage an Karola Wille: »Im Februar 2016 wurde erstmals eine Person wegen Nichtzahlung des Rundfunkbeitrags inhaftiert. Können die ARD-Intendanten für die Zukunft ausschließen, dass Zahlungsverweigerer inhaftiert werden?« Arabs Frage bleibt im Grunde zwar unbeantwortet, allerdings kann er sie sich später selbst beantworten. Nein, das mit den Haftfällen beim Rundfunkbeitrag bleibt auch in Zukunft nicht ausgeschlossen.

Heinrich Dück: Erst Blitzfreilassung, dann verspäteter Haftskandal

Heinrich Dück ist für den WDR das, was Sieglinde Baumert für den MDR war: eine Beitragsnummer mit Eigenleben. Ein Vollstreckungsfall, der sich nicht ordnungsgemäß abwickeln lässt. Ein Mensch, der unnachgiebig bleibt und dadurch ein Zwangssystem zum Eskalieren bringt. Ein Häftling, der auf eine deutsche Wirklichkeit aufmerksam macht: »Und wenn Gefängnis die einzige Möglichkeit ist, [die Haushaltsabgabe] abzulehnen, dann mache ich das.«[18] *Dann gehe ich eben ins Gefängnis* – diese Schlussfolgerung legt den Finger in eine schmerzende Wunde. Einerseits imponiert mir dieser kompromisslose Mut. Wir alle wollten doch schon als Kind mutig sein, wir wollten die Welt besser machen, wir wollten uns nicht verbiegen lassen.

Der kleine Held in uns ist alt geworden. Heute möchte ich solch einen Satz lieber nicht hören, er ist mir unangenehm. Wann war ich denn zuletzt mutig, wann habe ich mich dem Zwang widersetzt?

Hand aufs Herz: Wirklicher Zwang ist bei uns nur noch selten nötig. Drohen genügt. Wir zwingen uns dann schon selbst. Wir wägen ab: Was kann passieren, was könnten wir verlieren, welche Verpflichtungen haben wir? Bequemlichkeit, Gewohnheit und das Kopfkino besorgen den Rest. Das Gehirn belastet sich nicht gerne mit schwierigen Fragen. Wir tun leider zu oft *freiwillig*, was der Zwang vorschreibt, ein Leben lang. Die Masse besiegt sich mit ihren Ängsten selbst. Das ist die traurige Wahrheit hinter jedem Zwang und daran erinnert mich das mutige Statement von Heinrich Dück.

Was passiert, wenn es nicht bloß bei einem Heinrich Dück bleibt, wenn immer mehr den Zwang auf die Probe stellen wollen? Erst werden zwei Bürger verhaftet, dann drei, dann fünf, zum Schluss dann einhundert. Mit jedem weiteren Mutigen steigt die Empörung: Wie idiotisch ist eigentlich dieser Zwang? Natürlich wächst auch die Erkenntnis: Ohne unsere Angst vor den Folgen des Ungehorsams bricht alles zusammen. Die Menschen fühlen sich herausgefordert. 2015 wurden 1,4 Millionen Menschen wegen des Rundfunkbeitrags vollstreckt,[19] aber in den Gefängnissen »herrscht akute Platznot«, sie sind bereits »nahezu voll belegt«[20]. Zwang für alle – das bleibt im Grunde eine Illusion. Ist es nicht seltsam, dass solche Gedanken schon beim Rundfunkbeitrag kommen müssen? Menschen gehen lieber ins Gefängnis – weil sie nicht ein Leben lang gezwungen werden wollen. Sie möchten ARD und ZDF nicht allein deshalb finanzieren, weil alle wohnen müssen.

Das sollte der Politik zu denken geben. Sie hat uns diese Zwangsabgabe zugemutet. Wenn die ARD ihre sogenannte Beitragsgerechtigkeit für alle konsequent durchsetzen will, dann werden wir wohl bald anbauen – Deutschland hinter Gittern. Natürlich drehe ich jetzt ganz ungehörig an der Eskalationsschraube; einfach nur, um den einen oder anderen verschlafenen Geist wachzurütteln. Der Rundfunkbeitrag selbst mag unwichtig sein, der dabei angedrohte Zwang für Millionen ist es ganz gewiss nicht. Er bietet Zündstoff für unser Land: Wie weit gehen die, die eine Illusion von Strafe aufrechterhalten müssen? Wie weit gehen die, die vom Zwang profitieren? Eine Gruppe bleibt aber besonders interessant: Menschen, die sich nicht zwingen lassen wollen.

Benennen wir das Problem hinter dem Rundfunkbeitrag doch ganz offen: Ein Gesetz wird von der Mehrheit nur zähneknirschend ertragen; viele würden ihm entfliehen, wenn sie doch nur *könnten*. Eine wachsende Minderheit macht das Undenkbare dann wahr, sie beugt sich nicht. Was muss jetzt angepasst werden, das Gesetz oder die Menschen? Beim Rundfunkbeitrag offenbar Letzteres: Der Zwang eskaliert, Menschen gehen ins Gefängnis. Einer dieser angstfreien Nichtzahler ist Heinrich Dück.

Am 10. November 2016 klingelt der Gerichtsvollzieher an der Haustür des Beitragsrebellen. Die eigenen vier Wände werden für Heinrich Dück zur Falle. Dort bekommt er die Pistole auf die Brust gesetzt – selbstverständlich nur sprichwörtlich. Es sind trotzdem dramatische Minuten, die der Informatiker und Nichtzahler hinterher schildert: Der Gerichtsvollzieher »sagte, es gibt jetzt drei Möglichkeiten: Entweder Sie bezahlen jetzt, Sie unterschreiben die eidesstattliche Erklärung[21] oder Sie gehen ins Gefängnis.«[22]

Heinrich Dück wartet nach dieser Ansprache in seiner eigenen Wohnung auf seine ordnungsgemäße Verhaftung: »Der Gerichtsvollzieher hat dann die Polizei angerufen, die kam nach 20 Minuten, ich habe keinen Widerstand geleistet und brauchte auch keine Handschellen. Wir sind dann zuerst in die JVA Siegburg gefahren.«

Die JVA Siegburg ist ein Kasten mit roten Klinkersteinen aus königlich-preußischen Zeiten. 2006 beschrieb der *Spiegel* diese Haftanstalt »als eine der härtesten im Land«[23]. Das war, nachdem ein 20-Jähriger dort von drei Mitgefangenen stundenlang gefoltert, vergewaltigt und in den Selbstmord getrieben wurde – was erst beim sechsten Versuch klappte: »Wir haben gar nicht richtig darüber nachgedacht, dass es ein Mensch ist.«[24] Ich schildere das übrigens bewusst als Kontrastprogramm. Denn die ARD möchte ja nicht einmal wissen, dass ihre unbeugsamen Beitragsschuldner in genau diese Gefängniswelt abstürzen können.

Dück bleibt nur anderthalb Stunden in Siegburg und wird dann in die JVA Köln verlegt. So lautet zumindest der offizielle Name. Der Volksmund spricht weiter vom Klingelpütz. So hieß auch die Vorgängerhaftanstalt, das »berüchtigste Gefängnis des Rheinlands«[25]. Es wurde 1969 mit 240 Dynamitladungen in die Luft gejagt – nicht von Häftlingen, sondern vom Sprengmeister und beim Abriss. Das Gefängnis war zu klein geworden und wurde an anderer Stelle neu gebaut.

Der heutige Klingelpütz ist zu groß für das Wort »Gefängnis«, aber noch zu klein für eine »Gefängnisstadt«. Es ist eine 35 Fußballfelder große Parallelwelt in Ossendorf, einbetoniert hinter einem Bollwerk – einer Mauer von 5 Metern Höhe und 1,36 Kilometern Länge. Trotzdem dringt einiges nach außen, vor allem Schlagzeilen: Ein Häftling zündet seine Zelle an, ein anderer erhängt sich. Das fällt am nächsten Morgen auf, bei der sogenannten Lebendkontrolle.

Vom Leben im Klingelpütz können pensionierte Wärter wie Marc Vosen erzählen: »Dieser Knastgeruch steckt in einem drin, der Geruch von Eingesperrtsein, Bohnerwachs, Schweiß, Angst, von 1200 Menschen.«[26] Der Ex-Wärter kann auch vom Sterben im Klingelpütz berichten: »Die hängen sich meist auf. Mit zerschnittenen Bettlaken und ab den Stuhl runter. Fünf, sechs Selbstmorde habe ich mitbekommen. Die Rate ist recht hoch. Manchmal gab es drei Schlägereien am Tag, dann vier Wochen gar keine. Meist beim Hofgang wird das geklärt.«

Leben und Sterben im Klingelpütz – Heinrich Dück sitzt zwar im Gefängnis, aber laut Vorschrift soll er das abseits der anderen Sträflinge tun. Vielleicht auch, um den Druck durch Isolation zu erhöhen. Schließlich dürfen die Menschen den Rundfunkbeitrag nicht absitzen. Die Erzwingungshaft soll ihren Willen brechen, sie sollen den roten Knopf drücken und nach dem Gerichtsvollzieher rufen. Sie sollen den Rundfunkbeitrag zahlen oder ihr Vermögen offenlegen – etwa ihre Kontodaten –, damit endlich gepfändet werden kann. Danach darf ein gebrochener und traumatisierter Mensch aus dem Gefängnis schleichen, so weit die Theorie. So stellen sich Juristen das am Schreibtisch vor.

Heinrich Dück passt sich diesem Schema nicht an, er verbringt seine Zeit meist lesend in der Zelle: »Ja, ich war in Einzelhaft, aber man hatte Freigang im Gefängnis, ich konnte in den Gemeinschaftsraum gehen oder in eine andere Zelle. Ich habe mich auch mit Kriminellen unterhalten. Die Menschen dort waren sehr korrekt. Sie wollen nicht noch eine längere Strafe haben, nehme ich an.«[27] Ein Nichtzahler unter Sträflingen, das hören die harten Jungs wohl nicht alle Tage, das bietet Abwechslung bei den immergleichen Gesprächen: »Und warum sitzt du?«

Dücks Erzwingungshaft bleibt auch auf eine andere Weise besonders: Sie wird zum Heimspiel für die ARD. Nur 4,9 Kilometer Fahrtstrecke trennen den Beitragsservice und das Gefängnis. Die Ex-GEZ sitzt im gleichen Stadtbezirk, am nordwestlichen Rand von Köln. Die Geldmaschine hat Dücks Beitragsnummer zum Vollstrecken freigegeben. Auch der WDR befindet sich praktisch vor Dücks Zellentür, nur 5 Kilometer Luftlinie entfernt. Sein Funkhaus steht am Rand der Domplatte, am Wallrafplatz 5. Das sind eigentlich perfekte Bedingungen für investigativen Journalismus in eigener Sache: *Ganz unten mit dem Rundfunkbeitrag* – die enthüllende Sondersendung über Heinrich Dücks Haft. Entschuldigung, ich höre gerade aus dem Funkhaus: Die Sondersendung fällt aus, es gibt sie nicht, es kann sie gar nicht geben. Hier sehen wir am Einzelfall, woran es scheitert. Der WDR ist zwar der Gläubiger von Heinrich Dück, er lässt ihn wie so viele andere auch vollstrecken, aber der Sender möchte offenbar gar nicht wissen, dass für seine finanziellen Interessen gerade ein Mensch weichgekocht wird, vor der eigenen Haustür! Der WDR zieht sich bei den weiteren *Einzelfällen* auf einen einfachen Standpunkt zurück: Für die Vollstreckung und damit auch für die Erzwingungshaft sei er »nicht zuständig«. Stattdessen wird dann Wortbeton angerührt:

> »Natürlich ist uns als WDR [...] daran gelegen, dass alle Maßnahmen in der Vollstreckung grundsätzlich verhältnismäßig sind – eine Erzwingungshaft ist das aus unserer Sicht in der Regel nicht. [...] Sobald der WDR von einer Inhaftierung wie in Ihrem Fall erfährt, prüft er selbstverständlich diesen Einzelfall.«[28]

Sollen sich die Häftlinge nun zynische Sätze an die Zellenwand schreiben? Sätze wie: *Der WDR sagt, dass meine Erzwingungshaft in der Regel nicht verhältnismäßig ist, aber leider sagt er auch, dass er von meinem Einzelfall gar nichts weiß.*

Die seltsamen Abläufe beim MDR im Fall von Sieglinde Baumert geben mir zu denken. Leider kenne ich die Hintergründe bei den Haftfällen des WDR noch nicht. Trotzdem stellen sich auch hier die brisanten Fragen: *Was weiß der WDR, was weiß er nicht – und was sagt er?* Nehmen wir aber einfach an, dass der WDR nichts weiß.

Dann muss der WDR endlich dafür sorgen, dass er es erfährt. Wer diese Haft nicht gutheißt, der soll sie auch verhindern. Alles andere bleibt besser ungesagt. Der Rundfunk lässt Millionen Menschen vollstrecken, weil Millionen den Rundfunkbeitrag nicht zahlen. All dieser Zwang wird eingesetzt, damit die ARD zu ihrer Demokratieabgabe kommt. Also trägt am Ende auch sie die Verantwortung. Sie muss sich fragen: Wie werden unsere vielen Schuldner vollstreckt und welche Grundrechte werden dabei verletzt? Wenn Menschen im Gefängnis landen, dann soll das ohne jeden Zweifel geschehen – oder gar nicht.

Es spielt dabei keine Rolle, was bequem oder einfach für den Gläubiger ist. Ein »Wir sind nicht zuständig« ist schlicht und ergreifend unangebracht. Was sind denn bitteschön *geprüfte* Einzelfälle? Gibt es dann auch die *ungeprüften* Einzelfälle? Sind sie dann sogar die Regel? Wie es beim sogenannten Einzelfall dann wirklich zugeht, das spottet sowieso jeder Beschreibung. Gerade der Einzelfall von Heinrich Dück zeigt das sehr eindrücklich: Der WDR lässt Heinrich Dück vollstrecken. Am 10. November 2016 eskaliert diese Vollstreckung. Der Beitragsrebell wird verhaftet und in der JVA Köln-Ossendorf eingesperrt. Am 11. November beginnt die fünfte Jahreszeit, Karneval. In der ganzen Stadt sind die Jecken los, alles tanzt, singt und lacht. Trotzdem verbreitet sich irgendwie die Nachricht von einer närrischen Haft. Am 21. November wollen Journalisten, die nicht zwangsfinanziert werden, Licht ins Dunkel bringen. Ein Reporter will Heinrich Dück besuchen, mit einem Kamerateam. Die Gefängnisleitung informiert: Weil mehrere »Medien (einschließlich Fernsehsender)« angefragt hätten, bekommt aus Gründen der »Gleichbehandlung« niemand den Zuschlag für ein Interview.[29] Am 23. November bittet der Journalist Adrian Arab für die *Welt* erneut um ein Gespräch. Auch hier scheitert der Versuch. Die Gefängnisleitung informiert: Dück habe sich »in der vollzuglichen Anstalt zu integrieren, was durch eine Berichterstattung erschwert würde«[30].

Von wegen: Am 25. November öffnet sich Dücks Zellentür und er hört: »Sie sind entlassen, packen Sie Ihre Sachen.« Der Beitragsrebell weiß gar nicht, dass die Medien ihn dringend sprechen wollen. Die Entlassung kommt für ihn völlig überraschend. »Kurz darauf wurde ich auf der Zelle abgeholt, ich bekam meine Klamotten und das Handy zurück. Und ich bekam den Entlassungsschein und die Beihilfe zu Reisekosten und Überbrückungsbeihilfe.«[31] Es sind insgesamt 62 Euro. In den Entlassungspapieren steht: »Entlassung auf Anweisung der Einweisungsbehörde«. Mehr erfährt Heinrich Dück nicht. Er hat aber weder den Rundfunkbeitrag bezahlt noch die Vermögensauskunft abgegeben.

Trotzdem verlässt ein freier Mann Köln. Er bleibt erst einmal ein unbekannter Einzelfall. In der JVA Ossendorf kehrt wieder Ruhe ein, beim 5 Kilometer entfernten Beitragsservice wohl auch, dem Kölner Medienkoloss WDR bleibt ein PR-GAU erspart. So wird in der Domstadt und zur fünften Jahreszeit ein Dilemma gelöst. Ich könnte beinahe lachen, wenn die Hintergründe nicht so ernst wären. Es geht um die Freiheit und um die Grundrechte von Menschen, die vollstreckt werden. Es geht um Rundfunkanstalten, die öffentlich erklären, dass sie hier keine Verantwortung tragen. Wollen Journalisten aber über den Rundfunkbeitrag und eine Haft berichten – dann geht alles rasend schnell: Auch diese Erzwingungshaft endet, bevor in den Redaktionen das halbe Wort *verhaf* getippt werden kann. Sie müssen über einen Beitragsrebellen berichten, der ja gar nicht mehr *verhaf* ist.

Was geschah auf dem kurzen Dienstweg und hinter den Kulissen? Zwischen dem 23. und dem 24. November 2016 tanzen wohl wieder die »nicht zuständigen« ARD-Behörden mit der zuständigen Vollstreckungsbehörde – wie bei Sieglinde Baumert wird kaum etwas öffentlich erklärt, dieses Mal aber in der rheinischen Variante. Alles bricht wieder in sich zusammen, aus heiterem Himmel. Was die Sache besonders schwierig macht: Heinrich Dück spricht erst im Februar 2017 mit der Presse und macht seinen Fall so öffentlich. Wäre das hier ein Krimi, müsste ich schreiben: Die Spuren sind kalt.

Die Stadtkasse Sankt Augustin ist in diesem Fall die Vollstreckungsbehörde. Sie zieht den Vollstreckungsauftrag zurück, aus heiterem Himmel. Sie ist damit die erste Ansprechstation für Journalisten mit vielen Fragen: Warum knicken die Vollstrecker so plötzlich ein? Handeln sie eigenständig oder zieht jemand im Hintergrund die Fäden? Was tut der Beitragsservice eigentlich? Kann er für die Tatzeit ein glaubwürdiges Alibi vorweisen?

Die Springer-Zeitung *Welt* hakt damals nach, aber die Antworten der Vollstrecker geben bloß noch mehr Rätsel auf: »Die Stadtkasse Sankt Augustin verweist im Gespräch [...] auf eine interne Absprache innerhalb des WDR«[32] zur Erzwingungshaft. Der WDR wird wohl kaum Selbstgespräche führen. Wenn, dann spricht er mit den Vollstreckern über die Haft. Wie kann der WDR aber etwas absprechen, wenn er offiziell »nicht zuständig« ist für die Maßnahmen in der Vollstreckung? All das verstehe ich nicht – noch nicht. Im zweiten Buchteil lernen wir dann einen Vollstrecker kennen und blicken hinter die Kulissen. Im Moment bin ich aber nur ratlos. Nicht ganz so ratlos bleibt Heinrich Dück nach seiner eigenen Verhaftung zurück. Er erkennt die Salamitaktik der ARD: »Sie hoffen wahrscheinlich, dass keine Medien über diese Inhaftierten berichten. Mein Fall zeigt ja, dass sie die Medienberichterstattung vermeiden wollen. Daraus schließe ich, dass sie etwas verheimlichen wollen, dass sie etwas nicht zeigen wollen, was an ihrem System verkehrt ist.«[33]

Es gibt ein Rätsel zu lösen. Beim Rundfunkbeitrag werden etwa 650 Millionen Euro pro Jahr nur noch durch Zwang eingetrieben. Das ist eine Summe, die sich kein Mensch vorstellen kann, und noch weniger begreifen wir, wie dieser Geldberg Stück für Stück abgepresst wird – bei Millionen von Vollstreckten. Wir sehen bloß Einzelfälle und drastische Höhepunkte. Menschen werden verhaftet, die ARD erklärt sich für »nicht zuständig« und doch lese ich etwas von »internen Absprachen«. Da muss also sehr viel mehr dahinterstecken.

Schuldbürgerstreich:
Der MDR und die Informationsfreiheit

Ich will es wissen: Was passiert hinter den Kulissen, wenn Beitragsrebellen verhaftet werden? Was wissen die Rundfunkanstalten? Welche Rolle nehmen sie als Gläubiger beim Haftspiel ein? Es geht also eine Presseanfrage an den MDR. Ich habe aber auch eine Geheimwaffe auf meiner Seite: Sieglinde Baumert. Sie hat das Recht auf ihre Daten und auf Akteneinsicht. Im Juni 2017 geht also auch ein siebenseitiger offener Brief von Sieglinde Baumert an den MDR und an die Vollstreckungsbehörde des Wartburgkreises.

Dieser Brief ist unser Gemeinschaftswerk. Er entsteht in wochenlanger Arbeit. Er ist gedrechselt und juristisch geschliffen. Danke dafür an Olaf Kretschmann. Nur seine leidenschaftliche Hilfe hat das möglich gemacht. Er berät Beitragsrebellen, die kurz vor einer Erzwingungshaft stehen. Dafür schlägt er sich durch den Paragrafendschungel. Ihm ist auch dieser Buchteil gewidmet; er ist der Retter, den wir in Kapitel 3 noch kennenlernen werden. Er weiß viel, aber auch nicht alles.

Mit diesem offenen Brief wollen wir Wissenslücken schließen: mit 52 Fragen dazu, wie Sieglinde Baumert von der Knochenmühle der Zwangsvollstreckung in die Erzwingungshaft kam – und welche Rolle bei diesem Haftskandal der MDR nun wirklich gespielt hat. Dieser Brief ist aber auch für die vielen anderen Beitragsrebellen. Sie sollen endlich einen Durchblick im Paragrafendschungel bekommen. Sie sollen wissen, wie es sein kann, dass ein Mensch erst einen Konflikt mit der ARD hat und am Ende in der Haftzelle sitzt. Der MDR soll außerdem aufzeigen, ob er in Zukunft weitere Haftfälle verhindern möchte, und wenn ja, wie.

Die Reaktion des MDR fällt überraschend kurz aus. Angeschrieben war die Intendantin Karola Wille, geantwortet hat der Juristische Direktor der Rundfunkanstalt, Jens-Ole Schröder: Er schreibt, dass sich Sieglinde Baumert auf das Thüringer Informationsfreiheitsgesetz beruft, aber das gelte nicht für den Mitteldeutschen Rundfunk. Was in diesem Schreiben noch folgt, bleibt in der Sache bedeutungslos.

Es gibt also keine Akteneinsicht. Der MDR spielt den billigsten Bürokratie-Joker aus, den er im Ärmel hat. Er ist eine Drei-Länder-Anstalt mit Funkhäusern in Sachsen, Sachsen-Anhalt und eben auch in Thüringen. Juristisch sitzt er aber in Leipzig und damit in Sachsen. Unfassbar, aber wahr: Sachsen hat weder ein Informationsfreiheits- noch ein Transparenzgesetz.[34] Die Bürger leben dort noch wie Untertanen, sie haben gegenüber Behörden besonders schlechte Karten. Hier bleiben Akten und Dokumente gut gehütete Staatsschätze.

Der MDR sendet und kassiert aber nicht nur im kurfürstlichen Sachsen. Thüringen und Sachsen-Anhalt haben ein Informationsfreiheitsgesetz und gehören ebenfalls zum Sendereich des MDR. Der erste MDR-Staatsvertrag wurde sogar in Erfurt unterschrieben. Damit haben die drei Bundesländer ihre *gemeinsame* Rundfunkanstalt errichtet. Sieglinde Baumert hat daher ein Recht auf Auskunft und Akteneinsicht. Die gemeinsame Rundfunkanstalt sieht das anders.

Die Behörde MDR mauert also. Gott sei Dank muss ich das gar nicht mehr kritisieren. Der Fernsehsender MDR tut es bereits selbst. Er ermuntert sein Publikum in einem Beitrag zum Nachfragen: »Was Regierung und Behörden nicht erzählen oder veröffentlichen wollen, werden wir auch nicht erfahren. Oder? Nein, in vielen Fällen wurde nur einfach nicht danach gefragt. Mithilfe der Informationsfreiheitsgesetze hat allerdings jeder Bürger in Deutschland die Möglichkeit dazu. Gerade in Dokumenten, die, wenn es nach Politikern ginge, nicht an die Öffentlichkeit gelangen sollten, verbergen sich oft interessante Informationen.«[35] Ich kann dieser journalistischen Glanznummer des MDR nicht mehr viel hinzufügen.

Nur das: Wie hält es der MDR mit der Informationsfreiheit im eigenen Haus? Ihr werdet schließlich von der Allgemeinheit zwangsfinanziert. *Dürft ihr von allen Bürgern eine Demokratieabgabe verlangen, euch aber selbst wie ein Demokratiedefizit verhalten?*

Vielleicht fragen Sie sich erstaunt, ob ein Fernsehsender gleichzeitig eine Behörde sein kann. Sagen wir es so: Die ARD-Sender leben in zwei Welten und lassen sich dabei von der Sonne gleich doppelt beschcinen. Sie sind Medienkolosse, aber auch janusköpfig – und nicht umsonst ist oft die Rede von den Rundfunkanstalten. Gerade beim Eintreiben des Rundfunkbeitrags wird ihre staatsnahe Seite mehr als deutlich. Dort pochen sie auf ein Gesetz, das einzuhalten ist und das sie begünstigt. Dort lassen sie staatliche Behörden vollstrecken. Dort wird verhaftet. Das Bundesverfassungsgericht nennt die Rundfunkrelikte sogar »Subjekte der mittelbaren Staatsverwaltung«[36]. Aber das wäre ein eigenes Thema. Hier geht es jedoch um das staatsnahe Eintreiben und seine Nebenwirkungen auf unsere Freiheit. Wie beantwortet der MDR denn nun meine journalistischen Fragen? Die habe ich ja auch noch gestellt:

- Halten Sie eine Erzwingungshaft im Rahmen der Vermögensauskunft bei der Zwangsvollstreckung von Rundfunkbeiträgen für angemessen? Wie bewerten Sie die Einschränkung des Grundrechts auf Freiheit durch diese Maßnahme?
- Wie haben Sie im Fall von Sieglinde Baumert von der Erzwingungshaft erfahren?
- Wie und wann haben Sie auf die Ihnen bekannt gewordene Erzwingungshaft reagiert – und bei welchen Stellen?

Die gute Nachricht: Meine Presseanfrage wird beantwortet. Die schlechte Nachricht: Sie wird gleich an den Beitragsservice weitergereicht. Die Ex-GEZ darf erklären, wie der MDR auf die Haft von Sieglinde Baumert reagiert hat. Hier nun die drei Zeilen dürre Antwort auf Fragen, die nach Leipzig gehen, aber in Köln beantwortet werden:

»Als der MDR von der Erzwingungshaft im Fall Sieglinde Baumert erfahren hat, hat er Kontakt zur Vollstreckungsbehörde aufgenommen. Nach Prüfung des Einzelfalls hat der MDR entschieden, dass er die Haft für nicht verhältnismäßig hält, und das Vollstreckungsersuchen zurückgezogen.«

Kann ich das noch ernst nehmen? Wenn der MDR schon Fragen durch ganz Deutschland schickt und das ARD-Netzwerk für Antworten einspannt, die mir nichts sagen – dann soll er sie doch bitte nach Erfurt zum Kinderkanal schicken. Ich möchte es lieber von Graf Zahl aus der Sesamstraße erklärt bekommen. Der wird das mit der Haft wohl für eine ganz heiße Nummer halten. Er wird wohl empfehlen: *Wieso, weshalb, warum – wer nichts sagt, hält andere dumm.*

Ich bin ein kleiner, naiver Schreiberling, aber selbst ich erkenne, dass hier vieles nicht stimmen kann. Solch ein Abblocken und Ausweichen, solch eine Informationsarmut, solch ein Vernebeln unseres Denkens, solch ein verstohlenes Handeln – ausgerechnet bei einem so sensiblen Thema wie der Haft –, all das lässt tief blicken und das Schlimmste erahnen. Ich habe gelernt, dass Millionen Bürger wegen des Rundfunkbeitrags vollstreckt werden. Ich habe gelernt, dass dabei das Bedrohen mit dem Haftbefehl bereits zum Standardgeschäft gehört.

Und darüber hinaus? Wie eskaliert das? Wie oft eskaliert es? Wann wird aus der Drohkulisse eine tatsächliche Haft? *Was* passiert da im Dunkeln? Es scheint fast so, als ob die ARD mit Absicht das Licht wieder herunterdimmen will. Mir fällt dafür nur eine Erklärung ein. Erst durch den Fall von Sieglinde Baumert erkennen die Menschen: Hoppla, wir können ja verhaftet werden – beim großen Abpressen des Rundfunkbeitrags. Vorher war das einfach kein Thema – offenbar auch in der Chefetage der ARD nicht –, solange das Geld fließt, solange die Abteilung Beitragsservice liefert, solange da nichts auf dem Krisenherd kocht. Vielleicht saßen bereits viele Beitragsrebellen – und mussten dann aufgeben –, aber sie blieben immer unter dem Radar. Das würde auch die panikartige Blitzfreilassung erklären, als sich der Fall Baumert nicht von selbst löst, als alles bekannt zu werden droht. Jetzt muss die Chefetage ran. Sie muss den Menschen im Land erklären, dass es keinen Kontrollverlust beim großen Abpressen gibt. Jetzt werden Floskeln wie *Angemessenheit* und *Verhältnismäßigkeit* in den Mund genommen. Jetzt wird *geprüft*, um alle da draußen zu beruhigen. Jetzt kommt aber auch die nebulöse Behauptung vom *Einzelfall*, den man doch erst einmal kennen muss, um ihn *prüfen* zu können. Das klingt so erbärmlich.

Die ARD lässt diese vielen Menschen vollstrecken. Wie wir noch sehen werden, erklärt sie den Vollstreckern sogar, wie die bitte vollstrecken sollen. Die ARD kassiert das Geld – aber wenn es eskaliert, behaupten die Sender: *Wir wissen davon nichts.* Wie hält es die ARD also mit der Verantwortung? Eine Haft, von der sie nichts wissen muss, muss sie auch nicht verhindern. Was die ARD aber weiß, das muss sie auch verantworten können. Nichtwissen kann also wunderbar bequem sein – und es macht die millionenfache Zwangsvollstreckung des Rundfunkbeitrags zum Selbstläufer. Vielleicht funktioniert dieses Massenverfahren überhaupt nur so, vielleicht gehört das Bedrohen der Menschen mit Haftbefehlen einfach dazu zum Geschäft mit dem Rundfunkbeitrag. Vielleicht ist es unmöglich, bei Zehn- oder Hunderttausenden die Eskalationsstufe noch abzuwägen. Vielleicht geht man einfach davon aus: *Es ist noch immer gut gegangen, bisher haben sie noch immer aufgegeben.* Für die Menschen und den Schutz ihrer Grundrechte wird das aber zur Tragödie.

Trotzdem: Das kann nicht die ganze Wahrheit sein. Ich denke dabei an das Schreiben des MDR vom 1. April 2016. Er fordert darin die Vollstrecker auf, dass Sieglinde Baumert endlich freigelassen wird. In der Betreffzeile wird deutlich: Das war nicht der erste Schriftwechsel mit den Vollstreckern. Es gab auch vorher Kontakt im Fall Baumert. Eigentlich ist das doch auch nur logisch. Hier lassen Bürokraten verhaften. Sie nehmen dieses Risiko auf sich, damit die ARD endlich zu ihrem Geld kommt. Bürokraten bestehen aber immer auch auf mindestens drei Durchschläge. Kann es also wirklich so einfach sein: Die Vollstrecker ziehen diese Erzwingungshaft durch, ohne dass sie sich beim Rundfunk rückversichern? Geben es die Gesetze her, dass die Haft eines Menschen so einfach zum Selbstläufer wird? Das braucht viel Fantasie und gerade davon haben Bürokraten bekanntlich nur sehr wenig. Es muss also mehr dahinterstecken.

Ich jedenfalls habe genug vom häppchenweisen Spiel der ARD mit der Wahrheit. Es geht um die Freiheit von Menschen, nicht um Beitragskonten. Ich bringe deshalb meinen bisherigen Kenntnisstand auf den Punkt und entschuldige mich im Voraus für die Wiederholungen – sie sind wichtig, um es zu verstehen.

Mein Kenntnisstand: Die ARD und ihre Grauzone bei der Haftfrage

(1) Die Rundfunkanstalten sind der Gläubiger des Rundfunkbeitrags. Sie können die Erzwingungshaft gegen Beitragsrebellen selbst beantragen. So ist es im Paragrafen 802g der Zivilprozessordnung sogar vorgesehen. Warum fordert es das Gesetz so? Weil die Haft ein beispielloser Eingriff in unsere Grundrechte ist, also muss der Gläubiger dafür geradestehen. Er muss diesen Haftbefehl selbst beantragen – und er muss zustimmen, dass er am Ende auch wirklich durchgezogen werden soll. Die Rundfunkanstalten überlassen die Zwangsvollstreckung ihres Rundfunkbeitrags aber in großen Teilen den kommunalen Vollstreckungsbehörden überall im Land. Damit bildet sich bei der Frage der Verantwortung eine Grauzone.

(2) Wie problematisch diese Grauzone für den Schutz unserer Grundrechte ist, merken wir, als eine Vollstreckung für die ARD eskaliert – erst im Gefängnis und dann öffentlich. Die Vollstreckungsbehörde des Wartburgkreises beantragt den Haftbefehl gegen Sieglinde Baumert und gibt auch die Zustimmung zum Verhaften. Laut Gesetz darf so etwas nur der Gläubiger. Der Gläubiger des Rundfunkbeitrags ist aber der MDR. Er lässt hier vollstrecken. Trotzdem machen sich die Vollstrecker selbst zum Gläubiger. Warum dürfen sie das?

(3) Es gibt jetzt zwei Gläubiger – und es bleibt vollkommen unklar, wie sich diese beiden Gläubiger untereinander abstimmen; wie sich die Vollstrecker beim Rundfunk rückversichern, ob der überhaupt möchte, dass ein Mensch in der Zelle bis zu sechs Monate lang weichgekocht wird. Die ARD erklärt sich dazu nicht öffentlich. Im Fall von Sieglinde Baumert gibt es aber nachweisbar einen Schriftverkehr kurz nach der Verhaftung und lange vor ihrer Freilassung. Dazu äußert sich der MDR nicht.

(4) Es wird schizophren: Sieglinde Baumert sitzt seit fast zwei Monaten in Haft. Als sich aber ein öffentlicher Skandal ankündigt, will der eine Gläubiger nicht mehr, was der andere Gläubiger gerade tut. Der MDR erklärt hinterher den Vollstreckern, dass er diese Haft »inzwischen« nicht mehr für *angemessen* hält. Sie soll beendet werden.

(5) Es wird erbärmlich: Eigentlich wünscht sich die ARD doch gar keine Haft für Menschen. Das sagen die Sender später, wann immer sie öffentlich darauf festgenagelt werden. Ich glaube das nicht so recht. Offenbar sagt bei der ARD die eine Stelle etwas, aber eine andere Stelle handelt ganz anders. Außerdem behauptet die ARD: *Die Vollstrecker handeln »eigenständig«, wir haben mit dieser Haft nichts zu tun.* Dass die Sender doch Einfluss haben, beweist schon die Blitz-Freilassung von Sieglinde Baumert durch den MDR. Die Rundfunkanstalten verhindern sogar einen Teil der weiteren Haftfälle – wohl aus Angst vor noch mehr Negativschlagzeilen. Die Öffentlichkeit wird darüber nicht aufgeklärt: Was genau tun die ARD-Anstalten, um weitere Haftfälle zu verhindern? Würden sie wirklich etwas verändern wollen, dann hätte längst die Chefetage getagt. Ohne eine Entscheidung der ARD-Intendanten passiert nichts, all die Worte bleiben bloß heiße Luft.

(6) Die Wahrheit: Unsere ARD ist nicht so machtlos, wie sie gerne behauptet. Sie kann in die Vollstreckungsmaschine eingreifen – nicht bloß im *Einzelfall* –, sondern schon von Anfang an. Der Beitragsservice schreibt jedes Jahr Millionen von Vollstreckungsaufträgen. In diesen automatisierten Massenschreiben bekommen die Vollstrecker mitgeteilt, was vollstreckt werden soll. Die Vollstrecker bekommen vom Beitragsservice auch Informationen, *wie* vollstreckt werden soll.

In diesen Schreiben werden die Vollstrecker etwa um eine »Forderungspfändung« gebeten, »wenn nach Ihrem Ermessen eine Sachpfändung keine Aussicht auf Erfolg hat«. Kein Wort über eine Vermögensauskunft, kein Wort über Haftbefehle und Haft. Wie sich die Vollstrecker rückversichern, was mit dem Rundfunk abgestimmt wird oder nicht – all das bleibt eine Grauzone und wird uns nicht erklärt.

Diese Art der ausgelagerten Vollstreckung war einmal als Sonderfall gedacht. Der Beitragsservice arbeitet aber nur nach diesem Sonderfall: bundesweit, millionenfach. Die Rundfunkanstalten nutzen dabei staatliche Infrastruktur, die von der Allgemeinheit bezahlt wird. Sie zahlen sehr geringe Pauschalen von etwa 23 Euro[37] pro Vollstreckungsfall.

Die ARD hat Schöpfer gespielt und sich ein Monster erschaffen – eines der größten Massenverfahren der Bundesrepublik –, wir kennen es unter dem Namen GEZ oder Beitragsservice. Bei dieser massenhaften Zwangsvollstreckung des Rundfunkbeitrags enden Menschen im Gefängnis. Sie werden verhaftet, obwohl es der eigentliche Gläubiger des Rundfunkbeitrags *offiziell* nicht will. Man ist sogar »erstaunt«. Das allein zeigt, dass in diesem konstruierten Apparat ein Verantwortungsvakuum besteht. Es gibt ein Problem im System.

Das behaupte ich kess, ohne alle Hintergründe zu kennen, die uns nicht mitgeteilt werden. Dieses beängstigende Massenverfahren zur Eintreibung der Rundfunkmilliarden wächst seit Jahrzehnten. Es entwickelte erst ein Eigenleben, jetzt frisst es Menschen auf: Weil die Sender immer weniger akzeptiert werden, muss immer öfter zwangsvollstreckt werden. Ich möchte endlich wissen, wie Menschen dabei unter die Räder kommen, ich will von der ARD wissen: Was daran ist eure Schuld? Es gibt aber keine Aufklärung, stattdessen betont der MDR doch tatsächlich, dass er in einem Bundesland sitzt, in dem er schweigen darf. Ihr habt da einen Fehdehandschuh hingeworfen, ich nehme ihn auf. Wenn ich keine Antworten erhalte, dann muss ich sie mir eben holen – dann lasse ich mich eben selbst vollstrecken.

KAPITEL 2

VOLLSTRECKUNG: MEIN SELBSTVERSUCH MIT DEM HAFTBEFEHL

Wenn die ARD so gerne Einzelfälle überprüfen will, dann soll es eben mein eigener sein. Ich lasse mich also vollstrecken, natürlich unter der journalistischen Frage: Wie und unter welchen Bedingungen werden die Menschen hier verhaftet? Wer weiß davon? Wer gibt das Okay? Ich gehe dieses Selbstexperiment logisch, mit Recherche und mit der Hilfe eines Mannes an, der mich dabei unterstützt. Ein Mann, der wohl mehr über die ARD-Haftfälle weiß als die ARD selbst und den wir bald kennenlernen. Bevor er mir helfen kann, muss ich aber erst einmal bedroht werden. Sie sollen mir einen Haftbefehl vor die Nase halten und auf diesem Papier soll mein Name stehen. Wie erreiche ich das? Meine Strategie sieht so aus: einfach nichts tun, einfach nicht zahlen, dann rase ich ganz automatisch auf den Abgrund zu, inklusive Haftbefehl und Haft.

So gehen wir ins Netz

Es wird gesagt, dass der Beitragsservice ein Massenverfahren orchestriert – so groß, wie es wohl kein zweites bei uns gibt. Stimmt. Es wird gesagt, dass die ARD sogar bei ihrer Finanzierung in einer ganz eigenen Liga spielt. Stimmt auch, aber die ganze Wahrheit ist noch viel verstörender: Nur eine Maschine kann die 45 Millionen Beitragskonten der ARD-Anstalten verwalten. Nennen wir das Elend so vieler also folgerichtig beim Namen: Der Begriff Beitragsservice ist ein Euphemismus, das Wort GEZ-Maschine trifft den Nagel auf den Kopf.

Ironischerweise verschwinden sogar die Menschen, die in dieser Maschine arbeiten. Sie sind eher Rädchen im Getriebe, vor allem müssen sie funktionieren.

Ich sehe mir die Geschäftsberichte des Beitragsservice an und lege die Jahresberichte der ARD-Anstalten dazu. Überall tanzen hier die ganz großen Zahlen. Was auf der einen Seite ausgegeben wird, muss auf der anderen reinkommen. Milliarden um Milliarden und all diese Zahlen sagen nicht mehr als ein einziges Bild: Der Beitragsservice ist die Zugmaschine; eine Dampflok, an der jede Rundfunkanstalt angehängt ist und gezogen werden möchte. Die riesige Maschine muss unablässig mit Kohle gefüttert werden, damit die Betriebstemperatur im Kessel niemals sinkt, und es gibt so viel mitzuziehen. Bitte keine Zwischenfrage, warum gleich zehn Wagen mit der Aufschrift ARD gezogen werden wollen. Ich weiß, jede Rundfunkanstalt tut im Grunde das Gleiche, also gibt es darauf keine plausible Antwort. Genauso wenig wie auf die Frage, warum ganz hinten mit dem ZDF noch einmal ein ganze zweite ARD angehängt ist. Hier geht es nicht um Logik, hier geht es ums Zahlen! Es geht darum, dass die Maschine niemals stoppen darf.

Wir alle füttern diese Maschine und bleiben doch nur Nummern in der gigantischen GEZ-Datenbank – und als solche werde auch ich in Köln eben abgearbeitet, ganz automatisiert. Ich bin eine von unüberschaubar vielen Nummern, und ich zahle nicht. Im Großen und Ganzen spielt das natürlich keine Rolle, aber beim Beitragsservice geht plötzlich die Rechnung nicht mehr auf. Bei einem von Millionen Konten blinkt die rote Lampe auf, der ständige Geldfluss ist versiegt. Der Mensch hinter dem Konto funktioniert nicht mehr so, wie er soll. Natürlich fragt jetzt kein anderer Mensch in Köln nach dem Warum und macht sich ein Bild von der Lage – nein, auch bei mir handelt lediglich eine riesige Inkasso-Maschinerie.

Für diese Maschine macht es keinen Unterschied, ob sie im Akkord und pro Jahr etwa 25 Millionen Mahnschreiben produziert oder eben anderthalb Millionen Schreiben, die ebenso viele Menschen in die behördliche Zwangsvollstreckung stoßen. Für den Menschen ist das eine Schreiben ein kleines Ärgernis, das andere Schreiben stürzt ihn in eine Lebenskrise. Für die Maschine bleibt alles gleich bedeutungslos. Es sind Nummern und Textbausteine, die aneinandergereiht sind. Es sind nur Prozesse, die massenhaft abgearbeitet werden. Das klingt natürlich nach einem Traum: keine Gnade, für niemanden. Spätestens beim Haftbefehl wird es zum Albtraum, aber keine Sorge, dafür bin ja jetzt ich zuständig. Ich sammle fleißig meine Bescheide, die mir die Maschine zuschickt. Wie automatisiert und ganz ohne menschliches Zutun es dabei zugeht, verrät schon ein Blick auf das Datum dieser Bescheide: Es gibt Sonntagsbescheide! Am Wochenende sitzt garantiert niemand am Schreibtisch, aber trotzdem ergeht ein automatischer Druckbefehl beim Beitragsservice in Köln. Bescheide werden erlassen und kein Mensch ist da, um sie zu autorisieren oder zu hinterfragen. Ganz ehrlich: Diese GEZ-Maschine wird mir immer unheimlicher.

Wenn der Mensch hinter dem Konto also nicht mehr so funktioniert, wie er soll, dann gibt die ARD seine Nummer zur Zwangsvollstreckung frei. Natürlich wird es jetzt scheinbar kompliziert. Der Mensch wird mit Schreiben überschüttet und mit Paragrafen verwirrt. Ich habe mir alle Mahnstufen angeschaut, alle denkbaren Schreiben, ich könnte jetzt alles auflisten und aufzählen – und Sie werden mir dabei im großen Meer der Abstraktion ertrinken oder dieses Buch weglegen. Reduzieren wir jetzt all das auf ein einziges Wort: *Angst*. Der Mensch soll sich selbst zur Zahlung zwingen. Das ist das Ziel. Die leise Stimme im Hinterkopf soll flüstern: »Mensch, zahl doch endlich; wer weiß, was dir sonst noch passiert.«

Seien wir wenigstens einmal respektlos und unkompliziert. Nennen wir die drohende Vollstreckung lieber so: »Mensch, meutere doch nicht.« Bringen wir etwas Würze ins Spiel und vereinfachen es auf das Wesentliche. Belassen wir es zunächst bei kleinen Inseln der Anschaulichkeit und schieben den restlichen Papierberg beiseite. Im Grunde hat die GEZ-Maschine nur zwei behördliche Waffen im Köcher, die wirklich treffen: den Festsetzungsbescheid und das Vollstreckungsersuchen. Mehr braucht sie nicht, mehr Arbeit hat die ARD bei der Vollstreckung nicht.

Einer Vollstreckung gehen also immer mehrere Festsetzungsbescheide voraus. Wer kennt diesen Bescheid? Niemand? Schade, dabei halten ihn Millionen Deutsche immer wieder in den Händen. Wer nicht pünktlich zahlt, der bekommt ärgerliche Post aus Köln. Vorher hieß es noch freundlich: »Ihre Rundfunkbeiträge sind fällig.« Jetzt verschärft sich der Ton. Plötzlich wird eine Summe förmlich »festgesetzt« und mit allerlei Behördenchinesisch dem Bürger serviert. Am zuverlässigsten erkennen Sie dieses Schreiben an der Betreffzeile: Festsetzungsbescheid. Rundfunkbeiträge dürfen nämlich nicht einfach so vollstreckt werden, es bedarf erst dieses Bescheids – Juristen sprechen vom Verwaltungsakt. Bürger müssen wissen: kein Bescheid, keine Vollstreckung, kein Geld für die ARD-Anstalten. Das ist also die Basis des Ganzen. Ich weiß, dass ich drei dieser Festsetzungsbescheide ansammeln muss. Erst dann darf ich mich über meine Vollstreckung freuen und komme endlich der Haft und dem Haftbefehl näher. Sie können natürlich binnen vier Wochen Widerspruch gegen diesen Bescheid einlegen. Das dürfte aber nur bei zwei Fallgruppen erfolgversprechend sein:

Erstens: Sie gehören zu den Menschen, die offiziell aus sozialen oder gesundheitlichen Gründen zu befreien sind. Auch hier wurden die Regeln verschärft. Sogar die Blinden schauen bei ARD und ZDF jetzt in die Röhre – sie müssten jetzt schon taubblind sein, um wieder befreit zu werden. Wer Arbeitslosengeld I bezieht oder einfach nur Student ist, kann sich auch nicht befreien lassen. Es bleibt kompliziert und kleinteilig, wie immer. Zum Glück bietet der Beitragsservice selbst ein interaktives Formular auf seiner Webseite an.[1] Dieses Formular ist sehr umfassend und bietet alle Gruppen zur Auswahl, die sich befreien lassen können. Es ist also Unsinn, diese wenigen Glücklichen hier noch einmal aufzuzählen. Die Glücklichen müssen also nur ihrem Festsetzungsbescheid widersprechen und ihren Befreiungsantrag beilegen. Das Ausfüllen des Antrags ist auch denkbar einfach – zumindest für jeden, der sechs Semester Sozialrecht studiert hat.

Zweitens: Sie können dem Festsetzungsbescheid auch widersprechen, wenn Sie in der Vergangenheit zu befreien *waren*. Ja, wir dürfen uns für bis zu drei Jahre »rückwirkend« befreien lassen.[2] Das ist wohl das einzige Geschenk, was uns der Gesetzgeber beim Rundfunkbeitrag gewährt hat.

Ich möchte das an einem Beispiel illustrieren: Kommen wir doch auf unseren Studenten zurück. Er absolvierte schließlich sechs Semester Sozialrecht und hat damit beste Voraussetzungen, um etwas zu schaffen, woran viele verzweifeln: dem Ausfüllen eines Befreiungsformulars für den Beitragsservice. Der Student erhält zwischen 2017 und 2020 BAföG. Er wohnt im Lauf der Jahre in vielen WGs und vergisst das mit dem lästigen Ummelden einfach. Nach dem Abschluss möchte unser liederlicher Student endlich sesshaft und ein guter Bürger werden. Ohne Argwohn geht es für ihn also zur Meldebehörde. Er wird sich dort neu anmelden und damit gleich eine teure Lektion fürs Leben lernen. Der Lohn seiner guten Tat sieht nämlich so aus: Der Beitragsservice darf sich mechanisch die Hände reiben – unser Ex-Student geht gerade ins Netz. Während der noch freudestrahlend, mit gutem Gewissen und einer Meldebescheinigung in der Hand die Behörde verlässt, werden im Hintergrund seine Daten nach Köln gefunkt. Gerade das macht die GEZ-Maschine so ungemein effektiv, denn sie wird von wirklich jeder Meldebehörde im Land bedient. In Köln ist die Meldeadresse unseres Ex-Studenten nun bekannt. Bald kommt Post, die sich wenig schmeichelhaft so zusammenfassen lässt: *Nicht gezahlt!* Unser Ex-Student ist überrascht, verärgert, bereut seine gute Tat und verweigert sich. Die GEZ-Maschine meldet ihn trotzdem an – gegen den Willen des Menschen –, auch das erlaubt das Gesetz. Am Ende liegt ein sehr teurer Festsetzungsbescheid im Briefkasten, Rundfunkbeiträge sind von 2017 bis 2020 nachzuzahlen. Nun darf sich unser Ex-Student trotzdem nicht machtlos fühlen. Er darf widersprechen und mit gutem Recht schreiben: »Ich war aber doch zu befreien, denn ich habe in den letzten drei Jahren BAföG bezogen.« Der Beitragsservice muss einen »rückwirkenden« Befreiungsantrag akzeptieren, wenn die Nachweise für das BAföG beigefügt sind.

Unser Ex-Student sollte das natürlich tun, bevor es zu Vollstreckungsmaßnahmen kommt, denn damit erspart er dem Beitragsservice ein bürokratisches Chaos. Eine »rückwirkende« Befreiung wird gerade für den Vollstrecker zum GAU, denn die Vollstreckung muss dann sozusagen rückabgewickelt werden. Was ist aber, wenn wir dann schon mit einem Haftbefehl bedroht oder gar verhaftet worden sind? Die Vollstrecker sind dabei wohl nicht zu beneiden.

Das bringt mich wieder zu meinem Vorhaben: Ich will nicht widersprechen, ich will mich nicht befreien lassen, ich will endlich meinen Haftbefehl in den Händen halten. Was ist aber mit all den Unglücklichen, die nicht zu befreien sind oder nicht zu befreien waren und die gerne auf ein Selbstexperiment mit dem Haftbefehl verzichten?

Eine Ideensammlung, wie Bürger wenigstens einen »Zahlungsstopp« erreichen können, findet sich auf der Website www.rundfunk-frei.de,[3] wobei es vielmehr ein Verlangsamen des großen Geldflusses an ARD und ZDF ist – aber das zieht Mahnkosten und Säumniszuschläge nach sich. Dieser abwechselnde Rhythmus mit dem Zahlen-Unterbrechen-Weiterzahlen wirkt nicht wie eine endgültige Befreiung, sondern eher wie ein symbolischer Akt: *Ich zahle, aber unter Protest.* Wenn viele mitbremsen, bekommt der Beitragsservice ein statistisch spürbares Problem. Er kann dann auch nicht mehr sagen: »Alles ruhig an der Beitragsfront« – und damit ließe sich etwas auf politischem Wege erreichen.

Doch zurück zum Festsetzungsbescheid: Natürlich darf ihm jeder binnen vier Wochen widersprechen, auch die Unglücklichen, die nicht offiziell zu befreien sind oder zu befreien waren. Diese Unglücklichen werden dann aber sehr wahrscheinlich einen Widerspruchsbescheid im Briefkasten finden. Dort finden sich viele Textbausteine, die sich auch wieder ganz einfach übersetzen lassen: »Widerspruch abgelehnt, vonseiten des Rundfunks ist alles gesagt, bitte zahlen!« Nun könnten Sie zahlen. Sie könnten auch gar nichts tun oder Sie könnten klagen. Beides stoppt aber die Vollstreckung nicht, die trotzdem automatisch anläuft. Sie müssten vor Gericht einen Eilrechtsschutz beantragen, aber das ist wieder ein Kapitel für sich, was wir uns im dritten Teil dieses Buches anschauen werden. Der Klageweg ist mit einem Kostenrisiko verbunden.

Im Netz klafft eine Lücke:
Die Abmeldebescheinigung

Was ich vorhabe, ist mehr als ungewöhnlich: Nicht alle erwarten see-
lenruhig ihre eigene Vollstreckung. Die meisten geben vorher auf, sie
fühlen sich in die Ecke gedrängt und fügen sich. Viele durchforsten
das Internet aber nach den *Anti-GEZ-Argumenten*. Dafür investieren sie
Zeit und Mühe, suchen Ideen und hoffen auf eine Lücke. So sieht also
die Alternative zum Aufgeben aus. Wenn es mit der einen Strategie
nicht mehr klappt, dann vielleicht doch mit einer anderen? All das ist
menschlich und als Mensch imponiert mir das, als Journalist muss ich
aber fragen: Was ist von diesen Anti-GEZ-Argumenten zu halten? Kann
der Weg aus dem unheimlichen und gnadenlosen Zwang tatsächlich so
einfach sein? Ich präsentiere einem Anwalt eine gängige Auswahl und
bekomme sein kurzes, aber ehrliches Feedback: Er winkt ab.

Natürlich sieht der Anwalt das durch die Brille eines Juristen. Die
meisten dieser Argumente seien nicht rechtssicher oder genauer gesagt: Sie entsprechen nicht der vorherrschenden Rechtsauffassung.
Genau das müssen solche Strategien aber sein: rechtssicher. Sonst
funktionieren sie offiziell nicht. Die Rundfunkanstalten werden alles
abschmettern, was nicht den wenigen Befreiungsregeln entspricht.
Wir müssen dann anschließend vor Gericht klagen, wenn wir doch
noch recht bekommen wollen – und dort scheitern die meisten An-
ti-GEZ-Argumente genauso, weil sie einfach nicht der Systemlogik
entsprechen. Damit tauchen wir vollends in die Juristerei ein – eine
Welt für sich, mit eigenen Spielregeln. Wir schauen uns das noch an
anderer Stelle an. Wichtig ist jetzt: Es gibt nicht mehr das eine Kil-
ler-Argument, das auf alle zutrifft. Das gab es bei der Rundfunkgebühr bis 2012, bei der sich jeder ganz persönlich gegen den Zwang
entscheiden konnte – mit einer Abmeldung des Geräts. Heute bezahlen wir ARD und ZDF allein dafür, weil wir alle wohnen müssen.

Das heißt natürlich nicht, dass rechtlich gar nichts möglich wäre,
aber insgesamt spielt der Rundfunkbeitrag unter Juristen keine nen-
nenswerte Rolle, denn Geld lässt sich damit kaum verdienen. Trotz-

dem komme ich mit dem Anwalt ins Plaudern und möchte wissen: Gab es denn in all diesen Jahren nicht doch den einen kuriosen Fall? Es gab sogar mehrere. Sie alle verdeutlichen mir, wie die GEZ-Maschine funktioniert. Dieser Apparat wird wie gesagt von den Meldebehörden gespeist. Eine gigantische Datenflut ergießt sich nach Köln und dort wird aus unseren Daten sprichwörtlich Geld gemacht. Unsere Meldeadresse ist dabei das größte Kapital des Beitragsservice, denn damit gehen wir ins Netz. Kann die größte Stärke dieses Apparats zugleich auch seine größte Schwäche sein? Diesen Eindruck gewinne ich, während mir der Anwalt mehrere kuriose Einzelfälle schildert.

Die Menschen in seinen Fallbeispielen kämpften gegen die GEZ-Maschine. Sie alle standen vor einer Niederlage, sie alle lernten dabei wohl: Lande gar nicht erst im Netz einer Maschine, denn es wird ein ungleicher Kampf. Es erinnert an David gegen Goliath: Der Gigant selbst war unbesiegbar, aber er verlor durch eine List, die nur deshalb funktionierte, weil Goliath viel zu groß war. Er verdankte seinen Riesenwuchs einem Tumor, der auch auf den Sehnerv drückte. Goliath wartete schwergerüstet auf seinen Nahkampf, wie immer, doch dazu kam es nie. Genau genommen sah er nicht einmal mehr den heranfliegenden Stein aus der Schleuder. Wenn der Beitragsservice also auch ein schwerfälliger Riese ist, dann sind die Meldebehörden wohl seine Augen. Wie einst Goliath von einem Begleiter erst zum Gegner geführt werden musste, so ist auch die GEZ-Maschine allein ausgesprochen kurzsichtig; sie muss ebenso zum Ziel geführt werden. Ich denke, wir sind nicht so blind – Sie erkennen bereits den gemeinsamen Nenner all dieser Einzelfälle: Die intelligenteste Konfliktlösung besteht wohl darin, gar nicht erst in den Konflikt zu geraten.

Schauen wir uns nun den ersten Fall kurz an. Der Anwalt vertritt einen Mandanten, der gegen den Rundfunk Berlin-Brandenburg (RBB) klagt: »Weil er den Rundfunkbeitrag für eine Wohnung in Berlin zahlen sollte.« So weit, so normal, das Besondere an diesem Fall erfährt der Jurist aber erst im Laufe des Prozesses: »Er sagte, dass er in dieser Wohnung gar nicht mehr wohnt. Er hatte diese Wohnung untervermietet und wohnte bereits seit mehreren Jahren in einer Mietwohnung in Lüneburg.« Die RBB wollte also die Wohnungsabgabe für eine Wohnung kassieren, in der dieser Mann nicht einmal wohnt. Um diesen Prozess zu gewinnen, »empfahl ich meinem Mandanten, dass er sich für die Wohnung in Berlin abmeldet. Das hatte er zu meiner Überraschung bisher nicht getan.«

Das wirklich Überraschende sollte aber erst noch folgen: »Er meldete sich im Laufe dieses Prozesses ab, dabei gab er keine neue Wohnung an; er meldete sich insbesondere auch nicht um.« Um es klar zu sagen: Dieser Mann hörte damit auf, zu existieren – zumindest aus behördlicher Sicht. Er tauchte unter. Wir können uns zwar nicht mehr bei der GEZ-Maschine abmelden, aber wir können uns weiterhin bei den Meldebehörden abmelden, die ja die Augen des Beitragsservice sind. Kein Mensch, keine Daten, keine Zwangsanmeldung, keine Zwangsvollstreckung. Es klingt filmreif, beinahe wie aus einem Thriller über die Rote-Armee-Fraktion. Natürlich taucht hier kein Terrorist ab, sondern ein unbescholtener Bürger, der einfach nur den großen Zwang zum Rundfunkbeitrag unterlaufen will. Kann es tatsächlich so einfach sein? Ich hake beim Anwalt nach und erfahre, dass ein einfaches Abmelden dafür nicht ausreicht, denn natürlich möchte die Meldebehörde immer auch wissen, wohin wir ziehen.

»Er ist zu dem für ihn zuständigen Bezirksamt Friedrichshain-Kreuzberg in Berlin gegangen und hat ein Abmeldeformular ausgefüllt. In diesem Formular gibt man seine bisherige Wohnung an, die hat er zutreffend eingetragen. Außerdem gibt man den eigenen Namen an, den Tag des Auszugs und den Ort, an dem man künftig wohnen wird.« Nun wird es interessant: Der Normalfall ist ja der Umzug in Deutschland, dafür gibt es auch einen eigenen Bereich im Formular. Was hat aber sein Mandant dort eingetragen? »Er hat einfach in Großbuchstaben A-U-S-L-A-N-D quer über die Felder geschrieben, weil dafür gar kein Feld vorgesehen ist. Das Formular sieht nur vor, dass man im Inland eine künftige Wohnung hat. Dass man ohne eine neue Wohnung wegzieht, ist nicht vorgesehen.« Der Bürger muss also improvisieren, aber wird die Behörde das anerkennen? »Er hat das Abmeldeformular unterschrieben bei der Behörde abgegeben und eine amtliche Meldebestätigung für die Abmeldung erhalten. Die enthält seinen Namen, seine bisherige Anschrift, den Tag des Auszugs und das Datum, an dem die Behörde diese Bescheinigung erstellt hat.« Ich lasse mir eine solche Bescheinigung aus einem anderen Fall zeigen (siehe Abbildung 1).

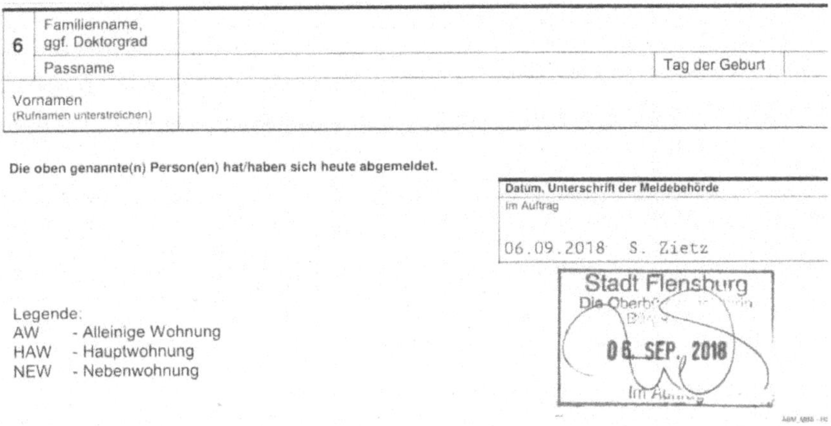

Abbildung 1: Beispiel einer Abmeldebescheinigung

Dieser Bürger hat sich in Flensburg abgemeldet und im September 2018 auch tatsächlich seine Bescheinigung erhalten. Dort steht: »Die oben genannte(n) Personen haben sich heute abgemeldet.« Darunter stehen ein Dienstsiegel und eine Unterschrift. Dieser Bürger will von der Meldebehörde natürlich auch noch wissen, wohin seine Daten denn nun fließen. Er erhält eine Auskunft mit dem Betreff: »Datenübermittlung nach erfolgter Abmeldung ins Ausland.« In diesem Schreiben wird ihm noch einmal die Abmeldung bestätigt (siehe Abbildung 2).

Aufgrund Ihrer Angaben vom 06.09.2018 haben wir Ihre Wohnung in Flensburg, ████ ████████ zum 13.09.2018 abgemeldet. Als künftiger Aufenthaltsort wurde Dänemark angegeben.

Abbildung 2: Bestätigung der Abmeldung

Am 13.09.2018 wurde folgenden Stellen die Abmeldung ins Ausland übermittelt:

1. Bundesfinanzverwaltung (§ 9 2.BMeldDÜV)
2. Datenstelle der Rentenversicherungsträger (§ 6 2. BMeldDÜV)
3. Statistisches Landesamt (§ 11 LMVO)
4. Dataport-Vermittlungsstelle/landesweite Spiegeldatenbank (§§19-21 LMVO)
5. Norddeutscher Rundfunk (§ 14 LMVO)

Abbildung 3: Unsere Meldedaten fließen an viele weitere Behörden

Interessanter finde ich aber den folgenden Abschnitt, der in Abbildung 3 zu sehen ist. Der NDR erfährt also, dass es diesen Bürger zumindest meldetechnisch nicht mehr gibt – er besitzt demnach keine Wohnung in Deutschland und damit entfällt auch die gesetzliche Pflicht, den Rundfunkbeitrag zu zahlen. Ist der Bürger damit befreit? Mitnichten. Trotz dieses umfassenden Datenaustauschs, der verdächtig an den gläsernen Bürger erinnert, gilt weiter das altbekannte Behördenmotto: *Jeder macht seins, auch gerne doppelt und dreifach.* Der Mandant des Anwalts füllt in diesem Fall also auch noch das interaktive Abmeldeformular auf der Website des Beitragsservice aus – er wählt *Umzug ins Ausland* als einen der erlaubten Abmeldegründe, er druckt alles aus, fügt noch die Abmeldebestätigung der Meldebehörde hinzu – als offiziellen Nachweis – und bringt das Ganze zur Post. Eine solche behördliche Abmeldebestätigung muss die GEZ-Maschine zur Kenntnis nehmen, und sie kann doch nichts damit anfangen. Denn dieses Papier enthält keine für sie verwertbaren Daten wie eine künftige Wohnung. Abmeldebescheinigungen unterscheiden sich von Bundesland zu Bundesland. Ich lasse mir eine Bescheinigung für Baden-Württemberg zeigen, die etwas anders aufgebaut ist (siehe Abbildung 4).

Hier gibt die Behörde unter dem Punkt *künftige Wohnung* selbst an: »UNBEKANNTES AUSLAND«. Eine Bescheinigung für Mecklenburg-Vorpommern schweigt sich gleich ganz zur künftigen Wohnung aus (siehe Abbildung 5).

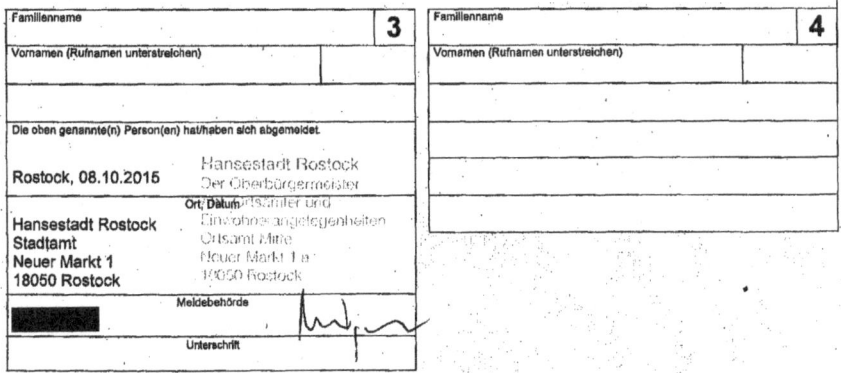

Abmeldung

Bisherige Wohnung	Gemeindekennzahl	Künftige Wohnung
Tag des Auszugs **01.08.17**	**08127056**	Falls künftige Wohnung noch nicht bekannt, Angabe des Verbleibs. **UNBEKANNTES AUSLAND**

Abbildung 4: Abmeldebescheinigung in Baden-Württemberg

Familienname	**3**	Familienname	**4**

Abbildung 5: Abmeldebescheinigung in Mecklenburg-Vorpommern

So unterschiedlich all diese Abmeldebestätigungen aussehen mögen, der Beitragsservice muss sie akzeptieren, sie sind behördlich, sie entsprechen der Systemlogik. »Der Bürger ist laut dem Rundfunkbeitragsstaatsvertrag verpflichtet, dem Rundfunk die Aufgabe einer Wohnung mitzuteilen. Von daher ist man gut beraten, dem Rundfunk dieses Formular zu schicken«, empfiehlt der Jurist. Stimmt, dieses Schauspiel inszenierte der Mandant im Berliner Fall ja nur für die GEZ-Maschine, denn er zog nicht wirklich ins Ausland. Natürlich ist es ein Trick, der aber allein deshalb funktionieren kann, weil dahinter ein amtlicher Bescheid steht, der es bescheinigt.

Hatte es am Ende Erfolg? »Die Meldebescheinigung der Behörde stammt vom Juni, sie wurde zum Beitragsservice geschickt, drei Monate später kam aus Köln ein Schreiben, das den Betreff enthält: ›Bestätigung der Abmeldung.‹ Dort heißt es weiter: ›Sehr geehrter Herr [...], vielen Dank für Ihre Mitteilung. Wir haben das Beitragskonto abgemeldet.‹ Mit diesem Dokument ist man alle Sorgen los, dann ist Schluss, dann hört man von dort auch nichts mehr«, so der Anwalt.

Das ist es – das Dokument, nach dem sich Millionen sehnen. Das ist die Abmeldung, die eigentlich gar nicht mehr möglich ist. Jetzt existiert ein Geschäftsführer einer Beratungsgesellschaft für mehrere Behörden nicht mehr. Er hat sich eine Abmeldebescheinigung ins Ausland besorgt, das Abmeldeformular ausgefüllt und beides zum Beitragsservice geschickt. Der Anwalt nennt es das »meldemäßige Verschwinden«, denn sein Mandant »wohnt weiterhin unangemeldet in Lüneburg«.

Was bedeutet das aber für den Mandanten? »Wenn man einen Wohnsitz in Deutschland hat und sich nicht anmeldet, dann ist das eine Ordnungswidrigkeit, die mit einem Bußgeld geahndet werden kann – wenn es denn herauskommt.« Der Mandant, so erfahre ich im Gespräch, verhält sich »vorsichtig und bedeckt«. Dazu gehört auch, »dass niemand in Lüneburg von dieser Konstellation erfährt, dass er insbesondere auch nicht bei der Stadtverwaltung vorstellig wird als ein Bürger, der in Lüneburg wohnt. Er praktiziert den Lebensstil eines Menschen, den es in Deutschland gar nicht gibt.« Gerade denken wohl auch viele Leser: »Der lebt ja wie ein Terrorist!« *Es ist unglaublich,* was Menschen auf sich nehmen müssen, wenn sie für sich auf ein Recht bestehen, das uns allen bis 2013 gegeben war und so selbstverständlich erschien: abgemeldet sein. Das sollte uns doch zum Nachdenken bringen.

Ich schildere dem Anwalt meinen Eindruck und er bejaht: »Es ist eine Art von Untertauchen. Dabei gibt es immer Spezifika, die sich von Fall zu Fall unterscheiden. Der Mandant musste nichts Falsches angeben, er hatte ja weiter seine Postadresse in Berlin. Briefe von der Polizei oder der Justiz wären also bei ihm angekommen.« Das verstehe ich nicht und frage deshalb nach. Der Mandant wohnte doch gar nicht mehr in seiner Wohnung. Er hatte sie untervermietet. »Er hatte aber weiterhin seinen Namen am Briefkasten und war postalisch erreichbar.« Und wenn der Mandant unerwartet an die Polizei gerät, auf welche Weise auch immer, was würde dann passieren? »Die Polizei hat Zugriff auf die Meldedaten. Sie würde feststellen: Er hat sich abgemeldet. Wenn sie sich dann den Ausweis anschaut, würde sie bemerken, dass die Meldeadresse auf dem Ausweis nicht mehr zutrifft. Dann könnte er allenfalls antworten: *Ich habe mich abgemeldet, die Behörde hat die Adresse im Ausweis aber nicht geändert.* Das wäre gar nicht so dramatisch, weil er ja noch eine Anschrift hat. Grundsätzlich ist es aber so: Wer eine Identität angibt, die nicht mit der Realität übereinstimmt, der begeht eine Ordnungswidrigkeit und das kann mit einem Bußgeld geahndet werden.«

Also muss dieser Mandant wohl sehr vorsichtig sein gegenüber Behörden, die nach dem Ausweis und der Adresse fragen. Das klingt nicht gerade einfach, und ich denke an meinen eigenen Umzug: Die Meldebehörde am neuen Wohnort überklebte auf meinem Ausweis die alte Adresse mit einem Aufkleber, auf dem die neue Adresse steht. Der Aufkleber befindet sich auf der Rückseite des Ausweises, trägt den Titel *Anschrift* und ist dazu auch noch mit einem Dienstsiegel gestempelt. Wer aber untertauchen möchte, geht ja gerade nicht zur neuen Meldebehörde. Andererseits – und das weckt jetzt doch meine Neugier: Es ist doch die alte Meldebehörde, die den Wegzug ins Ausland bestätigt, dann sollte die sich auch gefälligst um den Aufkleber auf dem Ausweis kümmern, oder? Der Anwalt bejaht, das ist »verwaltungstechnisch sogar so vorgesehen«. Im Berliner Fall hat der Mandant darauf verzichtet, warum auch immer. Der Anwalt zeigt mir deshalb die Rückseite eines Ausweises aus einem anderen Fall (siehe Abbildung 6).

Abbildung 6: Rückseite eines Personalausweises nach einer Abmeldung ins Ausland

Die Meldebehörde, die diese Abmeldung ins Ausland bestätigt, hat sich in diesem Fall auch um den Ausweis gekümmert. Auf dem Aufkleber steht: »keine Wohnung in Deutschland«. Ein Mensch lebt in Deutschland und wird doch für Behörden zum Phantom. Ich kann mir vorstellen, dass er nicht für alle Behörden zum Phantom werden möchte – allerdings haben auch nicht alle Zugriff auf die Meldedaten. Trotzdem funktioniert solch eine Strategie auf lange Sicht nur mit Umsicht und Selbstdisziplin. Wer sich zu so etwas entschließt, muss ein Konstrukt leben, und er muss ständig darauf achten, sich nicht zu verraten. Ich weiß nicht, ob ich die Nerven für so etwas hätte. Andererseits: Menschen, die im GEZ-Untergrund leben, werden wohl nicht gerade zur Fahndung ausgeschrieben. Sowohl für die Meldebehörde als auch für den Beitragsservice ist dieser Fall ja erledigt. Werden die »meldemäßig« Verschwundenen doch irgendwann wieder aufgefunden, dann zahlen sie dafür ein Bußgeld, von 10 bis zu

1000 Euro im besonders drastischen Einzelfall. Das liegt im Ermessen der Behörde.

Aber glaubt die Meldebehörde das mit dem Abmelden ins Ausland denn so einfach? Der Anwalt schildert mir nun den Fall eines Frührentners aus Hamburg, wir haben seinen Ausweis bereits gesehen: »keine Wohnung in Deutschland«. Es muss am Ende also geklappt haben. »Diese Abmeldung wollte man erst einmal gar nicht zur Bearbeitung annehmen. Er sollte sagen, wo er hinzieht, doch dazu ist man nicht verpflichtet. Man kann ja auch obdachlos werden.« Und wie hat dieser Bürger reagiert? »Er sagte, dass er ins Ausland zieht, und hat rein willkürlich Frankreich als Ziel angegeben. Es gibt in dieser Meldebescheinigung in Hamburg eine Rubrik Wegzugswohnung. Dort würde man im Normalfall die neue Wohnung im Inland eintragen. Vielleicht brauchte der Verwaltungsangestellte einfach nur ein Ziel, damit der Computer diese Bescheinigung überhaupt ausdruckt.«

Auch dieser Bürger erhält also seine Bescheinigung. Im Adressfeld steht in Großbuchstaben: FRANKREICH, im Formular heißt es dann weiter: »Folgende Wohnungen waren in unserer Gemeinde gemeldet«, beim Punkt *Wegzugswohnung* ist kein genauer Ort eingetragen, sondern auch hier steht nur: FRANKREICH. Der Frührentner ist von Hamburg nicht nach Frankreich gezogen, sondern unangemeldet nach Brandenburg in eine Mietwohnung. Als Frührentner habe er keine weiteren Verpflichtungen, die eine Meldeadresse notwendig machen. »Auch er wollte eine Abmeldebestätigung vom Rundfunk, aber es gibt ihn ja gar nicht in Deutschland, er hat keine Anschrift mehr. Man kann natürlich einen Postempfangsbevollmächtigten benennen und das dem Beitragsservice im Befreiungsantrag mitteilen. Ich bekam eine Vollmacht, da ich ihn im Prozess vertreten habe, da lag es nahe.« Der Anwalt erhält also die Abmeldebescheinigung aus Köln und leitet sie weiter. »Inzwischen rief er mich an und sagte, dass er weiter nach Österreich ziehen wolle.«

In einem dritten Fall trägt die Behörde ein: UNBEKANNTES AUSLAND. Warum funktioniert dieses Untertauchen scheinbar so reibungslos? Dazu muss man wissen: Die Meldebehörden haben große Probleme mit Scheinanmeldungen – Bürger melden sich etwa in anderen Stadtbezirken nur zum Schein an, um für ihr Kind den Platz an der begehrtesten Schule zu sichern, um eine Vignette fürs Anwohnerparken zu ergattern, um Kreditkartenbetrug zu begehen, um höhere Hartz-IV-Bezüge zu bekommen, um die wahren Wohnverhältnisse zu verschleiern. Darauf achtet das Gesetz seit 2015, zum Beispiel mit der Vermieterbescheinigung. Viele Behörden kennen auch die Vorteile einer Scheinanmeldung für Wirtschaftsflüchtlinge.

Scheinabmeldungen hingegen erregen offenbar nur wenig Verdacht – etwa dann, wenn sich ein Bürger zum Schein abmeldet, um sich mit einer ausländischen Staatsbürgerschaft die deutsche Abgeltungs- und Kapitalertragssteuer zu sparen. So etwas lohnt sich erst in der Premium-Vermögens-Liga, und das ist auch des Pudels Kern: Die Scheinabmeldung als Anti-GEZ-Strategie spielt wohl in der Kategorie Peanuts. Sie lässt sich mit Fantasie und Kreativität zwar erahnen, aber das sind wohl keine Primärtugenden in einer Amtsstube und vielleicht haben sie dort viel größere Baustellen. Der Anwalt sieht es übrigens pragmatisch: Menschen in der Verwaltung »denken sehr formularbehaftet. Wenn man ihnen sagt, was dort eingetragen werden muss, dann sind sie zufrieden, denn dann kann das Formular ausgedruckt werden. Das sind praktische Erfahrungen, die man im Laufe der Zeit sammelt. Wenn man in Michelbach UNBEKANNTES AUSLAND sagt, dann wird das so eingetragen. In Hamburg kann man sagen: ›Ich ziehe nach Frankreich.‹ In Berlin muss man gar nichts sagen.«

Aber gibt es eine Garantie dafür, dass das es immer so ist? Der Anwalt antwortet bezüglich der Bürokraten mit einer Gegenfrage: »Was sollen sie denn tun? Sie brauchen erst einmal einen konkreten Tatverdacht. Sie könnten den Bürger überwachen und feststellen, ob er dort tatsächlich weiter wohnt, aber da müsste man kriminalistischen Aufwand tätigen. Für so etwas hat die Behörde gar nicht das Personal. Wenn Bürobedienstete ihr Dienstzimmer verlassen müssen, dann empfinden sie das als Höchststrafe. Sie regeln die Welt vom Büro aus.«

Das ist also die Quintessenz aus einem zweistündigen Gespräch. Es gibt offenbar eine Anti-GEZ-Strategie, die einen verblüffend einfachen und noch weitgehend unbekannten Ansatz wählt: »Das praktiziert praktisch niemand, weil keiner auf diese Idee kommt.« Diese Strategie ist lautlos, schnell durchgeführt und setzt ganz auf Konfliktvermeidung. Der Rundfunk wird außerdem als Behörde mit einem behördlichen Bescheid schachmatt gesetzt – er wird mit seinen eigenen Waffen geschlagen. Gleichzeitig erfordert diese Strategie aber Selbstdisziplin, einiges an Sachkenntnis, und die Langzeitfolgen sind nicht ganz absehbar. Was würde ich zum Beispiel tun, wenn mein Ausweis nach zehn Jahren abläuft? Spätestens dann führt wohl kein Weg mehr an einer Meldebehörde vorbei.

Ich will also niemandem dazu raten und trotzdem imponiert mir die charmante Unverschämtheit dieser Menschen: Sie bekommen ihre Bescheinigung, damit verschwinden sie »meldemäßig« von der Bildfläche und das bestätigt am Ende auch noch der Beitragsservice ordnungsgemäß durch seine eigene Abmeldebestätigung. Ich bin verblüfft, dass so etwas Großes und Durchdachtes und Widerspruchsfreies wie der Rundfunkbeitrag auf diesem Auge blind zu sein scheint. Die GEZ-Maschine kann den millionenfachen Willen ihrer zwangsangemeldeten Beitragszahler ignorieren, aber sie kann keine Meldebehörde ignorieren – und mag die auch noch so winzig sein.

Ich drücke gerade den Knopf auf dem Aufzeichnungsgerät, als der Anwalt meint, dass wir doch noch gar nicht fertig seien. Was ist mit der *Schein-Wohnungsgeberbescheinigung*? Es gibt tatsächlich Menschen, die ihr Haus oder ihre Wohnung an andere vermieten – zum Schein. Die können sich damit unter dieser Adresse anmelden – auch nur zum Schein. Fortan gilt das Motto: eine Wohnung, sehr viele Bewohner, aber trotzdem nur ein Beitrag. Mir scheint, dass das Risiko für denjenigen sehr groß ist, der diese Schein-Bescheinigungen ausstellt. Es wächst, je mehr Menschen daran beteiligt sind. Außerdem kennt der Anwalt hier keine konkreten Einzelfälle. Außerdem fällt es gerade dem Beitragsservice in seinem riesigen Datenbestand sicher auf, wenn er riesige Wohnungen verwaltet, die auch noch wachsen und wachsen. In dieser Form ist die Methode wohl nicht überzeugend.

Was ist mit der Methode *Empfänger-unbekannt-verzogen?* Auch das ist eine Strategie, die sehr alt ist, zunächst einfach klingt, aber in der glaubwürdigen Ausführung ziemlich schwierig sein dürfte. Im Grunde will der Beitragsrebell den Eindruck erwecken, dass er nicht mehr an seiner Meldeadresse wohnt. Er bringt die unerwünschte Sendung zurück zur Post. Zunächst einmal kann der Beitragsservice dann zu einer förmlichen Zustellung übergehen. Der Briefträger protokolliert das Einwerfen in den Briefkasten und damit gilt die Post rechtlich als zugestellt – egal, was der Rebell damit noch unternimmt. Er könnte höchstens vorher das Namensschild abschrauben und erhält dann gar keine Post mehr.

Es gibt eine erweiterte Variante dieser Strategie: Der Beitragsrebell versieht die unerwünschten Briefe mit einem Poststempel, der wird ausgefüllt, anschließend geht das Ganze zurück zur Post. Beim Präparieren eines solchen Briefes müsste der Beitragsrebell sehr geschickt vorgehen. Er müsste wissen, wo er den orangefarbenen Barcode auf dem Umschlag durchstreicht, welche Farbe die Tinte des Kugelschreibers haben muss, wie der Briefträger den Stempel ausfüllt und wo er unterschreibt. Der präparierte Brief müsste in einem Postzustellstützpunkt landen, der öffentlich nicht zugänglich ist. Er bräuchte also auch noch einen Insider als Komplizen. Abgesehen von all dieser kriminellen Energie: Ohne eine druckbare Vorlage des besagten Poststempels geht hier gar nichts. Eine Kopie erkennt jeder an den ausgefransten Rändern. Der Anwalt meint, dass ich diese Vorlage doch gleich mitveröffentlichen könne, »aber dann erreichen wir einen Punkt, der für Ihr Buch nicht mehr opportun ist«. Kein Einspruch. Ich möchte ja zum Haftbefehl kommen, aber doch nicht so. Für mich heißt es also: Ich warte auf meine behördliche Vollstreckung.

Nach dem Zahlungsstopp
kommt die Massenabfertigung

Auf anhaltenden Zahlstreik reagiert der Beitragsservice mit Schreiben, die Zungenbrecherpotenzial im Namen haben: *Festsetzungsbescheide.* Keine Sorge, nicht wir werden festgesetzt – das kommt viel später. Es wird bloß eine Summe für einen bestimmten Zeitraum plus Säumniszuschlag festgesetzt. Wann es mit den Briefen aus Köln ernst wird, können Sie ganz einfach erkennen: Wenn oben links im Briefkopf ein ARD-Sender genannt wird und dieser Name unter der Schlussformel noch einmal wiederholt wird. Etwa Bayerischer Rundfunk oder Südwestrundfunk. Der Name richtet sich nach dem Bundesland, in dem Sie leben. Es schreibt dennoch nicht der Mitteldeutsche oder der Norddeutsche Rundfunk, sondern nach wie vor der Beitragsservice aus Köln.

Trotzdem entfaltet dieses Papier die Wirkung eines amtlichen Bescheids – erklärt der Bundesgerichtshof in einer Grundsatzentscheidung. Es wird so getan, als ob hier zum Beispiel eben der WDR oder der SWR schreibt. Beim Beitragsservice handelt es sich nur um eine »nicht rechtsfähige« Verwaltungsgemeinschaft, die »jedoch rechtlich ausdrücklich der jeweiligen Landesrundfunkanstalt zugeordnet und zugerechnet« wird, schreibt etwa das Verwaltungsgericht München.[4]

Also ist der Beitragsservice lediglich ein Briefkasten? Dann steht seit 1976 in Köln aber ein verdammt großer Briefkasten mit rund tausend Mitarbeitern, einem Cashflow von knapp 8 Milliarden Euro und jährlichen Ausgaben von etwa 170 Millionen Euro.[5]

Man kann über das rechtliche Nichts namens Beitragsservice schmunzeln. Es klingt aber so spitzfindig, dass ich mich frage: Verstehen die Richter denn selbst noch, was sie da schreiben? Nun, gegen den Rundfunkbeitrag wird allerorten geklagt. Immer mehr Volljuristen müssen sich damit beschäftigen, doch viele wissen über das Rundfunkrecht nicht mehr als Sie und ich: wenig bis gar nichts. Deshalb schlagen die Richter nach – etwa im *Beck'schen Kommentar zum Rundfunkrecht.* Der zwei Kilo schwere Wälzer wurde von anderen

Juristen geschrieben, die zu einem sehr großen Teil beim Rundfunk angestellt sind oder es waren.

Über den Beitragsservice heißt es dort: »Es handelt sich bei der gemeinsamen Stelle daher um einen Teil jeder Rundfunkanstalt, der lediglich aus Zweckmäßigkeitsgründen aus dem normalen Betrieb am Sitz jeder Anstalt örtlich ausgelagert wurde.«[6] Was in diesem Wälzer steht, sickert landauf landab in die Urteile der Richter, die sich damit einen eigenen Standpunkt ersparen – doch zurück zu den Bürgern, die den Beitragsservice nicht verstehen.

Und wenn die Papierflut aus Köln wirkungslos verebbt, wenn trotz der Festsetzungsbescheide immer noch nicht gezahlt wird? Dann lässt die Ex-GEZ weiter eskalieren: Wer nicht binnen vier Wochen mit einem Widerspruch auf den Festsetzungsbescheid reagiert, der macht dieses Stückchen Papier zum »unanfechtbaren, vollstreckbaren Titel«,[7] so argumentiert der Beitragsservice. Lassen Sie es mich ganz drastisch übersetzen: Vollstrecker-Vorfahrt für Funk und Fernsehen. Der Beitragsservice schickt den Beitragsrebellen jetzt – ohne Umweg über ein Gericht – direkt in die Verwaltungsvollstreckung.

Wieso dürfen die das? Weil es akzeptiert wird, dass sich die Sender beim Rundfunkbeitrag wie eine Behörde verhalten. Diese Festsetzungsbescheide werden als Verwaltungsakt betrachtet, und werden sie nicht bezahlt, kann die ARD damit eine Verwaltungsvollstreckung auslösen.[8]

Die Verwaltungsvollstreckung spielt sich im öffentlichen Recht ab – und das ist das (Vor-)Recht eines Staates gegen seine Bürger. Zum besseren Verständnis ein ganz einfaches Bild: Wenn es um die Vollstreckung ihres Rundfunkbeitrags geht, sonnen sich ARD und ZDF auf dem Staatsdeck mit.

Wie wird die Verwaltungsvollstreckung in Gang gebracht? Dafür muss der Beitragsservice nur das tun, was er sonst auch tut: Er schreibt massenhaft Briefe, die jetzt *Vollstreckungsersuchen* genannt werden. Im Prinzip sind das Aufträge an die Vollstreckungsbehörden, auch wenn die gesetzlichen Grundlagen von Bundesland zu Bundesland etwas anders aussehen. Der Beitragsservice zahlt nur schmale Fallpauschalen zwischen 23 Euro (Nordrhein-Westfalen) und 27,10 Euro (Niedersachsen), und die Rundfunkanstalten müssen nicht selbst vollstrecken.[9] Das klingt nach einer Ausnahmestellung. Der Beitragsservice ist sogar eine atemberaubende Ansammlung von Ausnahmen – allein die Tatsache, dass er im Grunde genommen nicht einmal »rechtsfähig« ist,[10] sorgt bei vielen Bürgern nur noch für ungläubiges Kopfschütteln. Fakt ist aber: Es läuft. Der Beitragsservice hat die Ausnahmen schon unter dem Namen GEZ zum millionenfachen Regelfall gemacht.

Heute ist es Alltag, dass sich von Köln aus eine wahre Papierflut ins Land ergießt: 2016 stellte der Beitragsservice 1,46 Millionen Vollstreckungsersuchen. In Nordrhein-Westfalen gehen sie an die Vollstreckungsbehörden der Kommunen, in Bayern an die Gerichtsvollzieher und in Berlin an die Finanzämter. Deutschland bleibt eben ein Flickenteppich. Das freut zur Abwechslung einmal die Beitragsrebellen: Der Wille, die Zuständigkeit und die freie Kapazität der Vollstrecker wechseln – und das schon von einem Postleitzahlengebiet zum anderen.[11]

So beginnt die Zwangsvollstreckung des Rundfunkbeitrags. Am Ende müssen Behörden den Kopf hinhalten, die rein gar nichts mit ARD und ZDF zu tun haben. Sie müssen den millionenfachen Widerstand gegen die Zwangsabgabe brechen. Vollstrecker und Vollstreckte zermürben sich gegenseitig, während der Rundfunk im Hintergrund bleibt. Dort muss man bloß abwarten, bis endlich Geld fließt – oder eben nicht. Dort bekommt man von der Wut nichts zu spüren. Ganz anders sieht es aber in der Arena aus. Hier tanzt die Wut mit dem Gehorsam wie der Stier mit dem Torero. Die eine Seite will den Dienst nach Vorschrift. Sie vollstreckt heute den Rundfunkbeitrag, morgen die Hundesteuer und übermorgen vielleicht die Friedhofsgebühr.

Den Hund muss man erst einmal besitzen, das Grab muss erst gemietet werden. Der Rundfunkbeitrag ist aber immer fällig. Die andere Seite ist darüber so wütend wie ein Stier über das rote Tuch. Den Beitragsrebellen geht es ums Prinzip, ums Gewissen, um die innere Freiheit. Sie wollen sich nicht zwingen lassen.

Runde um Runde wird dieser ungleiche Kampf in der Arena gehen. Sticht der Vollstrecker mit dem spitzen Paragrafenschwert zu, bis zum bitteren Ende? Olé! Schreibt er ein Fruchtlos-Protokoll, also den Nachweis, dass nichts zu holen war, und beendet den wilden Tanz gnadenvoll? Olé! Gibt der Beitragsrebell erschöpft auf? Olé!

Sie mögen jetzt entsetzt mit dem Kopf schütteln und rufen: »Mensch, ist das traurig!« *Rufen Sie lieber etwas anderes: »Warum macht ihr es der ARD so einfach?«* Diese Frage hat unseren 16 Ministerpräsidenten noch niemand gestellt. Ich weiß nicht, was passiert wäre, wenn die knapp 45 Millionen Inhaber der Konten des Beitragsservice eine Stimme hätten. Wenn sie befragt worden wären, wenn sie abstimmen dürften, was mit Nichtzahlern geschieht. Ich weiß nur: Solch ein System wie jetzt beim Rundfunkbeitrag hätten wir uns niemals selbst verpasst.

Das Pokerspiel mit dem Haftbefehl

In den meisten Bundesländern schalten die Rundfunkanstalten wie bereits erwähnt eine kommunale Vollstreckungsbehörde dazwischen, in Hamburg oder Berlin springen die Finanzämter in die Bresche. In meinem Fall, in Baden-Württemberg, darf der Südwestrundfunk laut Gesetz aber keine andere Behörde dazwischenschalten, er muss die Vollstreckung selbst vorantreiben.[12] Er – oder besser gesagt: der Beitragsservice – wendet sich an das Amtsgericht, das für mich zuständig ist. Dort wird die Vermögensauskunft beantragt, mir wird also gleich die bürokratische Pistole auf die Brust gesetzt.

Ich habe Rundfunkbeiträge in Höhe von 185 Euro nicht gezahlt, und es beginnt gleich mit der existenziellen Frage im Shakespeare-Format: Haft oder keine Haft. Ich bekomme im Raum Tübingen am 4. Oktober 2018 Post vom Gerichtsvollzieher. Ich soll zahlen oder zur Vermögensauskunft erscheinen. Dann lese ich in diesem Schreiben einen Satz mit Sprengkraft: »Falls Sie zu dem Termin nicht erscheinen oder wenn Sie sich grundlos weigern, die Vermögensauskunft abzugeben, wird auf Antrag des Gläubigers Haftbefehl gegen Sie erlassen.« Als Journalist darf ich jubeln. Ich bin gleich da, wo ich hinwill: schon mit einem Bein im Gefängnis. Als Mensch muss ich schreiben: Das geht zu schnell, das eskaliert ja von Anfang an.

Der Gerichtsvollzieher hat auch das Vollstreckungsersuchen des Südwestrundfunks beigefügt. Ich schaue mir dieses Schreiben genauer an. Es umfasst zwei Seiten und dort steht, was der Gerichtsvollzieher alles tun soll. Es ist sozusagen der Punkteplan meiner Vollstreckung. Der SWR beauftragt als Gläubiger etwa die Vermögensauskunft – aber einen Haftbefehl oder gar eine Verhaftung erwähnt der Sender mit keiner Silbe. Der Gerichtsvollzieher weiß also gar nicht, was der Gläubiger überhaupt will. Ich schaue mir das Gesetz an. Der SWR müsste den Haftbefehl und meine Verhaftung nach Paragraf 802g der Zivilprozessordnung selbst beantragen. Die spannende Frage ist: Tut er das auch? Als Journalist schreibe ich dann meine eigene Schlagzeile: »ARD lässt Beitragsrebellen verhaften«. Der Gerichtsvollzieher und ich, wir sollten aber erst einmal meine eigene Verhaftung erörtern. Wir müssen doch klarstellen, was der SWR wirklich will.

Ich bin am 22. Oktober vom Gerichtsvollzieher zur Vermögensauskunft einbestellt. Noch habe ich 18 Tage Gnadenfrist und bis dahin bleibt Raum für Gedanken: Wie genau funktioniert eigentlich eine Vermögensauskunft?

Die Vermögensauskunft – mehr als eine juristische Drohkulisse

Juristen haben eine einfache Sicht auf die Menschen: Drohen genügt. Und wenn nicht? Selbst schuld: Wer eine Vermögensauskunft verweigert, wird verhaftet – wenn es der Gläubiger denn will. Der Schuldner landet dann im Gefängnis. Die Erzwingungshaft ist keine Strafhaft. Wir können etwa den Rundfunkbeitrag nicht einfach absitzen. Hinterher muss immer noch jeder Cent gezahlt werden. Die Erzwingungshaft ist eine Beugehaft. Unser Wille wird gebeugt, also gebrochen. Das Prinzip dahinter ist ebenso einfach wie erschreckend. Wir sollen durch den Freiheitsentzug weichgekocht werden, bis wir aufgeben: bis wir den

Rundfunkbeitrag entweder *freiwillig* zahlen oder unser Schweigen beenden und die eigenen Vermögensverhältnisse endlich offenlegen.

Mit diesen Daten kann der Rundfunkbeitrag am Ende abgesaugt werden, etwa durch eine Kontopfändung. Natürlich kann am Ende auch herauskommen, dass es gar nichts Pfändbares gibt, dann hat der Mensch für nichts und wieder nichts gesessen, aber das tut ja erst recht niemand. Es ist also klar: Mit dieser Vermögensauskunft soll eigentlich die Zahlung erzwungen werden, am Ende eben durch maximalen Zwang. Dieses Weichkochen im Gefängnis kann nicht endlos lange durchgezogen werden, maximal ein halbes Jahr – das ist trotzdem ein langer Zeitraum. Sechs Monate, in denen wir einsam in einer Zelle im eigenen Saft schmoren. Nichts lenkt ab, es gibt nichts zu tun. Wir dürfen bloß grübeln, wir kämpfen Tag für Tag gegen eine Stimme im Hinterkopf an, die lauter und lauter wird: »Zahl doch, und du bist frei.« Diese Stimme lässt uns keine Ruhe: »Gib doch endlich diese verdammte Vermögensauskunft ab! Eine Unterschrift, dann hat das hier ein Ende.«

Bei Beitragsrebellen fordert noch eine andere Stimme Gehör: »Dafür, dass der Rundfunkbeitrag eigentlich eine Demokratieabgabe ist, geht es hier aber recht gezwungen zu. Ich will mich aber nicht zwingen lassen und ich habe jetzt nur noch eine Wahl: Aufgeben oder Eskalation. Ich kann immerhin ein friedliches Zeichen setzen. Ich zeige, wo wir trotz unserer Grundrechte inzwischen landen können – hinter Gittern –, und ich hoffe, dass das ein Nach- und Umdenken auslöst.«

Zugegeben, das sind nicht ganz meine Worte. Ich bin bloß über ein Zitat von Gandhi gestolpert und habe mich inspirieren lassen. Gandhi sagte: »Sei Du selbst die Veränderung, die Du Dir wünschst für diese Welt.«[13] Gandhi hätte sofort den nächsten Flieger nach Deutschland genommen. Er hätte im Namen der Beitragszahler sechs Monate Erzwingungshaft abgesessen – und zwar so, dass sich darüber das Tagebuch eines Protest-Urlaubs schreiben lässt: Er gibt keine Vermögensauskunft, niemals. Mit jedem Tag in der Zelle wachsen sein Wille und seine Zuversicht. Er inspiriert andere. Er entlarvt die anonyme und millionenfache Verwaltungsvollstreckung. Plötzlich erkennt jeder den Irrsinn hinter der Zwangsabgabe. Einen GEZ-Gandhi hätte die ARD vermutlich nicht überlebt.

Sieglinde Baumert kommt dem Idealbild erstaunlich nahe – aber wir alle haben Grenzen, eine Familie und eine Arbeit. Der GEZ-Gandhi ist ein wandelndes Mahnmal. Er ist größer als das Leben. Er lebt nur für seine Berufung und hat nichts zu verlieren. Was ist aber mit uns Normalsterblichen – den Wohlstandsopfern, Lohnsklaven, Häuslebauern und Kinderernährern, die alle ein Leben abseits der Haftzelle zu verlieren haben? Für die darf man ruhig fragen: Sind bis zu sechs Monate Weichkochen im Gefängnis verhältnismäßig und vernünftig?

Die Erzwingungshaft ist ein massiver Eingriff in die körperliche Freiheit. Der Staat kann seinen Bürgern schließlich nichts Schlimmeres antun, als sie einzusperren. Diese Haft hinterlässt aber auch seelischen Schmerz und ein Trauma. Bereits beim normalen Schuldner ist die Antwort mehr als schwierig, ob das noch angemessen ist.

Durch den Rundfunkbeitrag kommt aber noch eine andere Komponente ins Spiel. Eine Zwangsabgabe kann auch im Gefängnis erzwungen werden. Es ist also der pure Zwang, vom Anfang bis zum Ende. Durch den Fall Baumert werden die Menschen darauf aufmerksam. Sie fangen an nachzudenken. Plötzlich merken alle, dass es jeden treffen kann.

Sieglinde Baumert bleibt nicht der einzige, sondern bloß der bekannteste Fall von GEZ-Haft – so nennen die Rebellen scherzhaft die Erzwingungshaft. So sieht Galgenhumor aus. Inzwischen sprechen viele Beitragsrebellen über ihre Haft. Diese Mutigen wollen, dass ihr Fall bekannt wird. Dabei handelt es sich aber lediglich um die Spitze des Eisbergs, denn die Schamgrenze ist hoch – selbst bei denen, die reden. Was sind aber die weitreichenden Konsequenzen einer Erzwingungshaft?

Konsequenz Nummer eins: Lern die anderen Schuld-Häftlinge kennen

Wer den Rundfunkbeitrag nicht zahlt, kann am Ende im Gefängnis landen. Dort lernt man dann Menschen kennen, die eine andere Art von Schuldhaft absitzen, die Ersatzfreiheitsstrafe. Sie konnten oder wollten die Geldstrafen des Staates nicht bezahlen, büßen jetzt hinter Gittern und verlieren deshalb oft ihren Arbeitsplatz. Kaum zu glauben: Auch ein Bußgeld wegen Schwarzfahrens wird zum Ticket in die Zelle. Kavaliersdelikte? Gibt es nicht. Erzwingungshaft und Ersatzfreiheitsstrafe ergeben zusammen ein besonders trauriges Kapitel im deutschen Recht: Der mittelalterliche Schuldturm hat bei uns weiter seinen festen Platz. Er verursacht immense Kosten und bringt nur einen symbolischen Nutzen: Unser Staat will Stärke demonstrieren. Der Kriminologe Heinz Cornel schätzt, dass bis zu 40 Prozent aller Zu- und Abgänge in den Gefängnissen Schuldhäftlinge sind, die eine Ersatzfreiheitsstrafe absitzen.[14] Eine offizielle Statistik wird seit über zehn Jahren nicht mehr erhoben.

Konsequenz Nummer zwei: Du kommst auf die wirtschaftliche Todesliste

Wer die Vermögensauskunft verweigert, kann die Freiheit verlieren, aber er kommt in jedem Fall auf die wirtschaftliche Todesliste. Unser Name wird in das zentrale Schuldnerverzeichnis eingetragen. Das ist das Sünderregister für Schuldner und dem Flensburger Punktekonto nicht unähnlich – mit einem Unterschied: Nach dem ersten Eintrag gibt es bereits die Rote Karte. Bildhaft gesprochen: Der Finanz-Führerschein ist weg und man gilt als wirtschaftlicher Totalausfall. Auskunfteien wie die Schufa holen ihre Daten aus dem Schuldnerverzeichnis und warnen ihre Klienten: *Vorsicht, diese Person hat aus irgendeinem Grund keine Vermögensauskunft abgegeben. Das Vermögen dieser Person reicht offenbar nicht aus, um Forderungen der Gläubiger zu befriedigen.* Dass hier um den Rundfunkbeitrag gestritten wurde, wird nicht mitgeteilt. Mit einem Eintrag im Schuldnerverzeichnis lässt sich leben – aber Kredite, Kreditkarten, Ratenzahlung oder der Dispo im Konto werden dann definitiv zum Tabu. Sie dürfen also das Wort Bonität aus Ihrem Wortschatz streichen.

Konsequenz Nummer drei: Diese Haft hat keinen Sinn

Auch bei einer verweigerten Vermögensauskunft bekommt der Gerichtsvollzieher einen Joker auf die Hand, das Auskunftsrecht bei Dritten. Ich lese im Vollstreckungsersuchen des SWR: Er darf sich dann beim Bundeszentralamt für Steuern (Konten), dem Kraftfahrt-Bundesamt (Pkw) und der Rentenversicherung (Arbeitgeber) meine Daten besorgen – wenn die Forderung über 500 Euro liegt, was bei mir aber nicht der Fall ist. Trotzdem: Warum dann noch Haft? Offiziell ist die Erzwingungshaft ein Beugemittel zur Erzwingung der Vermögensauskunft. Sie ist kein Mittel zur Erzwingung der Zahlung.

Darf der Schuldner durch Haft gezwungen werden, Daten herauszugeben, wenn der Gerichtsvollzieher mit dem Auskunftsrecht bei Dritten ein milderes Mittel der Wahl hat, um an diese Daten zu kommen? Es gibt bei dieser seltsamen Schuldnerhaft noch zwei weitere Punkte, die zumindest dem Vollstrecker entgegenkommen.

Erstens: Auch die ganz harten Nüsse sollen geknackt werden. Mit seinem Auskunftsrecht kommt der Gerichtsvollzieher nicht an alle Daten: Er kann weder den Kontostand noch Kontobewegungen sehen. Da greift das Bankgeheimnis. Ihm bleibt auch verborgen, was nicht gespeichert, verwaltet und protokolliert wird – etwa Bargeld oder wertvolle Gegenstände. Der Schuldner muss in der Vermögensauskunft aber alles preisgeben, auch das verborgene Vermögen. Lügt er hier und die Lüge fliegt auf, wird er auch wieder bestraft. Nach der Haft kann vor der nächsten Haft sein. Die Gesetze greifen ineinander und erzeugen eine Drohkulisse. Viele Beitragsrebellen haben mir das in Gesprächen so beschrieben: »Du fühlst dich überrollt und hilflos.«

Zweitens: Die Vollstreckung des Rundfunkbeitrags ist wohl eine der emotionalsten Vollstreckungen überhaupt: Beide Seiten prallen förmlich aufeinander. Für die Beitragsrebellen ist der Rundfunkbeitrag ein rotes Tuch. Sie boykottieren ihn aus Prinzip, weil eine Wohnungsabgabe für auserwählte Fernsehsender überholt ist und dazu gesellschaftlich hochumstritten. Alle müssen etwas finanzieren, hinter dem aber immer weniger stehen. Vollstrecker haben eine andere Perspektive: Der

Rundfunkbeitrag ist ein geltendes Gesetz. Sie müssen ihn im Auftrag der Rundfunkanstalten vollstrecken und stoßen dabei auf Widerstand. Sie werden zum Blitzableiter des Zorns, gelten als Büttel der Sender, müssen Grundsatzdiskussionen führen und erleben, dass Beitragsrebellen Gesetze für sich anders interpretieren. Weil nicht Recht sein darf, was so ungerecht ist. Die Vollstrecker fühlen sich herausgefordert, sie müssen eine Masse an Fällen abarbeiten. Kann es sein, dass sie dann eher bereit sind, eine Vollstreckung eskalieren zu lassen?

Auf ein Wort mit dem Gerichtsvollzieher

Ich habe am 22. Oktober 2018 einen Termin zur Vermögensauskunft und muss mit dem Gerichtsvollzieher meine mögliche Verhaftung erörtern. In welchem Gefängnis darf ich dann sitzen? Zwei stehen zur Auswahl. Spielen wir das gedanklich durch. Ich schaue mir vor dem Termin das Tübinger Gefängnis an. Ich weiß, die Schwaben verniedlichen die Dinge sehr gerne, und das hier ist wirklich ein Muster-Knästle. Es ist klein und bereits sehr alt, aus des Kaisers Zeiten. Platz gibt es für 70 Gefangene, aber kaum Einzelzellen. Es sind eher Massenunterkünfte: Zwei bis vier Menschen müssen sich eine Zelle teilen.[15] Müsste ich dann gemeinsam mit Sträflingen sitzen? Tagsüber gibt es nicht einmal den Aufschluss. Das ist eine feste Zeit am Tag, in denen Wärter die Zellentüren öffnen. Ich verstehe so langsam den Sinn der Erzwingungshaft: Eine Nacht im Gefängnis, die hat noch jeden ...

Kandidat Nummer zwei: die JVA Rottenburg. Ich fahre von Tübingen nach Rottenburg, auf dem Acker neben der Landstraße steht ein Heuwagen, auf dem ein Plakat aufgespannt ist: »Die Natur erhalten: JA beim Bürgerentscheid.« Darüber ist von Hand und mit roter Farbe ein großes *DANKE* geschrieben. Die Bürger haben gestern abgestimmt, zwei Drittel haben hier ein weiteres Gewerbegebiet in Rottenburg verhindert. Das ist Direktdemokratie. Ich muss bald zu meinen Zwangstermin wegen einer *Demokratieabgabe*, bei der das Volk nichts, aber auch gar nichts zu bestimmen hat. Auf dem Marktplatz steht ein Übertragungswagen des Südwestrundfunks, gleich gegenüber der Kirche. Nein, die wollen bestimmt nicht filmen, wie ich ins Gefängnis gefahren werde. Haft macht nervös. Hoch oben über Rottenburg thront alles, was Recht und Ordnung symbolisiert, in einer langen Reihe: ein Bischofssitz, ein Amtsgericht, ein Gefängnis an der Stelle des alten Stadtschlosses. Seltsam: Warum ist denn die Auffahrt zum Gefängnistor mit Gras zugewachsen? Ich höre hinter den hohen Mauern die Häftlinge beim Ballspiel, trotzdem wirkt hier alles alt und verlassen; so als ob gleich der Hauptmann von Köpenick hinausparadiert. Irgendetwas stimmt hier nicht, aber Google Maps weiß Rat. Das ist gar nicht mehr der offizielle Eingang, auf dem Berg wurde eine riesige neue Knastwelt angebaut und einbetoniert. Auf der anderen Seite des Berges steht ein neues, massives Gefängnistor, das wirkt überhaupt nicht mehr idyllisch. Ich stelle mir gerade die Gespräche mit den Häftlingen vor: »Na, auch nicht gezahlt?« Antwort: »Nein, versehentliche Kindstötung.« Eigentlich will ich nicht eingesperrt sein, nicht hier, nirgendwo. Der Gerichtsvollzieher muss mir aber erst einmal verraten, ob ich denn wirklich sitzen soll – und wenn ja: in Tübingen oder in Rottenburg?

Das Gespräch mit dem Gerichtsvollzieher naht, es findet an einem anderen Ort statt. Es sitzt dann zwar kein Souffleur an meiner Seite, aber irgendwie doch im Hintergrund. Er ist der Geheimtipp. Ein Mann, der die meisten Haftfälle kennt und aktiv dabei hilft, dass niemand mehr verhaftet wird. Ein Mann, an den sich viele Beitragsrebellen wenden. Ich habe das auch getan. Ich habe diesen Mann kontaktiert, weil ich merke: Bei meiner eigenen möglichen Haft ist vieles nicht schlüssig. Sein Name ist Olaf Kretschmann. Ich werde später zu ihm nach Berlin fahren und dort erfahren, wie das Haftspiel der ARD denn nun wirklich läuft. Zuerst gilt es aber, einen Termin beim Gerichtsvollzieher in Freiheit zu überleben.

Ich bereite mich mit Olaf Kretschmann am Telefon auf diesen Termin vor. Ich schreibe zusammen mit ihm einen Spickzettel. Vorbereitung ist der halbe Sieg und meine Spickzettel erreichten in der Schule legendäre Ausmaße. Was dazu führte, dass ich sie nicht herausholen konnte, was wiederum schlecht fürs Spicken war. Da man aber am besten mit eben diesem Spickzettel lernt, machte das wohl nichts. Wie gesagt, ich gehe ungern unvorbereitet in ein Abenteuer und die eigene Vollstreckung ist ja durchaus eines.

Als Erstes lerne ich: Der Gerichtsvollzieher wird fragen, ob ich die Vermögensauskunft geben werde. JA oder NEIN sind ab sofort verboten. Diese beiden Signalwörter garantieren den kürzesten Weg zum Scheitern dieses Termins. JA heißt: Ich zahle oder lege mein Vermögen offen, damit der Rundfunkbeitrag gepfändet werden kann. NEIN heißt für den Gerichtsvollzieher: Termin beendet. Wir spielen also exemplarisch eine Vermögensauskunft durch. Olaf Kretschmann erklärt: Der Gerichtsvollzieher wird auch ein Schema abarbeiten, er wird auf ein JA oder NEIN drängen. Ich muss genau das verhindern, denn es soll ein echtes Gespräch entstehen. Wir wollen ja darüber sprechen, ob denn auch der SWR meine Haft möchte. Er soll endlich Farbe bekennen und sich nicht mehr im Hintergrund bedeckt halten. Wir brauchen mehr Licht im »Sachverhalt«.

Olaf Kretschmann erklärt viel und ich erkenne für mich: Die Vermögensauskunft bleibt bürokratisches Laientheater. Das mit dem Verhaften ist als Drohkulisse gedacht, um den freien Willen eines Menschen zu brechen. Offenbar – und von den Bürokraten eigentlich nicht vorgesehen – eskaliert dieses Laientheater, gerade beim Rundfunkbeitrag. Kretschmann erklärt aber auch, dass die Rahmenbedingungen meiner Vermögensauskunft nur für die Bundesländer Baden-Württemberg, Bayern oder Sachsen gelten. Hier wäre normalerweise der Rundfunk in den Antrag der Haft durch den Vollstreckungsvollzieher einzubeziehen. In den anderen Bundesländern beantragen zwischengeschaltete Vollstreckungsbehörden die Vermögensauskunft – und sie beantragen dabei die Haftbefehle und das Verhaften gleich mit. Sie erzeugen damit maximalen Druck und stellen die Weichen auf Gefängnis. Mir erscheint das ungerecht. Wie ungerecht dieses Spiel im Schatten wirklich ist, werden wir bald erfahren.

So sieht also die bürokratische Arbeitsökonomie aus: Eine Haft ist nicht das Ziel, sondern nur das Druckmittel, um den Vollstreckungsfall endlich abschließen zu können – auf die eine oder die andere Weise. Es gibt bezüglich meiner Verhaftung aber zwei Hauptaussagen, die sich gegenseitig ausschließen. Schauen wir uns diese wichtigen Sätze einmal an:

Der Vollstrecker sagt: »Falls Sie zu dem Termin nicht erscheinen oder wenn Sie sich grundlos weigern, die Vermögensauskunft abzugeben, wird auf Antrag des Gläubigers Haftbefehl gegen Sie erlassen.«

Der Gläubiger hat aber bereits öffentlich erklärt: »Für den SWR kann ich sagen, dass tatsächlich eine Erzwingungshaft nicht in Betracht kommt.«[16]

Jetzt werde ich gerade vom Südwestrundfunk vollstreckt und erlebe das Gegenteil. Ich werde mit einer Erzwingungshaft bedroht. Dieses Zitat stammt von Hermann Eicher. Der Justiziar leitet nicht nur die Rechtsabteilung des SWR; er darf auch die graue Eminenz des Rundfunkbeitrags genannt werden. Beim SWR heißt das zwar zurückhaltend »Federführung«[17], aber eigentlich gefällt mir journalistische Offenheit besser. Das Zitat fällt in einem Interview mit dem *Berliner Tagesspiegel* und dort wird Eicher als der Mann vorgestellt, der »über Recht und Gerechtigkeit der Beiträge« spricht. Ich glaube, ich sollte mit Hermann Eicher sprechen – über die Gerechtigkeit in meinem Einzelfall. Er soll mir dann auch ein weiteres seiner Zitate erklären: »Ich persönlich halte es für fragwürdig, bei geringen Beträgen die Vermögensauskunft mit Haft zu erzwingen. Das sehen allerdings die Vollstreckungsorgane, die ja auch andere Forderungen als den Rundfunkbeitrag einzutreiben haben, deutlich anders.«[18]

Und trotzdem werde ich in Baden-Württemberg wegen 185 Euro nicht gezahlter Rundfunkbeiträge vollstreckt. Und trotzdem werde ich bei einer Vermögensauskunft, die der SWR sogar selbst beantragt hat, mit einer Haft bedroht. Und trotzdem lässt Hermann Eicher nicht in die Vollstreckungsersuchen schreiben, dass er diese Haft für »fragwürdig« hält.

Mein Gespräch mit dem Gerichtsvollzieher ist also ganz einfach, in der Theorie. Ich muss den Vollstrecker lediglich mit diesen widersprüchlichen Aussagen konfrontieren. Ich muss bloß sagen: »Du drohst mir mit einem Haftbefehl, den du noch gar nicht in der Hand hast. Ich möchte wissen, was mein Gläubiger zur Haft sagt.«

Leider wird das aber keine angenehme Plauderei bei einer Tasse Kaffee. Es wird ein Verhör, es wird eine Dreiviertelstunde dauern, und wir werden immer wieder wie zwei Raubtiere um die Beute kreisen. Mein Gegenüber wird auch nach einem Gesprächsleitfaden arbeiten, den er seit vielen Jahren Tag für Tag aufs Neue einübt. Der Gerichtsvollzieher soll ja Druck auf den Schuldner ausüben, das ist sein Beruf. Bedenken, Fragen, Diskussionen, all das stört die Effizienz beim Vollstrecken. Ich muss diesen Vollstrecker erst einmal aus seinen Maschinenmodus holen. Er muss den Vollstrecker in sich vergessen und als Mensch denken.

Zu Risiken und Nebenwirkungen …

Es bleibt zwar ein Selbsttest über die Haftbefehle bei der Vollstreckung des Rundfunkbeitrags – aber ich spreche mit Olaf Kretschmann auch über die möglichen Gefahren, die im schlimmsten Fall entstehen könnten: Der Gerichtsvollzieher muss sich an das Vollstreckungsersuchen halten. Wenn der SWR dort wirklich einen Haftbefehl beauftragen würde, muss der Vollstrecker das Haftspiel beginnen. Die Höhe der Forderung spielt dabei keine Rolle. Tatsächlich werden in Deutschland die Bürger sogar dann mit Erzwingungshaft bedroht, wenn sie etwa beim Knöllchen 1 Euro zu wenig gezahlt haben.[19] Da bleibt selbst dem Amtsschimmel das Wiehern im Halse stecken. Der Vollstrecker muss auch nicht prüfen, ob meine Vollstreckung rechtmäßig ist, denn das hat ihm der SWR ja mit seinem Vollstreckungsersuchen bescheinigt. Hier deckt sich die Bürokratie also gegenseitig den Rücken.

Trotz allem kann mich der Gerichtsvollzieher natürlich nicht mit einem Haftbefehl verhaften lassen, den er noch gar nicht in den Händen hält. Olaf Kretschmann sagt, dass ich es erst einmal als Druckmittel verstehen soll. Das vorgebliche Ziel ist es zwar, dass ich bei der Vermögensauskunft sprichwörtlich die Hosen herunterlasse – aber weil alles so hochnotpeinlich und beschämend ist, wird das eigentliche Ziel dahinter mehr als deutlich: Rundfunkbeitrag zahlen. Olaf Kretschmann meint: »Da wirkt eine strukturelle Gewalt gegen dich, die es dir sehr schwer macht, an deiner inneren Überzeugung festzuhalten. Er wird aber das Geld erst einmal mit so wenig Aufwand wie möglich bekommen wollen. Konto- und Lohnpfändungen machen Arbeit, das ist nicht mit einem Klick erledigt.«

Konto- und Lohnpfändungen? Ja, das könnte neben einer Haft und dem Eintrag ins Schuldnerverzeichnis drohen. Die Pfändung hätte auf dem Konto 30 Jahre lang Bestand – oder bis der Südwestrundfunk sie zurückzieht. Das Konto wird dann gesperrt. Man kann nichts mehr abheben, keine Überweisungen tätigen, es kann nichts abgebucht werden. Die Bank wird hier zum Drittschuldner. Aber zum Glück gibt es ein Abwehrrecht, mit dem diese Pfändung einfach ins Leere läuft: Das Konto kann auch nach einer Pfändung binnen vier Wochen in ein P-Konto umgewandelt werden. Damit bleibt das Geld dort bis zu einer bestimmten Höhe geschützt. Jeder Bürger hat das Recht auf Pfändungsschutz, er darf aber nur bei einem Konto aktiv sein.

Mit einer Lohnpfändung können aber nur wenige leben. Hier würde der SWR den Arbeitgeber zum Drittschuldner machen, also wird der Lohn bei ihm gepfändet, bevor er auf das eigene Konto ausbezahlt wird. Die meisten Bürger können sich gegen eine Lohnpfändung nicht wehren. Es sei denn, man ist selbstständig, man bekommt sein Gehalt in bar, das Gehalt bleibt unter der monatlichen Pfändungsfreigrenze oder es gibt gar keinen Arbeitgeber, der hier mit hineingezogen werden kann.

All diese Risiken und Nebenwirkungen sind mir bekannt, ich beginne mein journalistisches Selbstexperiment mit dem Haftbefehl auf eigene Verantwortung und ich kann es ja jederzeit abbrechen.

Haft oder Nichthaft:
Shakespeare für Vollstrecker

Natürlich kann ich das Gespräch mit dem Gerichtsvollzieher nicht Wort für Wort wiedergeben. Es ist aber auch gar nicht nötig. Der

Spickzettel, den ich gemeinsam mit Olaf Kretschmann erstellt habe, leitet mich durch dieses Gespräch. Er gibt mir Halt und eine Struktur. Er hilft mir und ich bleibe fokussiert – trotz des Herzklopfens. Schließlich geht es um eine journalistische Frage, die endlich beantwortet werden soll: Welche Rolle spielen die ARD-Sender bei diesem Haftspiel wirklich, wie ist es um ihre Verantwortung bestellt?

Es gibt aber etwas, was ich bei diesem Gespräch bereits in den ersten Minuten erfahre: Demokratie lebt vom Vertrauen in die Mündigkeit der anderen – bei der Vollstreckung komme ich mir plötzlich wieder unmündig vor. Erinnern wir uns noch einmal kurz. Im Schreiben des Gerichtsvollziehers steht: Falls ich nicht zahle und die Vermögensauskunft verweigere, »wird auf Antrag des Gläubigers Haftbefehl gegen Sie erlassen«. Der Gerichtsvollzieher interessiert sich erst einmal nur für meine Zahlungsbereitschaft. Simpel ausgedrückt, wird er fragen: »Zahlen, ja oder nein?« Bei einem Nein wird er vielleicht fragen: »Warum wollen Sie nicht zahlen?« Er wird dann aber auf jeden Fall die Vermögensauskunft verlangen. Ich muss dann klarmachen, dass es mir um etwas anderes geht. So beginnt auch der Spickzettel:

> Meine Eröffnungsfrage: »Ich habe Ihr Schreiben mitgebracht. Dort steht, wenn ich mich der Vermögensauskunft verweigere, wird auf Antrag des Südwestrundfunks ein Haftbefehl gegen mich erlassen. Deshalb komme ich auch zu Ihnen, damit das nicht so abstrakt bleibt. Ich wollte fragen: Wird er das wirklich tun? Ist das mit der Haft ernst gemeint?«

Der Gerichtsvollzieher wird hier mit Ja oder Nein antworten. Das Ja ist natürlich aus journalistischer Sicht die beste Grundlage, denn dann wird der SWR in dieses Haftspiel endgültig hineingezogen. Ich habe die möglichen Reaktionen des Gerichtsvollziehers in diesem Spickzettel vor dem Termin notiert:

Mögliche Reaktion: Nein.

- Der Gerichtsvollzieher könnte jetzt zurückrudern und sagen: »Es wird zu keinem Haftbefehl kommen. In Ihrem Fall greift das nicht.«
- Er nimmt sich damit selbst den Wind aus den Segeln, dabei will er doch gerade Druck auf mich ausüben, und weiß er denn wirklich, was der SWR will?
- Ich könnte dann nachhaken: »Warum steht es dann so im Schreiben? Sie kündigen mir einen Haftbefehl an. Jetzt spreche ich mit Ihnen und Sie erklären, dem ist nicht so. Bitte klären Sie mich auf.«

Der Gerichtsvollzieher soll wieder auf die Eröffnungsfrage festgenagelt werden: »Ich möchte es doch nur verstehen.«

Mögliche Reaktion: Ja, der SWR wird einen Haftbefehl beantragen.

- Damit öffnet sich der Weg in ein echtes Gespräch. Der Gerichtsvollzieher hat hier eine Belehrungsfunktion. Also gilt es, interessiert nachzufragen.
- Er kann mir den Ablauf des Ganzen erklären, die Paragrafen und welche Konsequenzen das für mich hat: »Helfen Sie mir, die Situation zu verstehen.«
- Ich werde zuhören, aber am Ende freundlich sagen: »Ich kann mir nicht vorstellen, dass der SWR diesen Haftbefehl gegen mich beantragen wird.«
- Damit gerät die Drohkulisse des Gerichtsvollziehers ins Wanken. Er wird vielleicht fragen, woher ich das wisse. Ich antworte: »Hermann Eicher, der Justiziar des SWR, hat diese Erzwingungshaft doch zumindest für seinen Sender öffentlich ausgeschlossen.« Zum Beweis lege ich das Interview aus dem *Berliner Tagesspiegel* auf den Tisch.[20]

Wahrscheinlich wird sich der Gerichtsvollzieher aber gar nicht erst auf ein Gespräch einlassen. Er wird weiter auf ein Ja oder Nein bezüglich der

Vermögensauskunft drängen. Er wird die Drohkulisse mit dem Haftbefehl aufrechterhalten wollen.

Auch dann muss er den weiteren Ablauf erklären. Falls nicht, bleibe ich trotzdem freundlich. Ich werde es dann von selbst ansprechen. Ich lese ihm den Paragrafen 802g aus der Zivilprozessordnung vor. Der entscheidende Satz lautet dort: »Auf Antrag des Gläubigers erlässt das Gericht gegen den Schuldner [...] zur Erzwingung der Abgabe einen Haftbefehl.« Ich konfrontiere ihn auch in diesem Fall mit der Aussage von Hermann Eicher. Meine Fragen bauen dann aufeinander auf, ich muss sie also der Reihe nach stellen:

1. »Ich bin erschienen und ich möchte die Vermögensauskunft auch nicht grundlos verweigern. Für mich geht es im Moment aber nicht um die Frage, ob ich zahle oder nicht.«
2. »Der SWR schließt eine Haft öffentlich aus und er erwähnt das Wort Haftbefehl in seinem Vollstreckungsersuchen nicht. Wenn Sie einen Haftbefehl benutzen wollen, will ich mich bei der Rundfunkanstalt rückversichern. Sie ist der Gläubiger, sie muss sagen, ob sie einen Haftbefehl für angemessen hält. Ich möchte nur abwägen, was passieren kann, wenn ich diese Vermögensauskunft verweigere.«
3. »Kurz formuliert: Ich möchte ein Statement vom SWR, ob er den Haftbefehl beantragen wird und warum er eine Erzwingungshaft in meinem Fall für verhältnismäßig hält.«
4. »Ich möchte das also erst einmal mit meinem Gläubiger klären. Ich werde den SWR schriftlich um eine Stellungnahme bitten. Bitte geben Sie mir dafür 14 Tage Zeit. Sie bekommen von mir eine Kopie des Klärungsschreibens an den SWR.«

Der Gerichtsvollzieher ist hier in seinem Handlungsschema gefangen, schließlich kann er den Haftbefehl nicht in Eigenregie beantragen. Die größte Gefahr für mich ist nun: dass er meine Einwände nicht zur Kenntnis nehmen will. Er wird nach dem Gespräch ein Formular mit einer Checkliste ausfüllen. Er trägt dort ein, dass ich nicht gezahlt habe und dass ich mich grundlos geweigert habe, mein Vermögen offenzulegen. Der Gerichtsvollzieher lässt mich dann im Schuldnerverzeichnis eintragen und schreibt ein Fruchtlos-Protokoll. Damit ist diese Vermögensauskunft für ihn beendet und er gibt den Fall zurück. Letztendlich wissen wir beide, dass der SWR selbst wohl keinen Haftbefehl beantragen wird.

Damit löst sich aber auch meine journalistische Frage in Luft auf. Ich verpasse die beste Chance, den Südwestrundfunk in dieses Haftspiel hineinzuziehen, damit endlich ein ARD-Sender unter Druck steht und Farbe bekennt: Was will man dort wirklich, wie weit wird der Rundfunk gehen? Letztendlich habe ich nur eine Chance: Der Gerichtsvollzieher muss davon überzeugt sein, dass mein Einwand berechtigt ist, dass ich wirklich eine Klärung mit meinem Gläubiger herbeiführen will. Der Gerichtsvollzieher muss an diesem Punkt sagen:

- »Dann machen Sie das. Ich gebe Ihnen Klärungszeit.«

Er darf eine Zwangsmaßnahme auf Stand-by setzen, wenn dabei eine Klärung mit dem SWR herbeigeführt wird. Ich bin ja auch in der Lage, direkt mit dem Gläubiger zu sprechen. Der Gerichtsvollzieher treibt den Rundfunkbeitrag ja nicht in eigener Sache ein, sondern für den SWR. Er wird wohl trotzdem sagen:

- »Das bringt alles nichts.«

So einfach ist das aber nicht. Schließlich hat der Gerichtsvollzieher den Südwestrundfunk selbst auf den Plan gerufen. Der Gerichtsvollzieher hat in seinem eigenen Schreiben angekündigt, was der SWR tun wird – der Sender wird bei meiner Weigerung den Haftbefehl beantragen. Jetzt müsste der Gerichtsvollzieher seinen Worten auch Taten folgen lassen. Er müsste den Südwestrundfunk informieren, er müsste nachfragen, ob dort einem Haftbefehl überhaupt zugestimmt wird. Auch so wäre der SWR jetzt mitten im Haftspiel. Ich habe also eine echte Chance – entweder auf die eine oder auf die andere Weise. Als Journalist darf ich das Heft des Handelns aber nicht aus der Hand geben. Ich muss den Gerichtsvollzieher davon überzeugen, dass ich es bin, der mit dem SWR über meine mögliche Verhaftung spricht.

Funkstille beim Südwestrundfunk

Nach dem Termin mit dem Gerichtsvollzieher spreche ich sofort mit Olaf Kretschmann und schildere die Details. Der Retter ist erfreut: »Du hast ihn mit deiner Souveränität überzeugt. Er hat sofort gemerkt, dass du Fachkenntnis hast und kein Laie bist. Er ist das ausführende Werkzeug des Funktionsmechanismus, er droht dir mit Haft und dann kommst du und sprichst in dieser Situation einfach so, als ob es um eine Klausurnote geht.«

Zugegeben: Ich habe das gar nicht so wahrgenommen, sondern nur in meiner Rolle als Journalist gesprochen. Außerdem war das Risiko kalkuliert, auch wenn Mathematik schon immer meine größte Schwäche war. Trotzdem geht eine Vermögensauskunft nicht immer so glimpflich aus, wie es in Bayern, Baden-Württemberg oder Sachsen möglich ist. Ich muss mich selbst fragen: Was passiert in den anderen Bundesländern? Dort beantragt die zwischengeschaltete Vollstreckungsbehörde meist auch gleich den Haftbefehl – das erzeugt den maximalen Druck bei der Vermögensauskunft. Dort wäre eine solche Diskussion viel schwieriger. Natürlich sind die Rundfunkanstalten auch dort der Gläubiger des Rundfunkbeitrags, aber in meinem Fall muss der SWR dem Haftbefehl eben selbst zustimmen. Der SWR kann sich nicht aus der Verantwortung stehlen, er muss Farbe bekennen: Will er mich verhaften lassen – einen Menschen, der den Rundfunkbeitrag nicht zahlt? Kann er das rechtfertigen? All das darf ich den SWR nun selbst fragen.

Ich werde mit der Hilfe von Olaf Kretschmann einen Brief mit genau diesen Fragen an den Südwestrundfunk schreiben. Der Retter erklärt: »Der Gerichtsvollzieher hat einen neuen Termin für die Vermögensauskunft auf den 12. November 2018 gesetzt. Wir haben also etwa drei Wochen Zeit und brauchen bis dahin eine Stellungnahme des SWR. Noch einmal wirst du damit nämlich nicht beim Gerichtsvollzieher durchkommen.« Stimmt, er wird vermutlich sein Programm durchziehen, die Vermögensauskunft beenden und damit schwebt dann auch kein Haftbefehl mehr im Raum, auf den ich den SWR festnageln kann.

Kretschmann hat aber noch etwas bemerkt, was mir selbst nicht klar ist: »Er ist offenbar selbst gespannt auf die Antwort.«

Also legen wir los. Wir haben genug Zeit, der SWR wird wohl kaum so lange an einer einfachen Frage knabbern: Findet er, dass meine Haft verhältnismäßig ist, und wird er sie auch selbst beantragen? Ich glaube, diese Frage sollte die graue Eminenz des Rundfunkbeitrags beantworten: Hermann Eicher. Olaf Kretschmann glaubt aber, dass der Justiziar des Südwestrundfunks nicht der richtige Ansprechpartner ist. Wir sollten gleich ganz oben in der Chefetage anklopfen: »Wenn du Rechtssicherheit haben willst, dann wende dich an deinen direkten Gläubiger. Schreibe an den Intendanten des Südwestrundfunks und verschicke es als Einschreiben mit Rückschein, das deutet auf die Ernsthaftigkeit deines Anliegens hin.« Ich schreibe den Brief am 24. Oktober 2018:

Ihre Stellungnahme als gesetzlicher Vertreter des Südwestrundfunks über die Ausstellung eines drohenden Haftbefehls gegen mich im Rahmen meiner Vollstreckung wegen nicht gezahlter Rundfunkbeiträge

Sehr geehrter Herr Boudgoust,

zunächst möchte ich mich vorstellen. Mein Name ist Markus Mähler, ich habe den Rundfunkbeitrag nicht gezahlt; deshalb werde ich gerade zwangsvollstreckt und nun wird mir sogar eine Erzwingungshaft von bis zu sechs Monaten angedroht. Das kann zum Verlust meiner Wohnung und meiner Beschäftigung führen, also mein ganzes Leben zerstören. Deshalb wende ich mich in höchster Not persönlich an Sie.

Herr Boudgoust, Sie sind der gesetzliche Vertreter des Südwestrundfunks und der Südwestrundfunk ist der Gläubiger meiner Rundfunkbeiträge. Bitte klären Sie diesen Sachverhalt auf, denn offenbar eskaliert meine Zwangsvollstreckung.

[...] Dort wird eine Forderung des SWR in Höhe von 185,50 Euro geltend gemacht. Ich sollte binnen von zwei Wochen zahlen. Falls ich nicht zahle, forderte der Gerichtsvollzieher von mir gleich eine sogenannte Vermögensauskunft – und zwar am 22. Oktober.

Folgender Satz des Schreibens hat mich zutiefst erschüttert: »Falls Sie zu dem Termin nicht erscheinen oder wenn Sie sich grundlos weigern, die Vermögensauskunft abzugeben, wird auf Antrag des Gläubigers Haftbefehl gegen Sie erlassen.«

Herr Boudgoust, Ihnen ist sicherlich genauso wie mir bewusst, dass es einen großen Unterschied zwischen *wird* und *kann* gibt. Ich *kann* verhaftet werden, das ist etwas ganz anderes wie: Ich *werde* verhaftet. Da ich die Konsequenzen meines Handelns natürlich verstehen möchte – und zwar, bevor ich im Gefängnis sitze –, besuchte ich den Gerichtsvollzieher wie gewünscht am 22. Oktober um 14:30 Uhr.

[Der Gerichtsvollzieher] war so freundlich, mir die Zusammenhänge meiner Verhaftung aus seiner Sicht zu erklären. Trotzdem verstand ich die rechtliche Grundlage dieser Erzwingungshaft immer noch nicht. Ich wies [ihn] auf einen Widerspruch hin: Im Vollstreckungsauftrag des Beitragsservice aus Köln wird festgelegt, wie der Gerichtsvollzieher meine Vollstreckung durchzuführen hat. Ein Haftbefehl, eine Verhaftung und eine Erzwingungshaft werden in diesem Schreiben weder erwähnt noch gefordert.

Was der Gerichtsvollzieher darauf antwortete, hat mich nun wirklich erstaunt: Der SWR kann als eigentlicher Gläubiger nicht nur meine Verhaftung beantragen – er wird dies auch tun, falls ich nicht zahle oder die Vermögensauskunft nicht abgebe. Ich erfuhr sogar, dass ich dann maximal sechs Monate in einer Gefängniszelle sitze; nicht in der JVA Rottenburg, sondern in Tübingen. Ich habe noch einmal gefragt, ob der SWR wirklich einen Haftbefehl gegen mich beantragen wird. Wieder hat der Gerichtsvollzieher das bejaht.

Ich bin entsetzt, Herr Boudgoust. Sie wissen sicherlich, dass Herr Eicher den Rundfunkbeitrag für die ARD federführend juristisch betreut. Als Justiziar des Südwestrundfunks hat Herr Eicher im Gespräch mit dem *Berliner Tagesspiegel* sogar öffentlich erklärt:

»Für den SWR kann ich sagen, dass tatsächlich eine Erzwingungshaft nicht in Betracht kommt.«

Wenn ich der Aussage von Herrn Eicher trauen kann, dann wird Ihre Rundfunkanstalt als Gläubiger keinen Haftbefehl gegen mich beantragen, entsprechend der Zivilprozessordnung Paragraf 802g »Erzwingungshaft«, Absatz 1? Das steht dann aber doch im Widerspruch zur schriftlichen und mündlichen Drohung des Gerichtsvollziehers, der mich gerade vollstreckt. Was mich noch mehr verunsichert: Trotz solcher Beteuerungen wie der von Herrn Eicher sitzen in den Gefängnissen tatsächlich Menschen, die nur keinen Rundfunkbeitrag zahlen wollten. Erst im Februar 2018 wurde Markus Lynen verhaftet – und solche Medienberichte tauchen immer wieder auf.

Verstehen Sie mich bitte nicht falsch, Herr Boudgoust. Ich brauche keine Erklärung darüber, was rechtlich entsprechend der Landesvollstreckungsgesetze möglich ist. Mir ist bewusst, dass der Gerichtsvollzieher eine Reihe von grundrechtsverletzenden Maßnahmen gegen mich einsetzen kann. Eine davon wäre die Erzwingungshaft.

Ich möchte von Ihnen stattdessen eine Stellungnahme zu meinem Fall: Betrachtet der SWR meine Verhaftung als verhältnismäßige Zwangsmaßnahme? Wird der SWR als Gläubiger einen Haftbefehl beantragen, weil er auf seine Forderung von 185 Euro besteht? Wird es der Südwestrundfunk stillschweigend hinnehmen, dass eine Vollstreckungsstelle in seinem Namen den Haftbefehl bei einem Amtsgericht beantragt?

All diese Dinge kann ich mir eigentlich nicht vorstellen. Schließlich verkünden die Rundfunkanstalten immer wieder öffentlich: Ein solcher Zwang ist nicht mehr verhältnismäßig. Haftbefehle und die anschließende Verhaftung sind schließlich das stärkste Eingriffsmittel in die persönliche Freiheit eines Menschen. Zumindest in unserem Land, das die Grundrechte seiner Bürger achtet.

Der Gerichtsvollzieher hat mir einen Vollstreckungsaufschub gewährt, deshalb kann ich meine drohende Verhaftung direkt mit Ihnen als Gläubiger erörtern. Bitte klären Sie diesen Sachverhalt auf und bitte lassen Sie mir eine schriftliche Stellungnahme zu folgenden Fragen zukommen. Ich muss Ihre Antworten dem Gerichtsvollzieher vorlegen, da ich sonst wirklich verhaftet werden könnte.

Sind Sie darüber informiert worden, dass [der Gerichtsvollzieher] mich zur Durchsetzung Ihrer Forderung mit dem Erlass eines Haftbefehls bedroht hat?

Stimmen Sie als Gläubiger dem Erlass eines Haftbefehls im Rahmen der durch Sie veranlassten Vollstreckungsmaßnahme zu?

Stimmen Sie als Gläubiger der Durchsetzung der Erzwingungshaft im Rahmen der durch Sie veranlassten Vollstreckungsmaßnahme zu?

Welche vorsorglichen Maßnahmen ergreifen Sie als Gläubiger derzeit selbst, um Kenntnis von Haftandrohungen und Durchführungen im Rahmen der durch Sie veranlassten Vollstreckungsmaßnahmen zu erlangen?

Werden Sie als Gläubiger umgehend dafür sorgen, dass in Ihren Vollstreckungsersuchen die Erzwingungshaft eindeutig ausgeschlossen wird?

Gibt es beim SWR oder beim Beitragsservice einen Kriterienkatalog, ab wann eine Erzwingungshaft verhältnismäßig erscheint, und wie erfahren die beauftragten Vollstreckungsstellen davon, wie erfahren die vollstreckten Schuldner davon?

Der [Gerichtsvollzieher] hat mir einen Klärungszeitraum bis zum 12. November eingeräumt. An diesem Tag bin ich wieder für eine Vermögensauskunft bei ihm einbestellt. Daher bitte ich Sie dringend um eine rasche, persönliche, verbindliche und schriftliche Stellungnahme und eine Antwort auf meine sechs Fragen. Ich möchte mich bereits jetzt dafür bedanken, dass Sie sich meines Falls angenommen haben.

Mit freundlichen Grüßen

Markus Mähler

Euer Gnaden versäumen das Gnadengesuch

Wir warten auf die Antwort. Eine Woche, zwei Wochen, mein Termin beim Gerichtsvollzieher rückt näher. Warum antwortet der Intendant Peter Boudgoust denn nicht? Es ist doch alles bereit für seinen großen Auftritt: Boudgoust darf – nein, er muss – zornig werden. Da hat ein Bürger in seinem Sendekönigreich den Rundfunkbeitrag nicht gezahlt, er soll verhaftet werden, und zwar mit der Begründung, dass der SWR das alles so will. Offenbar liegt mein Gnadengesuch im falschen Ablagestapel. Nicht in E wie Eilt, sondern in A wie Aussitzen? Aber Euer Gnaden muss doch von meiner möglichen Haft erfahren, erst dann kann Euer Gnaden Gnade walten lassen! Ich möchte nicht hinter Gittern gen Himmel fluchen müssen, weil man sich nicht einmal mehr auf die höheren Mächte verlassen kann.

Nein, bleiben wir ernsthaft. Da warten viele Fragen auf eine Stellungnahme. Die ARD soll sich endlich öffentlich und überzeugend erklären – zu den Haftbefehlen bei der Vollstreckung des Rundfunkbeitrags. Sie soll Stellung beziehen und der SWR ist der beste Ansprechpartner. Beim WDR sitzt das Herz des Rundfunkbeitrags, der Beitragsservice. Beim SWR sitzt aber das Hirn. Offenbar hält es gerade Winterschlaf, tief und fest. Zeit für einen Weckruf. In der Intendanz des SWR meldet sich eine Sekretärin am Telefon, der Intendant sei unpässlich.

Ich erkläre meine Notlage: Am 12. November muss ich mich erneut dem Gerichtsvollzieher stellen. Ich muss mich entscheiden, ob ich standhaft bleiben oder einknicken soll. Allerdings kenne ich nicht einmal die möglichen Folgen. Der Gerichtsvollzieher sagt: Wird die Vermögensauskunft verweigert, dann »wird« der SWR einen Haftbefehl beauftragen. Der Südwestrundfunk soll sich endlich dazu äußern, was er tun will. Ich möchte ungern erst hinterher erfahren, ob ich nach einer Weigerung in Schuldhaft gehen muss. Wir haben jetzt den 11. November und auch der Gerichtsvollzieher braucht doch wohl Klarheit, wie er mich denn nun vollstrecken soll. Wird mir meine Ehrlichkeit zum Verhängnis?

Es dauert, all das zu erklären. Ich höre ein Rattern in der Leitung. Stille. Hallo? Stille. Hallo? Sie durchsucht gerade das interne SWR-Telefonbuch. Ich höre nun in sehr schneller Abfolge: »IchverbindeSiemitdemBeitragsservice.« Moment! Nein! Ich will nicht mit dem rechtlichen Nichts in Köln sprechen, ich brauche keine Textbausteine! Warteschleife. Ich will den sprechen, der meine Vollstreckung zu verantworten hat. Warteschleife. Er muss jetzt eine Entscheidung treffen.

In der Leitung meldet sich nun ein Mann vom Beitragsservice. Es ist aber der Beitragsservice beim SWR, sagt er. Vielleicht ist er aber auch nur eine Maschinenstimme, eine Art GEZ-Alexa? Nein, nach ein paar Minuten denke ich: Das ist ein Mensch, vermutlich. Wir werden etwa eine halbe Stunde miteinander telefonieren. Ich möchte über meinen Haftbefehl sprechen, er möchte mir erklären, warum es gut und richtig ist, den Rundfunkbeitrag zu bezahlen. Ich erkläre ihm, dass das mit dem Haftbefehl nicht gut und auch nicht richtig ist. Binnen weniger Stunden kann es bei mir akut werden.

Der Mann sagt: »Ich sage Ihnen lediglich, wir haben die Möglichkeit, einen Haftbefehl zu beantragen.« Wird es der SWR aber tun? Wird er mich verhaften lassen oder wird er mich nicht verhaften lassen? Ich muss das doch wissen, bevor ich eine Vermögensauskunft verweigere! Der Unterschied besteht immerhin aus bis zu sechs Monaten Gefängnis.

Das Fragespiel geht Runde um Runde. Es wird hitzig, ich bohre nach: »Sie können mir doch nicht einfach nur sagen: Das sehen wir dann, wenn es so weit ist!« Antwort: »Wir haben die Möglichkeit, diesen Haftbefehl zu beantragen.« Ich kontere: »Herr Eicher sagt öffentlich, dass Erzwingungshaft in Zusammenhang mit der Zwangsvollstreckung des Rundfunkbeitrags nicht zum Tragen kommt. Jetzt erzählen Sie mir, dass Sie trotzdem diese Möglichkeit haben und eventuell davon Gebrauch machen wollen.« Stille. Ich sage: »Ich brauche jetzt ein Feedback. Was soll ich dem Gerichtsvollzieher sagen? Erklären Sie wenigstens dem Vollstrecker, was Sie wollen?« Antwort unter anderem: »Wenn Sie die Vermögensauskunft nicht leisten, müssen Sie dann mit den entsprechenden Konsequenzen leben.« Es geht immer so weiter, wir drehen uns im Kreis.

Dieses Gespräch ist an sich interessant, aber eher durch das, was nicht gesagt wird. Im Großen und Ganzen wird eine Haft ausgeschlossen, aber im Einzelfall muss ich mit der möglichen Haft leben? Dabei ist der Südwestrundfunk der Herr dieses Verfahrens. Ich bedauere all die vielen Menschen, die solche Zusammenhänge gar nicht kennen, die sich einfach nur bedroht und überrollt fühlen. Das Gespräch quält sich bereits in die Verlängerung. Ich sage zum gefühlt hundertsten Mal: »Herr Eicher hat doch ausgeschlossen, dass Haft Teil des Vollstreckungsverfahrens ist.« Antwort: »Dann gehen Sie doch mit dieser Information zum Gerichtsvollzieher.« Stille, jetzt bin sogar ich überrumpelt, doch dann mache ich einfach weiter im Programm. Schließlich ist die Betriebstemperatur erreicht und es soll doch noch ein großes J'accuse folgen.

Erst später – und wieder im Ruhemodus – spreche ich mit Olaf Kretschmann über die Erkenntnisse aus diesem seltsamen Telefonat. Er schmunzelt und sagt: »Das war kabarettreif, aber du hast doch die Information, die du wolltest: *Gehen Sie mit dieser Aussage zu Ihrem Vollstrecker.*« Das werde ich wohl tun müssen.

Dieser zweite Termin beim Gerichtsvollzieher am 12. November 2018 verläuft viel entspannter. Ich spreche über das Telefongespräch mit dem SWR, und ich wiederhole die Worte von Hermann Eicher. Das mit dem Haftbefehl ist in meinem Fall vom Tisch, denn der SWR möchte die Erzwingungshaft nicht selbst beantragen. Für viele Menschen in vielen anderen Bundesländern bleibt das nur ein schwacher Trost – denn dort springt eine der vielen Vollstreckungsbehörden ein. Sie beauftragt diese Haftbefehle routinemäßig und wie am Fließband; sie tut das, was die ARD offensichtlich nicht selbst tun möchte.

Damit ist meine Vermögensauskunft natürlich noch nicht beendet, der Zwang geht weiter. Eigentlich habe ich mein Rechercheziel erreicht, eigentlich könnte ich den Rundfunkbeitrag jetzt zahlen, einfach aufstehen und gehen und dieses Elend vergessen. Es fühlt sich aber nicht richtig an; nicht nach dem, was ich selbst erlebt habe. Der

Gerichtsvollzieher fragt noch einmal, ob ich jetzt endlich diese verdammte Vermögensauskunft abgebe.

Die Haftbefehle der anderen

Meine Antwort lautet: »Nein. Ich bin heute hier, und ich verstehe auch das Regelwerk des Gerichtsvollziehers. Trotzdem kann ich es nicht.« Ich habe dazu eine schriftliche Begründung vorbereitet, mein bescheidenes J'accuse:

Leider zwingt uns ausgerechnet ein Gesetz dazu, dass wir ARD und ZDF auch gegen unseren Willen finanzieren müssen – und damit finanzieren wir alle auch alles, was diese Sender tun. Inzwischen wird der Rundfunkbeitrag millionenfach pro Jahr vollstreckt. Millionen Menschen werden wie ich bedroht. Es bleibt aber nicht beim Zermürben, beim Pfänden oder beim Eintragen ins Schuldnerregister. Wir werden mit Haft bedroht. Immer wieder sitzen Menschen im Gefängnis. Menschen, die wegen des Rundfunkbeitrags vollstreckt wurden. Diese Haftfälle sorgten 2016 für große Empörung und die ARD-Vorsitzende Karola Wille erklärte, dass so etwas »nicht verhältnismäßig« sei. Und was hat sich zwei Jahre später geändert? Ich frage mich nach meiner eigenen Vollstreckung: Wo sind die Taten, die den Worten eigentlich folgen sollten?

An diesem Punkt bin ich in eine innere Not geraten: Ich will mich nicht mehr schämen müssen, dass ich den Rundfunkbeitrag zahle. Ich kann auch mein Vermögen nicht mehr guten Gewissens offenbaren, denn in beiden Fällen kommt die ARD zu meinem Geld. Mit dem Geld und für dieses Geld werden dann andere Menschen mit Haftbefehlen bedroht oder sogar verhaftet. Ich würde mit meinem Handeln also der Freiheit anderer Abbruch tun. Das will ich nicht mittragen, und ich will mir auch nichts einreden lassen: Die ARD-Sender sind für jeden Einzelnen verantwortlich, den sie vollstrecken lassen. Ich glaube nicht, dass wir einfach so verhaftet werden und dass das in den anderen Bundesländern allein Sache der Vollstrecker sei, wie die ARD das behauptet.

Hoffentlich verstehen Sie nun besser, warum ich die Vermögensauskunft nicht abgeben kann. Wenn ich all das schweigend hinnehme, dann ändert sich auch nichts. Ich kann den Rundfunkbeitrag erst wieder zahlen, wenn die ARD sichtbar dafür sorgt, dass niemand mehr im Gefängnis sitzen muss, der den Rundfunkbeitrag nicht gezahlt hat und vollstreckt wird. Deshalb mache ich meinen inneren Konflikt öffentlich. Nur so erkennt die ARD, dass sie nicht einfach so weitermachen kann.

Willkommen zurück in der Realität: Natürlich bewirkt das nichts. Unser Handlungsradius ist hier gleich null. Ich lege Widerspruch gegen meine Eintragung im Schuldnerverzeichnis ein und ergänze diese drei Absätze noch um einige weitere Zeilen. Trotzdem erkennt das Amtsgericht keinerlei »vollstreckungsrechtlich relevanten Einwendungen«. Es lehnt den Widerspruch ab. Ich habe mich grundlos geweigert und werde im Schuldnerverzeichnis eingetragen. Trotzdem fühlt es sich gut und richtig an. Das letzte Wort ist aber noch nicht gesprochen. Wir kommen auf meine Vollstreckung zurück – im dritten Buchteil mit dem Anwalt.

Der Termin mit dem Gerichtsvollzieher endet entspannt. Wir plaudern. Er kann nun diesen Fall abhaken, der nicht alltäglich war. Eine Szene aus dem Gespräch brennt sich aber regelrecht in mein Gedächtnis ein: Er greift hinter sich, öffnet dort die große schwarze Aktentasche und nimmt einen Papierstapel in die Hand. Der Gerichtsvollzieher dreht sich wieder um. Ich kann diese vielen Blätter gar nicht zählen, sie sind zusammengeheftet und wirken wie ein massiver Ziegelstein. Seine rechte Hand ist jetzt weit geöffnet, er umgreift mit seinen Fingern diesen Stapel an der Seite, aber er kann ihn kaum in der Luft halten. Die Hand schwankt, das Gewicht zieht sie immer wieder nach unten. Dieser Brocken Papier, das sind die Rundfunkbeiträge, die noch zu vollstrecken sind, nur in seinem Gebiet, nur im Monat November. Ich sehe, wie viel Druck auf ihm lastet.

Meine Vermögensauskunft endet am 12. November 2018. Am 14. November schreibt der SWR dann doch eine Antwort auf meinen Brief vom 24. Oktober. Der Sender muss also wissen, dass er leer ausgegangen ist – und das Schweigen in seinem Fall keinen Sinn mehr hat. Angeschrieben war der Intendant, es antwortet der Verwaltungsdirektor:

»Daher kann ich Ihnen versichern, dass in Ihrem Fall durch den SWR keine Beauftragung zum Erlass eines Haftbefehls bei der Vollstreckungsbehörde erfolgt ist. Warum der Gerichtsvollzieher sich in der von Ihnen dargestellten Form geäußert hat, entzieht sich unserer Kenntnis. Tatsache ist, dass der SWR die Erzwingungshaft nicht beantragt hat. Wir stehen zu unseren öffentlichen Aussagen.«

Daneben findet sich noch dieser Absatz im Schreiben:

»Das Vollstreckungsverfahren liegt also – anders als das Mahnverfahren – nicht mehr in den Händen der Rundfunkanstalten. Die zuständigen Vollstreckungsbehörden vollstrecken Rundfunkbeiträge wie jede andere Forderung mit den ihnen nach dem jeweiligen Landesrecht zur Verfügung stehenden Maßnahmen.«

Das sind die beiden wesentlichen Zitate aus dem Brief – und sie widersprechen sich wieder einmal. Einerseits erklärt der SWR, dass er den Haftbefehl nicht beantragt hat. Er hält das Schwert in der Hand, wird aber nicht damit gegen mich zustechen. Andererseits erklärt der SWR, dass die Vollstreckungsbehörden das Schwert in der Hand haben, dass sie zustechen – und dass dieses Zustechen dann »nicht mehr in den Händen der Rundfunkanstalten« liegt. Also ist es alles in allem wohl wieder die Schuld der anderen?

In diesen Brief hat sich ein entlarvender Fehler geschlichen: Der Südwestrundfunk gibt mir »einige Informationen zum Thema Erzwingungshaft«, aber diese Informationen sind aus der Maschine, das sind Textbausteine und diese Informationen treffen eben gerade nicht für den Südwestrundfunk zu. In Baden-Württemberg ist er doch selbst die Vollstreckungsbehörde. Das ist die Wahrheit. Hier gibt es keine anderen, hier springt keiner in die Bresche, hier muss er eine Haft ganz allein verantworten. Hier könnte ich dann ganz offen und ehrlich schreiben: SWR lässt Beitragsrebellen verhaften! Nein, solch schlechte Presse möchte der Sender aber offenbar nicht.

In den meisten anderen Bundesländern gibt es aber die anderen. Das ist ungerecht, dieses Nebulöse, dieses Wir-wollen-es-nicht-wissen, dieses Spiel im Schatten, dieses Gewährenlassen, diese Ungleichbehandlung der Menschen. In Baden-Württemberg, Bayern oder Sachsen werde ich nicht verhaftet. Da kann der Gerichtsvollzieher noch so sehr drohen, er hat keinen Haftbefehl in den Händen und er bekommt ihn auch nicht. In vielen anderen Bundesländern macht ein beliebiger Vollstrecker zwei kleine Kreuzchen auf irgendeinem Formular – und schon ist das gleiche Verfahren, die gleiche Vermögensauskunft scharfgeschaltet. Der Gerichtsvollzieher hat einen Auftrag, er hat jemanden, der die Verantwortung dafür tragen will, er kann zur Tat schreiten – das Gesetz gibt es so her. Das mit dem Verhaften geht wie von selbst.

Der Brief schließt mit den Worten: »Ich hoffe, ich konnte Ihnen mit diesen Informationen weiterhelfen.« Nein, oder vielleicht doch? Ich schaue mir das Schreiben noch einmal genau an und entdecke zwei weitere interessante Aussagen:

Ob es zur Haft kommt, »entscheiden in den meisten Bundesländern die Vollstreckungsbehörden, also nicht wir als Gläubiger der Forderung«.

Schauen wir doch einmal in den Paragrafen, der die Handschellen klicken lässt. Im Paragrafen 802g der Zivilprozessordnung steht ganz klar: »Auf Antrag des Gläubigers erlässt das Gericht gegen den Schuldner [...] zur Erzwingung der Abgabe einen Haftbefehl.«[21] Wie kann das sein? Der Gläubiger des Rundfunkbeitrags, der hier vollstrecken lässt, der sagt einfach: *Wir nicht!* Er kann sich doch nicht einfach auf den Standpunkt zurückziehen, dass er nichts damit zu tun hat, was in der Vollstreckung geschieht.

Im Brief des SWR findet sich dazu noch ein Hinweis: »Die zuständige Landesrundfunkanstalt [stellt] bei der örtlichen Vollstreckungsbehörde ein Vollstreckungsersuchen.« Ich kenne dieses Papier, ich wurde ja selbst durch eines vollstreckt. Dort legen die Sender fest, welche Maßnahmen in der Vollstreckung zum Tragen kommen sollen – und welche nicht. Der Südwestrundfunk beantragt, dass der Gerichtsvollzieher mir die Vermögensauskunft abnimmt. Es geschieht. Der Südwestrundfunk beantragt aber keinen Haftbefehl – es geschieht also nicht. Diese Vollstreckungsersuchen sind wohl der Schlüssel, um das Ganze zu verstehen.

Auch in den Vollstreckungsersuchen der anderen Bundesländer werden die Wörter Haftbefehl und Haft mit keiner Silbe erwähnt. Trotzdem passiert es. Es wirkt wie eine Lücke – und dort verliert ein Mensch seine Freiheit. Wie versichert sich der Vollstrecker, dass das, was er tut, im Einklang und mit dem Segen des Gläubigers geschieht? Wie versichert sich der Gläubiger, dass in dieser Vollstreckung nichts gegen seinen Willen geschieht? Es muss hier doch eine Abstimmung geben, das sagt der gesunde Menschenverstand. Es wirkt wie eine juristische Grauzone und es gibt Fragen: Wo und wie kümmert sich die ARD darum, dass bei der Vollstreckung ihres Rundfunkbeitrags kein Mensch verhaftet wird? Schließlich erklärt sie öffentlich, dass sie das nicht will. Gibt es da Vorkehrungsmaßnahmen – und wenn nicht: Warum gibt es sie nicht?

Ich nehme also diesen Brief und mein Vollstreckungsersuchen und fahre nach Berlin. Vielleicht kann Olaf Kretschmann Licht in diese Grauzone bringen.

KAPITEL 3

RETTUNG NAHT

Tradition verpflichtet:
Der Einsperrwahn in Absurdistan

Im Zug nach Berlin bleibt viel Zeit zum Lesen. Also habe ich schweres Handgepäck dabei, juristische Literatur zum Haftbefehl bei der Vermögensauskunft. Das klingt nicht sehr spannend, offenbart aber Abgründe. Wenn wir wissen wollen, wohin unser mittelalterlicher Schuldturm verschwunden ist, dann liegt hier die Antwort begraben: Der Schuldturm ist einfach in den Paragrafendschungel umgezogen, er heißt jetzt auch anders. Die Juristen behaupten, der Haftbefehl sei »sehr effektiv: In der Praxis dauert eine etwaige Haft regelmäßig (wenn überhaupt) nur wenige Stunden, bis es zur vollständigen Abgabe der Vermögensauskunft kommt.«[1] Er besitzt eine »enorme praktische Relevanz: Allein im Jahr 2011 wurden bei den Amtsgerichten 671.092 Anträge auf Anordnung der Haft zur Erzwingung der [Vermögensauskunft] gestellt; das betrifft fast ein Fünftel aller Vollstreckungssachen vor Amtsgerichten.«[2] Heute kommen diese Haftbefehle wie vom Fließband. Der Zeitgeist war aber mal anders, da wurde das wenigstens hinterfragt. Vor über vierzig (!) Jahren war es noch ein Aufreger im *Spiegel*:

> »Zu dem Münchner Diplom-Systemanalytiker Roland von Szantay kam gar die Polizei. Morgens um sechs klingelte ein Beamter, die Pistole fest im Griff, und holte Szantay aus dem Bett: ›Aufstehen, Sie sind verhaftet‹ – wegen eines Verwarnungsgeldes von zehn Mark, das er noch schuldig sei.«[3]

Das Verwarngeld war bereits gezahlt, aber diese westernreife Darbietung hatte trotzdem Erfolg: Der Bürger »griff, unter Protest, zum zweitenmal in die Tasche«. Damals weigerten sich Juristen, solch eine Haft anzuordnen – und sie sprachen Klartext: »Sie wollen, wie es der Kölner Verkehrsrichter Eugen Menken ausdrückt, ›nicht von der Stadt für diesen Schwachsinn eingespannt werden‹.« Das Bundesverfassungsgericht wurde immer wieder in dieser Frage eingeschaltet – ohne Erfolg.

> »Der Freiheitsentzug als schwerster Eingriff in Persönlichkeitsrechte, beschwerte sich der Schwelmer Verkehrsrichter Hans Schlüppmann, müsse ›das äußerste Mittel staatlichen Zwanges bleiben‹. Menken monierte, daß auch bei Bagatellbeträgen die Haft angeordnet und nach Vollstreckung das Bußgeld weiter beigetrieben werde [...].«

Der Artikel geht auch auf die daraus resultierenden Auswirkungen für die Polizeibeamten ein:

> »Zunehmend mißbraucht fühlen sich auch Polizeibeamte. Bei der Kripo in Essen etwa stieg die Zahl der zu vollstreckenden Haftbefehle gegen Geldbußen-Schuldner rapide an; bis zu 36mal am Tag mußten die Fahnder ausrücken. Diese ›Beschäftigungstherapie‹, so Hauptkommissar Joachim Stock, ›bindet nur Kräfte der Polizei und entzieht sie ihrer originären Aufgabe‹.«[4]

Das war 1977. Heute ist es nicht anders, sondern nur schlimmer geworden. »Es gibt im Justizvollzug nichts Unsinnigeres«, sagt Julius Wandelt. Er muss es wissen: Der Jurist leitet die Justizvollzugsanstalt in Castrop-Rauxel. Ein Viertel seiner 567 Haftplätze sind regelmäßig mit Schuldhäftlingen belegt. Wandelt führt also eher einen Schuldturm und nennt es »Irrsinn, für eine uneinbringliche Geldstrafe von vielleicht fünf Euro Haftkosten von 111 Euro pro Tag zu produzieren«.[5]

Der Landesrechnungshof Nordrhein-Westfalen wollte die Kosten dafür einmal komplett durchrechnen: »Im Jahr 2008 führte durchschnittlich jeder zehnte unbezahlte Bußgeldbescheid zu einem Antrag auf Erzwingungshaft an das zuständige Amtsgericht.« Zehn Prozent bedeuten hier: 122.000! Allein in Nordrhein-Westfalen! Einem »unbezahlten Bußgeld von zehn Euro stand in etwa das Sechsfache an Justizkosten noch vor Haftantritt gegenüber«.[6]

Alle wissen das, eigentlich, und trotzdem kommen die Haftbefehle wie vom Fließband. Wir leben aus Tradition mit einem Einsperrwahn – und jetzt verschärft der Rundfunkbeitrag all das noch. Millionen Menschen akzeptieren ihre gesetzliche Wohnabgabe für ARD und ZDF nicht, also tritt die ARD eine Millionenwelle von Zwangsvollstreckungen los. Die münden bei der Vermögensauskunft in Haftbefehlen und Verhaftungen – weil es das Gesetz doch so vorsieht. Der Unterschied ist aber hier, dass die ARD millionenfach Einfluss nehmen kann, sie lässt schließlich vollstrecken. Kann sie dann nicht auch diesen behördlichen Amoklauf ausschließen? Oder ist sie selbst zu sehr Rundfunkbehörde, die den stetigen Milliardenfluss um jeden Preis aufrechterhalten will? Spannend bleibt auch die Frage nach den Kosten einer unsinnigen Haft, etwa im konkreten Einzelfall – etwa bei Sieglinde Baumert.

So rechnet die ARD: Fast 6000 Euro ausgeben, um 191 Euro nicht zu bekommen

Ein Bericht des NDR-Magazins *Zapp* behauptet: »Beugehaft kann für den MDR teuer werden«.[7] Darin sagt SWR-Justiziar Hermann Eicher: »Zuletzt muss der ehrliche Beitragszahler für die Haftkosten aufkommen, wenn sich die betroffene Person weiterhin weigert zu zahlen.« *Zapp* schreibt weiter, dass der MDR die Kosten für die Erzwingungshaft »vorgestreckt« habe. Mich stören dabei drei Dinge. Erstens: Den Haftkostenvorschuss zahlt, wer den Haftbefehl beantragt. Der MDR hat den Haftbefehl aber gar nicht beantragt, sondern die Vollstreckungsstelle des Landratsamts. Zweitens: Der MDR war doch selbst von der Haft »erstaunt«! Wie kann er dann die Kosten munter »vorgestreckt« haben? Drittens: Es ist eine Zwangsmaßnahme, bei der nicht einmal der Verhaftete weiß, wann er wohl aufgeben wird. Vielleicht hat der MDR die Kosten *nachgestreckt*, das wäre möglich.

Zapp spekuliert auch über eine konkrete Summe. Angeblich soll die Erzwingungshaft von Sieglinde Baumert den MDR – und damit den Beitragszahler – 6000 Euro kosten. Weil der Haftkostensatz in der JVA Chemnitz knapp 100 Euro am Tag betrage. Diese Zahl hat *ZAPP* vom Thüringer Justizministerium. Chemnitz liegt übrigens in Sachsen, aber hier stimmt noch etwas anderes nicht: *Eine Erzwingungshaft ist viel, viel, viel billiger zu haben.* Es gibt bei diesem Druckmittel ganz spezielle Gebühren: Der Haftbefehl kostet 20 Euro, das Verhaften durch den Gerichtsvollzieher 39 Euro, ein *ganzer* Monat in der Doppelzelle ist für unschlagbare 100,35 Euro zu buchen. Nur die Vollpension treibt die Kosten leider nach oben: Frühstück, Mittag- und Abendessen schlagen mit 229 Euro im Monat zu Buche.[8] Preislich leistet sich Deutschland ein Haft-Schnäppchen; wir sind das Discounter-Paradies für alle, die vollstrecken und verhaften lassen. Eine Erzwingungshaft ist aber unter dem Strich bestimmt nicht so unfassbar günstig, sie muss also vom Steuerzahler quersubventioniert werden. Weil unserem Staat dieses Druckmittel offenbar sehr wichtig ist.

Olaf Kretschmann schreibt in einer Mail, die ich gerade im Zug lese: »Hast du eine Ahnung, was dir die Rundfunkanstalt alles nicht erzählt?« Das klingt spannend und dieser Satz erinnert mich an einen Comic, den ich immer wieder gerne lese, heute reist er als leichte Leselektüre mit. Der Comic heißt: *Zasterix bei den Schweizern* oder so ähnlich. Ich muss dabei besonders über ein Bild schmunzeln, in dem der Gold-Vreneli jammernd gegen seine vielen Tresore hämmert und ruft: »Still! Seid endlich still! Ich will, dass es still bleibt um meine Konten!«[9] Seltsam, aber das erinnert mich an die 45 Millionen Beitragskonten in Köln und an die große Vollstreckungswelle der ARD.

Ich möchte es wissen: Verschwinden die Vollstreckten der ARD wirklich in einer Grauzone? Ist das Sender-Sammelsurium bei der

Haft und den Haftbefehlen wirklich so machtlos, wie es öffentlich immer wieder erklärt? Darf es so wortkarg und nebulös enden?

Der Zug fährt in den Berliner Ostbahnhof ein, ich steige aus. Davor und direkt an der Spree steht das Energieforum, viel Glas, viele Etagen, aber auch viele Aufzüge. Ich warte nun direkt unter dem Dach und vor einer Tür, die hoffentlich viele Antworten verbirgt. Es gibt ein elektrisches Summen. Olaf Kretschmann kommt schnellen Schrittes zur Tür, so als ob er gleich einen Marathon mit mir laufen möchte.

Olaf Kretschmann: Raus aus der Haftfalle

Verhaften lassen oder nicht verhaften lassen – auf diese Frage lässt sich die ARD ungern festnageln. Der Vollstrecker darf aus dem Vollen schöpfen. Es wird ihm leicht gemacht. Er muss bloß vier Worte schreiben: »Die Verhaftung wird beantragt.« Muss es denn so enden? Gibt es denn keinen Ombudsmann mehr, einen echten Vermittler?

Nun, es gäbe da einen Beistand – unbürokratisch, ohne Garantie, aber garantiert hilfreicher als der Beitragsservice: Olaf Kretschmann. Er ist Kommunikationsprofi, Inhaber einer Werbeagentur, selbst Beitragsrebell und schon für viel zu viele der letzte Anker in der Not. Dabei hat Kretschmann nie um diese Rolle gebeten. Er will aber helfen, wenn es sein knappes Zeitbudget erlaubt. Er kennt die Dramatik und die Dimension dieses Skandals so genau wie wohl kaum ein Zweiter in Deutschland. Als Helfer hat er bereits eine ganze Reihe von Beitragsrebellen vor der Erzwingungshaft gerettet.

2016 ist er wie wir alle fassungslos: Da zahlt Sieglinde Baumert den Rundfunkbeitrag nicht und sitzt mehr als zwei Monate im Gefängnis. Das hat eine Energie in Olaf Kretschmann freigesetzt:

»Mit hoher Wahrscheinlichkeit saßen damals neben Sieglinde Baumert zur gleichen Zeit noch ein oder zwei weitere Menschen im Gefängnis – aber dort konnte ich keinen Kontakt herstellen. Ich habe mir nie vorstellen können, dass die Vollstreckung des Rundfunkbeitrags so weit geht, dass überhaupt jemand ins Gefängnis kommt – weil das einen Imageschaden für die Rundfunkanstalten darstellt. Es gab die ersten Signale über die Haft von Sieglinde im GEZ-Boykottforum. Kurz, nachdem es dort bekannt wurde, fand es medial statt und Sieglinde wurde entlassen. Für mich war klar: Du musst den Kontakt herstellen.«

Olaf Kretschmann meldet sich also im April 2016 bei Sieglinde Baumert und beschließt: »Wenn ein weiterer Fall bekannt wird, werde ich diesem Menschen helfen. Ich will nicht, dass er auch in ein Gefängnis kommt.« Der Retter erhält die Unterlagen aus ihrem Fall – und mehr: »Bei Sieglinde haben sich sehr viele Menschen gemeldet.« Es entsteht ein Netzwerk. Olaf Kretschmann sichtet mehr und mehr Unterlagen, er erfährt von immer neuen Fällen: »Ich wollte es tiefer verstehen. Wer ist denn der Vollstreckungsgläubiger? Ist das die Rundfunkanstalt, ist das die Gemeindekasse? Wer hat hier das Recht durchzugreifen? Wer prüft die Verhältnismäßigkeit? Im Fall von Sieglinde wurde deutlich – das ist nur meine Interpretation –, dass der Rundfunk absichtlich damit spielt: Lass es im Dunkeln. Gib es an eine Vollstreckungsstelle, die macht das schon, sie zieht es bis zum Ende durch.«

Das klingt für mich erschreckend einfach: *Wir wissen von nichts.* Genau das ist aber auch das Fazit von Olaf Kretschmann: »Durch Sieglinde konnte ich die Mechanismen verstehen und auch vorher habe ich mich in die Vollstreckungslogik eingearbeitet: Wer stellt den Haftbefehl aus, bei wem versichert sich das Amtsgericht, dass die Ausstellung dieses Haftbefehls in Ordnung ist? Für all diese Prozesse braucht es in den meisten Bundesländern die Rundfunkanstalt gar nicht – und das finde ich nach wie vor verrückt.«

Der Berliner bietet keine Dienstleistung an. Er ist nur jemand, der bisher nicht Nein sagen konnte: »Menschen, denen wirklich eine Verhaftung droht, werde ich helfen.« Eine echte Notlage heißt: Der Rebell verweigert die Vermögensauskunft, und der Gerichtsvollzieher will jetzt zur Verhaftung schreiten. Ich muss dabei an meinen Fall denken – mit dem Unterschied, dass das Drohspiel mit der Haft am Ende nur heiße Luft war.

Der Gerichtsvollzieher handelt nur im Auftrag, und ohne Auftrag ist sofort Schluss mit dem Drohspiel. In den meisten anderen Bundesländern haben die Rundfunkanstalten aber eine andere Vollstreckungsbehörde dazwischengeschaltet. Für Olaf Kretschmann heißt es dann: zurück zum Ursprung des Ganzen. Vergessen wir aber den Beitragsservice. Er ist nur das Werkzeug der ARD. Wenn es einen goldenen Tipp vom Retter gibt, dann diesen:

> »Sprich mit dem Intendanten der Rundfunkanstalt. Sie ist der eigentliche Gläubiger und er ist ihr gesetzlicher Vertreter. Frage an: ›Hallo, ist es in eurem Sinne, dass da ein Haftbefehl erlassen wird?‹ Du wirst Zauberei erleben. Wenn der Intendant einen Brief bekommt, in dem der Sachverhalt detailliert dargestellt ist, kann es passieren, dass der Haftbefehl zurückgenommen wird.«

Der Beitragsrebell soll also das tun, was ihm das bürokratische Massenverfahren gar nicht mehr erlaubt. Die Rundfunkanstalt ist der echte Gläubiger. Sie bekommt das Geld, sie soll von der Haft erfahren und endlich eingreifen. Klingt verblüffend einfach und einfach erschreckend. So ist es um die Verantwortung bestellt – bei einer existenziellen Frage: Haft oder Nichthaft. Das schreit geradezu nach Druck, der die Sender zum Handeln zwingt.

Olaf Kretschmann ist von der Masse der Hilferufe erstaunt: »Täglich erreichen mich viele Mails und ich beantworte jede persönlich.« Haftfälle, Unterlagen, Abläufe und Hilfe – Kretschmann ist inzwischen ein Knotenpunkt. Er spricht selten über einen konkreten Fall und nur, wenn der Betroffene das wünscht. Eigentlich bräuchte dieser Mann eine eigene Ratgebersendung im Fernsehen: *Raus aus der Haftfalle.*

Olaf Kretschmann berät aber im Hintergrund; der Beitragsrebell, der Hilfe braucht, muss selbst handeln. Er steht im Mittelpunkt. Es geht ja um seine Vollstreckung, seine Daten und um seine Freiheit, die gerade bedroht ist. Der Rebell muss also auch den Brief an den Intendanten schreiben. Was drin steht, fasst Kretschmann so zusammen:

»Du musst genau argumentieren können, warum aus deiner Sicht nicht der Vollstreckungsgläubiger über die Verhältnismäßigkeit der Erzwingungshaft und ihres Vollzugs entscheiden kann. Bei einer drohenden Durchbrechung des Grundrechteschutzes sollte nicht die Stelle über einen solchen elementaren Aspekt entscheiden, die nur durch einen verwaltungstechnischen Gläubigerwechsel zum Vollstreckungsgläubiger ernannt wurde, sondern der eigentliche Gläubiger selbst – also die Rundfunkanstalt.«

Das ist natürlich nicht leicht zu verstehen und sollte ein paarmal gelesen werden. Die Quintessenz ist aber der Gläubigerwechsel. So nennt es Kretschmann. Bei der Vollstreckung des Rundfunkbeitrags gibt es in vielen Bundesländern zwei Gläubiger. Diese Vermehrung geschieht auf wundersame Weise: Die kommunale Vollstreckungsbehörde »fingiert« sich aufgrund eines Gesetzes einfach selbst zum Gläubiger, sie bleibt aber immer nur der »fiktionale« oder »herbeigeleitete« Gläubiger. Im Grunde geht es also eher darum, dass die Vollstrecker auf dem Papier ungestört schalten und walten können.

Juristen werden das zwar nicht gerne lesen, aber hier scheitern Paragrafen an der Wirklichkeit. Es gibt zwei Gläubiger, aber nur einen Vollstreckten und eine Haft. Bei der Frage der Haft müssten sich jetzt die beiden Gläubiger untereinander abstimmen – ansonsten tut der eine, was der andere angeblich gar nicht will. Beispiele dafür liefert die ARD genug.

Olaf Kretschmann sieht das ähnlich: »Der Gläubiger ist die Landesrundfunkanstalt. Wenn dich jemand in die Erzwingungshaft bringen will, dann lies dir den ZPO-Paragrafen durch. Dort steht: ›Auf Antrag des Gläubigers‹.« Kretschmann möchte aber, dass zuerst etwas anderes passiert, bevor der Brief zum Intendanten des Senders geht. Der Beitragsrebell soll Kontakt mit der kommunalen Vollstreckungsbehörde aufnehmen. Damit es gar nicht erst zur Verhaftung kommt.

Aus meinem Gespräch mit Olaf Kretschmann

Du hast mir geschrieben, dass mehr Menschen Hilfe bei dir suchen. Es scheint also schlimmer statt besser zu werden. Traust du dir ein Fazit über die allgemeine Situation zu?

»Das hat damit zu tun, dass es in den Medien eine Rolle spielt. Es gibt jetzt mehr Leute, die sagen: ›Nein, ich mache da nicht mehr mit, egal, was ihr mir androht.‹ Ich kann nur über die Reaktionen in den Fällen sprechen, die ich kenne und wo ein direkter Eingriff stattfand. Die Menschen bekommen einen Haftbefehl, Drohungen, und es findet der Gläubigerwechsel statt. Das ist ganz oft das gleiche Szenario wie bei Sieglinde Baumert, Kathrin Weihrauch oder Mandy Bock. Wir weisen dann die Vollstreckungsstelle darauf hin: ›Ist der eigentliche Gläubiger über diese Haft informiert?‹«

Verstehen die das sofort?

»Die Vollstreckungsverantwortlichen denken sich: ›Das ist eine hoheitliche Abgabe. Was wird das hier für eine Diskussion? Das hast du zu zahlen. Das steht uns zu. Wir sind die kommunale Vollstreckungsstelle und haben dem Erlass dieses Haftbefehls zugestimmt.‹«

Was passiert aber, wenn ihr den Wechsel in der Gläubigerseite detailliert erläutern könnt?

»Sie geraten ins Schwimmen: Es hat ja noch keiner nach dieser Logik gefragt. Die Vollstreckungsstelle hat uns dann auferlegt: ›Klären Sie das mit der Rundfunkanstalt ab. Wir können hier die Haft machen. Nach unserer Kenntnis ist das so. Schreiben Sie direkt an den Intendanten.‹«

Was steht denn sinngemäß in dem Brief, den der Beitragsrebell nun an den Intendanten schreibt?

»Hallo, bestätigen Sie mir bitte schriftlich, ob es okay ist, dass ich in Ihrem Namen in Haft komme. Ich will es nur kurz von Ihnen als Gläubiger bestätigt wissen.«

Die Rundfunkanstalten werden nun in das Haftspiel mit hineingezogen. Gerade diese Beteiligung wollen die aber offenbar vermeiden. Wie geht es denn anschließend weiter?

»Das ist sehr unterschiedlich. Manchmal kommt schnell eine sinnentleerte Antwort. Dort wird mit juristischer Finesse nicht auf die Fragestellung eingegangen. Manchmal erfolgt keine offizielle Reaktion. Und still ruht der See.«

Wie bitte, gibt es denn eine inoffizielle Reaktion?

»In einem Fall hatten wir vier Monate später immer noch keine Antwort auf den Brief. Jetzt wird es aber interessant: Im Hintergrund fand ein Austausch zwischen der Rundfunkanstalt und dem Amtsgericht statt – aber nicht zwischen der Rundfunkanstalt und dem Betroffenen. Daran merkt man: Das ist synchronisiertes Vorgehen. Lasse den Betroffenen im Dunkeln. Erkläre nicht den Stand der Dinge, sondern lasse es einfach weiterlaufen, und schaue, was passiert.«

Aber das Verhaften wird dann ausgesetzt?

»Ich kann es nur anhand der Fälle sagen, die ich betreue: Im Hintergrund gibt es einen Austausch. Das ist ja ein amtlicher Vorgang. Auch die Amtsgerichte wollen sich natürlich rückversichern. Darüber muss ich den Betroffenen aber nicht informieren. Das ist wie ein innerbehördlicher Vorgang zwischen zwei Abteilungen.«

Der Betroffene erhält also nur ein Schreiben des Amtsgerichts: Haftbefehl wird zurückgezogen. Die Rundfunkanstalt ist doch der Gläubiger. Sie muss doch zu diesem Haftbefehl Stellung beziehen?

»Es gibt keine hundertprozentige Aussage, auch nicht schriftlich, auch nicht gegenüber Mandy Bock, in der explizit gesagt wird: ›Wir ziehen den Haftbefehl zurück.‹ Es geht immer nur um die Klärung von Vollstreckungsmaßnahmen. Es bleibt immer ganz wabernd. Gegenüber dem Betroffenen wird es nie konkret, und das wundert mich.«

Mandy Bock ist einer der Fälle, den Olaf Kretschmann von Anfang bis Ende betreuen konnte. Die Mutter lebt mit ihren zwei Kindern in Thüringen. Sie hat knapp 300 Euro Rundfunkbeitrag nicht gezahlt und sollte Anfang 2017 verhaftet werden. Im Schreiben des Gerichtsvollziehers steht: »Hiernach erfolgt die Einlieferung in eine Justizvollzugsanstalt.«[10] Was für ein Zufall: Es wäre dasselbe Gefängnis, in das auch Sieglinde Baumert ein Jahr früher »eingeliefert« wurde.

Dieser Fall landet deutschlandweit in den Medien. Ich habe mir die Berichterstattung angesehen: Der Beitragsservice sei von dieser Haft wieder »nicht informiert«[11] gewesen. Und der MDR? Dazu schreibt ein Journalist: »Nachdem das Thema in den sozialen Medien aufkam, sei man dem nachgegangen, hieß es aus der Pressestelle des Senders. Der MDR habe den Sachverhalt mit der zuständigen Vollstreckungsbehörde geklärt. [...] Eine Aufrechterhaltung der Verhaftung stehe nicht im Raum.«[12]

Olaf Kretschmann stört es übrigens nicht, dass er hier nicht genannt wird. Ihm ist der Erfolg in der Sache wichtiger. Mich stört dafür etwas anderes: Der MDR verkündete ein paar Monate vorher, dass er die Erzwingungshaft bei Beitragsrebellen nicht für angemessen halte. Was unternimmt der Sender aber dagegen? Er stolpert in den »sozialen Medien« – in denen die Wut gerade wieder hochkocht – über einen neuen Beinahe-Haftfall. Er ist der Sache dann einfach »nachgegangen«.

Besonders bitter erscheint mir dann diese Stellungnahme: »Es sei allerdings der Wunsch der Rundfunkanstalten, von dieser Maßnahme in der Regel keinen Gebrauch zu machen, teilte der MDR weiter mit.«[13] Dann schreibt diesen »Wunsch« endlich in die Vollstreckungsaufträge!

Aus meinem Gespräch mit Olaf Kretschmann

Warum tut die ARD das nicht – liebt man dort das Verhaften von Beitragsrebellen denn so sehr?

»Das ist jetzt ketzerisch. Die hätten sich vor ein paar Jahren ja auch nicht vorstellen können, dass ein Mensch bereit ist, dafür ins Gefängnis zu gehen, glaube ich.«

Und heute, mit dem Rundfunkbeitrag?

»Sie sehen, dass das zu Problemen führt. Die Rundfunkanstalt weiß nicht, dass derjenige inhaftiert wird. Du findest kryptische Formulierungen. Die ehemalige ARD-Vorsitzende Karola Wille hat irgendetwas gesagt. Der SWR-Justiziar Hans Eicher hat gesagt, dass es beim SWR nicht mehr vorkommt. Es ist doch ein Unterschied, wenn ich etwas nur sage oder wenn ich etwas dafür tue. Du findest aber keine Satzung, dass Erzwingungshaft im Vollstreckungsverfahren nicht mehr angewandt werden darf. Damit würde der Druck im Kessel reduziert. Da ist wohl die Angst, dass Leute sagen: ›Ja, wenn ich nicht mehr in den Knast komme ...‹«

Wäre das denn so schlimm, wenn Menschen nicht mehr in Haft kommen?

»Es bleibt genügend Druck im Kessel, so ist es nicht. Mit dem Eintrag ins Schuldnerverzeichnis wird einem die gesamte Kreditwürdigkeit entzogen. Konto- und Lohnpfändung sind die massivsten Möglichkeiten, irgendwie doch noch an das Geld heranzukommen. Für mich ist es aber ein Riesenunterschied, ob dann noch die nächste Stufe kommt – Haft. Das ist die Entziehung deines Freiheitsraumes und damit ein massiver Eingriff in den Grundrechteschutz, der dir garantiert wird.«

Der entscheidende Satz verschwindet:
»Ein Haftbefehl wird vorerst nicht beantragt«

Auf Olaf Kretschmanns Tisch liegt ein Papier am anderen, eine me-
terlange Reihe. Das sind die behördlichen Unterlagen der Menschen,
denen Kretschmann hilft. Jedes dieser Dokumente hat viel Leid ausgelöst. Es hat Menschen in die Vollstreckung gestoßen – zwischen
Lohnpfändung und Haftdesaster. Es bleibt nur eine Auswahl, die Namen sind geschwärzt und Kretschmann hat das Einverständnis seiner
»Mandanten« eingeholt.

Er stellt mir nun eine Aufgabe: Auf dem Tisch liegt ein Papier-
schatz, ich soll ihn finden und heben. Eines dieser Papiere kann ein
ganz neues Licht auf die peinliche Haftfrage der ARD werfen. Dann
fangen wir an: Alle Dokumente tragen den gleichen Titel: *Vollstreckungsersuchen*. Hinter dem komplizierten Wort verbirgt sich etwas
Simples. Es ist ein Auftragspapier an die Vollstrecker und zugleich der
Persilschein: Darin bescheinigen die ARD-Sender, dass diese Vollstreckung rechtens ist. Diese Vollstreckungsersuchen müssen für jedes
Bundesland angepasst werden, denn überall herrschen andere Regeln
zur Vollstreckung.

Ich sehe zum Beispiel zwei Vollstreckungsersuchen der Zwei-Län-
der-Anstalt RBB. Der Name ist hier Programm. Wer im Namen des
RBB vollstreckt wird, sollte darauf achten, in welcher Ecke des Sen-
dereichs er wohnt: Berlin ist arm, aber gefährlich – sogar für Beitragsrebellen. Die Vollstreckungsersuchen gehen hier an die Finanzämter.
In der armen, aber beschaulichen Uckermark gehen die Vollstreckungsersuchen an die unterste Bürokratieebene: die Amtskassen
der Gemeinden. Ich überzeichne das jetzt, um den Kontrast aufzuzei-
gen: In Brandenburg sind die Wölfe gefährlicher als die Vollstreckung
durch eine kleine Amtskasse. In Berlin sind die Finanzämter gefährlicher als jedes marodierende Wildschwein. Sie haben ganz andere
Möglichkeiten, um dem Menschen das Geld abzusaugen.

Ob ein Beitragsrebell in der Haftzelle schmoren wird oder nicht,
hängt damit zusammen, wo er in Deutschland Widerstand leistet. So-

gar das Mini-Bundesland Bremen hat seinen eigenen Beitragsrebellen, Peter Meyer: »Acht Polizisten brachten mich in die Haftanstalt. Und in meiner Zelle stand ein Fernseher!«[14] Vollstreckt hat ihn das Finanzamt.

Ich sehe auch zwei Vollstreckungsersuchen des MDR, sie erklären das Dilemma von Sieglinde Baumert: Als Thüringerin wird sie von der Kreiskasse vollstreckt und landet im Chemnitzer Frauengefängnis, also in Sachsen. Als Sächsin wäre ihr das nicht passiert. In Sachsen müsste eigentlich der Vollstreckungsvollzieher die Beantragung des Haftbefehls erst durch Rückversicherung beim MDR erwirken können.

Diese Besonderheit kenne ich bereits, denn so ist es auch in Baden-Württemberg und Bayern. Das ist also das schlichte Geheimnis hinter dem süddeutschen Freiheitswunder. Die Gerichtsvollzieher sind dort nicht menschlicher, sie bekommen einfach keinen Haftbefehl in die Hand, mit dem sie eskalieren können. Die Gesetze erlauben dort keine Grauzone beim Verhaften. Der Rundfunk muss Farbe bekennen, denn es gibt keine zwischengeschaltete Vollstreckungsbehörde. Es entsteht keine Kette und kein Verantwortungsvakuum, nichts kann wegdelegiert werden. In Bayern, Baden-Württemberg und auch in Sachsen können die Rundfunkanstalten von einer Erzwingungshaft *nicht* nichts wissen. Im übrigen Deutschland hingegen handeln die Vollstreckungsbehörden *offiziell* eigenständig.

Ich schaue mir nun ein Vollstreckungsersuchen für den Bayerischen Rundfunk an. Es datiert vom Mai 2016 und ist viel präziser als in den nördlichen Bundesländern: »Wir bitten Sie, die nachfolgend genannten Vollstreckungsmaßnahmen gegen oben genannte(n) Beitragsschuldner(in) durchzuführen.« Dann wird aufgelistet, was der Gerichtsvollzieher im Auftrag der Rundfunkanstalt dem Schuldner antun muss, zum Beispiel soll der Vollstrecker eine Vermögensauskunft durchführen. Interessant wird aber erst der Satz, der auf diesen schriftlichen Auftrag folgt:

»Ein Haftbefehl gem. § 802g Abs. 1 ZPO wird vorerst nicht beantragt.«

Wenn der Beitragsrebell also die Selbstauskunft verweigert, dann bekommt der Gerichtsvollzieher hier eine klare Ansage: Das Haftspiel ist nicht erwünscht. Da ist er, der kleine Satz, um den sich der ARD-Gremien-Adel wortreich herummanövriert, den ich so verzweifelt dem Südwestrundfunk in eigener Sache abringen wollte.

Dieser Satz taucht in den anderen Bundesländern nicht auf – auch nicht in Baden-Württemberg oder Sachsen. Das hat aber keine negativen Folgen: Was dort nicht beantragt wird, wird auch nicht gemacht – weil eben keine Vollstreckungsbehörde dazwischengeschaltet ist. In den restlichen Ländern führt der fehlende Satz aber dazu, dass Menschen eingesperrt werden, die ein paar hundert Euro Rundfunkbeitrag nicht gezahlt haben.

Es ist also ganz einfach für die Rundfunkanstalten: Wenn sie vom Haftspiel erfahren wollen, wenn sie jeden Einzelfall auf seine Angemessenheit prüfen wollen, dann ist dieser Satz die Universallösung. Er müsste in den anderen Bundesländern nur leicht abgewandelt werden: *Ein Haftbefehl ist bei einer Vermögensauskunft vorerst nicht erwünscht.* Dieser Satz kann alle Haftprobleme der ARD lösen.

Ich glaube, keine Vollstreckungsbehörde wird diesen schriftlichen Wunsch ignorieren. Die Rundfunkanstalten sind schließlich der Gläubiger, und sie halten sich beim restlichen Vollstreckungsgeschäft ja auch nicht vornehm zurück. Über ihren Beitragsservice macht die ARD deutlich, was den Vollstreckern *empfohlen* wird und was nicht. Würde sie empfehlen: »Ein Haftbefehl ist bei einer Vermögensauskunft vorerst nicht erwünscht«, dann würde sie endlich die »Einzelfälle« kennen, denn dann müssen die Vollstrecker erst einmal Rücksprache mit der ARD halten. Solch ein Satz wäre in einem Vollstreckungsersuchen nicht einmal ungewöhnlich. Er gehört sogar zum guten Ton. Das steht etwa in den Verwaltungsvorschriften zum nordrhein-westfälischen Verwaltungsvollstreckungsgesetz:

>»Das Ersuchen soll alle erforderlichen Angaben enthalten und nach Möglichkeit die erbetene Maßnahme (Pfändung, Versteigerung oder

sonstige Verwertung, Verfahren zur Abgabe einer [Vermögensaus-kunft] usw.) bezeichnen.«[15]

Die Vollstreckungsersuchen des Bayerischen Rundfunks sind also der Ausweg aus dem Dilemma. Moment, mich erreichen gerade beunruhigende Neuigkeiten. Die Dokumentenreihe, die Olaf Kretschmann vorbereitet hat, geht ja noch ein Stück weiter. Die Vollstreckungsersuchen für den Bayerischen Rundfunk wurden zwischenzeitlich und zum Nachteil der Menschen angepasst. Es ist ein wichtiger Satz verschwunden. Sie ahnen, welcher: »Ein Haftbefehl [...] wird vorerst nicht beantragt.«

Ich sehe den Satz im April und Dezember 2015. Ich sehe ihn im Mai 2016, als gerade die Haft von Sieglinde Baumert zum PR-GAU für die ARD wird. Sogar im Oktober 2016 taucht er noch in den Vollstreckungsersuchen auf. Im März und im Juni 2017 ist der Satz dann verschwunden. Ich frage bei Olaf Kretschmann nach, der es mir bestätigt: Es ist weg, das kleine Buchstabenglück gegen das große Einsperren.

Nicht, dass wir uns falsch verstehen: Es gibt kein Vollstreckungsparadies. Nirgends. Auch nicht in Süddeutschland. Die Bürger sind dort nur besser vor dem allergrößten Schuldbürgerstreich geschützt: der Erzwingungshaft. Trotzdem haben die Vollstrecker noch genug andere Pfeile im Köcher, und die treffen auch. Es sind Zwangsmaßnahmen, mit denen nur die wenigsten Menschen unvorbereitet leben können. Wir können sogar ganz ohne Haftbefehl in der Hand bedroht werden – ich habe es ja selbst erlebt. Die Erzwingungshaft war einmal als das maximal Denkbare gedacht. Inzwischen ist sie der Normalfall.

KAPITEL 4

HAFTBEFEHL RELOADED

Zeit für den Kontrollgang: Haft und Rundfunkbeitrag – was hat sich getan? Neu ist das ganz besondere amtliche Fingerspitzengefühl. Nicht gegenüber den Rebellen, sondern gegenüber der Öffentlichkeit. Bleiben wir ruhig im Behördenjargon: Unnötiges Aufsehen wird vermieden. Gesprächig waren die Vollstrecker oder die ARD-Sender bei der Haftfrage ja noch nie. Heute herrscht jedoch Grabesstille. Wer die Sache der Beitragsrebellen aufmerksam verfolgt, kommt mit dem Zählen der Haftfälle zwar nicht mehr hinterher – das große Medienecho bleibt aber aus.

Die Frage ist nur: Wem nützt das? Jeder Mensch in der Zelle zerstört den Glauben daran, dass mit dem Rundfunkbeitrag alles seine Ordnung hat. Dafür müssen wir alle aber erst einmal von dieser Haft erfahren. Das klappt immer seltener. Die Beitragsrebellen brauchen das Licht der Öffentlichkeit, doch inzwischen wird es düster um sie herum.

Kontrollgang: Haft und Rundfunkbeitrag

Markus Lynen sitzt am 28. Februar 2018 in einer schlecht beleuchteten Zelle. Die Deckenlampe hat ihre besten Zeiten längst hinter sich. Der schmale Bundeswehrspind war früher einmal uralt, heute hat er einen Retrochic. Und dieses Metallbett in der Zelle? Das darf nicht »Retro« genannt werden, weil die Schaummatratze deutliche Spuren zeigt. Sie hat zahlreiche Hintern gewärmt, in der JVA Köln-Ossendorf. Markus Lynen sitzt also im selben Gefängnis wie Heinrich Dück Ende 2016. Ein paar Kilometer entfernt steht die Zentrale des Beitragsservice. Dort herrscht immer noch geschäftiges Treiben. Gerade werden wieder massenhaft Vollstreckungsersuchen verschickt.

Lynen wurde in Bergisch Gladbach verhaftet. Auch bei ihm gab es bloß das übliche Programm im Amtsgericht: Der Beitragsrebell ging gemeinsam mit seiner Frau zur Vermögensauskunft. Leider ließ ihn der Gerichtsvollzieher verhaften und ins Gefängnis verfrachten. Genau das wollte Olaf Kretschmann verhindern. Der Hilferuf der Familie Lynen kam aber sehr spät, und Kretschmann konnte nur noch mit heißer Nadel stricken. Er schrieb einen Gesprächsleitfaden, damit Markus Lynen wenigstens etwas in den Händen hält, um rechtliches Gehör für seine Notsituation zu bekommen, wenn er seinem Vollstrecker gegenübersitzt. Für alles Weitere war die Zeit zu knapp. Eigentlich sollte dieser kleine Spickzettel nur eine Verschnaufpause schaffen. Er sollte eine Brücke bauen, damit beide Seiten wieder ins Gespräch kommen. Der Gerichtsvollzieher sollte noch nicht rufen: »Bitte verhaften!«

Danach wollte Kretschmann dem Beitragsrebellen in Ruhe weiterhelfen – mit einem Brief an den WDR-Intendanten Tom Buhrow. Dieser ganze Plan wurde außer Kraft gesetzt. Der Gerichtsvollzieher hat unbeeindruckt seinen Satz aufgesagt: »Bitte verhaften!« Lynens schwangere Frau will ihren Mann wiederhaben, so schnell wie möglich.

Bei der Befreiung kann dieser Brief immer noch helfen, wenn er im Namen von Markus Lynen verschickt wird. Also schreibt Kretschmann diesen Brief doch noch und versetzt sich dabei in den Beitragsrebellen hinein. Inzwischen fällt das Kretschmann leicht, denn Lynen ist ja im besten Sinne nur einer von vielen. Diese Zeilen fassen die Zwangslage von Abertausenden zusammen: »Sehr geehrter Herr Tom Buhrow, [...] Ich lebe schon seit Jahren ohne die Nutzung jedweden öffentlich-rechtlichen Rundfunkangebotes. [...] Jetzt musste ich feststellen, dass diese individuelle Lebensentscheidung gravierende Maßnahmen ausgelöst hat, die zu einer existenzvernichtenden Lebenssituation führen.« Natürlich geht dieser Brief noch weiter. Natürlich wird auch die Frage nach der Verantwortung gestellt.

Der Beitragsrebell bittet nur um eine einzige Sache: Die Rundfunkanstalt soll sich als eigentlicher Gläubiger erklären. Sie soll sagen, ob auch sie diese Verhaftung möchte, ob auch sie die maximale Eskalation wünscht. Wenn nicht, soll sie das Vollstreckungsersuchen zurückziehen und die Erzwingungshaft damit beenden. Bisher hat sich noch kein Intendant aus der Deckung gewagt und diese Frage direkt beantwortet.

Während Markus Lynen also noch in Haft sitzt, liegt dieser Brief bereits unterschriftsreif zu Hause. Genau das wird zum Problem: Wie soll der Beitragsrebell ihn denn unterschreiben? Vielleicht bringt seine Frau das Papier beim Besuchstermin mit? Wann wird das sein, und geht so etwas überhaupt? Wann wird Tom Buhrow diesen Brief überhaupt lesen und beantworten (lassen)?

Die »Ein-Mann-Show« von Tom Buhrow: Wozu brauchen wir noch ARD und ZDF?

Schauen wir kurz in Tom Buhrows Terminkalender: Hoppla, das sieht aber schlecht aus. Heute ist Mittwoch, der 28. Februar. Da kommen wir schwer zusammen. Markus Lynen sitzt in der Zelle in Köln, Herr Buhrow wird heute bei *Maischberger* im Fernsehstudio sitzen. Der WDR produziert diese wichtige Talkshow, und das Thema des Abends ist nicht ganz ironiefrei: »Wozu brauchen wir noch ARD und ZDF?« Die Frage ist aber brandaktuell. Weil jeder rundfunkmüde Deutsche bloß in Richtung Schweiz blicken muss, um zu sehen: Es geht auch anders. Im März 2018 findet bei den Eidgenossen gerade eine Volksabstimmung zur Rundfunkgebühr statt. Heute wissen wir, wie sie ausgegangen ist: Die Gebühr wird nicht abgeschafft werden, trotzdem haben die Schweizer viel gewonnen. Der Staat beglückt seine Bürger bereits vor der Abstimmung mit einer Senkung der Gebühr um 20 Prozent. Auch in Dänemark wird das Budget des Rundfunks um ein Fünftel gekürzt. Die Rundfunkgebühren werden sogar ganz abgeschafft.

Glückliche ARD: 2018 geht Europas Rundfunkrevolution spurlos an ihr vorbei. Es soll sogar steil bergauf gehen. Wir Bürger sollen wieder mehr zahlen. Der ARD-Vorsitzende Ulrich Wilhelm rechnete die Rundfunkanstalten bereits arm: »Es würden kurzfristig drei Milliarden Euro fehlen, die wir im Wesentlichen im Programm einsparen müssten.«[1] Das Wort »Einsparen« klingt aber nun wirklich noch nicht drastisch genug. Stimmt. Deshalb legte Ulrich nach: Bleibt es bei 17,50 Euro Rundfunkbeitrag pro Monat, müssten ARD und ZDF »tief in die Programme einschneiden«.[2] Ein so einmaliges Angebot habe »seinen Preis«. Während die Schweizer weniger für weniger Programm zahlen, zahlen die Deutschen wohl bald mehr für weniger Programm. Spaßköche, Trödelhändler und Florian Silbereisen bleiben aber an Bord unseres Fernseh-Traumschiffs.

Genaues weiß man noch nicht. Eine brisante Zahl spielt der verblüffend armen ARD aber nicht in die Karten: 545 Millionen Euro. So üppig sieht der Überschuss beim Rundfunkbeitrag bis Ende 2020 aus. Die KEF, die Kommission zur Ermittlung des Finanzbedarfs der Rundfunkanstalten, hat diese Summe ausgerechnet und musste sich von den Intendanten der Sender einiges anhören: Die KEF würde mit »Härte und Schroffheit« Sparbemühungen der ARD kleinreden.[3]

All das passiert auf der großen Bühne, es wird wieder um die Milliarden der Bürger gefeilscht. Tom Buhrow bereitet sich am 28. Februar 2018 auf einen wichtigen Auftritt vor. Der Intendant des WDR muss am gleichen Abend bei *Maischberger* überzeugen. Er muss den Deutschen im Fernsehen erklären, warum alle weiterzahlen sollen. Aber an diesem Tag ist noch etwas anderes passiert, was den Sender betrifft. Von allen unbeachtet sitzt Markus Lynen in einer Gefängniszelle.

Ich stelle mir gerade etwas Verrücktes vor: Die Zellentür geht auf, und Markus Lynen wird mit der Limousine in das Fernsehstudio gefahren, als Überraschungsgast für Sandra Maischberger. Er bekommt einen kleinen Hafturlaub vor der Kamera und darf auch erklären, wozu wir ARD und ZDF noch brauchen. Natürlich ist das nie passiert. Stattdessen spielt Thomas Gottschalk die müde Kritikerstimme des Abends. Er darf sich bei Maischberger für altersweise Sätze beklatschen lassen: »Allein die Tatsache, dass wir im öffentlich-rechtlichen System darüber diskutieren können, ob wir das Öffentlich-Rechtliche abschaffen, zeigt, dass wir es brauchen.«[4] Als ob eine ARD-Talkshow die ARD abschaffen könnte. Bitte werfen Sie Herrn Gottschalk aber nichts vor. Er weiß damals doch auch nicht, dass gerade wieder Beitragsrebellen im Gefängnis sitzen.

Eine Kritik muss er dann doch einstecken, ein Gottschalk-Satz ist wirklich Blödsinn: »Für mich ist die Fernsehgebühr das Gleiche wie die Kirchensteuer.«[5] Erstens: Mit dem Fernsehschauen hat der Rundfunkbeitrag nichts mehr zu tun. Wir bezahlen ARD und ZDF, weil wir wohnen. Zweitens: Aus der Kirche durften wir bereits 1847 austreten. Nur unsere eigene Sterbeurkunde befreit uns aber vom Beitragsservice.

Natürlich hat sich Tom Buhrow viel gründlicher auf diese Talkshow vorbereitet. Der *Spiegel* schreibt später sogar von der »Ein-Mann-Show« des WDR-Intendanten[6]. Buhrow kennt beeindruckende Fakten: Mit dem Rundfunkbeitrag werden »Kompositionsaufträge« für »sämtliche Sätze aller Sinfonien von Brahms« finanziert. Das klingt natürlich fabelhaft in den Ohren des ARD-Klangkörpers, und der umfasst immerhin zwölf Orchester, acht Chöre und vier Big Bands. Im Chor der vielen Zwangszahler vernehme ich da aber gerade ganz andere Töne. Die werden sich wohl kaum durch das elitäre Vergnügen klassischer Streichsonaten für den Rundfunkbeitrag gewinnen lassen – sie werden wohl eher erkennen, dass der Zwang für alle hier am Ende nur wenigen zugutekommt und dass diese abendlichen Aufführungen weit über Gebühr subventioniert sind.

»Ich habe zwei Sätze gesagt, da kam sofort ein Handzeichen an die Polizisten im Raum: Dann nehmen Sie ihn mit«

Nun habe ich mich als schrecklicher Banause blamiert. Keine Sorge, ich gehe in Sack und Asche und setze mich endlich zu Markus Lynen in die Haftzelle. Dort habe ich ihn ja vor einigen Seiten zurückgelassen. Lynen durfte weder sprechen noch handeln. Er ist 39 Jahre alt, und ich habe ihn wie eine Figur auf dem Schachbrett behandelt. Sehen Sie: Genau so fühlt sich ein Beitragsrebell nach einem Termin beim Gerichtsvollzieher. Wie geht es ihm? Nach allem, was mir Lynen jetzt über diese Zelle erzählt, ist sie wohl doch eher ein Loch zum Vergessen. Die Toilette steht frei in der Zelle. Davor dient nur ein großes Brett als Sichtschutz. Auf dem Bett fehlt die Bettwäsche, das ist aber gewollt, sagt der Beitragsrebell: »Ich habe das Bett nicht bezogen. Mein Kopf war seltsam leer, ich habe geraucht und wollte erst einmal eine Zeitung lesen.«

Inzwischen erfahren die Menschen in den sozialen Netzwerken von seiner Haft. Davon bekommt der Beitragsrebell aber noch nichts mit. Er grübelt: »Was soll ich jetzt machen?« Mit seiner Frau hat er vorher einen Notfallplan abgesprochen: Wenn nichts mehr geht, gibt er die Vermögensauskunft. Allerdings könnte auch noch der Brief an Tom Buhrow die Haft beenden. Dieser Brief wartet immer noch auf seine Unterschrift. Lynen fragt bei den Wärtern nach, wann ihn seine Frau besuchen darf – auch um den Brief zum Unterschreiben vorbeizubringen. Eine genaue Antwort bekommt er nicht zu hören. Vielleicht Donnerstag, vielleicht erst Freitag. Gerade Freitag: Wenn die meisten der tausend anderen Häftlinge auch Besuch erwarten, wenn die Wärter früher Feierabend machen. »Da habe ich geschaltet. Scheibenkleister. Freitag erreichst du keinen mehr und kannst niemanden informieren. Ich muss Samstag arbeiten, und wenn ich nicht komme, ist vielleicht mein Job weg.«

Lynen arbeitet als Altenpfleger auf einer Station für Demenzpatienten. Ein Altenpfleger, der im Gefängnis sitzt, kann aber nicht arbeiten. Er läuft sogar Gefahr, entlassen zu werden. Lynen grübelt weiter: »Ich habe keine Angst. Ich würde das gerne durchziehen. Meine Frau erwartet aber ein Kind, sie ist im siebten Monat, ich verdiene gut.« Aufgeben oder weitermachen? Lynen muss immer wieder an den Termin beim Gerichtsvollzieher denken. Das ist alles erst ein paar Stunden her, und dabei passierte viel, mit dem er nie gerechnet hatte.

Gegen 8:30 Uhr betreten der Beitragsrebell und seine Frau das Amtsgericht Bergisch Gladbach durch die Glastür. »Die waren top vorbereitet. Die haben uns sofort die Handys abgenommen.« Die Frau von Markus Lynen muss draußen warten. So etwas ist bei einer Vermögensauskunft eher ungewöhnlich, denn natürlich darf sich der Schuldner einen Zeugen als Beistand mitbringen. Markus Lynen betritt den Raum allein, und die Tür schließt sich: »Vier Polizisten standen anderthalb Meter hinter mir und haben sich an der Wand aufgereiht. Vor mir saß am Tisch der Gerichtsvollzieher.« Was fühlt der Beitragsrebell jetzt? »Ich hatte keine Angst. Ich habe das über mich ergehen lassen. Mein Ziel war, darauf aufmerksam zu machen, und das habe ich am Ende ja auch erreicht.«

Der Gerichtsvollzieher fragt Markus Lynen, ob er heute die Vermögensauskunft abgeben wird, und der Beitragsrebell antwortet: »Wenn die Rechtslage nicht geklärt ist? Nein. Ich sehe hier meine Grundrechte verletzt ...« Das Gespräch ist natürlich noch nicht sofort zu Ende, aber achten Sie auf das Nein. Der Vollstrecker hat jetzt schon alles, was er braucht. Er wird diesen Termin gleich beenden. Lynen spricht da aber noch weiter: »Ich wollte jetzt mit dem Gesprächsleitfaden anfangen, den mir Olaf Kretschmann gegeben hat. Der Gerichtsvollzieher hat mir keine Chance gelassen. Ich habe vielleicht zwei Sätze gesagt, da kam sofort ein Handzeichen an die Polizisten im Raum. Ich habe vom Gerichtsvollzieher nur noch gehört: ›Dann nehmen Sie ihn mit.‹«

Der Vollstrecker stellt bloß eine Frage. Vermögensauskunft: Ja oder nein? Er will keine Grundsatzdiskussion. Die Kunst für den Beitragsrebellen ist es nun, dass er sich nicht auf diese geschlossene Frage einlässt. So etwas klingt leichter, als es ist. Ich habe ja selbst eine Vermögensauskunft erlebt und weiß, dass es unmöglich ist, dort nicht nervös zu sein. Später frage ich Olaf Kretschmann, was er in etwa auf den Spickzettel geschrieben hat: »Baue wieder eine Brücke im Gespräch. Lasse dich nicht sofort auf die Diskussion ein, ob du zahlst oder nicht. Stelle eine Rückfrage: ›*Weiß der WDR vom Haftbefehl? Das ist der eigentliche Gläubiger. Ist es möglich, das mit ihm abzuklären?*‹ Wenn der Gerichtsvollzieher sagt, dass der WDR nichts weiß, dann sage: ›*Ich habe hier ein Schriftstück vorbereitet, um ihn zu informieren*‹.«

Die Zeit des Behördenspiels ist vorbei, jetzt erleben wir strukturelle Gewalt: Alle handeln wie Aufziehpuppen; so, als ob sie einem unsichtbaren Plan folgen, nach Weisung. Es gibt keine echten Gespräche mehr. Markus Lynen verlässt den Raum durch die Hintertür. Er geht mit den Polizisten eine Etage tiefer und leert die Taschen. Er zieht Jacke und Schuhe aus, überreicht seinen Gürtel. »Dann durfte ich den berühmten Adler an der Wand machen. Da haben sie mich von oben bis unten abgetastet, dann haben sie mich in die Zelle gesteckt.« Es ist erst einmal nur die Zelle des Amtsgerichts. Die Fahrt ins Gefängnis muss organisiert werden. Die Frau von Markus Lynen steht immer noch vor der Tür und erfährt erst einmal nichts. Erst auf Nachfrage bei einem Polizisten erfährt sie, dass ihr Mann in die JVA Ossendorf gebracht werde.

Millionen Menschen können aus einem inneren Gerechtigkeitsgefühl heraus nicht zahlen. Die ARD lässt diese Menschen im Namen der Beitragsgerechtigkeit staatlich vollstrecken. Viel zu oft geht es dabei viel zu weit, bis zum letzten Zwangsmittel, bis zum Haftbefehl und darüber hinaus. Wir haben unterschiedliche Vorstellungen davon, was gerecht ist. Es kann aber nur ein Recht geben. Schade, dass es hier das Recht des Stärkeren sein muss, das den Willen der Schwächeren wortwörtlich bricht. Millionen erleben dabei den Staat von seiner ganz hässlichen Seite. Sie bleiben traumatisiert zurück. Sie haben kein Vertrauen mehr in Institutionen – und auch die Institutionen vertrauen den Bürgern immer weniger. Das glauben Sie nicht? Dann lesen Sie weiter.

Vorsicht: Staatsfeind

Eine Stunde nach seiner Verhaftung wird Markus Lynen ins Gefängnis chauffiert. Vorn links sitzt der Fahrer, dahinter ein weiterer Polizist, vorn auf der Beifahrerseite liegt eine große Tüte mit den Sachen des Beitragsrebellen. Er selbst muss hinten Platz nehmen. Keiner schaut ihm in die Augen, keiner spricht. Also verschränkt Lynen die

Arme und sagt mehr zu sich selbst: »Euch muss das ja Spaß machen, mich hier wie einen Schwerverbrecher zu behandeln.«

In der JVA Ossendorf wird diese Reihenfolge übrigens beibehalten. Die Sachen müssen zuerst deponiert werden. Lynen steht daneben und blickt auf die Theke. Dort liegt ein Blatt, ein ausgedrucktes Formular. Offenbar geht es dort um ihn, denn er kann seinen Namen lesen: Markus Lynen. »Ich habe dann genauer hingesehen, da stand ein Wort, mit einem Kugelschreiber geschrieben. Ich war fassungslos und sagte dem Polizisten: ›Hör mal, warum steht denn hinter meinem Namen Reichsbürger? Ich bin Altenpfleger. Ich habe damit gar nichts zu tun. Ich mache meinen Sport, gehe arbeiten, baue mir mein Leben auf, und dann so etwas hier.‹«

Später nimmt ein Bediensteter Lynen ins Visier. Selbstverständlich nur mit dem Fotoapparat. Der Beitragsrebell lässt sich fotografieren, möchte aber auch ein paar Antworten: »Was war das überhaupt für ein Formular? Wer hat das geschrieben?« Eine echte Antwort hört er nicht: Leider könne dazu niemand Auskunft erteilen. Der zuständige Kollege sei nicht mehr zugegen. Das Blatt wird ihm nicht ausgehändigt und so steht Lynen heute mit leeren Händen da.

Für solch einen Vermerk gibt es natürlich mehrere Erklärungen. Genau das ist das Problem. Wir müssen spekulieren. Nur Markus Lynen kann hier für sich selbst Klarheit gewinnen – indem er klagt. Und das hat er nicht. Eigentlich bleibt es ein kurioses Erlebnis. Warum steht solch ein Wort direkt auf einem amtlichen Dokument? Warum nicht auf einem Klebezettelchen, das man später wieder entfernen kann?

Trotzdem ärgert sich der Beitragsrebell maßlos: nicht nur, dass der Verdacht überhaupt nicht stimmt. Reichsbürger – das ist inzwischen eine Diagnose. Ende 2016 schoss ein sogenannter Reichsbürger in Bayern elf Mal durch die Haustür und ermordete dabei einen Polizisten. Wir können uns also leicht vorstellen, dass dieses Wort inzwischen für Hysterie unter Staatsdienern sorgt. Der Reichsbürger taucht im Verfassungsschutzbericht als eigene Kategorie auf. Die Sicherheitsbehörden sammeln laufend Daten für die Statistik.

Jahr für Jahr wächst die Zahl weiter an: 8500, 10.000, 15.000 und jetzt schon fast 20.000. Entweder gibt es immer mehr Reichsbürger – oder immer mehr Menschen, die von den Behörden dafür gehalten werden.

Bleiben wir also beim Thema: Seit wann ist denn jemand, der aus einem Gewissenskonflikt heraus den Rundfunkbeitrag nicht zahlen will, bereits ein Staatsfeind – und taucht dann womöglich in einer Statistik auf? Ich schaue mir Markus Lynen genau an und suche nach *Merkmalen*. Aus Behördensicht ist er natürlich alles andere als pflegeleicht. Will er ja auch gar nicht sein: »Ich hoffe, dass ich der Letzte bin, der dafür ins Gefängnis muss.«

Und wie wollte er dieses Ziel erreichen? »Ich habe deswegen Videos auf Youtube veröffentlicht. Ich habe viele Menschen auf Facebook angeschrieben. Die haben gemerkt, dass ich in der Öffentlichkeit Vollgas gebe. Die haben auch gedacht, ich komme mit RTL um die Ecke.« Mit »die« ist das Amtsgericht Bergisch Gladbach gemeint. »Ich wollte alles einschalten: *Akte 2018*, *RTL Explosiv*, das *SAT.1 Frühstücksfernsehen*, *Bild.de* und den *Kölner Express*.« All das macht doch keinen Staatsfeind aus. Nennen wir es einfach Selbstschutz: Markus Lynen nutzt alles, um auf seine anstehende Verhaftung aufmerksam zu machen. Er will nicht in der Haftzelle sitzen, er will aber auch nicht aufgeben.

Was sollen Menschen wie der Altenpfleger Markus Lynen in dieser Situation tun? Ein angehender Vater, der den Rundfunkbeitrag nicht bezahlt, unwissend in die Zwangsvollstreckung rutscht – und jetzt gegen seine Verhaftung ankämpft. Er kann aufgeben, er kann sechs Monate in der Zelle absitzen und damit beweisen, dass er nicht zu knacken ist. Er gibt aber auch noch einen dritten Weg: die GEZ-Erstberatungshilfe im Internet.

Natürlich wird dieses Wissen – oder besser gesagt: diese juristische Deutung – von den Gerichten oft nicht anerkannt. Viele Vollstrecker glauben, dass sie von den Beitragsrebellen torpediert werden. Die Menschen wollen angeblich bloß Sand in die Vollstreckungsmaschine streuen. Es geht aber um etwas anderes: Die Menschen wollen eine Deutungshoheit über ihr eigenes Leben zurück – oder zumindest über einen Bereich, der ihnen sehr wichtig ist: den eigenen Kopf. Wer aufgibt, ist ein schweigendes Opfer. Wer in den Knast geht, ist ein stolzes Opfer. Wer sich Wissen anliest, wer es begreifen will, der verabschiedet sich von der aufgezwungenen Opferrolle. Ist so etwas bereits ziviler Ungehorsam? Macht uns das schon zum Staatsfeind?

Es muss doch einen Grund geben, warum sich die Menschen in diesem Punkt nicht fügen wollen, warum sie hier hartnäckig bleiben. Vielleicht, weil sie instinktiv spüren, dass es schlecht für uns alle ist. Die Welt lässt sich nicht allein mit Paragrafen steuern. Beitragsrebellen bekommen oft gesagt, dass sie gegen Windmühlen ankämpfen. Vielleicht ist es in Wahrheit aber genau umgekehrt. Vielleicht sind sie die Windmühlen. Vielleicht ist die andere Seite der gerüstete Ritter, der mit aller Gewalt gegen eine Gefahr anreiten will, die es gar nicht gibt, die er sich bloß einbildet. Wer wird wohl den längeren Atem haben? Wenn sich so viele Menschen einem System nicht fügen wollen, muss sich etwas ändern. Das System kann angepasst werden, bei den Menschen bin ich mir da nicht so sicher.

Jetzt sollen Beitragsrebellen also schon gefährlich sein. Natürlich ist ziviler Ungehorsam nicht in Ordnung. Genauso wenig sind aber Sender in Ordnung, für die die Zeit seit vierzig Jahren stillstehen darf. Die sich von einer allgemeinen Zwangsabgabe finanzieren lassen, die in einem schockierenden Gegensatz zum Zeitgeist steht. Sender, die Antworten schuldig bleiben: Genügen sie etwa noch ihrem eigenen Anspruch? Schade, dass Länder wie Dänemark und die Schweiz uns zeigen müssen, wie das mit dem Reformieren geht. Schade, dass Deutschland auch hier stillsteht. Schade für die Vollstrecker, dass sich das bei uns zum Grabenkampf auswächst und dass sie es sind, die dabei an vorderster Front stehen müssen.

Besonders schade ist es aber für die Beitragsrebellen. Auch unser Kapitel mit Markus Lynen nimmt erst einmal kein gutes Ende. Wann darf seine Frau ihn besuchen? Was passiert da draußen gerade? Wie wird sein Arbeitgeber am Samstag reagieren? Der ist nicht informiert.

»Ich bin für die Schicht eingeteilt.« Lynen hatte mit seiner eigenen Verhaftung nicht gerechnet. Was er heute erleben durfte, daran hat er lange zu knabbern. Zu dem Zeitpunkt glaubt der Beitragsrebell auch noch, dass sein wahres Ziel erreicht ist: Aufmerksamkeit für das Thema Haft. Am kommenden Montag wird ein Kamerateam von SAT.1 mit ihm drehen. Ausgestrahlt wird davon nichts. Lynen trifft jetzt seine Entscheidung. »Vierzig Minuten später war ein Gerichtsvollzieher da.« Der Beitragsrebell wird am Mittwoch verhaftet, am Mittwoch gibt er die Vermögensauskunft. Das bürokratische Theaterspiel *Irgendwann bekommen sie alle Angst* hat wieder funktioniert. Hoffen wir, dass es sich durch die Daueraufführung nicht abnutzt.

Während der Gerichtsvollzieher das Formular zur Vermögensauskunft ausfüllt, spricht Markus Lynen mit ihm über die Rechtslage. Eigentlich ist es eher ein Monolog: »Warum steht der WDR als eigentlicher Gläubiger erst an zweiter Stelle auf dem Haftbefehl? Warum schicken die die Stadt Bergisch Gladbach vor? Ich habe bei denen keine Schulden. Ist ja gut, dass Sie Ihren Job anständig machen wollen, aber in meinem Fall wie bei allen anderen GEZ-Verweigerern läuft es halt nicht korrekt.« Dieser Gerichtsvollzieher ist aber für Köln zuständig und bittet jetzt um eine Unterschrift. Lynen notiert auf dem Formular bloß: »Unter Zwang«. Das würde trotzdem gelten. »Da habe ich mir meinen Teil gedacht.« Dem Gerichtsvollzieher geht es um die Vermögensdaten und darum, dass es eine Selbstauskunft ist. Klar, dass Markus Lynen die nur unter Zwang gibt. Dafür saß er ja im Gefängnis und das hat er gerade schriftlich bestätigt. Anderthalb Stunden später ist der Beitragsrebell wieder frei.

Den Brief an Tom Buhrow verschickt er trotzdem. Jetzt ist er ein zeitgenössisches Dokument.

Henning Dornauf: Ein Besuch beim Beitragsservice

»Es ist außerdem immer wichtig, die Verhältnismäßigkeit
im Blick zu haben. Bei Fällen wie dem AfD-Politiker, der
den Rundfunkbeitrag verweigerte und eine Öffentlichkeits-
welle mit seiner Haft provozieren wollte, war uns klar: Wir
lassen uns nicht instrumentalisieren.«[7]
Eva-Maria Michel, WDR-Justiziarin, stellvertretende WDR-Intendantin

Zum ersten Mal im Leben transportiere ich Gefahrgut: Ich habe
Deutschlands gefährlichsten Beitragsrebellen an Bord. Sein Deckna-
me: »Der AfD-Politiker«. Der Plan: Ich will ihn zum Beitragsservice
bringen, damit ihm dort etwas erklärt wird. *Wie verhältnismäßig war
denn nun seine Erzwingungshaft?* Bei Kathrin Weihrauch, Mandy Bock,
Tetyana Rusina und anderen wurde die Haft verhindert, bei Sieglinde
Baumert oder Heinrich Dück wurde sie beendet. Deutschlands ge-
fährlichster Beitragsrebell musste sich aber selbst befreien. Er musste
den roten Knopf in der Zelle drücken. Dabei haben viele Menschen
seine Haft verfolgt. Die sozialen Netzwerke haben geglüht, es gab ein
Medienecho.

Mein Plan bleibt riskant, denn es wird ein Überraschungsbesuch.
Wir wissen also nicht, was passieren wird. Mein Passagier ist außerdem beim Beitragsservice berühmt. Ich würde gerne *berüchtigt* schreiben, aber das könnte mir Eva-Maria Michel übel nehmen. Sie ist zum
Zeitpunkt unseres Besuchs Pressechefin beim Beitragsservice und
hat meinen Passagier während einer Pressekonferenz zum »AfD-Politiker« erklärt, von dem sich der WDR nicht »instrumentalisieren«
lassen will. Mein Gott, wie gefährlich klingt das denn? Ich muss sofort
nach rechts schauen und mich vergewissern, dass sich da nicht Björn
Höcke auf dem Beifahrersitz befindet.

Nein, dort sitzt Henning Dornauf. Er lehnt sich gerade aus dem
Fenster und schätzt, dass wir auf dem Kölner Autobahnring noch
zwanzig Minuten im Stau stehen werden. Dornauf ist sehr groß. Er
hat Geschichte studiert und veranstaltet Mittelalterevents. Er liebt den

Schaukampf in voller Rüstung und Montur; dann fliegen die langen Haare offen. Im Alltag bleiben sie aber streng nach hinten gebunden. Es gibt natürlich auch einen politischen Henning Dornauf. Sein Lieblingszitat stammt von Konrad Adenauer: »Machen Sie sich erst einmal unbeliebt, dann werden Sie auch ernst genommen.« CDU und FDP haben ihn enttäuscht. Deshalb ist er heute bei der AfD-Jugendorganisation, im Kölner Bezirksverband der Jungen Alternative.

Das klingt alles nur bedingt gefährlich. Ich verstehe immer noch nicht, warum sich der WDR von Henning Dornauf »instrumentalisiert« fühlt. Der WDR ist doch Europas zweitgrößter Sender, er ist die Nummer eins in der ARD, hier schlägt das Herz des Beitragsservice. Aber wir können ja gleich einmal dort nachfragen.

Der Beitragsservice haust gleich hinter der Lindenstraße

Berlin ist sexy, Hamburg schön und München vornehm. Das Beste ist also schon weg. Köln feiert sich dafür als »Deutschlands Fernsehstandort Nummer eins«. Das klingt doch viel zu bescheiden: Köln ist die Hauptstadt des Rundfunkbeitrags. Die Zentrale des Beitragsservice steht in Köln-Bocklemünd. Im Autoradio läuft gerade *Highway to Hell*. Wie unpassend, wir nehmen doch gerade eine Ausfahrt und verlassen die A1. Auf dem Freimersdorfer Weg suchen wir nach einem Schild, nach einem großen Gebäude, eben nach der Zentrale des Beitragsservice. So etwas Großes lässt sich doch nicht übersehen! Links gehen Wälder in Ackerfelder über, rechts stehen Wellblechhallen – hinter einem verzinkten Metallzaun mit Stacheldraht. Das wirkt alles sehr trostlos, aber laut Navi muss hier der Beitragsservice seine Zentrale haben.

Hier steht aber nur eine Tankstelle – mit einem großen Parkplatz davor. Auf den fahren wir jetzt und schauen uns um. Ich entdecke ein zwei Meter breites Metallschild. Weiße Buchstaben auf blauem Grund verkünden: WDR – Produktionsgelände Bocklemünd. Wird hier auch der Rundfunkbeitrag produziert, und wenn ja: Warum darf das keiner erfahren?

Ratlos streifen wir über den Parkplatz. Ich will jetzt einfach in der Tankstelle nachfragen. Vielleicht weiß dort jemand, wo sich der Beitragsservice versteckt. Je näher ich komme, desto verdächtiger wirkt diese Tankstelle. Es fehlen die Zapfsäulen! Falls Sie jetzt im Geiste auf Google Streetview mitlaufen und sich fragen, ob ich blind bin: Diese Bilder sind von 2008. Inzwischen wurde das große Metalldach dunkelblau gestrichen, und die Aufschrift *Westdeutscher Rundfunk Köln* wurde entfernt. Ich weiß damals also wirklich nicht, worauf ich da gerade zulaufe. Ich bleibe vor einem Geldautomaten stehen – Sparda-Bank West. Vielleicht ist die Tankstelle doch eine Bankfiliale?

Neben dem Bankautomaten entdecke ich ein paar Firmenschilder: Geißendörfer Film- und Fernsehproduktion. Etwas darüber, gerade einmal ein paar Zentimeter groß, steht dann endlich, was ich lesen will: ARD, ZDF, Deutschlandradio Beitragsservice. Mein Gott, haben die sich gut versteckt. Vermutlich soll man sich jetzt die verklinkerte Fassade entlangtasten. Einer der hässlichen, hellbraunen Ziegel muss der Geheimschalter sein. Gerissen, aber nicht gerissen genug. Wenn ich den richtigen Knopf finde, dann fährt die als Tankstelle getarnte Bankfiliale bestimmt nach oben und öffnet den Eingang zum Kommandobunker des Beitragsservice.

Natürlich gibt es keinen geheimen Schalter. Wir gehen einfach in die als Tankstelle getarnte Bankfiliale. Hoppla, wo sind wir denn hier hineingeraten? Ich zähle ab: drei Wachmänner. Das hier ist also ein Kontrollposten, ein Pförtnerhäuschen – und eine Art Schleuse: Links und rechts des hellbraunen Häuschens rattern gerade riesige Metalltore. Eines geht auf, das andere geht zu. Ein Studiowagen des WDR fährt hinaus, ein Werkstattwagen für Requisiten fährt hinein. Wir wollen einfach durch dieses Pförtnerhäuschen laufen, da bremst uns der Pförtner aus: Wohin wir denn wollten. Führungen durch die Außenfassade der *Lindenstraße* gebe es nur nach Anmeldung. Er erklärt uns, was hier alles produziert wird, was wir aber nicht sehen dürften: *Frag doch mal die Maus* oder *Tiere suchen ein Zuhause*. Der Geißendörfer sei nicht hier, es würde auch nicht gedreht und überhaupt: alles nur auf Anmeldung. Die Wartezeit beträgt sechs Monate.

Ich probiere es mit Ironie: Hans Geißendörfer prangert gerne das große Elend an. Spötter nennen seine Fernsehserie deshalb »die Straße der Gebeutelten«[8]. Ich hätte den neuen Hauptdarsteller für eine besonders ungerechte Folge der *Lindenstraße* mitgebracht, die Dreharbeiten könnten sofort beim Beitragsservice beginnen. Beides liegt ja nur einen Steinwurf voneinander entfernt. Auf diese Antwort folgt die Gegenfrage, ob ich etwas mit den Ohren hätte. Der Geißendörfer sei nicht hier. Also werde auch ich etwas direkter: Geißendörfer kann sein, wo er will. Wir wollen zum Beitragsservice. Wir sind Beitragszahler, mehr oder weniger. Antwort: Der Beitragsservice sei tabu. Weil? Sicherheitsbestimmungen. Er zeigt nun mit der Hand auf einen Nebenraum. Dort sei das Kontaktbüro des Beitragsservice.

Wir treten ein. Zwei Damen sitzen tippend am Rechner. Eine blickt auf. Der wohl gefährlichste Beitragsrebell Deutschlands spricht: »Guten Tag, mein Name ist Henning Dornauf. Ich zahle keinen Rundfunkbeitrag, ich wurde verhaftet und würde gerne wissen, ob das verhältnismäßig war.« Die beiden Damen blicken sich fragend an. Henning Dornauf wird deutlicher: »Ihre Chefin hat ganz klar gesagt: Wegen des öffentlich-rechtlichen Rundfunks geht keiner mehr in den Bau!« Mit Chefin ist Karola Wille gemeint, die bis Ende 2017 ARD-Vorsitzende war. Ich greife in meine Jackentasche und will den Ausdruck der ARD-Pressekonferenz hervorholen. Dort sind die Aussagen zur Erzwingungshaft markiert. Doch der Zettel liegt im Hotelzimmer. Die beiden Damen schauen sich immer noch fragend an, dann sagt die jüngere, dass wir vor dem Pförtnerhäuschen warten sollen. Es komme bald jemand, der mit uns spricht. Als wir das Büro verlassen, blickt mich einer der bulligen Wachmänner an, scharrt mit den Stiefeln, behält die Hände aber in seiner blauen Jacke.

Draußen überprüfe ich bei Google Maps, ob die Zentrale nicht doch einen öffentlichen Eingang hat. Jedes Dorfamt steht dem Bürger offen. Das hier betrifft alle Bürger, weil alle zahlen müssen, und trotzdem verbirgt sich der Beitragsservice auf einem abgeschirmten

Gelände – zwischen Studios, Filmkulissen und Requisitenhallen. Google Maps sagt: Nein, der Beitragsservice hat keinen öffentlichen Eingang. Das WDR-Produktionsgelände ist eine Welt für sich. Bis auf das Pförtnerhäuschen sind die 60 Hektar komplett von einem dichten Wald umwachsen. Außerdem gibt es mehrere Meter hohe Metallzäune, Stacheldraht, einen Ring mit Überwachungskameras und einen Sicherheitsdienst.

Es ist eine ganz schlechte Idee, sich hier Zutritt verschaffen zu wollen. 2015 hat das tatsächlich jemand probiert. Dieser Fall endete dann auch in einer Zelle. Der *Kölner Express* titelte: »Gebühren-Hasser gefasst. Axt-Attacke auf GEZ-Gebäude«[9]. Auf dem Gelände hat der Beitragsservice noch einmal seinen eigenen Eingangsbereich – und der ist scheinbar gut geschützt. Den wollte der Mann nachts knacken, mit einer 2,6 Kilo schweren Axt in der Hand. Er scheiterte am Panzerglas, hinter dem zwei Nachtwächter saßen und ganz dringend die 110 am Telefon wählten. Der seltsame Mann trug eine Schutzweste und eine Guy-Fawkes-Maske. Er zertrümmerte Glastüren und ergab sich dann der Polizei, die gleich im halben Dutzend anrückte. Der Auslöser: Ein 80-Jähriger aus seinem Bekanntenkreis war vollstreckt worden. Ob nach der Aktion weniger Menschen den Rundfunkbeitrag bezahlt haben, möchte ich bezweifeln. Es bleibt also eine sinnlose Idee.

Plötzlich ruft man uns wieder herein. Das Kontaktbüro des Beitragsservice wirkt jetzt anders – irgendwie verbarrikadiert. Wir kommen nicht weit und müssen sofort stoppen: links die Wand, hinter uns die geschlossene Tür, rechts ein Tresen, und ein Meter vor uns ist jetzt eine Tischklappe eingerastet. Hinter der Tischklappe wartet ein Mann. Er sei von der Abteilung für Vollstreckungen. Weil wir nicht nebeneinanderstehen können, spreche ich durch Henning Dornauf hindurch: »Ach, ich dachte, der Beitragsservice vollstreckt gar nicht selbst?« Die Abteilung heiße Vollstreckung. »Sie koordinieren das?« Das könne man so sagen. Henning Dornauf verliert jetzt die Geduld: »Ich bin wieder aus dem Gefängnis draußen. Ich habe die strukturelle Gewalt kennengelernt, die hinter dem Beitragsservice steckt. Ich möchte jetzt wissen, wie es sein kann, dass ich ins Gefängnis musste.

Obwohl doch die Frau Wille gesagt hat, dass das nicht angemessen ist.«

Sehr laut geht es jetzt hin und her, teilweise reden sie gleichzeitig. Mir wird heiß, ich fühle mich wie ein Huhn in der Legebatterie. Die Damen tippen eifrig weiter und tun so, als ob die laute Unterhaltung nicht mehr sei als das Gesumme zweier Fliegen. Ich höre Satzfetzen von Henning Dornauf: »Es gehen Leute wegen Ihrer Institution ins Gefängnis ... Das geht nicht ... Sie gefährden die Freiheit von Menschen ... Dazu möchte ich von Ihnen ein Statement.« Der Mann hackt Dornaufs Beitragsnummer in den Rechner und bekommt große Augen. Das ermuntert den Beitragsrebellen: »Ja, genau, ich habe noch nie gezahlt.« Wir sollen wieder draußen warten, das müsse mit den Kollegen besprochen werden.

Draußen redet sich Henning Dornauf erst richtig in Rage:

> »Die Gerichtsvollzieherin hat gesagt: ›Geben Sie die Vermögensauskunft ab oder Sie gehen ins Gefängnis.‹ Ich habe ihr ein leeres Blatt Papier vor die Nase gehalten und gesagt: ›Das ist das Einzige, was Sie von mir je kriegen werden. Ich lehne das aus Gewissensgründen ab, weil ich sehe, mit welch fragwürdigen Methoden der Rundfunkbeitrag bei den Menschen eingetrieben wird.‹ Die Gerichtsvollzieherin hat einen Polizisten angerufen. Der kam eine halbe Stunde später, hat mich in einen Bus gesetzt und in die JVA Remscheid gefahren. Dort hat man mich in ekelhaft graue Gefängnisklamotten gesteckt, dann kam ich in eine enge Einzelzelle. Das war am 1. Februar 2017. Man kann mit niemandem reden, man ist komplett von der Außenwelt abgeschnitten. Ich wäre fast nach Köln in ein härteres Gefängnis verlegt worden. Am 3. Februar habe ich mich gebeugt – wider mein Rechtsempfinden. Ich habe ein Gewerbe und muss einen Mitarbeiter bezahlen.«

Ich höre gerade im Hintergrund den Chor der ARD einstimmig singen: *Aber wir haben mit deiner Erzwingungshaft doch gar nichts zu tun.*

Der Verhaftete: Das ist die eine Seite des Henning Dornauf. Hier ist er ganz Mensch. Er gerät in die Vollstreckung und wird mit Haft bedroht – wie Millionen andere auch. Dann wird daraus aber eine provozierende Aktion der AfD. Beitragsrebell und Nachwuchspolitiker, bei Henning Dornauf verschwimmen die Grenzen. Laut und respektlos hat er getrommelt. Es war kaum zu überhören: Die Öffentlichkeit erfuhr von seiner anstehenden Haft. Trotzdem wurde Dornauf verhaftet.

Wir werden wieder hereingerufen. Ist das tatsächlich schon der dritte Anlauf? Man habe die Presseartikel mit den Aussagen der ARD-Vorsitzenden Karola Wille jetzt am Rechner gelesen, aber offiziell wisse man davon nichts; man müsse sich da erst einmal schlaumachen; man möchte mit uns so verbleiben, dass man sich bei uns meldet.

Karola Wille sagt also der Presse, dass bei der Vollstreckung »die Wahrung der Verhältnismäßigkeit der Maßnahme wichtig sei«.

Sie sagt: »Bei der Erzwingungshaft ist das in der Regel nicht mehr der Fall.«[10]

Sie sagt, »dass wir uns überhaupt nicht wünschen, dass es zu so einem Sachverhalt kommt«.

Sie sagt: »Wir haben damals auch den Antrag gestellt, dass die Haft beendet wird.«

Sie sagt: »Wir haben das aber natürlich intensiv diskutiert, ob so eine Maßnahme angemessen ist. Und vor dem Hintergrund des Gesichtspunktes der Angemessenheit ist es schwer vorstellbar, dass weitere Maßnahmen kommen. Aber es ist immer eine Einzelfallbetrachtung.«[11]

Hat Karola Wille all das denn auch dem Beitragsservice mitgeteilt? Ich muss gerade an Millionen Menschen denken, die von hier aus in die Vollstreckung geschoben werden. Ich muss daran denken, auf welch verschlungenen Kanälen wohl die Rohrpost von einem Ende der ARD zum anderen verschickt wird – und ich frage mich, welche Dringlichkeit Haftfälle dabei wohl genießen. Ich muss daran denken, dass der Mann von der Vollstreckungsabteilung heute wohl zum ersten Mal einem Vollstreckten in die Augen blickt und mit ihm spricht. Wir verbleiben so, dass wir noch einen Moment bleiben.

Der Botschafter ist die Botschaft – auch bei einer Haft?

Henning Dornauf will das mit den Haftbefehlen am Beispiel von Kathrin Weihrauch erklärt bekommen. Auch da war die Verhaftung schon angeordnet, aber nach einem Medienrummel zieht der RBB die Reißleine. »Wir haben kein Interesse daran, dass jemand wegen säumiger Beiträge ins Gefängnis kommt«[12], erklärte damals ein Sprecher des Senders. Diese Ansage kennt Henning Dornauf nicht, aber das tut seinem Zorn keinen Abbruch: »Kathrin Weihrauch ist dann halt nicht eingefahren. Man hat den letzten Schritt nicht gemacht. *Und warum bin ich eingefahren?*«

Die Frage können der Beitragsservice, der WDR und die Stadt Wermelskirchen als Vollstreckungsbehörde beantworten. Ich habe aber eine Ahnung, was die garantiert nicht sagen werden: Auch oder vor allem der Medienrummel spielt eine Rolle, ob eine Erzwingungshaft nun »verhältnismäßig« ist oder nicht. Schon bei Sieglinde Baumert kann der MDR diese Haft nicht überzeugend erklären. Für den RBB wird es noch viel schwerer, ein öffentliches Haftspiel gegen Kathrin Weihrauch durchzuhalten: Sie ist nämlich die Idealbesetzung der Beitragsrebellin – eine ehemalige Krankenschwester, eine Mutter mit einer Tochter, ein fröhlicher Freigeist.

Sie wohnt einmal im Bauwagen, dann spart sie ihr Geld, um den Winter in einer kleinen Strandhütte in Indien verbringen zu können. Sie ist jung geblieben und lebt das auch. Sie kleidet sich farbenfroh. Sie spielt Theater mit Kindern und für Kinder. Sie arbeitet als Pflegemutter und als Clownin »Sonnenblume« im Zirkus. Ich habe auch mit ihr gesprochen. Wenn wir alle gerade an Pippi Langstrumpf denken, dann: Ja! Kathrin Weihrauch trägt bei Auftritten sogar diese Strümpfe. Kurz vor der Haft »erlebt sie dann eine Welle der Solidarität«[13]. Kathrin Weihrauch erlebt auch den Medienzauber: Der Botschafter ist die Botschaft. Es gibt die Gute, es gibt die bösen Sender, und dann kommt der öffentliche Druck.

Henning Dornauf ist aber der erste Politiker, der als Beitragsrebell verhaftet wird. Dornauf und die AfD verschmelzen öffentlich. Worte,

Videos, Bilder, Plakate: ein Parteisoldat im Rampenlicht. Die sozialen Netzwerke sind heute noch voll davon. Auf einem Bild posiert Henning Dornauf in Handschellen. Ausgerechnet vor dem Amtsgericht, in dem er später tatsächlich verhaftet wird. Henning Dornauf steht vor Plakaten. Die Farben sind knallig und die Botschaften lassen es auch knallen: »GEZ abschaffen« oder »Die Junge Alternative will es wissen: Wir zahlen keine GEZ-Zwangsabgabe. Wie weit geht der Staat, um uns zu zwingen?«.

Mit dabei sind Kameras. Henning Dornauf wird zum Kämpfer, der in die Schlacht gegen den Beitragsservice zieht. Symbolisch – und dieses Symbol ist er vor allem in seiner Partei: *Endlich einer von uns, der es durchzieht.* Wie sind aber die Rollen in der Öffentlichkeit verteilt? Die Medien sorgen hier für ein anderes Kopfkino: Es kann nichts Gutes im Schlechten geben. Kein Journalist spricht mit Henning Dornauf. Man will sich nicht mit der Parteisache gemeinmachen. Wie es bei CDU oder SPD gelaufen wäre, weiß ich nicht, aber hier gibt es Ferndiagnosen: Die AfD will mit Henning Dornauf einen »Märtyrer« schaffen. Seine Verhaftung sei »inszeniert« gewesen. Und überhaupt: »Die Rundfunkgebühr nicht zu bezahlen hat nichts mit Protest zu tun, sondern ist schlicht ein Rechtsverstoß.«[14]

Ja, die AfD macht den Fall Henning Dornauf mit allen Mitteln bekannt. Sie will noch mehr Empörte für sich mobilisieren, sie will dieses Thema für sich besetzen. Das machen Protestparteien nun einmal so. Die Rolle als Beitragsrebell muss Henning Dornauf aber niemand auf den Leib schneidern. Die Vollstreckungswelle ist ja da. Dornauf trifft es, und nach seiner Verhaftung kann keiner sagen, dass alles bloß Angstmacherei sei. Er kann diese Rolle nur so gut spielen, weil sie echt ist. Beitragsrebell, Politiker, Provokateur – in einer Person. Wo hört das eine auf, wo beginnt das andere?

Ich hake später bei Henning Dornauf in dieser Frage nach: Nein, die Partei habe ihn nicht benutzt. Es sei eher umgekehrt gewesen. »Keiner hat zu mir gesagt: ›Mach das!‹ Nachdem klar war, dass ich verhaftet werden soll, habe ich beim Kölner Bezirksverband der Jungen Alternative angerufen und gesagt: ›Leute, die wollen mich einsacken, bitte helft

mir.«« Also war alles Dornaufs Plan? »Ja, sogar das mit den Handschellen war meine Idee. Ich wusste von Anfang an, dass der GEZ-Funk
mein Geld irgendwann bekommt – aber das wollte ich denen so schwer
wie möglich machen. Ich bin da Überzeugungstäter und habe mir gesagt: Du musst das tun. Mithilfe der Partei kannst du der Öffentlichkeit
zeigen, was bei den GEZ-Vollstreckungen wirklich passiert.«

Darf das *öffentliche* Verhalten eines Menschen bei seiner Erzwingungshaft eine Rolle spielen? Beeinflusst es die »Verhältnismäßigkeit« der Vollstreckungsmaßnahmen? Die ARD kann auf vielfältige
Weise gegen einen unbequemen Menschen vorgehen, aber eben nicht
im Rahmen seiner Zwangsvollstreckung. Weil damit eine Machtposi-
tion missbraucht und die Zwangslage dieses Menschen ausgenutzt
wird. Es darf keine Diskussion darüber geben, ob Vollstreckungsmaßnahmen wie eine Erzwingungshaft bei einem »AfD-Politiker« nun
verhältnismäßiger sind. Die Erzwingungshaft ist doch keine Strafhaft! Die ARD ist kein Richter in eigener Sache. Die Erzwingungshaft
dient bloß einem Zweck: Ein Mensch soll dem Vollstrecker seine Vermögensverhältnisse offenlegen. Um etwas anderes darf es niemals
gehen – und das entlarvt bereits die Idiotie des Ganzen. Hinter wachsweichen Wörtern wie Verhältnismäßigkeit oder Angemessenheit lässt
sich viel zu viel verstecken, was nichts mit der Vollstreckungsmaßnahme an sich zu tun hat.

Leider kommt mir dieser Gedanke wieder einmal zu spät. Zurück
zum Gespräch mit dem Beitragsservice. Dort bleibt es erst einmal
nur bei der Frage: War die Haft von Henning Dornauf nun angemessen?

Der Mann von der Vollstreckungsabteilung antwortet mit einer Gegenfrage: Was ich denn nun hören wolle, was man dazu denn sagen
solle? Stimmt. Haken wir es ab. Der Mann vom Beitragsservice lässt
sich von Henning Dornauf den Haftbefehl zeigen und will wissen,
ob er denn wirklich drei Tage in Haft gewesen sei. Der Beitragsrebell
zeigt ihm daraufhin auch den Entlassungsschein. Eine der Damen
vom Beitragsservice kopiert beides. Man möchte wissen, ob wir dazu
jetzt ein Statement brauchen.

Henning Dornauf sagt: »Ja, das ist doch ein Widerspruch, wenn Sie auf der einen Seite sagen, dass es nicht angemessen ist – und auf der anderen Seite ziehen Sie es durch.« Man möchte sich gerne telefonisch melden und fragt nach einer Nummer. Gerade das möchte ich aber nicht: »Wir hätten gerne etwas Schriftliches. Das betrifft ja nicht nur Henning Dornauf, sondern viele Menschen.« Wir sollen eine schriftliche Stellungnahme bekommen. Als wir nach draußen gehen, weiß ich: Das geht nach oben, diese harte Nuss muss jetzt die Chefetage beim WDR knacken.

Und die Haft ist doch abzustimmen!

Der WDR steht vor mehr als nur einem moralischen Dilemma: Wie will der Sender denn begründen, ab wann eine Haft *angemessen* ist und die andere nicht? Nach welchen Kriterien soll die Zellentür aufgehen – Haft erst ab 500 Euro, bei Brillenträgern oder beim falschen Parteibuch? Es wird noch verzwickter. Es gibt ja inzwischen genügend Fälle. Wie sieht es denn im Vergleich aus: von einer »Angemessenheit« zur anderen?

In mehreren Fällen wird vor dem Verhaften die Reißleine gezogen.

Es gibt Heinrich Dück: Er wird zwar verhaftet – aber als die Medien berichten wollen, kommt er frei, wie von Zauberhand. Die *Welt* berichtet damals: »Wenn bekannt wird, dass Menschen wegen nicht gezahlter Rundfunkbeiträge im Gefängnis sitzen, rudern die Verantwortlichen in der Regel zurück.« Dücks Haft sei »ein Fehler – oder eine bewusst eingesetzte Drohkulisse«[15]. Der WDR will das im Gespräch nicht erklären. Gerade das schreit aber nach einer Erklärung: Wie unwissend darf sich ein Gläubiger geben? Warum wollen die ARD-Sender eine »Angemessenheit« der Haft erst prüfen, wenn sie davon erfahren (müssen)?

Beim Fall Henning Dornauf kommt all das zusammen und es wird sogar brisanter: Noch keiner hat so offensiv getrommelt, um auf seine Zwangslage hinzuweisen. Manche würden sagen: so aggressiv. Noch keiner hatte eine Partei im Rücken. Noch nie haben so viele Menschen alles in den sozialen Netzwerken mitverfolgt.

Keine Frage, leicht wird es die ARD nicht haben. Wer aber Millionen seiner Zwangszahler mit immer mehr Zwang zum Zahlen zwingen lassen muss, der kann nicht über das Ausmaß schweigen. Nicht ohne noch mehr Glaubwürdigkeit zu verlieren. Ich bin jedenfalls auf die Erklärung des WDR gespannt. War Dornaufs Haft nun angemessen, und wenn ja: Warum war sie das?

Drei Wochen nach dem Besuch beim Beitragsservice bekommt Henning Dornauf Post. Es ist ein Brief von ganz oben – von der Leiterin der Presseabteilung des Beitragsservice, die zugleich stellvertretende Intendantin und Justiziarin beim WDR ist. Der Brief beginnt ganz so, wie es sich nicht gehört – spitzfindig:

»Sie möchten wissen, wie es sein kann, dass der WDR Sie wegen nicht bezahlter Rundfunkbeiträge hat inhaftieren lassen. Hierzu möchte ich klarstellen: Der WDR lässt niemanden wegen nicht bezahlter Rundfunkbeiträge inhaftieren. Meines Wissens wurden Sie inhaftiert, weil Sie sich [...] weigerten, die Vermögensauskunft abzugeben.«

Ob das alles ist, was es in dieser Sache zu sagen gibt, da habe ich persönlich meine Zweifel; aber trotzdem schön, dass sich die zwei Seiten öffentlich einig sind. Ich glaube, für die Beitragsrebellen geht es auch nicht um den Rundfunkbeitrag. Es geht um den Willen, diese Zwangsabgabe nicht bezahlen zu müssen. Dieser Wille wird dann mit einer Zwangsvollstreckung, mit einer Vermögensauskunft, mit Haftbefehlen und am Ende mit einer Verhaftung gebrochen. Das ist das Kernproblem. Hier wird Verwaltungsrecht benutzt, um gegen ein riesiges Akzeptanzproblem anzukämpfen. Der Rundfunkbeitrag wird von großen Teilen der Gesellschaft nicht akzeptiert, und die Lösung dieses Problems heißt dann Zwang. Dabei kommt die ARD in Erklärungsnöte: Sie muss inzwischen schon erklären, wie viel Zwang sie beim Durchsetzen ihrer Demokratieabgabe anwenden lassen will –

und wie es mit der Verhältnismäßigkeit von Fall zu Fall aussieht. Egal, was die ARD dazu öffentlich erklärt, sie kann immer nur verlieren und sich selbst unter Druck setzen. So weit sind wir also schon. Dabei gäbe es einen einfachen Satz, der zur Deeskalation auf allen Seiten beiträgt: *Wir wollen nicht, dass Menschen durch Haft gezwungen werden, ihr Vermögen offenzulegen, nur damit unser Rundfunkbeitrag gepfändet werden kann.*

Ich habe die böse Ahnung, dass gleich ein anderer Satz folgt. Hoffen wir aber auf das Beste – auf eine echte Erklärung – und lesen tapfer weiter im Brief der WDR-Justiziarin. Oh nein, da ist er wieder, der immer gleiche Textbaustein:

> »Die Vollstreckungsbehörden handeln eigenständig und sind nicht verpflichtet, den WDR als Gläubiger zu informieren oder Vollstreckungsmaßnahmen wie die Erzwingungshaft mit dem WDR abzusprechen.«

Vorhang auf für die große Haftstory im *Ersten*: Millionen von Beitragsrebellen werden angeblich in eine Nebelbank gestoßen, dort lauern finstere Vollstrecker; dann und wann und irgendwie – genau weiß man das alles nicht – endet der Rebell im finsteren Loch. Nein, angemessen ist es zwar nicht, was dort passiert, aber Vollstrecker sind schreckliche Burschen. Leider hat die ARD keinen Anteil an dem Spiel. Die Vollstrecker geben den Ton im Verfahren an. Bitte nicht wundern und bitte auch nicht nachfragen: Diese Vollstrecker stehen nicht gerne im Rampenlicht und werden durch ominöse Gesetze gezwungen, so böse zu sein.

Hinterfragen wir die abenteuerliche Haftstory trotzdem: Kann es wirklich so sein? Der angebliche Ablauf ist unpräzise, unbürokratisch, undeutsch. Alles ist in Deutschland reguliert, nur ein Beitragsrebell darf sich bei uns fühlen wie der Zar nach der Oktoberrevolution: Er ist ausgeliefert. Angeblich darf der Vollstrecker ohne Auftrag mit dem Finger am Abzug spielen und abdrücken. Schauen wir uns den Paragrafen an, um den sich alles dreht (Abbildung 7).

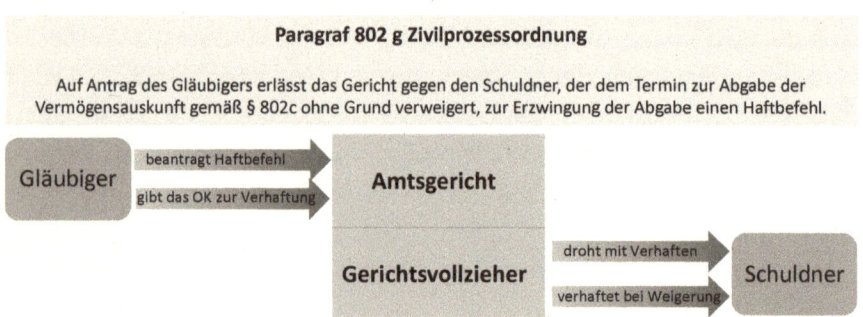

Abbildung 7: Der Paragraf 802g der Zivilprozessordnung regelt die Erzwingungshaft

Das Gesetz ist ziemlich simpel gestrickt. Der eine will das Geld, er ist der Gläubiger. Der andere soll zahlen, er ist der Schuldner. Und der, dem das Geld zusteht, der beantragt auch die Haft. Der gesunde Menschenverstand sagt: Der WDR ist der Gläubiger in dieser Vollstreckung, er will ja schließlich den Rundfunkbeitrag von Henning Dornauf.

Auch im Fall Dornauf wiederholt sich ein seltsames Spiel: Die Vollstrecker erklären sich einfach selbst zum Gläubiger – jetzt dürfen auch sie einen Haftbefehl beantragen! Das klingt verboten, doch es handelt sich um einen Paragrafenzauber. Ein Gesetz erlaubt dieses fragwürdige Manöver. Nordrhein-Westfalen hat sich wie jedes Bundesland sein Gesetz für die Verwaltungsvollstreckung geschrieben und dort steht:

»Im Vollstreckungsverfahren gilt diejenige Körperschaft als Gläubigerin der zu vollstreckenden Ansprüche, der die Vollstreckungsbehörde angehört.«[16]

Dieser Paragraf nennt sich übrigens »Gläubigerfiktion« und der Name ist Programm, so läuft es in vielen Bundesländern. Da wird »hergeleitet« und »fingiert«, da geht es um »gesetzliche Fiktion« und »Verweisungsketten«. Im Grunde ist es aber ganz einfach: Die Vollstrecker erklären sich einfach selbst zum Gläubiger, damit lässt es sich doch gleich viel leichter vollstrecken. Weil die allermeisten Behörden ihre eigenen Forderungen selbst vollstrecken, ist der »fiktive« Gläubiger zugleich auch der echte Gläubiger. Der WDR darf aber die Vollstreckung seiner Rundfunkbeiträge auf die Kommunen im ganzen Land abwälzen – und jetzt entwickelt der Paragrafenzauber eine tragische Dynamik: Die Vollstrecker fingieren sich selbst zum Gläubiger. Abrakadabra, jetzt dürfen gleich zwei um die Ecke springen und rufen:

> Der WDR: *Ich bin der Gläubiger des Rundfunkbeitrags. Mir steht die zu vollstreckende Hauptforderung zu.*
> Die Vollstreckungsbehörde: *Ich vollstrecke das, also darf ich mich durch ein Gesetz zum Gläubiger »fingieren«.*

Am Schreibtisch mag das funktionieren. Der Gerichtsvollzieher bekommt von *einem* Gläubiger den Auftrag zur Vermögensauskunft, er bekommt von *einem* Gläubiger das Okay zum Verhaften. Trotzdem ist es seltsam. Der gesunde Menschenverstand muss doch auch fragen: Was wird hier eigentlich in der Hauptsache vollstreckt? Der Rundfunkbeitrag. Im Paragrafen zur Erzwingungshaft steht außerdem klipp und klar: Gläubiger.[17] Dort steht nicht: »fingierter« Gläubiger.

Das eigentliche Problem ist aber noch viel schlimmer. Es entsteht *eine kalkulierte Verantwortungslücke.* Und wem nützt die? Wir kennen die Position der Rundfunkanstalten: Sie wollen mit der Vollstreckung nichts mehr zu tun haben. Am Ende sitzt ein Mensch aus Fleisch und Blut hinter Schloss und Riegel, dank eines »fiktiven« oder »fingierten« Gläubigers – und der eigentliche Gläubiger, für den diese Erzwingungshaft im Grunde durchgezogen wird, der muss davon nicht einmal etwas wissen? »Gesetzliche Fiktion«, das geht einfach nicht! Wenn ein Mensch bis zu sechs Monate in einer Haftzelle durchgeschmort wird, dann bitte auf Wunsch und Verantwortung des Gläubigers und nicht aufgrund einer »gesetzlichen Fiktion« und durch ein Paragrafen-Babylon nach dem Motto: Was nicht passt, wird passend gemacht.

Es gibt beim Rundfunkbeitrag also zwei Gläubiger, einen echten und einen »fingierten«. Da stellt sich doch die berechtigte Frage: Müssen die sich nicht untereinander abstimmen? Die ARD sagt sinngemäß: *Nein, die Vollstrecker handeln völlig autonom. Die machen, was sie wollen und rechtlich dürfen. Wir warten nur auf das Geld.* Damit wird auch eine Haft zum Selbstläufer. Hier werden Menschen verhaftet und die Sender sagen hinterher, das war nicht »angemessen«. Sie können die Haft einfach beenden, indem sie den Vollstreckern den Auftrag entziehen, also das Vollstreckungsersuchen zurücknehmen.

Ich frage mich aber: Da muss doch noch mehr sein, das klingt doch nach Absurdistan. Neben dem Verwaltungsvollstreckungsgesetz gibt es auch noch Verwaltungsvorschriften. Schauen wir uns die für Nordrhein-Westfalen an, weil sie im Fall Dornauf gelten. Zwar darf sich der Vollstrecker Befugnisse des Gläubigers anmaßen, aber:

> »Wann die Vollstreckungsbehörde von diesen Befugnissen selbst Gebrauch macht, wird im Innenverhältnis von dem Auftrag abhängen, den ihr der Gläubiger erteilt hat, und sich auch nach Zweckmäßigkeitsgesichtspunkten bestimmen. Bei einer routinemäßigen Vollstreckung sind besondere Absprachen mit dem Gläubiger nicht erforderlich.
>
> Bei Maßnahmen, die von besonderer Tragweite für den Vollstreckungsschuldner und auch für sein weiteres Verhältnis zum Gläubiger sind, sollte eine Anordnung des Gläubigers eingeholt werden.«[18]

Eine Verhaftung ohne Rückendeckung? Das kann ich mir bei diesen Vorschriften schwer vorstellen. Der Vollstrecker muss »Zweckmäßigkeitspunkte« beachten, auch hier wird sein Handlungsspielraum eingeengt. Das ganze Verfahren ist streng reguliert – zumindest hoffe ich das –, gerade weil unsere Grundrechte verletzt werden. Was aber besonders wichtig ist: Der Vollstrecker soll sich beim Gläubiger absichern, wenn er dem Schuldner etwas antut, was von »besonderer Tragweite« ist.

Aber dem WDR bleibt ja immer noch eine Ausrede: Vollstrecker »sollen« sich laut Vorschrift rückversichern. Wer soll, der muss ja nicht. Doch, er muss, dafür gibt es eine weitere Vorschrift zur Vermögensauskunft:

> »Die Vollstreckungsbehörde, die nach außen keiner Vollmacht des Gläubigers bedarf, hat jedoch im Hinblick auf die Folgen, welche die Abnahme einer [Vermögensauskunft] für die wirtschaftliche Existenz und das allgemeine Ansehen des Vollstreckungsschuldners haben kann, von ihrem Antragsrecht nur in Abstimmung mit dem Gläubiger Gebrauch zu machen.«[19]

Die Vermögensauskunft und damit der Haftbefehl und das Verhaften sollen in Abstimmung mit dem Gläubiger beantragt werden. Alles andere wäre ja auch fahrlässig. Darf dann der WDR als Gläubiger einfach in die Welt posaunen, dass Vollstrecker einen Menschen in Eigenregie verhaften lassen? Die Aussagen der Leiterin der Presseabteilung halte ich deshalb für unbesonnen. Aber es sind nicht nur ihre Aussagen. Es ist ja gleich eine ganze Wand aus Wörtern, das *Verfahren* muss verteidigt werden.

SWR-Justiziar Hans Eicher stößt ja ins gleiche Horn: »Persönlich« halte man das mit dem Verhaften für »fragwürdig«, aber leider blieben die Vollstrecker Herr des Verfahrens. Auch das ist eine bedenkliche Aussage. Gerade Eichers Haussender hält den Schlüssel in der Hand, der die Zellentür öffnet: Der SWR muss die Haft selbst beantragen.

Aber zurück zu Henning Dornauf und zum WDR. Nach einem Blick in die Verwaltungsvorschriften glaube ich nicht, dass sich eine Stadt einfach so den Schwarzen Peter beim Verhaften zuschieben lässt. Besonders dann nicht, wenn eine Partei provokativ im Hintergrund trommelt und dieser Fall schon eine Menge Staub aufgewirbelt hat.

Ich schaue mir den Haftbefehl an, und siehe da: Die Gläubigerbank ist auch hier sehr gut besetzt. Sie passt ja fast nicht mehr aufs Papier. Rechts steht tatsächlich der WDR, links steht: »Die Gläubigerin vertreten durch: Stadt Wermelskirchen«. Dornaufs Haft wird »auf Antrag der Gläubigerin angeordnet«. Es gibt aber auch Haftbefehle in Nordrhein-Westfalen, in denen der WDR nicht einmal erwähnt wird. Im Fall von Tetyana Rusina steht bloß: »Stadt Köln Kassen- u. Steueramt«[20].

Ganz sicher erklärt uns die stellvertretende WDR-Intendantin, was hier passiert ist: Wer hat die Verhaftung denn nun mit wem abgestimmt? Das ist doch ganz entscheidend, um die »Angemessenheit« dieser Haft zu erklären.

> »Natürlich ist uns als WDR wie auch unserer ARD-Vorsitzenden Frau Prof. Karola Wille daran gelegen, dass alle Maßnahmen in der Vollstreckung grundsätzlich verhältnismäßig sind – eine Erzwingungshaft ist das aus unserer Sicht in der Regel nicht [...]
>
> Dennoch obliegt die Entscheidung den Vollstreckungsbehörden. Sobald der WDR von einer Inhaftierung wie in Ihrem Fall erfährt, prüft er selbstverständlich diesen Einzelfall.«

Wir wissen zwar bereits, dass die Entscheidung mit dem Gläubiger abgestimmt werden soll, aber geben wir der stellvertretenden WDR-Intendantin jetzt eine allerletzte Chance. Immerhin wird sie uns gleich verraten, was die Prüfung ergeben hat.

Und? Nichts! Es geht einfach mit diesem Satz weiter: »Unabhängig davon, wie diese Einzelfallprüfung des WDR ausfällt: Die Forderungen bleiben weiter bestehen.«

Henning Dornauf erfährt das Ergebnis seiner »Einzelfallprüfung« nicht. Haben sich da ein paar Buchstaben einfach nicht aufs Papier getraut? *Ihre Haft war für uns angemessen, weil ...* – diesen Satz suche ich vergeblich. Das Sitzen in einer Zelle ist für jeden Menschen demütigend. Nicht erfahren zu dürfen, ob das auch so gewollt war – das ist noch demütigender. Stellen wir eine provokante Frage: Stört es den WDR denn gar nicht, dass er im Haftbefehl gegen Henning Dornauf auftaucht?

Das schreit nach einer überzeugenden Erklärung. Ich kann mir vieles vorstellen, aber auch meine Fantasie hat Grenzen. Stellen wir uns das einmal vor: Die Stadt Wermelskirchen hat nach den Vorschriften einer Zwangsvollstreckung gehandelt. Sie hat sich beim WDR als Gläubiger das Okay dazu eingeholt. Wenn das so ist, dann wäre der WDR uns allen eine brisante Erklärung schuldig: *Wir haben die Erzwingungshaft von Dornauf für angemessen gehalten, wir haben ja selbst das Okay dazu gegeben.*

Aber dieser Satz fehlt. Es gibt überhaupt keine Aussage, auf die man den Sender festnageln könnte. Was soll Henning Dornauf also mit diesem Brief anfangen? Er könnte es bürokratisch angehen: gelesen, gelacht, gelocht. Wer dafür aber im Gefängnis saß, dem bleibt das Lachen im Halse stecken. Will Dornauf doch noch Licht in das Dunkel seines Haftfalls bringen, bleibt ihm wohl nur noch die Akteneinsicht.

Spielen wir die verschiedenen Möglichkeiten einer Akteneinsicht einmal durch – nur um zu sehen, was dem Menschen hier zugemutet wird: Am Ende und nach einem langen juristischen Weg bekommt Dornauf die Daten offengelegt. Damit wird klar, ob die Haft doch abgestimmt war. Und dann? War die Haft nicht abgestimmt, hat sich der Vollstrecker nicht an die Vorschriften gehalten. War die Haft doch abgestimmt, ist der WDR trotzdem auf der sicheren Seite. Der Sender hat natürlich das Recht, seinen Beitragsschuldner bis zu sechs Monate in einer Zelle beugen zu lassen. Dornauf prozessiert also und kann trotzdem nur Gewissheit gewinnen.

Eine Rundfunkanstalt nimmt sich aus der Verantwortung. Der Schuldner bleibt völlig verwirrt zurück. Er hat hinterher das Gefühl von Willkür – und das Gefühl, nicht mehr als ein Bauernopfer zu sein. Darf es denn sein, dass sich die Sender hinter einem Paragrafendschungel verstecken, der dann für die Menschen zur Falle wird, die ein ganzes Leben ruinieren kann? Es gibt vielleicht keine einheitlichen Gesetze – es kann aber eine einheitliche Haltung zur Haftfrage geben. Die vermisse ich. Bei einer Haft kann nicht nur der »fingierte« Gläubiger gefragt werden. Nein, hier ist auch der richtige, der echte, der eigentliche Gläubiger gefragt: der ARD-Sender.

Tief im Westen ist es schlimmer –
viel schlimmer, als man glaubt

In Nordrhein-Westfalen tobte ein Streit zwischen dem Beitragsservice und den Gemeinden. Der Spielraum ihrer Vollstrecker wurde dabei übrigens immer kleiner (gemacht). Früher konnten sie sagen: »Macht das mit der Vermögensauskunft und der Erzwingungshaft gefälligst selbst! Wir steigen hier aus.« Heute bindet ihnen ein Erlass aus dem Innenministerium die Hände.

Schauen wir uns aber zuerst den Konflikt an: In NRW brodelte es viele Jahre lang hinter den Kulissen. 2016 kommt dann das knackige Finale. Dortmunds Oberbürgermeister Ullrich Sierau lässt über die Presse ausrichten: »Sollte die Erstattung des WDR nicht kostendeckend sein, ›werden wir uns angucken, wie wir dagegen vorgehen‹. Die GEZ könne ›Moskau-Inkasso beauftragen, aber nicht die kommunale Ebene.‹«[21]

Jetzt seien Sie bitte nicht enttäuscht. Haben Sie wirklich geglaubt, die Städte streiten sich aus lauter Menschenliebe mit dem Beitragsservice? Nein, es geht um Aufwand und Erstattung. Auch in NRW müssen Gemeinden die Zwangsabgabe für ARD und ZDF massenhaft einkassieren. Der Beitragsservice zahlt dafür nur magere Pauschalen von 23 Euro. Mit Gebühren und Auslagen werden für jeden Beitragsrebellen im Schnitt etwa 30 Euro fällig.[22] Gleichzeitig wachsen die Vollstreckungseinnahmen des WDR zwischen 2013 und 2015 um sagenhafte 71 Prozent.

Wenn die Einnahmen steigen, dann gibt es mehr Vollstreckungen, dann müssen auch mehr Vollstrecker eingestellt werden – also muss auch mehr bezahlt werden, oder? In den Rathäusern macht aber das böse Wort von der Milchmädchenrechnung die Runde. Die Kämmerer haben damals nachgerechnet und sagen, dass ihre Städte beim Vollstrecken für die Ex-GEZ unterm Strich draufzahlen:

Essen beschwert sich: »Dieser Beitrag ist nicht ausreichend, um unsere Vollstreckungskosten zu decken.«[23]

Dortmund klagt: »Eine komplette Deckung der Personal- und Sachaufwendungen ist hiermit jedoch nicht verbunden.«

Remscheid und **Krefeld** verzagen: »Für unsere Sach- und Personalkosten reicht das nicht aus.«[24]

Wuppertal rechnet nach: »Die Stadt klagt über einen geschätzten Schaden von rund 100.000 Euro pro Jahr, weil sie als Geldeintreiber für den Westdeutschen Rundfunk (WDR) arbeiten muss. [...] Die tatsächlichen Kosten würden [pro Fall] bei 40 Euro liegen, schätzte der Wuppertaler Stadtkämmerer.«[25]

Solingen verweist darauf, »dass die Pauschale bei mindestens 50 Euro liegen sollte, um die Kosten der Stadt zu decken«.[26]

Bochum rechnet es ganz genau aus: Im Schnitt kostet eine Vollstreckung 60 Euro, der Beitragsservice überweist aber weniger. Deshalb bleibt die Stadt 2015 auf Kosten in Höhe von 132.816 Euro und 7 Cent sitzen.[27] Für diese »ungedeckten Kosten« muss am Ende der Steuerzahler aufkommen.

Duisburg erklärt: »Die Erledigung dieser Aufgaben ist auch in Duisburg unterfinanziert.«[28]

Mönchengladbach und **Meschede** informieren, dass auch sie nicht kostendeckend vollstrecken.[29]

So ist die Lage also zwischen Aachen und Bielefeld. Und darüber hinaus? Überall machen die Gemeinden ihrem Ärger Luft. Wir könnten uns noch stundenlang durch Deutschlands Regionalzeitungen wühlen. Etwa in Niedersachsen: »Zehntausende Vollstreckungsaufträge – Kommunen wollen Rundfunkbeitrag nicht länger eintreiben.«[30] Thorsten Bullerdiek, Sprecher des Niedersächsischen Städte- und Gemeindebundes, geht mit deutlichen Worten an die Presse: Übertragt »die Vollstreckung der Rundfunkgebühren dem NDR«.

Bleiben wir aber tief im Westen, weil der Streit hier bereits mit einem Paukenschlag beginnt. Der Beitragsservice sieht sich 2013 dem wohl mächtigsten Beitragsrebellen aller Zeiten gegenüber – direkt vor der eigenen Haustür. Die Stadt Köln hat einfach nicht mehr gezahlt. Ihre finanzielle Belastung war durch die Umstellung auf die neue Zwangsabgabe massiv gestiegen. Weitere Städte wollten sich dem Boykott damals anschließen. Gerd Landsberg, Geschäftsführer des Deutschen Städte- und Gemeindebundes, sagt: »Die Bundesländer, die den [Rundfunkbeitrag] in Kraft gesetzt haben, waren sich der gravierenden Auswirkungen auf die kommunalen Haushalte offensichtlich nicht bewusst.«[31] Er führt aus: »Teilweise beträgt er das Dreizehnfache der bisherigen Kosten.«[32]

Stellen wir uns das vor: Am Ende müsste der Beitragsservice Köln bitten, dass sich die Stadt selbst vollstreckt. Leider kommt es nicht zu diesem ironischen Lehrstück über Macht und Ohnmacht. WDR-Intendant Lutz Marmor signalisiert damals ein Entgegenkommen, von dem gewöhnliche Rebellen nur träumen können: »Die ARD hat kein Interesse daran, die Kommunen zu verärgern.«[33] Es folgt ein Friedensangebot der ARD: »Sollte es zu nicht vertretbaren finanziellen Mehrbelastungen kommen«, seien »Anpassungen« möglich.[34] Der wohl mächtigste Beitragsrebell aller Zeiten bekommt eine »Extrawurst«, schreibt die *Westdeutsche Allgemeine Zeitung*: »Köln zahlt jetzt doch wieder Rundfunkgebühren – allerdings vorerst so wie 2012 und nicht nach dem neuen System. Darauf habe sich die Stadt mit dem WDR geeinigt. Gleichzeitig werden Gespräche geführt, wie das neue System mittelfristig doch umgesetzt werden kann.«[35]

Lassen Sie sich das Friedensangebot der ARD noch einmal langsam auf der Zunge zergehen. Na, wie bitter schmeckt es? Wie fühlt sich das bei einem kleinen und machtlosen Beitragszahler an, der ständig eingebläut bekommt, wie unverhandelbar und zwingend diese Zwangsabgabe doch sei? Die Gemeinden können hier einen Teilsieg verbuchen. In den kommenden Jahren werden sie noch dringend gebraucht – beim Eintreiben des Rundfunkbeitrags. Der neuen Zwangsabgabe folgt eine beispiellose Vollstreckungswelle. In Nordrhein-Westfalen – und nicht nur dort – passieren dabei drei Dinge:

1. **Die Zahl der Vollstreckungsfälle explodiert:** Im Jahr 2013 gibt es in Dortmund rund 6000 Beitragsrebellen, gegen die ein Vollstreckungsverfahren läuft. 2015 sind es schon über 9100.[36] In Essen steigt die Zahl im gleichen Zeitraum von 6300 auf fast 10.000.[37] In Oberhausen hat sich die Zahl verdoppelt und liegt bei über 5000.[38] Düsseldorf: von 9400 auf über 16.100.[39] Der Anstieg bewegt sich

in den Städten zwischen 50 und 60 Prozent. Das ist eigentlich kein Wunder, denn der Beitragsservice hat die Zahl seiner Vollstreckungsersuchen ja auch verdoppelt. Allerdings gibt es Städte, die jede statistische Erwartung locker übertreffen. In Duisburg steigt die Zahl der Fälle von 6100 auf 13.600.[40]

2. **Die Vollstreckungskosten explodieren:** Das Wehklagen der Städte kennen wir bereits.

3. **Die Zwangsvollstreckung wird immer aufwendiger und damit gnadenloser:** Neben Verhaftungen, Lohnpfändungen beim Arbeitgeber und gesperrten Konten wird nun das Auto zum Druckmittel. Die Vollstrecker legen das liebste Kind der Deutschen lahm: Auf das Reifenventil wird ein sogenannter Ventilwächter gesteckt und mit einem Schlüssel gesperrt. Will der Beitragsrebell wegfahren, geht ihm nach ein paar Hundert Metern die Luft aus. Aufpumpen ist unmöglich und das Fahrzeug wird unlenkbar. Wer einen Ventilwächter gewaltsam abziehen will, macht damit den Reifen platt. Auf der Autoscheibe droht ein großes Siegel saftige Strafen an, denn das Fahrzeug ist jetzt gepfändet.

Dem Rebellen wird nur ein einfacher Ausweg gelassen: Er zahlt, dann kommt der kleine gelbe Stöpsel wieder ab. »»Das ist eine bewährte Vollstreckungsmethode‹, sagt eine Mitarbeiterin der Stadt Willich in Nordrhein-Westfalen«: Als »letztes Mittel«, mit dem sie »Rundfunkbeitrags-Muffel zum Zahlen auffordert«.[41]

Ein Beitragsrebell hat 750 Euro nicht gezahlt. Er lässt den Vollstrecker nicht in die Wohnung, weil das Widerspruchsverfahren nicht abgeschlossen sei. Anderthalb Stunden später ist sein Mazda im Wert von 20.000 Euro verschwunden. Die Androhung einer Zwangsversteigerung liegt im Briefkasten des Mannes. »Mittlerweile verzweifelt er nicht nur am Rundfunk, sondern auch am Rechtsstaat.« Der Rebell zahlt, weil er fürchtet, dass sein roter Flitzer weit unter Wert versteigert wird. »Erst als wir die Bürgerbeauftragte einbezogen haben, erhielten wir das Auto zurück. Samt Rechnung für die Abschleppkosten.«[42]

Die Vollstrecker gehen beim Rundfunkbeitrag immer weiter, es wird immer schonungsloser. Nicht ganz unschuldig an dieser Eskalation dürften die ministerialen Erlasse von oben sein. Schauen wir uns das exemplarisch für Nordrhein-Westfalen an. Mit der Schonzeit für Beitragsrebellen ist es dort seit ein paar Jahren vorbei. In der *Westfalenpost* heißt es:

»Schon 2012 hatte es Ärger mit der Eintreibung der GEZ-Gebühren durch die Stadt gegeben. Wie andere Kommunen auch, war [Dortmund] nur halbherzig dieser Pflicht nachgekommen und hatte oft sogenannte ›Fruchtlos-Protokolle‹ an die GEZ geschickt, wenn die Vollziehungsbeamten die Zahlungsunwilligen nicht antrafen oder diese sich nicht meldeten.«

In den Protokollen führte die Stadt dann unter anderem Personalmangel als Grund für die nicht eingeholte Vermögensauskunft an. Die Reaktion des WDR:

»Der WDR beschwerte sich beim Innenministerium, das per Erlass festlegte, ›dass die Kommunen für die Vollstreckung der rückständigen Rundfunkgebühren zuständig sind‹. Die Stadt richtete daraufhin drei Stellen dafür ein.«[43]

Auch Essen geht damals mit »überschaubarem Aufwand« vor. Holger Menke, Leiter des Vollstreckungsaußendienstes, sagt dazu: »Die Stadt schrieb die Betroffenen an und kassierte dafür 23 Euro Aufwandsbeitrag. [...] So war es für uns eine Nullnummer.« Aufwand und Erstattung haben sich also in der Waage gehalten. Vollstrecker wollen damals noch nicht die Extrameile für den Beitragsservice gehen.

Allerdings zahlt bloß ein Viertel der angeschriebenen Bürger. Und die restlichen 75 Prozent? Dürfen zu der Zeit noch ganz frei durchatmen: »Oftmals erhielt die GEZ bei einer Nicht-Zahlung ein Protokoll, das den erfolglosen Versuch des Gebühreneinzugs belegte und weitere Schritte [wie die Vermögensauskunft] ablehnte. Des fehlenden Personals wegen.«[44] Wir lernen hier: Die 23 Euro fließen auch dann, wenn die Vollstreckung ohne Ergebnis endet. Als Pauschale wird das Geld sogar im Voraus gezahlt.

Doch mit der »laxen Tour« ist es seit 2012 in Essen vorbei, so die *Westdeutsche Allgemeine Zeitung*. Jetzt wird vollstreckt, bis der Gerichtsvollzieher kommt. Beitragsrebellen dürfen sich über eine erweiterte Behandlung freuen. Was das Instrumentarium an Zwangsmaßnahmen eben hergibt. Vollstrecken wie aus dem Lehrbuch – bis zur Vermögensauskunft und Erzwingungshaft –, und das »ohne zusätzlichen Druck durch den WDR oder das Innenministerium«. Schreibt jedenfalls der Journalist, der beim WDR und beim Innenministerium extra nachgefragt hat.

Das ist seltsam, oder? Wenn gar kein Donnerwetter von oben kam, warum stellt der Journalist die Stadt Essen im Bericht wie einen begossenen Pudel dar? »›Wir haben den Auftrag und müssen ihn irgendwie umsetzen‹, so die städtische Selbsterkenntnis.«

Es geht sogar noch beschämender: »Um diesem formstrengen Verfahren vollständig nachzukommen, müssten wir mit zwei zusätzlichen Stellen rechnen«, führt Holger Menke aus. Daneben rechnet er auch vor, dass für die Umsetzung der Sparpläne noch drei Stellen abgebaut werden müssten. »›Aber wir haben den Auftrag und müssen ihn irgendwie umsetzen‹, resigniert der Vollstreckungsdienst-Leiter.«[45]

Die Banalität des Bürokratischen: Ein Abbruch der Vollstreckung wird nicht mehr »akzeptiert«

Ein Obervollstrecker resigniert schon 2012. Aus heiterem Himmel. Warum das denn? Schließlich hat sich kein Staatssekretär bis zu seiner Finanzabteilung durchtelefoniert – und kein WDR-Intendant fährt im Essener Rathaus am Porscheplatz vor. Was ist da im Hintergrund passiert?

So geheimnisvoll ist es dann doch nicht. Es geht damals alles ganz bürokratisch zu. Jedenfalls das, was wir heute noch rekonstruieren können. Was hinter verschlossenen Türen passiert ist, wissen wir nicht. Offiziell gibt es Ende 2010 nur einen regen Briefwechsel.

Das belegt eine Meldung des Städte- und Gemeindebundes Nordrhein-Westfalen: »Das Ministerium für Inneres und Kommunales des Landes NRW hat der Geschäftsstelle ein Schreiben an die Bezirksregierungen zur Vollstreckung rückständiger Rundfunkgebühren [...] durch die Kommunen zur Kenntnis übersandt. Der Westdeutsche Rundfunk Köln (WDR) hatte sich im Vorfeld an das Ministerium gewandt.« Der Sender sei »der Ansicht«, die Abnahme der Vermögensauskunft »müsse durch die kommunalen Vollstreckungsbehörden geschehen«[46]. Bisher hätten die Kommunen das mit dem Hinweis auf »mangelnde Personalkapazität« abgelehnt. Das Ministerium gibt den Gemeinden nun einen schriftlichen »Hinweis«, wie sie für den WDR zu vollstrecken haben. Leider ist der Wortlaut unfassbar bürokratisch:

Die Gemeinden erfahren, dass sie den Ball nicht mehr zurückspielen dürfen, dass sie hier »in der Erfüllung eigener Aufgaben tätig« werden. Ihnen wird erklärt, was jetzt alles zum »klassischen Teil der Beitreibung« für den Beitragsservice gehöre. Sie sollen die Vermögensauskunft selbst übernehmen oder sie sollen den Antrag beim zuständigen Gerichtsvollzieher stellen – »gegebenenfalls in Abstimmung mit dem Gläubiger«, dem WDR. Also sind es auch die Gemeinden, die offiziell das Drohspiel mit dem Haftbefehl und der Verhaftung spielen müssen. Würden die Gemeinden solche Vollstreckungsfälle weiter an den Beitragsservice zurückgeben, dann würde sich ein »inkonsistentes Verfahren ergeben«. Außerdem würde es »die Systematik der Konzentration der Vollstreckungsaufgaben auf bestimmte Behörden in Frage stellen«.

Wer also wirklich verstehen will, warum ausgerechnet in Nordrhein-Westfalen so viele Beitragsrebellen verhaftet werden – mehr als in allen anderen Bundesländern: Eine wichtige Ursache dafür findet sich in einem überbürokratisierten Machwerk aus dem Jahr 2010, aus einem Ministerium. Wenn wirklich jemand zur Verantwortung gezogen werden sollte, dann höre ich jetzt schon eine Rechtfertigung, die bereits so oft bemüht wurde: *Haftfälle? Diese Eskalation haben wir nicht vorausgesehen. Das wollten wir doch gar nicht erreichen. Uns ging es doch immer nur um die Effizienz eines anonymen Massenverfahrens. Der Fehler liegt doch nicht bei uns!*

Nein, es wurden nur die bürokratischen Hürden dafür immer weiter abgebaut. Das Innenministerium verschickt sein Machtwort – seinen schriftlichen »Hinweis« – bereits Ende 2010 an alle Bezirksregierungen in NRW. Von dort sickert die Botschaft nach unten durch, bis in die letzte Gemeinde. Es dauert zwar noch bis 2012, doch dann entfaltet der »Hinweis« offenbar seine durchschlagende Wirkung. Wir können das in einem Pressebericht über Duisburg nachlesen. Die Stadt möchte damals das Einkassieren der Rundfunkgebühr »lieber heute als morgen in andere Hände legen, um das Minus zu vermeiden. Doch der Ministererlass steht dem entgegen.«[47]

Wir wissen jetzt, wie der »Erlass« in die Welt kam. Wie sich die Städte fügen, das wissen wir aber noch nicht. Es ist eine spannende Geschichte. Der Beitragsservice spielt auch dabei eine nicht ganz unbedeutende Gastrolle. Doch Vorsicht: Bitte jetzt mit dem Lesen aufhören, wenn Sie dem Bekenntnis der ARD ungestört glauben wollen, dass von dort kein Einfluss auf Vollstreckungsmaßnahmen genommen wird. Nun aber Vorhang auf für die Banalität des Bürokratischen.

Lokalpolitik ist oft nur langweiliges Klein-Klein. Manchmal aber auch nicht. Manchmal wird damit noch das große Ganze demaskiert. Vor acht Jahren gibt es magisches Klein-Klein in Bochum: eine Ratssitzung. Ganz kurz wird es dort einmal spannend. Setzen wir uns in die letzte Reihe, auf die Hinterbank. Hören wir zu. Moment, ohne Zeitmaschine geht das ja gar nicht mehr. Zum Glück gibt es aber einen brauchbaren Ersatz – das öffentliche Protokoll dieser Sitzung.

Die Sitzung findet im Mai 2012 statt. Ein Ratsmitglied will es von der Stadtverwaltung genau wissen. Wolfgang Breßlein (SPD) stellt ein ganzes Bündel von Fragen und er will Antworten. Sie werden als

Tagesordnungspunkt 4.9 notiert, unter dem Stichwort: »Einzug der Rundfunkgebühren: Den kommunalen Aufwand begrenzen«.

Breßlein musste aus der Zeitung erfahren, dass auch Bochum jetzt *gründlicher* für den Beitragsservice vollstreckt: »Wann hat sich die Rechtslage so geändert, sodass die Verfahren verlängert und die Aufwände vergrößert wurden?«

Das Ratsmitglied hat im Zeitungsbericht außerdem zwei Dinge erfahren. Erstens: Nach der »Verfahrensänderung« sei die 23-Euro-Pauschale »nicht mehr auskömmlich«. Die Stadt vollstreckt also für den WDR und wirtschaftet sich dabei selbst ins Minus. Zweitens: Weil die Vollstreckung des Rundfunkbeitrags ausgedehnt werden muss, fehlt es jetzt an Vollstreckern. Sie müssten eingestellt werden – »1,5 Stellen zusätzlich«. Weil die Stadt »insgesamt« aber Stellen abbaut, sei diese personelle Verstärkung »nicht vorstellbar«.[48]

Das ist die gleiche Lage wie in Dortmund, Essen, Duisburg und vielen weiteren Städten. Wir sehen: Die Lokalpolitik wacht damals auf. Die Gleichgültigkeit verschwindet wenigstens für einen Augenblick, weil kommunale Vollstrecker an die Presse gehen. Was sonst unter dem Radar läuft – das zwangsweise Einkassieren des Rundfunkbeitrags –, verschlingt nun mehr Geld, und das provoziert dann doch ein paar Fragen.

Bochum ist also nichts Besonderes. In vielen Ratssitzungen werden ähnliche Fragen gestellt: *Was ist denn wegen der GEZ bei unseren Vollstreckern los?* Warum schauen wir also gerade auf das schöne Bochum? Weil die Reaktion dort einzigartig ist: Die Antworten auf die Fragen sind hintergründig, präzise – und öffentlich. Ich will das jetzt nicht als den großen Bericht von der Vollstreckungsfront anpreisen; trotzdem lässt das, was die Bochumer Stadtkasse schreibt, tief blicken. Wir bekommen einen unglaublich nahen Blick darauf, wie der Beitragsservice mit Vollstreckern *kommuniziert* – in der Sache ungewöhnlich hart, finde ich.

Vor dem Ministererlass läuft es für die Vollstrecker in der Bochumer Stadtkasse noch wie gewohnt. Die Fälle werden nach einer »erfolglosen Beitreibung« an den Beitragsservice zurückgeschickt. Mangels

»Personalkapazitäten« will sich die Stadt eine mühsame Vermögensauskunft ersparen – und damit auch die mögliche Verhaftung von Beitragsrebellen. Die Vollstrecker beenden die Vollstreckung lieber, bevor es schwierig wird – weil sie es (noch) können. Weil es oft nur um ein paar Hundert Euro geht. Das kann ich verstehen. Der Beitragsservice erhält dann den Hinweis, dass der WDR als Gläubiger an diesem Punkt weitermachen darf, wenn er denn möchte. Er darf die Vermögensauskunft beim Gerichtsvollzieher beantragen. Bochum stützt sich damals auf die Verwaltungsvorschriften in NRW:

> »Antragsberechtigt [zur Vermögensauskunft] sind der Gläubiger und die Vollstreckungsbehörde. [...] Die Entscheidung zur [Vermögensermittlung] liegt im Ermessen der Vollstreckungsbehörde.«[49]

Die Stadtkasse Bochum schreibt, was der Erlass aus dem Ministerium mit sich gebracht hat: Vollstrecker bekommen damit »neue ›Zwangs‹-Aufgaben«. Sie müssen für die gleiche Kostenpauschale »zusätzliche qualifizierte Beitreibungsmaßnahmen im Bereich der gerichtlichen Verfahren für die GEZ durchführen, die zuvor für diese Gläubigerin nicht wahrgenommen wurden«.

Das heißt, sie beantragen und »überwachen« die Vermögensauskunft. Damit ist die Haftzelle für den Beitragsrebellen nicht mehr allzu weit entfernt. Knickt der Rebell ein, müssen die Vollstrecker sein Vermögen »qualifiziert auswerten«. Stichwort: Pfändung. Die Vollstrecker haben aber noch mehr zu tun. »Mit Arbeitsanweisung vom 22.11.2010 verlangt die GEZ gleichzeitig«, dass geprüft wird, ob der Beitragsrebell schon bei anderen Gläubigern eine Vermögensauskunft abgeben musste. »Trifft dies zu, sind auch diese Vermögensverzeichnisse beim Amtsgericht anzufordern, auszuwerten und nach der Ermittlung möglicher Vermögenswerte [...] unmittelbar Pfändungen für die GEZ durchzuführen.«[50]

Hat sich die Bochumer Stadtkasse denn sofort an diesen Ministererlass gehalten? Schweigen wir und denken an die älteste Regel aller Bürokraten: Papier ist geduldig. Wie hat aber der Beitragsservice darauf reagiert? Gerade in diesem Punkt wird die Stellungnahme aus der Stadtkasse spannend:

> »Die GEZ akzeptiert [die alte] Handlungsweise unter Hinweis auf den Erlass des Ministeriums jedoch nicht mehr. Zuletzt wurde von der GEZ mit Mail vom 16.01.2012 an die Sachgebietsleitung der Vollstreckungsbehörde der Stadt Bochum die sofortige Aufnahme der neuen Aufgaben gefordert und parallel das Ministerium informiert.«[51]

Weiter wird in der Stellungnahme ausgeführt:

> »Für den Fall einer weiteren Weigerung der Aufgabenwahrnehmung über den 20.01.2012 hinaus wurde von der GEZ bereits angekündigt, die Angelegenheit zur Klärung dem Ministerium für Inneres und Kommunales NRW sowie der Staatskanzlei vorzulegen.«[52]

Vier Tage! Bochum bekommt damals gerade einmal vier Tage *Bedenkzeit* eingeräumt, bevor ein Ministerium und eine Staatskanzlei eingeschaltet werden sollen. Ich muss daran denken, was der Beitragsservice damals wohl den anderen Städten schreibt, die (noch) ähnlich handeln. Kommt auch Ihnen gerade der Zeitungsbericht über Essen in den Kopf – an den Leiter des Vollstreckungsdienstes, der dort »resigniert« hat? Bochums Stadtkasse denkt zu dieser Zeit übrigens auch an andere Städte:

> »Nachfragen bei den Vollstreckungsbehörden der umliegenden Gemeinden ergaben insoweit, dass auch dort keine Möglichkeit gesehen wird, sich den neuen Aufgaben zu entziehen. Vielmehr wurden dort bereits in erforderlichem Umfang zusätzliche Stellen beantragt und bewilligt.«[53]

Wer verstehen will, warum mehr und mehr Beitragsrebellen in der Gefängniszelle enden, sollte sich anschauen, was ein paar Jahre vorher passiert ist. Damals wurde nämlich der Grundstein dafür in den Städten gelegt. In den kommunalen Vollstreckungsbehörden, die jetzt massenhaft den Rundfunkbeitrag vollstrecken müssen – und dabei auf immer mehr Widerstand stoßen. Jetzt haben sie die Macht und sogar eine Ansage von oben, um das Ganze bis zum bitteren Ende auszufechten – nicht nur in NRW.

Wer trägt daran die Schuld? Der Beitragsrebell? Der Vollstrecker? Ein Innenministerium? Oder doch die ARD? Darf man diesem milliardenschweren Medienkonzern entgegenschmettern: *Ihr habt viel – vielleicht zu viel – getan, um damit nichts mehr zu tun haben zu müssen!* Nicht einmal mit den Haftbefehlen. Warum? Nur damit die Erntemaschine Beitragsservice störungsfrei läuft? Wäre es nicht wichtiger, Verantwortung zu zeigen? Gerade bei der Vermögensauskunft, die so sensibel ist. Es geht hier nicht nur um bis zu sechs Monate Gefängniszelle. Es geht hier nicht nur um den psychischen Druck, unter dem ein Mensch unbedingt einknicken und aufgeben soll. Auch danach kann sein Leben noch komplett aus der Bahn geworfen werden. Wirtschaftlich ist es bereits auf Jahre hin ruiniert.

Die ARD benotet jetzt Beitragsrebellen: Droht bei einem Ungenügend die Haft?

Hoppla, da sitzen Menschen im Gefängnis? Sehr überraschend und im Einzelfall nicht angemessen. Natürlich bleibt es bei Einzelfällen. Niemand hat die Absicht, einen Beitragsschuldner zu verhaften. So kann man den Standpunkt der ARD sehr provokant zusammenfassen. Jedenfalls den des Jahres 2016. Und wie sieht es 2018 oder 2020 aus? Es herrscht eine seltsame Funkstille. Falls Sie hoffen, dass uns die ARD mit nichts mehr überraschen kann, dann seien Sie gewarnt: Die können offenbar immer noch eins draufsetzen. Der aktuelle Beziehungsstatus zwischen der ARD und den Beitragsrebellen lautet: Es ist kompliziert. Wer mehr erfahren will, fragt am besten bei Olaf Kretschmann nach.

Aus meinem Gespräch mit Olaf Kretschmann

Ich stelle die Gretchenfrage: Wie halten es die Rundfunkanstalten inzwischen mit der Haft?

»Das haben mich bereits viele gefragt. Ich erkläre dann, dass es ständig neue Fälle gibt. Es findet nur medial nicht mehr statt. Viele sind verblüfft und sagen spontan: ›Ich denke, es kommt keiner mehr ins Gefängnis?‹«

Was gehst du damit um?

»Ich antworte: Woher weißt du denn, dass dem so ist? Dann höre ich oft: ›Das habe ich in den Medien gehört.‹ So kannst du sehen, wie Deutungshoheit funktioniert und die Einordnung der Information. Der Rundfunk braucht es bloß zu verkünden; schon denken alle, es passiert nicht mehr.«

Das sind verrückte Zeiten: In der Türkei sitzen Journalisten im Gefängnis, in Deutschland Beitragsrebellen. Wie viele werden das wohl gerade sein?

»Ich kann ja nur über die Fälle sprechen, die Kontakt zu mir aufnehmen. Dort ist ganz klar weiterhin erlebbar: Die Haftbefehle werden weiter ausgestellt und die Verhaftung wird veranlasst. Nicht jeder ist bereit, an die Öffentlichkeit zu gehen, um das zu reflektieren, aber der Haftbefehl bleibt an der Tagesordnung.«

Wollen die Rundfunkanstalten immer noch nichts über die Haft der Menschen wissen, die sie vollstrecken lassen?

»Das kann ich nicht zu 100 Prozent belegen, aber ich sehe es anhand der Reaktionen der Intendanten, die dann folgen, wenn wir sie über einen Brief kontaktieren: Die Rundfunkanstalten haben davon keine Kenntnis. Ich kenne ja viele Antwortschreiben. Sie sagen, dass die Vollstreckungsstelle sie nicht über die Haft informieren muss.«

Möchte die ARD denn überhaupt in solch einer unangenehmen Frage kontaktiert werden?

»Sie können die Haft ja bereits in ihren Vollstreckungsersuchen ausschließen. Wir haben das Beispiel des Bayerischen Rundfunks. Dort gab es die

Formulierung, dass Haft nicht anzuwenden ist. Dieser Satz wurde Anfang 2017 aus den Vollstreckungsersuchen gestrichen.«

Warum wurde dieser wichtige Satz gestrichen?
»Wahrscheinlich, weil die Rundfunkanstalten einheitlich vorgehen wollen.«

Das wäre ja eher einheitliches Nichthandeln.
»Natürlich. Sie haben aber einen Handlungsspielraum. Sie können über ihre Vollstreckungsersuchen ein Stück weit steuern, wie die Vollstreckungsstelle vorgehen soll und wie nicht. Hier wird aus meiner Sicht deutlich, dass die Rundfunkanstalt überhaupt kein Interesse daran hat zu erfahren, ob wieder eine Haft ansteht oder nicht.«

Kann man es sich so einfach machen?
»Sie haben eine wunderschöne Formulierung gefunden, die zeigt, dass sie mit aller Macht nicht auf diese Frage eingehen wollen.«

Was meinst du damit?
»Ich kann dir das anhand eines bestimmten Falles erklären: Dort hat sich ein Betroffener auch wieder an den Intendanten gewandt. Er hat ganz konkret nachgefragt, ob die Rundfunkanstalt damit einverstanden ist, dass er in Haft kommt. Die Fragestellung war extra so, dass sie nicht beantworten soll, ob die Vollstreckungsstelle dazu ermächtigt ist, so etwas tun zu dürfen.«

Sondern?
»Die Fragestellung lautete: *Seid ihr damit einverstanden, dass ich in Haft komme? Seht ihr das als verhältnismäßig an?*«

Olaf Kretschmann zeigt mir das Antwortschreiben der Rundfunkanstalt. Die Frage des Beitragsrebellen wird natürlich nicht beantwortet. Trotzdem möchte ich zwei Passagen aus dem Schreiben zitieren – weil sie die neue Strategie der ARD bei Haftfällen veranschaulichen:

»Die Erzwingungshaft ist eine Maßnahme, von der eine Vollstreckungsbehörde Gebrauch machen kann, wenn ein Schuldner sich ohne Grund weigert, die Vermögensauskunft abzugeben.«

»Erfährt [die Rundfunkanstalt] von einer Inhaftierung, prüft [sie] den Einzelfall und stimmt sich eng mit der zuständigen Vollstreckungsbehörde ab. Die Umstände jedes Einzelfalls werden dabei sorgfältig abgewogen. In die Gesamtbewertung fließen unter anderem auch das Verhalten und die Kooperationsbereitschaft des Schuldners mit ein. Den unmittelbarsten Einfluss auf den Ausgang eines Vollstreckungsverfahrens und die daraus resultierenden Konsequenzen haben also immer Sie selbst.«

Stopp, bevor wir mit dem Interview fortfahren, muss die ARD einen kleinen Leistungstest bestehen: *Liebe Intendanten, erklärt bitte, warum gerade das zweite Zitat ein ganz übler Schülerstreich ist*. Da höre ich doch wieder nur Schweigen. Habt ihr keine Idee? Note: ungenügend. Auch dieses Mal seid ihr sang- und klanglos durchgefallen.

Schauen wir uns die Musterlösung an. Vielleicht lernt der eine oder andere Intendant etwas. Ihr könnt den Einzelfall gar nicht »prüfen«. Erstens: Ihr möchtet offenbar nicht über Haftfälle informiert werden. Zweitens: Ihr seid der Meinung, dass sich die Vollstrecker bei der Haftfrage sowieso nicht abstimmen müssen. Hier beißt sich also die Katze in den Schwanz. Der Beitragsschuldner kann also nicht an allem schuld sein.

Trotzdem verdient die ARD ein großes Fleißbienchen – für die oberlehrerhafte Idee des Jahres: Beitragsrebellen bekommen nun eine »Gesamtbewertung«. Verteilt der Beitragsservice heimlich Kopfnoten? Wie aktiv müssen wir bei unserer eigenen Vollstreckung mitarbeiten? Schön finden wir Begriffe wie »Verhalten« und »Kooperationsbereitschaft«. Die sind eins zu eins aus dem Schulalltag geborgt. Bedient euch doch auch bei den anderen Kopfnoten. Betragen: ungenügend, Fleiß: ungenügend, Mitarbeit: ungenügend. Wer nicht artig war, schmort eben in der Zelle oder wie es wohl bei euch heißt: Karzer. Das ARD-Direktorium verfolgt bestimmt weitere reformpädagogische Ansätze. Was regt die Willensbildung der Schuldner denn besonders gut an? Natürlich, der Prügelstock! Er war bis 1973 auch ein anerkanntes Erziehungsmittel. Freuen wir uns also auf das nächste ARD-Schulprojekt zur Zuschauerbindung und Akzeptanzförderung: Hiebe statt Liebe. Die Klasse darf nach dieser Lektion wegtreten. Besorgte Eltern der Schuldner haben sich wieder bei Olaf Kretschmann in der GEZ-Sprechstunde einzufinden. Fahren wir mit dem Interview fort.

Beitragsrebellen werden jetzt offenbar schon benotet, bevor sie verhaftet werden. Was für eine abwegige Idee. Insgesamt offenbart die ARD bei ihren Antwortschreiben aber eher eine inhaltliche Leere.
»Das ist die Grundregel: egal, ob NDR, MDR, WDR und wie sie alle heißen. Das große Kunststück ist, diese Frage desjenigen nicht zu beantworten, sondern mit juristischem Geschick die Formulierung so zu wählen, dass überhaupt keine Stellungnahme erfolgt – also zur eigenen Sichtweise und zur Verantwortung.«

Trotzdem wird für mich eine erschreckende Geisteshaltung deutlich: Der Rundfunkbeitrag ist eine verordnete Zwangsabgabe. Ob du ARD und ZDF bezahlst oder nicht, hast du nicht zu entscheiden. In diesem Punkt gewähren wir dir absolut keine Freiheit. Letztendlich trägst allein du die Schuld, wenn dein freier Wille erst in der Gefängniszelle gebrochen werden kann.
»Du bist ja auch selbst schuld. Inhaltlich ist das aus Sicht der Systemschützer nicht falsch. Ich habe schon mehrfach vom SWR-Justiziar Hans Eicher folgende Aussage gehört:[54] *Sie haben sich entschieden, den Rundfunkbeitrag nicht zu bezahlen. Diese Entscheidung hat allerdings rechtliche Folgen.* Die Logik ist: Jeder, der sich bewusst entscheidet, in irgendeiner Form Widerstand zu leisten, muss damit leben, dass es Konsequenzen hat. Wenn du dich mit dem König anlegst, kannst du nicht erwarten, dass der König sagt: ›Ja, ist in Ordnung.‹ Du wirst das Gegenteil erleben. Du wirst die Macht des Systems erleben, die dir zeigt: Das, was du tust, ist nicht konform. Ob das verhältnismäßig ist oder nicht, spielt gar keine Rolle. Du bist außerhalb der Systemkonformität.«

2016 sprach die ARD noch nebulös von »Angemessenheit« – aber auch da legte sie sich nicht fest, was denn angemessen bedeuten soll.

»Einfach gesagt, gibt es in den Schriftstücken der Rundfunkanstalten keine eindeutige Formulierung – weil es dann juristisch verbindlich wäre. Folgender Satz wird dort also niemals stehen: *Im Kontext rückständiger Rundfunkbeiträge befürworten wir die Androhung und Vollstreckung einer Haft.*

Genauso wenig steht dort: Eine Haft kommt nicht infrage.

»Das könnten sie ja tun und das wäre doch ein viel deutlicheres Signal. Anhand dieser Schreiben siehst du: Es ist völlig okay, dass ein Haftbefehl ausgelöst wird. Das ist geltendes Recht. Was du dazu in einer Pressemitteilung liest, besitzt überhaupt keine Rechtsverbindlichkeit. Ich kenne auch kein Zitat eines Intendanten, der klar in die Kamera sagt: *Haft kommt nicht infrage.*

In Niedersachsen haben die Vollstrecker ja noch die Wahl. Sie können den Fall zurück zum NDR schicken, sobald es ernst wird mit Haftbefehlen und Verhaftungen. In Nordrhein-Westfalen gibt es Verwaltungsvorschriften. Eine Haft soll mit dem eigentlichen Gläubiger abgestimmt werden. Das ist beim Rundfunkbeitrag der WDR. In Bayern und Baden-Württemberg gibt es gar keine Verhaftungen, weil der BR und der SWR das selbst beantragen müssten. Sind die Vollstrecker in den restlichen Bundesländern betriebsblind? Kommen die nicht einmal ins Grübeln, wenn von euch der Hinweis mit dem Gläubiger kommt?

»Doch, doch, da kommen sie ins Schwimmen. In den mir bekannten Fällen läuft die Verhaftung aber nicht über die Vollstreckungsstellen selbst. Sie erteilen dem Gerichtsvollzieher einen Auftrag. Der geht zum Amtsgericht und hat meistens schon das Schreiben der kommunalen Vollstreckungsstelle in der Tasche. Sie ist damit einverstanden, dass ein Haftbefehl erlassen wird. Ein Gerichtsvollzieher braucht nur diese schriftliche Zustimmung – weil sie vom sogenannten Vollstreckungsgläubiger kommt. Auch das Amtsgericht macht sich keine Gedanken, sondern sagt sich: Da ist ein Gläubiger, dem steht das laut Zivilprozessordnung zu, deshalb kann ich den Haftbefehl erlassen. Das Amtsgericht kennt gar nicht die

Auseinandersetzung, ob nicht die Rundfunkanstalten im Hintergrund die eigentlichen Gläubiger sind.«

Und wenn sie einen Hinweis bekommen?

»Du musst jetzt aber wissen: Wer weist wen auf was hin – und wann? Der Betroffene erfährt erst davon, wenn der Haftbefehl bereits ausgestellt wurde. Erst dann kann er darauf aufmerksam machen. Es hängt viel davon ab, ob der Vollstrecker dann noch zuhört. Da ist man schon in der letzten Eskalationsstufe und du kannst schwer von demjenigen, der von dir genervt ist, verlangen, dass er noch bereit ist zuzuhören.«

Es geht aber um eine Haft und nicht um das Spiel: Der Schuldner lügt sowieso.

»Ja, aber das ist die Macht über die strukturelle Gewalt. Der Vollstrecker, der da sitzt, entscheidet. Wichtig ist, dass bei ihm dann kein Einfühlungsvermögen vorhanden ist. Das ist nicht einmal als Vorwurf gemeint. Wenn die Empathie vorhanden wäre, käme er selber in einen Konflikt. Er muss das Ding ja durchziehen.«

Das klingt beinahe nach einer Jahrhundertaufgabe. Welche Botschaft muss der Beitragsrebell denn überbringen können?

»Der eigentliche Gläubiger ist die Rundfunkanstalt. Nur sie – und nicht die Vollstreckungsbehörde – kann am Ende entscheiden, ob eine Haft verhältnismäßig ist oder nicht.«

Du kennst ja eine Vielzahl solcher Gespräche. Wie reagieren die Vollstrecker?

»Sie haben erst einmal ein Verständnisproblem, weil sie das nicht selbst hinterfragen. Wenn aber auch die Rundfunkanstalt mit involviert werden kann, dann verändert sich die Lage. Kathrin Weihrauch ist dafür das beste Beispiel. Die zuständige Vollstreckungsstelle konnte die Haft nicht vollziehen, weil die zuständige Rundfunkanstalt den Antrag auf Anordnung der Haft gegenüber Kathrin Weihrauch zurückgezogen hat. Über diese Abläufe im Hintergrund wurde sie natürlich nicht offiziell schriftlich unterrichtet.«

Der Gerichtsvollzieher kann es sich aber auch leicht machen und stur mit dem Programm fortfahren. Er lässt dieses Gespräch dann scheitern und sofort beginnt das Theater mit der Erzwingungshaft. Dem Beitragsrebellen bleibt dann nur noch eine Wahl: aufgeben oder ein asketischer GEZ-Gandhi sein, der dem eigenen Gewissen folgt und keine Kompromisse eingeht.

»Es bedarf eines Menschen, der sich wie Sieglinde Baumert sagt: ›Ich gehe da rein und bleibe drin.‹ Ich finde so etwas nicht erstrebenswert, aber das braucht es wohl, um wirklich öffentlichkeitswirksam zu sein. Wenn Markus Lynen noch im Knast geblieben wäre, wäre das zur Story geworden. Weil die Ungerechtigkeit für die Menschen erlebbar bleibt, weil eine schwangere Frau sagt: ›Hallo, mein Mann ist im Gefängnis – wegen Rundfunkbeiträgen. Wo gibt es das noch einmal auf der Welt?‹«

Die Vermögensauskunft ist undurchschaubare Bürokratie. Sie erdrosselt den Menschen leise. Ein mutiger Beitragsrebell in der Zelle – das wird aber zum starken Bild. Warum nehmen wir das eine schulterzuckend hin, während uns das andere auf die Barrikaden bringt? Es handelt sich nur um unterschiedliche Stadien ein und desselben Zwangsmittels.

»Weil da der Unterschied zwischen Gerechtigkeit und Recht deutlich wird. Bei einer Vermögensauskunft fragen sich die meisten Leute bloß: ›Was ziert der sich denn so? Soll er halt unterschreiben. Das ist doch nur ein Papier.‹«

Dann nimmt aber die Bürokratie ihren Lauf und der Mensch gibt auf. Ich kann ja wenigstens noch nachvollziehen, dass sich Vollstrecker nicht selbst hinterfragen wollen. Sie müssten sich dann vielleicht eingestehen: Wir sind bloß das Werkzeug der Rundfunkanstalten. Warum stört es aber auch sonst keinen?

»Ja, du kannst dich fragen, warum es keinen Aufschrei in unserer Gesellschaft gibt. Warum sich nicht freiwillig Anwälte ohne Honorar einsetzen, damit so etwas nicht mehr passiert.«

Warum?

»Wer hätte daran wirklich ein Interesse? Nur die Betroffenen. So, wie es läuft, ist es aus Vollstreckungssicht korrekt. Der Haftbefehl soll eigentlich nur dazu dienen, um dich zu zwingen. Du sollst die Vermögensauskunft abgeben. Dieses Druckmittel soll dir sagen: ›Oh, Haft steht an.‹ Ein großer Teil der Menschen zahlt dann ganz automatisch.«

Der Vollstrecker hat den Auftrag erfüllt, die ARD bekommt ihren Rundfunkbeitrag, der Mensch wird wohl in Zukunft aus nackter Angst zahlen und er wird schweigen. Es funktioniert, aber nur noch durch Zwang. Wir haben das traurige Maximum dessen erreicht, was bei uns möglich ist – eigentlich müsste im Land doch die Hütte brennen? Stattdessen diskutieren wir nicht mal darüber, ob die ARD den Haftbefehl und das Verhaften nicht wenigstens selbst beantragen muss.

»Ich kann nicht sagen, ob es nicht rechtssicher ist – so, wie es gerade läuft. Hier gibt es aber einen Graubereich, dass man den eigentlichen Gläubiger in seiner Verantwortung außen vor lassen kann. Wenn es zu solch einem dramatischen Eingriff in die Grundrechte kommt, ist es aus meiner Sicht Pflichtprogramm, den eigentlichen Gläubiger mit einzubeziehen. Wenn du dir die Regeln anschaust, gibt es das aber nicht.«

Und das ist doch eine Lücke!

»Das ist nur aus der Sicht des Betroffenen eine Lücke. Aus Sicht der Systemschützer ist das keine Lücke. Dahinter kann sich die Rundfunkanstalt wunderbar verstecken. Die Vollstreckungsstelle hat nicht die Pflicht, sie über eine Haft zu informieren.«

Das ist doch kritisch.

»Aus deren Sicht ist das nicht kritisch.«

Aus meiner Sicht aber schon – und viele würden mir da zustimmen.

»Du hast die Sicht des Betroffenen. Der Haftbefehl wird ausgestellt, es kommt zur Verhaftung. Die Vollstreckungsstelle wird die Rundfunkanstalt aber nicht informieren. Du musst selbst aktiv werden. Erst wenn die Rundfunkanstalt von deiner Inhaftierung erfährt, wird sie den Einzelfall prüfen. Das ist der normale Ablauf.«

Ich habe aber den Eindruck, dass trotz dieser gnädigen Einzelfallprüfung immer öfter die Haft doch durchgezogen wird. Wer es nicht besser weiß, könnte sogar glauben: Unsere armen Rundfunkanstalten sind zwar die Gläubiger, haben aber gar keinen Einfluss auf die Verhaftungen ihrer Schuldner.
»Aus meiner Sicht sind sie dazu ermächtigt, weil denen das Geld zusteht.«

Und trotzdem lese ich immer wieder: Sie hätten da keine Hoheit.
»Als ob die Vollstreckungsstelle die einzige ermächtigte Stelle wäre, das durchzuführen. Sie führt die Vollstreckung nur auf Basis eines Vollstreckungsersuchens aus und diese Basis liefert der Rundfunk. Der Bayerische Rundfunk hat es klar in den Vollstreckungsersuchen drin gehabt: ›Ein Haftbefehl wird vorerst nicht beantragt.‹ Das war ein klares Statement. Diese Formulierung gibt es nicht mehr.«

Wenn die Rundfunkanstalten es nicht wollen, dann gibt es auch keine Haft.
»Die Vollstreckungsersuchen sind aber offen formuliert. Steht da: ›*Eine Haft ist nicht anzuwenden*‹ wie früher beim BR, ist das ja auch eine Einschränkung für den Vollstrecker.«

Das wäre natürlich ein unhaltbarer Zustand: Vollstrecker an der kurzen Leine. Gut, dass sich die Rundfunkanstalten wenigstens da rücksichtsvoll zeigen. Wie wird es denn weitergehen?
»So, wie es jetzt läuft – wenn es keinen größeren Aufschrei gibt, der die Rundfunkanstalten zwingt, solch einen Passus in ihre Vollstreckungsersuchen aufzunehmen. Denkbar ist auch, dass ein Intendant verkündet: ›*Haft im Kontext des Rundfunkbeitrags ist nicht verhältnismäßig.*‹ Meine Interpretation ist aber: Die Rundfunkanstalten nehmen das so hin.«

Und wie viele Vollstrecker sind bereit, ihr Haftspiel zu hinterfragen?
»Das kann ich dir nicht sagen. Du musst den Vollstrecker extrem früh darauf hinweisen. Viele Menschen warten aber bis zur letzten Eskalationsstufe. Von daher kann dein Buch schon dabei helfen, darauf aufmerksam zu machen: *Wenn du mit Haft bedroht wirst, dann stimme dich mit der Behörde ab. Du willst dich bei deinem eigentlichen Gläubiger rückversichern, ob er mit deiner Haft einverstanden ist.* Du brauchst diese Zeit für einen detaillierten Brief mit den Fragestellungen. Bei Markus Lynen haben wir gesehen, dass es zu spät war. Der WDR musste hier gar nicht mehr in Erklärungsnöte kommen.«

Die Rundfunkanstalten können sich bei dieser Frage offenbar selbst nicht so richtig entscheiden. Ich sehe aber, dass dort jetzt die Hardliner dominieren. Angemessenheit, Einzelfallprüfung und Haft, die es nicht mehr geben soll – ist das alles bloß noch Geschwätz von gestern?
»Ich bin fest davon überzeugt, dass die Rundfunkanstalten dieses Druckmittel brauchen, damit nicht auch noch der letzte Damm bricht. Für die meisten Menschen ist vieles in der Zwangsvollstreckung nicht zu ertragen. Wenn aber die Haft als Zwangsmittel wegfällt, würden ganz viele die Zahlung verweigern.«

TEIL II
DER VOLLSTRECKER

KAPITEL 5

GEWISSENSNOT: WENN EIN VOLLSTRECKER NICHT MEHR VOLLSTRECKEN KANN

»Na, Vollstrecker, wann wirst du selbst vollstreckt?« H. denkt sich: »Meine Freunde, zieht mich doch nicht schon wieder damit auf.« Einen Moment später antwortet H. gelassen, aber mit einem ironischen Unterton: »Der Vollstrecker wartet immer noch auf seinen Vollstrecker. Die GEZ lässt sich Zeit.« Keiner in dieser geselligen Runde wünscht sich ernsthaft eine Zwangsvollstreckung für H., doch es wird passieren. Das Warten darauf ist quälend und die Situation absurd.

H. verweigert den Rundfunkbeitrag aus Gewissensgründen. H. ist außerdem selbst Vollstreckungsbeamter in einer Gemeinde in Niedersachsen. Offiziell muss er den Rundfunkbeitrag bei anderen eintreiben. Er müsste Zwangsmaßnahmen einsetzen und pfänden. Er müsste die Vermögensauskunft abnehmen, Haftbefehle beantragen und Menschen hinter Gitter schicken. Er müsste andere Beitragsrebellen weichkochen, obwohl er selber einer ist.

Das will H. nicht und sein moralisches Dilemma geht er seit 2015 offensiv an: H. hilft den Menschen heimlich, die er im Auftrag des Beitragsservice vollstrecken soll. »Ich spiele seit Jahren Pingpong mit der GEZ.« Er gibt die Vollstreckungsfälle zurück nach Köln, moniert formale Fehler und wartet die Reaktion ab. Meistens bittet die Ex-GEZ ein paar Monate später wieder um Vollstreckung. H. gibt die Fälle dann noch einmal zurück und wartet. Beide Seiten geben sich im Tischtenniskrieg unnachgiebig. Der Ton wird rauer. In den Schreiben des Beitragsservice heißt es knapp: »... sehen wir keine Veranlassung, hierauf weiter einzugehen [...], und bitten Sie, die Vollstreckungsmaßnahmen nunmehr fortzusetzen«. Es werden zwar nur Briefe ausgetauscht, aber hier wird auch über das Schicksal von Menschen entschieden.

H. führt mit der Ex-GEZ nun schon seit Jahren einen Paragrafenkrieg. Erst als Vollstrecker, bald aber auch in eigener Sache. Zum Glück wird das kein Heimspiel: Sonst müsste er sich wohl selbst pfänden oder seine Kollegen müssten ihm das antun. H. wohnt aber im Nachbarkreis, und dort ist eine andere Gemeinde zuständig.

Wenn es dich selbst trifft, fühlt es sich anders an

Im Spätsommer 2017 lebt H. schon ganz das Leben eines GEZ-Rebellen. Jeden Tag ist da dieses Herzklopfen, wenn er nach Hause kommt. Jeden Tag könnte Post vom Vollstrecker kommen. Der Briefkasten ist quadratisch, unter dem Schlitz glänzt ein goldenes Posthorn. H. nimmt die Briefe heraus und sortiert sie auf dem Weg zur Haustür – dann nimmt er das Beet mit den Steingartengewächsen gar nicht mehr wahr. Die Steine sind Mitbringsel der vielen Urlaube auf der Ostseeinsel Fehmarn.

Die Pflanzen blühen gerade herrlich, es ist ein kleines Meer aus Weiß und Gelb, doch H. studiert Absenderadressen. Nach dem zweiten oder dritten Brief geht es um die Hausecke herum, entlang der roten Klinkerfassade, vorbei an den Weinreben, dem bunten Schlauchwagen und der grünen Gießkanne. Spätestens auf der zweiten oder dritten Treppenstufe ist H. durch. Nichts. Also heißt es morgen wieder: Herzklopfen.

Im Herbst 2017 endet das Warten. Der Beitragsservice hat einen Vollstrecker auf den boykottierenden Vollstrecker angesetzt: Knapp 600 Euro Rundfunkbeitrag sind nicht bezahlt. Der Tanz beginnt, im Briefkasten liegt gleich eine schriftliche Drohung: »Bei Nichtzahlung werde ich beim Amtsgericht [...] die Anordnung der Erzwingungshaft bzw. einen Türöffnungsbeschluss gegen Sie beantragen.« H. antwortet dem Vollstrecker: »Ich bin als Vollstreckungsbeamter einer Samtgemeinde tätig und habe mich gewundert, warum nicht erst eine

Vollstreckungsankündigung kommt, damit der Schuldner darauf reagieren kann. Ist das bei Ihnen nicht üblich?«

H. weiß schließlich, wie es zu laufen hat: »Bevor der Vollstreckungsbeamte als Pitbull herausgeschickt wird, kommt die Vollstreckungsankündigung. Der Schuldner soll schließlich wissen: Da kommt etwas auf dich zugerollt.« H. schreibt natürlich noch einiges mehr in seinen Antwortbrief – das, was er auch den GEZ-Rebellen rät, die er selbst vollstrecken soll.

Interessant ist aber erst einmal die Reaktion des Vollstreckers, der den Vollstrecker vollstreckt: »Wir haben Ihr Schreiben zur Prüfung und weiteren Beantwortung an den o.g. Gläubiger weitergeleitet und werden die Vollstreckung vorläufig aussetzen.« Na bitte, damit ist der Matchball erst einmal wieder beim Beitragsservice in Köln.

Ich habe H. gefragt: Warum kannst du den Rundfunkbeitrag nicht vollstrecken und warum kannst du ihn selbst nicht zahlen?

Er erbittet sich Bedenkzeit und antwortet dann per E-Mail. Die Betreffzeile lautet: »Grundsatzdiskussionen mit den Menschen statt Vollstreckung«. H. schreibt: »Wenn das anders geregelt werden würde – im Prinzip des Pay-TV –, hätte es für mich eine ganz andere Wirkung. Dann kann man belegen: Sie haben das und das geschaut, dafür wurden Sie freigeschaltet. Sie haben es in Anspruch genommen, bitte das Geld dafür. Ich merke doch selbst, dass wir zu Hause Radio und Fernsehen immer weniger nutzen. Das Programm stülpt uns eine künstliche Erklärungshaube auf. Das System mit der GEZ ist nicht mehr zeitgemäß und ungerecht.«

Ich antworte: Lass uns reden. Das ist alles schön und gut, aber doch nicht der Grund für deinen persönlichen Kreuzzug gegen die Ex-GEZ, oder?

GEZ, bei diesem Reizwort brechen zuverlässig alle Dämme. Das Gespräch mit H. wird lang und ich merke, dass er sich einen lange aufgestauten Frust von der Seele redet: Beitragsservice! GEZ! Das seien inzwischen andere Wörter für Dauerärger. Alle sollen den Rundfunkbeitrag zahlen, aber nirgendwo sei der Widerstand hartnäckiger, kaum etwas verstünden die Menschen da draußen weniger. Für den

Beitragsservice sollen die größten Geschütze aufgefahren werden – was das Arsenal der Zwangsvollstreckung eben hergibt: *»Wenn ich sehe, was alles für GEZ-Forderungen getan werden soll, und das sind wirklich Kleinstbeträge im Gegensatz zu dem, was sonst zu vollstrecken ist.«*

H. zeigt mir einen dieser »Kleinstbeträge«. Tatsächlich, im Vollstreckungsersuchen steht es schwarz auf weiß: knapp 118 Euro. Kopfschüttelnd legt H. das Papier zurück auf den Stapel und schlägt einen Aktenordner auf. Darin führt er Strichlisten. 2012 waren 15 Prozent seiner Vollstreckungsfälle »GEZ-Fälle«, so nennt H. die Aufträge aus Köln. 2015 waren es bereits über 25 Prozent. Jeder Vierte! Natürlich stieg auch die Zahl der Gesamtfälle.

Ob es im Norden sehr viele Beitragsrebellen gibt? H. weiß es nicht. Ihm fehlt ja der Vergleich mit den anderen ARD-Sendegebieten. Allerdings gab der Beitragsservice auf Nachfrage eine interessante Zahl bekannt: Im November 2017 liefen 308.000 Vollstreckungsverfahren im Sendereich des Norddeutschen Rundfunks – also in Niedersachsen, Hamburg, Schleswig-Holstein und Mecklenburg-Vorpommern.[1] Gäbe es dort eine Stadt der vollstreckten Beitragsrebellen, sie wäre viermal größer als Flensburg. Für den Beitragsservice bleiben die Vollstreckten bloß anonyme Beitragsnummern, für H. wird jede Nummer zum sehr persönlichen Fall.

Gestempelt oder nicht gestempelt: Warum der Verstand beim Vollstrecken stört

Schon vor 2013, zu Zeiten der alten Rundfunkgebühr, als man sich noch legal abmelden durfte, geht es mysteriös zu. Die Vollstreckten zeigen ihm Briefe. Das Datum auf den Papieren stimmt. »Das sah für mich nach einer ehrlichen Korrespondenz aus.« Nur: Diese Abmeldungen kamen bei der GEZ nie an. Sie wurden nicht per Einschreiben verschickt – und damit ist die Zustellung schwer nachweisbar. H. wundert sich. »In dem Moment, wo die GEZ Nachteile hätte, da tut sie sich schwer.« Es wirkt so, als ob damals ein großer Teil seiner Vollstreckungsfälle durch ein postalisches Bermudadreieck vor Köln verursacht wird: Die Menschen melden sich ab oder wollen sich befreien lassen, aber ihre Briefe gehen verloren. Im ersten Gespräch hört der Vollstrecker immer wieder diesen Satz: »Ich habe mich doch befreien lassen, warum vollstreckt ihr mich jetzt?«

H. sieht sich zwischen den Stühlen. Klar, das klingt nach einer Schutzbehauptung. In seinen Schulungen bekam H. den heimlichen Leitsatz aller Vollstrecker eingeschärft: *Der Schuldner lügt – immer.* Warum lassen es aber schon damals so viele auf eine Vollstreckung ankommen? Weil sie sich sicher wähnen? Weil sie ihre Befreiung oder Abmeldung doch abgeschickt haben? »Man soll einerseits für den Gläubiger arbeiten, auf der anderen Seite habe ich aber gemerkt, dass hier irgendetwas nicht stimmt.« Ein Vollstrecker muss schon damals ran, weil die Kommunikationskanäle zwischen GEZ und Bürger unsicher sind.

Vor 2013 ist es also schon nicht schön, und dann kommt auch noch der neue Rundfunkbeitrag für jeden Haushalt. Den Menschen wird eine 90 Jahre währende Freiheit einfach genommen: Sie dürfen sich nicht mehr abmelden. Außerdem werden die Regeln zur Befreiung verschärft: »Blinde oder stark Sehbehinderte, Gehörlose und schwer behinderte Menschen sind nicht mehr – wie bisher – generell [...] befreit.«[2] Glücklich bleiben die Taubblinden. Sie müssen weiter nicht dafür zahlen, dass sie ARD und ZDF weder hören noch sehen können. Vorausgesetzt, sie weisen das amtlich nach!

Adolf Bauer, Präsident des Sozialverbandes Deutschland, macht dem Ärger der Benachteiligten Luft: »Es ist ein Irrsinn, Demenzkranken und Pflegebedürftigen ohne ausreichende Seh- und Hörfähigkeit [...] in die Tasche zu greifen.« Der neue Rundfunkbeitrag sei »für die Mehrheit der Menschen mit Behinderung eine deutliche Verschlechterung«[3]. Gab es etwa goldene Zeiten? Schon bei der alten Rundfunkgebühr ist eine Befreiung alles andere als barrierefrei – besonders wenn der GEZ-Fahnder reingrätscht.

Ein solcher Fall aus dem Jahr 2005 bleibt H. bis heute lebhaft im Gedächtnis: Ein älterer, schwer atmender Mann stützt sich mit den Fäusten auf H.s Bürotisch. Dieser Mann zittert und spricht mit erstickter Stimme: »Wehe, Sie setzen auch nur einen Fuß über die Türschwelle. Meine Schwester kann nichts dafür!« Der Mann beginnt jetzt zu brüllen: »Sonst bekommen Sie es mit mir zu tun!« H. soll die Schwester des Mannes eigentlich vollstrecken. Sie liegt seit Jahren im Pflegeheim. 2004 hat sich eine GEZ-Fahnderin dort Zutritt verschafft. Sie hört den Fernseher, der aus dem Zimmer dudelt, inspiziert erst die bettlägerige Frau, dann ihren Rollstuhl und zum Schluss den Schwerbehindertenausweis. Die GEZ-Fahnderin schüttelt den Kopf und mäkelt: Der Stempel auf dem Merkzeichen »RF« – die Abkürzung steht für Rundfunkbefreiung – sei im Ausweis zu ausgeblichen. Den könne man ja kaum erkennen.

Also wird die eindeutig schwerbehinderte Dame angemeldet und ihr Bruder zum Behörden-Marathon verurteilt: Der Ausweis solle bitte schön neu gestempelt werden. Damit ist es aber nicht getan. Der Bruder muss von einer Behörde zur nächsten wandern. Durch den Umzug seiner Schwester ins Pflegeheim wird es erst so richtig bürokratisch. Am Ende hält er immerhin einen Ersatzausweis mit frischem Stempel in den Händen. Happy End? Nicht für die GEZ. Sie hat inzwischen um Zwangsvollstreckung gebeten. Die alte Dame war schließlich nicht mehr ordnungsgemäß befreit – seit dem Tag, an dem ihr eine zu schwache Stempelung nachgewiesen wurde! H. macht nun mit der alten Dame und ihrem Bruder kurzen Prozess: »Ich habe die Vollstreckung verweigert und eine Kopie des neuen Behindertenausweises mit den Unterlagen an die GEZ zurückgeschickt. Ich schalte bei meiner Arbeit doch nicht meinen Verstand aus!«

Der Stempelfall wird aus Köln nie wieder zurückgeschickt, die Frau wird nicht vollstreckt. 2005 geht das noch problemlos über die Bühne. »Zu Zeiten der Rundfunkgebühr war der Gegendruck auf die GEZ noch nicht so stark wie heute.« Seit 2013 ist alles anders und die Sache mit den Befreiungen eskaliert. Nicht beim Beitragsservice, sondern im letzten Glied der Kette – beim Vollstrecker. Der erkennt schnell, was hinter den Kulissen eigentlich passiert: »Viele sind plötzlich in der Schuldenfalle gelandet, weil sie davon ausgingen, sie seien immer noch befreit.« Auch jetzt bekommt H. die immer gleichen Sätze zu hören:

»Nee, darauf habe ich nicht reagiert, ich bin doch befreit.«

»Ich war doch vorher auch befreit, wieso denn jetzt nicht mehr?«

Männer in Rollstühlen zeigen ihm den Schwerbehindertenausweis und tippen verzweifelt auf ihr »RF«-Merkzeichen. H. muss ihnen dann sagen, dass dieses Zeichen seit 2013 nicht mehr einfach so befreit. Er muss Gespräche führen, er muss über Rundfunkrecht aufklären, obwohl er davon selbst wenig Ahnung hat. Er muss das mit der Umstellung irgendwie erklären, und zwar Menschen, die es nicht verstehen oder nicht verstehen wollen. H. spürt Wut: »Die Leute haben sowieso wenig Geld und jetzt sollen sie das auch noch berappen.« Es gibt aber auch viele, die eigentlich befreit wären. Doch sie sind mit den Formularen des Beitragsservice überfordert. Auch dann muss H. helfen. Während er mir weitere Beispiele nennt, frage ich mich: Wenn so viele das neue System nicht verstehen, wer trägt dann die Schuld daran? Etwa die Menschen? Wer muss ihnen das erklären? Etwa ein Vollstrecker?

»Mein Gott, warum kniest du dich da überhaupt rein?«

Wer vorher befreit war oder sich abgemeldet hatte, der will auch weiter frei bleiben. Der reagiert nicht auf die Schreiben des Beitragsservice. Die Folge: *Direktanmeldung.* In Köln wird einfach ein Beitragskonto eröffnet – und dort addieren sich die offenen Forderungen von Monat zu Monat. Weil alles gegen den Willen der Menschen und ohne ihr Zutun funktioniert, erkennen viele viel zu spät, dass sie jetzt gefangen sind. Unter den 6,2 Millionen Direktangemeldeten zahlt ein großer Teil nicht. Sie lesen keine Schreiben vom Vollstrecker, sie lesen lieber im Internet, warum das alles Teil eines gigantischen Betrugs sein soll. Es bringt übrigens auch nichts, diesen Menschen irgendwelche Paragrafen vorzulesen.

Hier wurde ein Zahlzwang für Sender verordnet, von denen sich immer mehr abwenden. Kein Wunder also, wenn sich auch ein großer Teil dem Zahlzwang verweigert. So einfach ist das, eigentlich. Spannend wäre eher die Frage: Gibt es einen Ausweg aus dieser Sackgasse und wie sieht der aus?

H. ist aber bloß ein Vollstrecker, dessen Geschäft mühsamer wird und der immer öfter in den Außendienst muss. Fast wünscht er sich die alte Rundfunkgebühr zurück. Damals entstanden Vollstreckungsfälle, weil ein GEZ-Fahnder durch die Rabatten und Hecken kroch, um durch das Küchenfenster ein Laptop auf dem Küchentisch erspähen zu können. Heutzutage ist H. manchmal einfach nur noch angewidert. »Die haben die Maschen enger gespannt, damit denen weniger Leute durch die Lappen gehen als vorher. Da geht es ja los. Menschen, die wirklich nicht schauen, sind trotzdem mit dran.«

Wenn eine Beitragsgerechtigkeit unbedingt für alle durchgesetzt werden muss, endet es in blinder Zwangsläufigkeit – und die lässt sich im Einzelfall oft nur schwer ertragen: Wer heute im Altenheim in der sogenannten vollstationären Pflege endet, muss – oh Wunder, oh Wunder – keinen Rundfunkbeitrag mehr zahlen. Vorausgesetzt, er schickt den Befreiungsantrag zum Beitragsservice und der kommt dort auch an. Vorausgesetzt, das Pflegeheim bestätigt den Versorgungsvertrag für die vollstationäre Pflege. Wehe, dabei geht aber etwas schief, dann muss H. vollstrecken.

»Da ich keine Antwort auf meine Post bekam, suchte ich die betagte Dame im Pflegeheim auf. Das Personal schilderte mir die Situation der Frau, die völlig teilnahmslos im Zimmer lag. Die Pfleger hatten ihr hin und wieder mal ein Radio oder einen Fernseher ans Bett gestellt, um sie leise zu beschallen und um Leben ins Zimmer zu bringen.« H. kann mit dieser Dame nicht einmal mehr sprechen, soll sie aber vollstrecken und es gibt auch keine Angehörigen mehr. »Du wirst da hingeschickt nach dem Motto: Hol gefälligst das Geld rein. In dem Moment fühlst du dich selbst so schäbig. Ich merke, hier ist eine Ungerechtigkeit vorhanden. Wenn ich das blind vollstrecke, kann ich das nicht mit meinem Gewissen vereinbaren. Solche Fälle habe ich abgebügelt.«

H. schreibt in diesen und in ähnlichen Fällen lieber ein Fruchtlos-Protokoll. Damit bescheinigt er dem Gläubiger, dass hier wohl nichts zu holen ist. Ein Fruchtlos-Protokoll kann auch bedeuten: Für eine weitere Vollstreckung fehlt es an »Personalkapazität«. Später wird ihm berichtet, dass es der Beitragsservice weiter probiert: Jetzt hat er Creditrefom eingeschaltet. Das Inkassounternehmen übernimmt Aufträge, die H. bereits als aussichtslos abgeschrieben hat – und gibt einen großen Teil genauso wieder zurück.

»Da fühle ich mich von der GEZ nicht mehr für voll genommen! Wenn ich als Vollstreckungsbeamter feststelle: Es ist nichts zu holen, dann gehen die das über die privatrechtliche Schiene an und wollen das Geld trotzdem auf charmant fiese Weise reinholen. Da frage ich mich: Warum lassen die das nicht gleich über Inkassobüros laufen?«

Ein Fehler von H. ist es wohl, dass er gewissenhaft handeln will. Von seinen Kollegen bekommt er dann zu hören: »Mein Gott, warum kniest du dich da überhaupt rein, um zu klären, wer eine doppelte Beitragsnummer im Haushalt hat, weil die Ehefrau anders heißt als der Ehemann?« H. macht es trotzdem: »Gerade bei Menschen aus Bulgarien habe ich das oft, dass sie unterschiedliche Familiennamen tragen. Das führt dann dazu, dass ich mehrere Fälle blind vollstrecken müsste, wenn ich mir das nicht angucke und hinterfrage.« Der Vollstrecker korrigiert, was beim Beitragsservice offenbar nicht geklärt wurde.

Und er diskutiert und diskutiert – mit den Vollstreckten, die nicht glauben wollen, was ihnen gerade widerfährt. Also muss er immer wieder die gleiche Ansprache halten: »Es hilft nichts, wenn im Internet über die GEZ geschrieben wird: *Ja, die dürfen gar nichts*. Die GEZ selbst kann natürlich nichts machen. Sie bedient sich in Form von Vollstreckungsersuchen der Vollstreckungsbehörde, der Kommune. Wir dürfen und tun es auch, und dahinter versteckt sich die GEZ.«

Türöffnungsbeschluss: »Vollstrecken Sie mal. Sie müssen durchgreifen!«

Die Zahl der »GEZ-Fälle« steigt von Jahr zu Jahr. 2012 zählt H. 80, 2015 bereits 184. »Sicherlich sind da schon ein paar Fälle dabei, die im Pingpong-Prinzip wieder zurückgekommen sind, mit der verschärften Fassung: ›Vielen Dank für die Rückmeldung. Die Einwände des Beitragspflichtigen haben wir zur Kenntnis genommen, der Betrag ist aber trotzdem fällig geworden. Bitte weiter vollstrecken.‹« Mit den Jahren wächst der Druck. H. sitzt immer öfter an den »GEZ-Fällen«. Sie rauben ihm inzwischen ein Viertel seiner Arbeitszeit.

Der Umgang mit den Vollstreckten wird schwieriger, der Umgangston unter Vollstreckern wird rauer. In der Gemeindekasse entbrennt eine hitzige Diskussion: Lasst doch die Häuser und Wohnungen der Beitragsrebellen aufbrechen – und pfändet! H. muss sich die Standpauke seines Vorgesetzten anhören: »Ja, dann beantragen Sie doch eine Türöffnung; vollstrecken Sie mal. Sie müssen durchgreifen!«

H. kontert: »Von mir wird die schmutzige Arbeit erwartet, aber wären Sie dazu in der Lage?« Der Vorgesetzte blickt erst bestürzt und blafft dann zurück: »Das ist doch Ihre Aufgabe!« H. sammelt sich und antwortet: »So funktioniert das für mich nicht. Ich habe da einfach eine Hemmschwelle. Ich kann es aus Gewissensgründen nicht. Da hört es für mich auf.« Er muss immer daran denken, dass viele der Vollstreckten aus Überzeugung ablehnen, was sie da finanzieren sollen, eben ARD und ZDF. »GEZ-Fälle« sind für H. nicht so eindeutig wie die normalen Fälle. Er grübelt darüber immer wieder nach. Er würde sich nicht von Menschen durchfinanzieren lassen, die einen dafür verachten. Das sind aber Gedanken, die H. lieber nicht ausspricht.

Dem Vorgesetzten reißt im Gespräch nun endgültig der Geduldsfaden: »Dann sollten Sie mal überlegen, ob Sie hier nicht falsch sind!« Diesmal kommt H. eine Antwort schneller über die Lippen: »Das habe ich schon.« Nein, ein Überzeugungstäter wird dieser Vollstrecker wohl nicht mehr. Dass er in der Gemeinde vollstrecken muss, ist einer Stellenrotation geschuldet. H.s Antwort kommt aus dem Herzen, dem Vorgesetzten fehlen darauf die Worte. »Da stutzte er. Das Ding war erst einmal so weit vom Tisch.«

Auf dem Tisch bleiben die Kontopfändungen. Sie sind in der kleinen Gemeinde aber kein Selbstläufer: »Wir haben zwar eine Beziehung zu unserem Steueramt; wenn die Steuerbescheide festgelegt werden, bekommen wir entsprechende Meldungen von den Finanzämtern. Ansonsten ist das aber nicht so: Gib mal Auskunft.« H. müsste sich die Daten also extern besorgen und da kann er bestimmen, wie viel Energie in ein solches Vorhaben fließt.

Mit einer Lohnpfändung hält sich H. zurück – nicht nur bei GEZ-Rebellen. »So etwas darf für den Arbeitgeber zwar kein offizieller Kündigungsgrund sein, aber Papier ist geduldig. Mit dieser Angst arbeiten viele Vollstrecker.«

Natürlich arbeitet H. als Vollzeitvollstrecker, wenn es nicht gerade um den Rundfunkbeitrag geht: »Es gibt genug zu tun, und wir haben unsere Pappenheimer. Da finden wir in der Verwaltung einen Weg. Kontopfändung hat schon erzieherische Folgen – aber sich am Hausrat vergreifen, das steht für mich außer Frage, auch vom zeitlichen Rahmen her. Ich habe Gerichtsvollziehern bei Türöffnungen über die Schulter geschaut; ich war dabei, als Fahrzeuge gepfändet wurden. Wenn ich das auch noch machen muss, das sprengt bei mir den Rahmen. Ich bin sowieso schon am Limit. Ich komme ja mit den vielen Altfällen nicht mehr nach – und dann kommt noch die GEZ mit ihren Sperenzchen.«

»Wenn ich von zehn Leuten eine Vermögensauskunft verlange, kommen vielleicht drei«

Diese »Sperenzchen« haben gravierende Folgen: Vermögensauskunft, Haftbefehle und Erzwingungshaft. Das sieht H. bei Beitragsrebellen erst recht als Maßnahme ohne Maß und Ziel: »Kann man dann noch die Reißleine ziehen oder verselbstständigt sich alles?« H. würde gerne wissen, wie andere Vollstrecker damit umgehen. Ein Kollege aus einer größeren Gemeinde erzählt ihm hinter vorgehaltener Hand: »Wenn ich von zehn Leuten eine Vermögensauskunft verlange, kommen vielleicht drei. Die anderen verweigern sich, dann beantrage ich beim Amtsgericht die Erzwingungshaft.«

Auch bei einem Vollstrecker des Landkreises fragt H. nach: »Er erklärte mir, dass er heute fünf Schuldner für eine Vermögensauskunft vorgeladen hatte. Vier sind nicht erschienen. Auch er beantragt dann beim Amtsgericht Haftbefehle.« Das mit den Haftbefehlen läuft also wie am Fließband – dann müssen Beitragsrebellen, Bußgeldverweigerer und andere Kapitalverbrecher doch auch reihenweise im Gefängnis landen, oder?

H. will wissen, wie es mit diesen Haftbefehlen weitergeht. Ein paar Wochen später hat er den gleichen Kollegen wieder am Telefon. Der vollstreckt eine Sache für den Landkreis und will eigentlich mit dem Einwohnermeldeamt sprechen, doch H. hakt nach, bevor er weiterverbindet. Damit beginnt ein brisantes Gespräch: »Er erzählte mir, dass er heute wieder acht Haftbefehle beantragt hat. Ich fragte ihn, wie denn die Rückmeldung des Amtsgerichtes ausfällt, wo er doch schon so viele Haftanträge gestellt hat. Er sagte mir ganz offen, dass er bei drei Monaten alten Fällen eine Sachstandsanfrage starten muss.«

H. bohrt geduldig weiter nach und bekommt endlich zu hören: »Das Amtsgericht rief ihn mit der Bitte zurück, er möchte sich mit Haftanträgen zurückhalten, da das Gericht nicht nachkommt und geradezu in derartigen Fällen versinkt.« Dass einige Vollstrecker die Bürokratiemaschine unterlaufen wollen, hielt ich für wahrscheinlich. Wie kann es aber sein, dass sogar Amtsgerichte bei der Vermögensauskunft auf die Bremse treten? Vielleicht weil dort der schwerste Part gestemmt werden muss: die Verhaftung.

Eigentlich ist die Vermögensauskunft ein Fall für den Gerichtsvollzieher. Leider war das nur ein Teil der Wahrheit. Schon der Vielschreiber und Beamtensohn Honoré de Balzac erkannte: »Bürokratie – ein gigantischer Mechanismus, der von Zwergen bedient wird.« Ich kann heute nur hinzufügen: Und an jedem Knöpfchen sitzt ein anderer.

- Es gibt Bundesländer, in denen der Gerichtsvollzieher die Vermögensauskunft vornimmt.
- Es gibt Bundesländer, in denen die Vollstreckungsbehörde das selbst übernimmt.
- Es gibt Bundesländer, in denen die Vollstreckungsbehörde ein Optionsrecht hat: entweder die Behörde oder der Gerichtsvollzieher.
- Es gibt sogar Unterschiede in den einzelnen Bundesländern – etwa in Sachsen-Anhalt und Bayern.

Die Vermögensauskunft hatte bis 2013 einen Vorläufer. Sie wurde *eidesstattliche Versicherung* genannt. Sie war schuldnerfreundlicher und für Vollstrecker schwieriger einzusetzen. Trotzdem wurden bereits 2010 über 665.000 Haftbefehle zur Erzwingungshaft beantragt.[4] Diese Zahl dürfte mit der Vermögensauskunft heute höher sein. Der Vollstrecker kann sie schon zu Beginn der Vollstreckung einsetzen. Er muss nicht mehr in den Außendienst, er muss keine Pfändung versuchen. Wozu noch geduldig auf eine gütliche Einigung hinarbeiten? Wozu noch soziale Kompetenz zeigen? Es genügt doch, wenn er am Schreibtisch zur Tat schreitet.

Noch einmal zur Erinnerung: Durch die Vermögensauskunft soll der Beitragsrebell einknicken. Er soll verraten, was er wo besitzt, er soll seine Unterschrift unter das Dokument setzen. Hinterher darf er eine Pfändung über sich ergehen lassen. Kein Mensch, der bei klarem Verstand ist, lässt seine Hosen so weit herunter. Da wäre es doch viel angenehmer, endlich zu zahlen! Sie merken, worauf der Vollstrecker mit der Vermögensauskunft in Wahrheit hinauswill. Die Angst vor dem Gefängnis soll den Menschen in die Arme des Vollstreckers treiben. Dafür baut er massiven Druck auf – und zwar nach dem Motto: Füge dich, sonst beantrage ich einen Haftbefehl gegen dich!

Knickt der Beitragsrebell nicht ein – er zahlt nicht, erscheint nicht zum Termin oder er kommt und verweigert trotzdem die Vermögensauskunft –, dann beantragt der Vollstrecker beim Amtsgericht die Erzwingungshaft. Und wenn der Beitragsrebell immer noch nicht klein beigibt? Dann war das ganze Drohspiel umsonst, dann hat der

Vollstrecker diesen Fall eskalieren lassen, dann hat er ihn aber auch erst einmal vom Tisch. Der Vollstrecker kann sich zurücklehnen und abwarten.

Frei nach Heinrich Hoffmann: Die Geschichte vom bösen Beitragsrebellen, der in die Zelle musste

Wenn wir uns anschauen, wie es paragrafenseitig weitergehen müsste, dann wird klar, wo es klemmt. Der Vollstrecker beantragt beim Amtsgericht das *Verfahren zur Erzwingung der Vermögensabgabe* oder auf Deutsch: Der Gerichtsvollzieher bekommt einen Haftbefehl in die Hand. Er bekommt auch eine Geldempfangsvollmacht; er weiß, wie viel Geld einkassiert werden soll. Eine Sache bekommt der Gerichtsvollzieher aber nicht an den Tisch geliefert: den Beitragsrebellen.

Der Haftbefehl ist nämlich zivilrechtlich. Für Staatsanwaltschaften existiert er nicht. Das heißt: Als Beitragsrebell stehen Sie auf keiner Fahndungsliste, kein Kommissar sucht nach Ihnen, es gibt keine Straßensperren oder Verfolgungsjagden durch die Polizei. Der Gerichtsvollzieher muss Sie finden! Im Grunde ist es dem Kinderspiel *Räuber und Gendarm* sehr ähnlich. Im Paragrafen 187 der Geschäftsanweisungen für Gerichtsvollzieher (GVGA) stehen sogar Spielregeln. Hier ein amüsanter Auszug:

> Der Gerichtsvollzieher kann Sie erst einmal schriftlich einladen. »Dies hat jedoch zu unterbleiben, wenn zu befürchten ist, der Schuldner werde sich der Verhaftung entziehen oder Vermögenswerte beiseiteschaffen.«
>
> Der Gerichtsvollzieher soll »unnötiges Aufsehen« und »nicht gebotene Härte« vermeiden, aber: »Bei Widerstand wendet der Gerichtsvollzieher Gewalt an.«
>
> Mindestens ein Verhaftungsversuch muss »unmittelbar vor Beginn oder nach Beendigung der Nachtzeit« erfolgen.

Fruchtet nach drei Monaten nichts, »hat der Gerichtsvollzieher dem Gläubiger anheimzugeben, einen Beschluss des zuständigen Richters bei dem Amtsgericht darüber herbeizuführen, dass die Verhaftung auch an Sonntagen und allgemeinen Feiertagen sowie zur Nachtzeit in den bezeichneten Wohnungen erfolgen kann«.

»Ist die Vollstreckung des Haftbefehls nicht möglich, weil der Schuldner nicht aufzufinden oder nicht anzutreffen ist, so vermerkt der Gerichtsvollzieher dies zu den Akten und benachrichtigt unverzüglich den Gläubiger.«[5]

Nehmen wir an, der Gerichtsvollzieher kann Sie binnen drei Monaten aufstöbern: im Büro, im Bett oder im Erdloch vor Bagdad. Der Gerichtsvollzieher wird Ihnen zuerst den Haftbefehl aushändigen. Das schüchtert ein – und so soll es auch sein: Dieser *Verhaftungsversuch* ist der Gipfel der aufgebauten Drohkulisse. Der Gerichtsvollzieher bietet Ihnen noch einmal den verlockend einfachen Ausweg an: zahlen oder Vermögensauskunft abgeben – dann wird der Haftbefehl sofort hinfällig. Entscheiden Sie sich! Von Ihnen wird jetzt das Gleiche erwartet wie von einem braven Kind: große Augen machen und sich fügen.

Sonst war das Spektakel vergebens. Sonst müsste der Gerichtsvollzieher einen Haftplatz im Gefängnis organisieren. Die angedrohte Schauergeschichte müsste wahr werden: Sie schmoren in der Haftzelle, bis Sie endlich, endlich, endlich die paar Hundert Euro Rundfunkbeitrag zahlen oder die Vermögensauskunft geben.

Wer sich dieses Schema anschaut, merkt: Die Paragrafen-Mechanik rund um die Vermögensauskunft hat hartnäckigen Widerstand gar nicht eingepreist. Wenn Sie nicht so infantil sind, wie der Gesetzgeber es erwartet, kann das Verfahren extrem aufwendig und langwierig werden – vor allem für den Gerichtsvollzieher. Über den Sinn, die Angemessenheit und die Kosten wollen wir gar nicht erst streiten. Mit jedem Tag im Gefängnis sinken Ihre Chancen, weiter ein zahlendes, achtbares und arbeitendes Mitglied dieser Gesellschaft zu bleiben.

Anno 2020 reicht es in der Zwangsvollstreckung einfach nicht mehr, nur vom bösen Beitragsrebellen zu erzählen, der in der Zelle landet. Muss das Schauermärchen deshalb immer öfter wahr gemacht werden? Das war aber nicht im Sinne der Erfinder. Müsste man deshalb nicht noch schlimmere Strafen androhen? Lest mal im *Struwwelpeter* nach, liebe Juristen – dieses Buch bleibt das Standardwerk für Brachial-Pädagogik von anno 1845: »Bauz! Da geht die Türe auf, und herein in schnellem Lauf springt der Schneider in die Stub' zu dem Daumen-Lutscher-Bub. Weh! Jetzt geht es klipp und klapp mit der Scher' die Daumen ab.«[6] Hoffentlich liefere ich jetzt nicht Ideen für eine weitere *Verschärfung* in der Vermögensauskunft.

1845 schrieb Heinrich Hoffmann die Moral von seiner Geschichte: »Wenn die Kinder artig sind, kommt zu ihnen das Christkind.« 2020 sieht die Moral von der Geschichte so aus: Erwachsene Menschen, die in ihren Augen ein berechtigtes Anliegen haben, werden von der ARD erst in die Zwangsvollstreckung abgeschoben, dann wie ungezogene Kinder eingeschüchtert und zum Schluss abgestraft. Merkt denn keiner, dass das eine beschämende Kinderei ist?

Einige merken wenigstens, dass es ineffizient ist. Der Vollstrecker, mit dem H. spricht, beantragt massenhaft Haftbefehle und zweifelt inzwischen selbst am Sinn – der Gerichtsvollzieher zeige beim Haftspiel offenbar wenig Elan: »Der Vollstreckungsbeamte hat gegenüber seinem Vorgesetzten auch schon klargemacht, dass die Vermögensauskunft im eigenen Haus keine Vorteile bringt. Zumal solch ein Aufwand schon zu betreiben ist, wenn es um eine Geldbuße von neun Euro geht.«

Mensch oder Vollstrecker?
Mensch und Vollstrecker!

Nicht ganz ohne Stolz sagt H.: »In unserer Gemeinde hat es noch keinen Haftbefehl gegeben, weil ich die GEZ-Fälle immer wieder rechtzeitig zurückschicke und das nicht veranlasse.« Lassen wir aber keine Vollstrecker-Romantik aufkommen. H.s Unbeugsamkeit in der kleinen Gemeinde bleibt bloß ein kleiner Punkt auf der Landkarte und seine Möglichkeiten zum Widerstand sind überschaubar. Was unterscheidet ihn trotzdem von manch anderem Vollstrecker? Niemand beschreibt H.s Standpunkt besser als er selbst:

»Wenn das Amtsgericht einen Gerichtsvollzieher losschickt, hat man sehr schlechte Karten. Da bedarf es keiner großen Einschüchterungstaktik: Die sitzen definitiv am längeren Hebel und können einen finanziell und existenziell plattmachen. Deshalb finde ich es umso wichtiger, dass wir Vollstrecker den Handlungsspielraum, den wir noch haben, nicht einschränken und die Verantwortung abgeben. Hinter jedem Posten steckt ein Mensch. Es steht und fällt mit dem, der am Schreibtisch sitzt. Da geht es nicht um illegales Verhalten am Arbeitsplatz. Wenn man eine Ungerechtigkeit für sich erkannt hat, macht man sich strafbar, wenn man trotzdem im System weiter mitläuft.

Wir haben die Möglichkeit, als Behörde noch einmal zu intervenieren und zu sagen: ›Geben wir das zwecks Prüfung noch einmal zurück.‹ Wenn ein Gerichtsvollzieher von vornherein in seinem Schreiben sagt: ›Verhandeln lasse ich nicht mit mir; es gibt nur Zahlen oder Nichtzahlen, hopp oder topp‹, dann mag das zwar eine Perspektive sein, mit der vollstreckt werden kann, aber mit der kann ich selbst nicht leben. Ich finde, man sollte allen Menschen immer die Chance einräumen, noch einmal einen anderen Weg gehen zu dürfen.«

Also Widerstand leisten oder nicht? Die Entscheidung reift lange in H. Sein Spielfeld hat er ja bereits erkundet: Sachpfänden muss er nicht, bei der Kontopfändung hat er Spielraum, eine Vermögensauskunft steht noch nicht zur Diskussion, er hat auch noch das Fruchtlos-Protokoll in der Hinterhand. Alles in allem sind die Bedingungen nicht allzu schlecht. Er könnte in der kleinen Gemeinde Pingpong mit dem Beitragsservice spielen. Der bittet immer öfter um Vollstreckung. H. merkt, dass da etwas nicht stimmt, und er könnte diese Flut hier ausbremsen. Das ist immerhin etwas. Schauen wir uns das Spiel an.

Ping-Pong: Das Spiel mit dem Beitragsservice

Ein Vollstrecker sagt: »Ich kann den Rundfunkbeitrag aus Gewissensgründen nicht zahlen, und wenn ich selber nicht zahle, wie kann ich ihn bei anderen vollstrecken?« Seitdem bremst er beruflich die Vollstreckungsflut des Beitragsservice aus, boykottiert privat – und kämpft inzwischen sogar gegen seine eigene Vollstreckung an.

Das ist eine Zwickmühle, wie sie nur in einem Zwangssystem entstehen kann. H. stellt die Zahlung des Rundfunkbeitrags 2015 ein, doch schon seit 2011 schaut er kein ARD und kein ZDF mehr. Beruflich sieht er nur das, was am Rundfunkbeitrag schlecht ist: immer mehr Zwangsvollstreckte.

Er muss Menschen vollstrecken, die früher befreit waren und es jetzt nicht mehr sind. Er muss Menschen vollstrecken, die rechtlich zu befreien sind, aber vor den Antragsformularen kapituliert haben. Er muss Menschen vollstrecken, die gegen ihren Willen vom Beitragsservice in die Masse der Zwangszahler zurückgeholt wurden. Er muss Menschen vollstrecken, die einfach nur am Ende sind und jetzt den nächsten Nackenschlag bekommen.

Zwischen 2013 und 2014 schickt H. unregelmäßig Vollstreckungsfälle zurück zum Beitragsservice. Doch wann beginnt das echte Pingpongspiel? Wann geht er das Ganze systematisch an? Das weiß H. selbst nicht so genau: »Es gab keinen bestimmten Moment. Ich war nicht plötzlich ein anderer Mensch.« Er tastet sich langsam an die Rolle des GEZ-Rebellen heran. Kein Wunder, wenn man seine berufliche Situation bedenkt. Dieser Vollstrecker kann nicht auf dem Bürostuhl sitzen bleiben, die Arme verschränken und sagen: »Ab sofort wird nichts mehr vollstreckt, was vom Beitragsservice kommt.«

Für sein Handeln muss er gegenüber der Gemeindekasse Verantwortung tragen. H. muss erklären können, warum so viele »GEZ-Fälle« zurückgehen sollen. Er könnte zwar sagen: »Weil ich die Vollstreckung des Rundfunkbeitrags in der jetzigen Form wenigstens für fragwürdig halte.« Diesem Satz sollte sich aber auch ein *weil* anschließen. Es sollten handfeste Gründe folgen. Mit einem Bauchgefühl kann H. nicht argumentieren. Am Anfang bleibt H. nur der Handlungsspielraum, den er als Vollstrecker ohnehin hat, und den nutzt er– nicht unbedingt im Sinne des Beitragsservice. Schauen wir uns einen typischen Arbeitstag von H. an.

»Manche Vollstreckungsbeamte arbeiten nur im Außendienst. Die kommen morgens ins Büro, holen sich die Fälle an der Kasse ab, sind den ganzen Tag unterwegs, bringen ihre Unterlagen abends wieder zurück und müssen Rechenschaft ablegen.

Ich habe Glück: Wir sind eine verhältnismäßig kleine Kommune. Ich habe mehrere Aufgabenbereiche, weil nicht für jeden Handgriff ein Mitarbeiter abgestellt wird. Wenn ich ein Vollstreckungsersuchen bekomme, speise ich das erst einmal in das Kassenprogramm ein, dann bin ich glücklicherweise auch derjenige, der die Schreiben an die Schuldner schickt. Ich habe auch die Macht über meinen Terminkalender; kann entscheiden, an welchen Tagen ich wann rausfahre und wie viele Fälle ich bearbeite. Bevor ich rausfahre, gebe ich den Leuten ein bis zwei Wochen Zeit, sich zu melden. Es gibt Leute, die sofort zahlen, dann ist dem so.

Ich habe aber auch andere Fälle. Gerade war eine GEZ-Forderung ungewöhnlich hoch. Sie lag bei 1.300 Euro. Da habe ich den Schuldner gefragt: ›Wie sehen Sie denn die Situation für sich? Wie kam es überhaupt zu diesem großen Rückstand?‹ Er hatte Firmenschwierigkeiten und ist dadurch in die Zahlungsunfähigkeit gerutscht.

Dann habe ich den Fall mit einem Fruchtlos-Protokoll beendet und an die GEZ zurückgeschickt, weil schon andere Sachen gelaufen sind. Wenn ein Offenbarungseid, heute nennt man es Vermögensauskunft, beim Amtsgericht gelaufen ist, muss ich das Rad nicht neu erfinden. Mittlerweile ist das Schuldnerverzeichnis im Internet abrufbar. Die Behörde kann sich über den Schuldner im Vollstreckungsportal informieren.[7] Mit diesen Daten runde ich den Vollstreckungsfall ab und schicke das wieder zurück.«

Das sind die einfachen Fälle, weil sie schwierig zu vollstrecken wären. H.s einzige Waffe bleibt erst einmal das Fruchtlos-Protokoll. Doch schon jetzt interessiert er sich für die Menschen. »Immer mehr landen durch den Rundfunkbeitrag in der Zwangsvollstreckung. Die Leute finden es im Gegenzug auch interessant, einen Vollstrecker kennenzulernen, der Sympathien für sie hat.« H. führt Gespräche und lernt die Beweggründe der Beitragsrebellen kennen. Er will wissen, wie es zum Rückstand kam: »Aus manchen Leuten sprudelt es heraus. Sie sagen von vornherein, dass sie ein Problem mit dem Zahlsystem der GEZ haben und das als ungerecht empfinden. Andere sagen: ›Ach, hallo, wir sehen uns ja schon wieder.‹« Weil der Rundfunkbeitrag jeden Monat von Neuem anfällt, können Nichtzahler bald zum Dauerkunden in der Zwangsvollstreckung werden. Doch warum öffnen sich diese Menschen so schnell? Schließlich kommt mit dem Vollstrecker jemand, den viele für den Handlanger des Beitragsservice halten.

»Ich stehe nicht in der Tür und treibe Menschen mit bedrohlicher Manier in die Enge. Ich suche immer das Gespräch, bin umgänglich, und wenn man mich sieht, würde man nicht vermuten, dass ich so eine Art von Arbeit mache. Ich bin ehrlich, weil ich das Vertrauen der Leute brauche, um ihnen zu unterbreiten: ›Schauen Sie, ich kann Sie voll und ganz verstehen, ich komme wegen dieser GEZ-Forderung‹, und dann merkt man meistens, ob das für die Menschen eine Herzensangelegenheit ist.«

Doch noch hat H. nichts in der Hand, um diese Fälle systematisch zum Beitragsservice zurückspielen zu können. Es gibt natürlich viele Argumente gegen den Rundfunkbeitrag. Bereits 2013 und 2014 erscheinen mehrere juristische und wissenschaftliche Gutachten, die auch heute noch aktuell sind. Nur: Was nützen sie einem Vollstrecker, der die Vollstreckungsflut des Beitragsservice etwas eindämmen will? Im Moment nichts. Die Vollstreckungspraxis bei der Zwangsabgabe wird nicht infrage gestellt. Das soll sich im Mai 2014 ändern.

Stresstest für Goliath: Tübinger Richter lockt Karlsruher Richter aus der Reserve

Ein Richter, der wenigstens einmal im Sinne der Beitragsrebellen entscheidet, hat bei uns Seltenheitswert. Ein Richter, der mehrmals im Sinne der Beitragsrebellen entscheidet, der wird zum Politikum – denn damit setzt er die ARD und den Bundesgerichtshof öffentlich unter Druck. Es gibt diesen Richter wirklich. Er heißt Matthias Sprißler und beginnt am Landgericht Tübingen etwas, das sich wie ein Gerichtskrimi liest:

Der Gerichtskrimi über die Vollstreckung des Rundfunkbeitrags – Teil 1

19. Mai 2014: Das Landgericht Tübingen erklärt eine Zwangsvollstreckung des Rundfunkbeitrags wegen formaler Mängel für unzulässig.

Der Südwestrundfunk wendet sich mit einer Rechtsbeschwerde an den Bundesgerichtshof (BGH).

11. Juni 2015: Der BGH hebt den Beschluss auf: Die kritisierten Mängel seien keine formalen Mängel oder zu gering, um eine Vollstreckung stoppen zu können.[8]

Was kritisiert der Tübinger Richter in seinem Beschluss? Er sieht eine ganze Reihe von formalen Mängeln:

> »Im Vollstreckungsersuchen betreffend Rundfunkbeiträge müssen die Gläubigerin und die Vollstreckungsbehörde korrekt bezeichnet sein. Ersuchen mit individuellen Gründen sind nicht ›automatisch‹ erstellt und bedürfen eines Siegels nebst Unterschrift. Der öffentlich-rechtliche Rundfunkbeitrag wird erst mit wirksamem Bescheid

fällig. Die theoretische Möglichkeit des Schuldners, die Höhe des Beitrags selbst zu ermitteln, ersetzt nicht den zu begründenden Bescheid. Eine einfache Zahlungsaufforderung ersetzt nicht den Beitragsbescheid (Verwaltungsakt) als Vollstreckungsvoraussetzung. Das Vollstreckungsgericht ist befugt, das Vollstreckungsersuchen zu prüfen, wenn offenkundig der Ausgangsbescheid fehlt.«[9]

Der SWR schaltet mit einer Rechtsbeschwerde den Bundesgerichtshof ein. Knapp elf Monate später kassiert man in Karlsruhe den Beschluss des Tübinger Richters ein – ohne jedoch auf alle gerügten Punkte einzugehen. Offiziell kommt der Beitragsservice also mängelfrei durch den Karlsruhe-TÜV.

Doch was passiert hinter den Kulissen? Tübingen ist zwar nur ein Landgericht unter vielen, aber vollstreckungsgeplagte Beitragsrebellen können diesen Beschluss elf Monate lang für sich nutzen. Schauen wir uns das an.

60 Vollstreckungsfälle zurückgeschickt: »Das kam beim Beitragsservice nicht gut an.«

H. erkennt, dass er im Mai 2014 ein Geschenk in die Hände gelegt bekommt. Er nutzt den Augenblick: »Ich habe das zum ganz legalen Anlass genommen: Wenn ein Gericht feststellt, dass bestimmte Voraussetzungen nicht gegeben sind für die Vollstreckung, dann schicke ich es zurück, wenn das bei mir auch der Fall ist.« Wie reagierte seine Gemeinde darauf? »Gerade denen, die bei mir an der Kasse sitzen, ist es wichtig, dass formal alles richtig läuft. Denen habe ich das auch so erklärt und es war für alle annehmbar.«

H. schickt nun massenhaft zurück: »Insgesamt über sechzig Fälle.« Und wie reagiert der Beitragsservice? »Das kam bei denen nicht gut an. Sie haben geschrieben: ›Bitte weiter vollstrecken.‹« Dass der Beitragsservice alles einfach so an sich abprallen lässt und die Fälle zurückschickt, damit rechnete H. damals noch nicht. Wie soll er reagieren? Zum Glück gibt es schon den nächsten Beschluss aus Tübingen:

Der Gerichtskrimi über die Vollstreckung des Rundfunkbeitrags – Teil 2

8. Januar 2015: Das Landgericht Tübingen erklärt eine Zwangsvollstreckung des Rundfunkbeitrags erneut für unzulässig: »Das Fehlen der vollständigen und eindeutigen Angabe des richtigen, rechtsfähigen Gläubigers im Vollstreckungsersuchen [...] führt zu [dessen] Aufhebung.«[10]

Der Südwestrundfunk wendet sich mit einer Rechtsbeschwerde an den Bundesgerichtshof.

21. Oktober 2015: Der BGH hebt den Beschluss auf: »Dass vorliegend allein der [Südwestrundfunk] und nicht der Beitragsservice als Partei des Vollstreckungsverfahrens in Betracht kommt, ergibt sich bereits zwingend aus der Rechtslage.«[11]

Wer sich eines der gerügten Schreiben anschaut, kommt ins Grübeln – sogar als Laie: Auf dem Briefkopf steht links »Südwestrundfunk«. Wer das ist und wo er sitzt, muss erraten werden. Rechts befindet sich das Logo des Beitragsservice. Wer ist denn dieser Beitragsservice genau, in welchem Verhältnis steht er zum SWR, was tut er und welchen Rechtsstatus hat er selbst? Für wen wird hier eigentlich vollstreckt? Fragen über Fragen. In der Betreffzeile steht einfach nur: »Vollstreckungsersuchen«, im Fließtext *fehlt* ein erklärender Satz, wer denn nun der Gläubiger ist.

Im Tübinger Fall konstruiert der Gerichtsvollzieher dann einen Gläubiger, den es nicht gibt. Wenigstens klingt der Name fantasievoll: »Südwestrundfunk ARD ZDF Deutschlandradio«. Haben Sie diesen Sender schon einmal gesehen oder gehört? Nachdem der Beitragsrebell gegen diesen Namensirrsinn Beschwerde eingelegt hat, wird am Amtsgericht Nagold sogar noch eins draufgesetzt. Der Gläubiger heißt jetzt: »ARD ZDF Deutschlandradio, vertreten durch den Vorstand, Beitragsservice«.

Das ist kein Einzelfall. Vollstrecker in allen Bundesländern grübeln damals. Zum Glück vergisst Google nichts. Die Menschen laden ihre Vollstreckerschreiben im Netz hoch. Auch heute kann man die abenteuerlichsten Wortschöpfungen nachlesen, etwa: »Beitragsservice der ARD ZDF Deutschlandradio (= Gläubiger)«. Einige Vollstrecker mogeln sich durch das Rätsel, sie schreiben von der »ersuchenden Stelle« oder flüchten sich in das Kürzel »v. d. d. Beitragsservice«. Die Abkürzung steht für: vertreten durch den Beitragsservice. Auch H. wird kreativ: »NDR ARD ZDF Deutschlandradio Beitragsservice«. Diesen Sender gibt es genauso wenig. Vollstreckte und ihre Vollstrecker kapitulieren. Das Gläubigerrätsel bleibt in vielen Fällen oft ungelöst.

Aber die Maschinerie läuft trotzdem weiter. Bis das Landgericht Tübingen darauf aufmerksam macht. Hinter den Kulissen versucht sich der Beitragsservice in Schadensbegrenzung. Er gibt den Vollstreckern eine schriftliche Gedächtnisstütze in die Hand. H. zeigt mir diesen Brief:

»In letzter Zeit bestehen bei einigen Stadt-/Gemeindekassen Unsicherheiten in Bezug auf die korrekte Gläubigerbezeichnung. Wir möchten Sie darauf hinweisen, dass der Gläubiger von Forderungen aus dem Rundfunkbeitrag in den Bundesländern Hamburg, Schleswig-Holstein, Niedersachsen und Mecklenburg-Vorpommern der Norddeutsche Rundfunk (AöR) – vertreten durch den Intendanten – ist.

Der NDR ist daher in den von Ihnen ergriffenen Vollstreckungsmaßnahmen als Gläubiger auszuweisen. Dies sollte mit einem Hinweis auf den Hauptsitz des NDR Hamburg versehen werden [...]. Ungeachtet dessen bitten wir Sie, sämtlichen Schriftverkehr und alle eventuellen Rückfragen zu konkreten Vollstreckungsersuchen weiterhin direkt an den Beitragsservice [...] zu richten. [...] Wir bitten Sie, auch Ihre Verfahren daraufhin zu prüfen, ob Sie den NDR als Gläubiger ausweisen.«

Der NDR soll zwar stets auf dem Papier als Gläubiger stehen, darf mit der Vollstreckung selbst aber nicht belästigt werden. Wen stört das nicht? Unseren Bundesgerichtshof. Dort wird auch der zweite Tübinger Beschluss einfach aufgehoben: »Entgegen der Ansicht [des Tübinger Landgerichts] wies das Vollstreckungsersuchen vom 4. April 2014 keine unklare oder unrichtige Angabe des Gläubigers auf.«

Was ist mit der Tatsache, dass der Gerichtsvollzieher eine merkwürdige Gläubigerbezeichnung herbeikonstruiert? Auch das spielt in Karlsruhe keine Rolle: »Maßgeblich ist nicht die subjektive Sicht des Vollstreckungsorgans, sondern die verständige Würdigung der Umstände.«[12]

Und weil alles absolut fehlerfrei und selbsterklärend ist, überarbeitet der Beitragsservice gleich sämtliche Vollstreckungsersuchen. Sie verändern sich nach dem Tübinger Beschluss in mehreren Punkten und werden eindeutiger. Ich habe zwei Schreiben für den Bayerischen Rundfunk verglichen. Im Januar 2014 heißt es in der Betreffzeile nur »Vollstreckungsersuchen«, im August 2015 dann aber »Vollstreckungsersuchen des Bayerischen Rundfunks«. Jetzt wird auch klargemacht, dass das eine Anstalt des öffentlichen Rechts ist, und sie wird der Postadresse des Beitragsservice mit einem »c/o« vorangestellt. Außerdem befindet sich kurz vor dem Ende des Schreibens auf der dritten Seite ein längerer Erklärtext für den Vollstrecker, der so beginnt: »Der Bayerische Rundfunk ist befugt ...« Im Schreiben aus dem Jahr 2014 gibt es diesen Text noch nicht.

»Daher bitten wir Sie, sich nicht von der Entscheidung des Landgerichtes beirren zu lassen«

Stellen wir uns das vor: Der BGH hätte den Tübinger Beschluss wenigstens in Teilen bestätigt – die Sensation wäre perfekt gewesen. Schließlich sind Millionen von Vollstreckungsersuchen der vergangenen Jahre nach dem gleichen alten Muster aufgebaut. Doch Karlsruhe sei Dank bleibt ARD und ZDF dieses öffentliche Debakel erspart. Ein

Glücksfall, der nicht in Gold aufzuwiegen ist – Millionen Zwangszahler, Nichtzahler und Schon-Vollstreckte sind aber enttäuscht. Gerade sie hätten sich Hoffnungen machen dürfen.

Wie viele Vollstrecker damals ebenfalls ins Grübeln gekommen sind und ihre Fälle zurückschicken – das weiß nur der Beitragsservice. H. nutzt aber die Zeit in seiner kleinen Gemeinde. Er hat schon wieder fleißig zurückgeschickt, bevor auch der zweite Tübinger Beschluss einkassiert wird.

Die Fälle kommen natürlich zurück, aber jetzt trifft außerdem noch andere Post aus Köln ein. H. nennt sie »pädagogische Briefe«. Der Beitragsservice hat wohl bemerkt, dass es mit dem Zurückschicken der zurückgeschickten Fälle nicht getan ist, weil H. dann wieder zurückschickt. H. zeigt mir seinen ersten »pädagogischen Brief«, sozusagen ein Erinnerungsstück. Der Vollstrecker liest daraus vor: »Der von Ihnen genannte Beschluss des Landgerichts Tübingen [...] ist nicht rechtskräftig. [...] Dem Beschluss liegen derart eklatante Rechtsfehler zugrunde, weshalb wir davon ausgehen, dass er vom BGH nicht gehalten werden wird.« H. liest still weiter und sagt dann: »Die haben sich auf nichts eingelassen und alles zerpflückt.«

Ich sehe mir das Schreiben nun selbst an: »Die Vollstreckungsersuchen erfüllen alle gesetzlichen Vorgaben.« Das Wort »alle« ist bereits im Original unterstrichen. Was mir an diesem Schreiben auffällt, ist der sehr direkte Tonfall:

»Die kommunalen Vollstreckungsbehörden und Gerichtsvollzieher/-innen sind daher weiter uneingeschränkt zur Fortführung der Vollstreckung aus den Beitragsbescheiden der Rundfunkanstalten bzw. Erfüllung ihres gesetzlichen Vollstreckungsauftrags verpflichtet. [...] Daher bitten wir Sie, sich nicht von der Entscheidung des Landgerichtes beirren zu lassen und die Vollstreckung aller noch offenen Fälle wie bisher durchzuführen. Sie erhalten beigefügt das Vollstreckungsersuchen zwecks Fortsetzung der Beitreibung zurück.«

Ich bitte H., mir den Charakter dieses Schreiben noch einmal in einem Wort zu beschreiben. Er sagt: »Selbstgerecht. Obwohl die GEZ merkt, dass sie dilettantisch arbeitet und dass es von Behördenseite immer mehr Menschen gibt, die das kritisch sehen.« Ich frage ihn, ob für jeden Fall, den er nach Köln abgibt, ein ellenlanger Brief zurückkommt: »Am Anfang schon. Die müssen das bloß wegen mir mit ihrer Rechtsabteilung ausgearbeitet haben.« Hier irrt sich der Vollstrecker. Auch dieses Schreiben ist zu 90 Prozent aus Textbausteinen zusammengesetzt. Andere Vollstrecker spielen ihre Antwortschreiben dem GEZ-Boykott-Forum zu. Dort werden sie veröffentlicht, und wenn man die Sätze vergleicht, merkt man schnell: Alles wiederholt sich. Immer wieder ist von den »eklatanten Rechtsfehlern« des Landgerichts Tübingen die Rede.

Das ist aber auch ein Hinweis darauf, dass H. bei Weitem nicht der einzige Vollstrecker im Land ist, der so handelt. Wie hoch wird bei ihm am Ende der Papierberg aus Köln? H. muss hier etwas zur Ehrenrettung des Beitragsservice sagen. Die Papierflut sprengt dann doch nicht seine Zimmerdecke: »Irgendwann war es denen wahrscheinlich zu umständlich, für jeden Fall wieder drei Seiten fertig zu machen. Sie haben sich immer kürzer gefasst und dieser Befehlston hat sich dann natürlich auch eingeschlichen. Mir persönlich wurde zwar nichts angedroht, aber man hat den erzieherisch strengen Unterton schon gehört. So ungefähr: Jetzt hätte ich aber endlich zu vollstrecken.«

Festsetzungsbescheide: »Hier gibt es nichts zu sehen«

H. lässt sich aber trotzdem von der Entscheidung des Landgerichtes »beirren« und schickt zurück. Angespornt durch den Tübinger Richter will er es ganz genau wissen. Der Vollstrecker fordert den Beitragsservice auf: »Schicken Sie mir bitte erst eine Kopie der Festsetzungsbescheide. Ich will gerne prüfen, ob sie korrekt gefertigt sind, damit meine Vollstreckungsmaßnahmen auf einer soliden Grundlage stehen. Nicht dass alles, was ich gemacht habe, Retoure laufen muss, weil eine Formalität nicht stimmt.«

Festsetzungsbescheide sind die Grundlage der Vollstreckung. Wenn Sie trotz einer Mahnung nicht zahlen, verschickt der Beitragsservice diese Schreiben. Darin wird eine Summe festgesetzt. Zahlen Sie immer noch nicht und legen keinen Widerspruch ein, ist der Betrag vollstreckbar. Die herrschende Meinung sieht in der Rechtsprechung so aus: Die ARD-Sender handeln hier wie eine Art Behörde und ihr Festsetzungsbescheid ist ein Verwaltungsakt.

Wird der Festsetzungsbescheid nicht gezahlt, lässt ihn der Beitragsservice vollstrecken. Dieses Dokument ist also wichtig, denke ich. H. belehrt mich eines Besseren. Ein Vollstrecker bekommt diese Bescheide nicht zu Gesicht. Der Beitragsservice verschickt bloß das Vollstreckungsersuchen. Die Bescheide werden nicht einmal als Kopie angeheftet. Woher weiß der Vollstrecker dann, was er vollstrecken soll? Er muss sich auf der letzten Seite des Vollstreckungsersuchens mit einer kleinen Aufzählung der Bescheide, der Summen und der Säumniszuschläge begnügen. Unten rechts findet sich dann ein insgesamt »beizutreibender Betrag«.

Der Vollstrecker hat das alles zu glauben. Er kann nicht prüfen, ob es die Festsetzungsbescheide wirklich gab, ob und wann sie verschickt wurden, ob sie beim Beitragsrebellen angekommen sind oder ob die Summen stimmen.

H. bittet um die Festsetzungsbescheide, doch er wird keinen einzigen sehen: »Ich habe mitgeteilt bekommen, das sei nicht erforderlich. Wenn sie mir mitteilen, dass die Vollstreckung rechtskräftig ist, dann sei das ausreichend.«

Was hält H. von der Reaktion des Beitragsservice? Der Vollstrecker antwortet nicht, sondern wechselt das Lied in der Stereoanlage. Er sagt, dass ich darauf achten solle, was Reinhard Mey gerade singt: »Gehen Sie hinter die Absperrung, bitte bleiben Sie nicht stehen, bitte gehen Sie weiter, hier gibt es nichts zu sehen. Es ist alles okay in Guantanamo Bay.«

Keine Märchenstunde: Der Beitragsservice besteht auf einer »Zugangsfiktion«

Nachdem das Lied ausgeklungen ist, erklärt H.: »Das war der GEZ unangenehm, dass sie jetzt Nachweise bringen soll. Die haben sich richtig geweigert, das habe ich gemerkt. Dabei ist dieser Bescheid doch die Voraussetzung für meine ganze Arbeit.« Im September 2016 erfolgt der nächste Tübinger Beschluss, der sich ebenfalls mit den Festsetzungsbescheiden des Beitragsservice befasst:

Der Gerichtskrimi über die Vollstreckung des Rundfunkbeitrags – Teil 3

16. September 2016: Das Landgericht Tübingen erklärt erneut eine Zwangsvollstreckung des Rundfunkbeitrags für unzulässig: »Der Schuldner bestreitet, die Festsetzungsbescheide erhalten zu haben. Die [Rundfunkanstalt] ist der Ansicht, der nicht anwendbare § 43 LVwVfG enthalte einen allgemeinen Rechtsgedanken, der somit dennoch die Zugangsvermutung beinhalte.«[13]

So sieht das im Alltag aus: Der Beitragsservice verschickt seine vielen Festsetzungsbescheide wie einen normalen Brief. Er kann die Zustellung also nicht beweisen, wie es zum Beispiel mit einer Postzustellungsurkunde oder einem Übergabeeinschreiben möglich wäre. Die Kosten von ein paar Euro spart man sich in Köln. Gehen die Briefe unterwegs verloren und landen nie im Briefkasten, hat der Beitragszahler Pech. Er kennt seine Widerspruchsfrist nicht. Er weiß nichts von der möglichen Zwangsvollstreckung, gegen die er sich nur noch eingeschränkt wehren kann.

Und jetzt eine gerichtsfestere Erklärung: Der Festsetzungsbescheid über Rundfunkbeiträge wird wie ein Verwaltungsakt gesehen. Er muss der Person bekannt gegeben werden, gegen den er sich richtet. Erst durch die Bekannt-

gabe gilt der Verwaltungsakt als »in die Welt« gesetzt. Beim Festsetzungsbescheid kann diese Bekanntgabe nicht direkt nachgewiesen werden. Der
Beitragsservice nimmt aber eine »Zugangsfiktion« in Anspruch: Drei Tage,
nachdem der Brief bei der Post aufgegeben ist, gilt er als zugestellt.

Unklarheiten gehen damit *nicht* zulasten der Behörde. Die Vollstreckten
müssten das Nichts beweisen: Sie haben *keinen* Festsetzungsbescheid erhalten. Juristen gehen – wenn nicht gerade der Rundfunkbeitrag verhandelt
wird – davon aus, dass man das Nichts nicht beweisen kann.

Der Südwestrundfunk schaltet wieder den Bundesgerichtshof ein.

27. April 2017: Der BGH hebt den Tübinger Beschluss auf: »Im Verfahren der
Beitreibung von Rundfunkbeiträgen im Wege der Verwaltungsvollstreckung
findet die Überprüfung der wirksamen Zustellung eines Beitragsbescheids
durch den Gerichtsvollzieher und das Vollstreckungsgericht *nicht* statt.
Grundlage der beantragten Zwangsvollstreckungsmaßnahme gemäß § 15a
Abs. 3 Satz 2 LVwVG BW ist nicht der Beitragsbescheid, sondern das schriftliche Vollstreckungsersuchen der Vollstreckungsbehörde.«[14]

Und damit schließt sich auch die nächste Ausgangstür für Beitragsrebellen. Der Bundesgerichtshof weist zwar darauf hin, dass die Behörde
im Zweifel doch noch *irgendwie* nachweisen muss, dass der Bescheid
zugegangen ist. Es genüge aber, wenn das »nach den Grundsätzen
des ersten Anscheins« geschieht. Die Behörde darf »nach allgemei-
ner Lebenserfahrung« schlussfolgern – wenn also ein Festsetzungsbescheid vom Beitragsservice angekommen ist, müssen alle weiteren
doch auch im Briefkasten landen, oder?

Karlsruhe zeigt nicht immer so viel Verständnis für die Nöte einer
Behörde. 1998 ließ der Bundesgerichtshof ein Finanzamt auflaufen,
das den Zugang seines Bescheids per Faxbericht nachweisen wollte.
Auch das Bundessozialgericht zeigt beim Thema »Zugangsfiktion«
den Behörden Grenzen auf. 2007 urteilte das Gericht in Kassel: Ein

Mensch kann nicht mehr tun, als zu sagen: Ich habe dieses Schreiben nicht erhalten!

»Ein Satz hätte auch gereicht: ›Wir müssen hier gar nichts‹«

H. schickt weiter Fälle zurück, obwohl der BGH den Tübinger Beschluss vom September 2016 schon wieder einkassiert hat. Ich traue mich fast nicht, muss aber dennoch fragen: Wie reagiert der Beitragsservice auf H.s Bitte, die Festsetzungsbescheide sehen zu dürfen? Er zeigt mir eines der Antwortschreiben. Darauf stehen Sätze wie diese, knapp und beinahe militärisch im Ton:

> »Nachweise über eine Zustellung werden nicht beigefügt, da eine förmliche Bekanntgabe der Bescheide nicht erforderlich ist.«
> »Die Zustellung von Festsetzungsbescheiden ist daher weder Wirksamkeits- noch Vollstreckungsvoraussetzung und daher im Vollstreckungsverfahren nicht zu prüfen.«

Wenn die Zustellung der Festsetzungsbescheide ohnehin keine »Vollstreckungsvoraussetzung« ist, wenn der Beitragszahler chancenlos bleibt und praktisch nichts mehr bestreiten darf – warum werden diese Bescheide überhaupt noch per Post verschickt? Der Beitragsservice könnte sie einfach digital in Köln erstellen, und das war es dann. So würde noch mehr Geld im Umgang mit den Menschen gespart.

H. muss bei meinem Vorschlag schmunzeln. Er nimmt ein Schreiben des Beitragsservice und markiert mit dem Zeigefinger ein X über den Text, so als wolle er alles durchstreichen: »Ein Satz hätte auch gereicht: ›Wir müssen hier gar nichts.‹ Von mir erwarten sie aber das blinde Vertrauen. Da habe ich mich entschieden: Dann schauen wir doch, ob wir nicht noch andere Gründe finden, um das zurückzuschicken.«

Als H. das Schreiben wieder auf den Stapel legt, sehe ich dort mehr als nur Antwortschreiben. Auf vielen der vollbedruckten Seiten steht das Wort »Informationsblatt«. Der Beitragsservice kommuniziert also intensiv mit den Vollstreckern – stolze acht DIN-A4-Seiten umfasst allein das Informations-»Blatt« zum Landgericht Tübingen. Der Begriff »Informationsbroschüre« hätte besser gepasst. Dafür, dass der Rundfunkbeitrag so selbsterklärend sein soll, haben die Vollstrecker doch einen recht hohen Aufklärbedarf. Das Spiel geht weiter: Ein Vollstrecker muss Beitragsrebellen überzeugen

H. beharrt eisern auf der formalen – also nachweisbaren – Zustellung der Festsetzungsbescheide. Der Beitragsservice hingegen rüstet gerade wieder seine Rechthaberabteilung auf: Zehn Juristen werden neu eingestellt, 17 befristet eingestellte müssen »wegen anhängiger Gerichtsverfahren weiterbeschäftigt werden«[15]. Da wird sich doch einer finden, der diesem Vollstrecker endlich einbläuen kann: Ein Zugang der Bescheide hat nichts mit der Vollstreckung zu tun. Dieser Vollstrecker will aber einfach nicht gegen den eigenen Verstand handeln. »Die formale Zustellung macht Sinn.« Stimmt: Damit wird nicht nur sichergestellt, dass der Bescheid überhaupt ankommt – auch bei der Widerspruchsfrist von 30 Tagen gibt es keine Zweifel. »Wenn diese Frist abgelaufen ist, ist auch eine Klage gegen den Bescheid nicht mehr möglich.«

Das Diskussionsklima zwischen dem Vollstrecker und dem Beitragsservice nähert sich dem Gefrierpunkt an: »Ich merke, dass der Ton immer strenger wird. Die machen sich keine Mühe mehr, noch zu argumentieren und auf die Punkte einzugehen. Die sagen: Das Ding ist rechtskräftig, es ist jetzt zu vollstrecken und wir danken Ihnen, dass Sie weiter vollstrecken.«

H. benutzt weiter den Tübinger Beschluss vom September 2016 – der die »Zugangsfiktion« infrage stellt. Dafür sieht er die Chancen zumindest in Niedersachsen nicht schlecht. Dort gilt das NVwVfG. Das ist kein Buchstabensalat, die Abkürzung steht für: Niedersächsisches Verwaltungsverfahrensgesetz. Dieses Wortmonstrum ist bloß ein dürres Rumpfgesetz mit acht Paragrafen. Bereits der erste Paragraf funktioniert wie eine Art Umleitung: Es »gelten die Vorschriften des Verwaltungsverfahrensgesetzes«. Gemeint ist das Gesetz des Bundes.

Darauf bezieht sich H. Er sagt, ich solle mir dort den Paragrafen 41 anschauen: »Bekanntgabe des Verwaltungsaktes«. Auch dort gilt ein Bescheid nach drei Tagen als zugestellt! Der Vollstrecker fordert mich auf, weiterzulesen. Tatsächlich, der nächste Satz könnte ihm in die Karten spielen:

> »Im Zweifel hat die Behörde den Zugang des Verwaltungsaktes und den Zeitpunkt des Zugangs nachzuweisen.«

»Genau diesen Passus übersieht der Norddeutsche Rundfunk erfahrungsgemäß gerne«, erklärt H. triumphierend. Jetzt aber riskiert der Vollstrecker beim Zurückschicken der Fälle einiges mehr. Vorher wies H. auf formale Mängel hin und spielte am Schreibtisch Pingpong. Jetzt spielt H. gemeinsam mit den Beitragsrebellen gegen den Beitragsservice. Doch erst einmal muss H. die Menschen in seinen Plan einweihen. Er muss ihnen den möglichen Ausweg erklären: Sie dürfen sagen, dass keine Bescheide angekommen sind. Der Beitragsservice soll dann das Gegenteil beweisen. Doch wie geht H. dabei vor? Es muss ja unbemerkt geschehen und der Vollstrecker will niemanden dazu überreden.

> »Ich bin zum Außentermin gefahren und habe mit den Leuten vor Ort gesprochen. Ich habe gefragt: ›Sind Sie mit der Forderung einverstanden oder haben Sie damit Bauchschmerzen?‹
>
> Wenn die Leute dann mit mir darüber diskutiert haben, habe ich gesagt: ›Ich *hätte hier ein Schreiben, damit können wir den Fall wieder zurückschicken. Sie bräuchten nur zu unterschreiben und eine Kopie habe ich für Ihre Unterlagen auch mitgebracht. Lesen Sie sich das in Ruhe durch, damit Sie wissen, was Sie da unterschreiben. Wenn Sie damit zu 100 Prozent konform gehen, nehme ich das so wieder mit und dann erledigt sich das.*‹«

H. trägt also einen vorformulierten Brief in der Tasche. Das ist eine Hilfe, die sich Beitragsrebellen wohl auch von anderen Vollstreckern wünschen. Weiß H. aber, dass er seine Befugnisse hier recht weit ausdehnt? Der Vollstrecker will es darauf ankommen lassen: »Speziell beim aufgezwungenen Rundfunkbeitrag weigere ich mich, gegen den Willen des Bürgers vorzugehen. Wenn ich selber nicht zahlen will, kann ich es nicht von anderen erwarten. Nach dem Prinzip: Wasser predigen, aber Wein trinken!« H. hat für sich also ein Unrecht erkannt.

Andererseits: Das mit der Nichtzustellung wollen doch bestimmt auch Menschen missbrauchen, die ihre Bescheide erhalten haben. Findet H. das nicht unfair? »Nein. Leider darf sich der Bürger auf inhaltlicher Ebene nicht mehr wehren, er kann sich nur noch auf formelle Voraussetzungen berufen, die sein müssen. Den Nachweis der Zustellung erbringt der Norddeutsche Rundfunk nicht, obwohl er vom Gesetz her in der Pflicht ist. Unsereins wird so von der GEZ geärgert, warum soll man die nicht auch mal ärgern?«

Unsereins? Ein Vollstrecker sieht sich mit den Beitragsrebellen auf der gleichen Galeere? Ich bitte H., mir das genauer zu erklären: »Das ist dieses David-gegen-Goliath-Prinzip. Ich will den Leuten die Illusion nehmen, dass sie keine Chance haben und dass man eh nichts mehr ausrichten kann. Viele sehen die Vollstreckung als Sackgasse und geben auf. Wenn der Gerichtsvollzieher vor der Tür steht, das ist schon starker Tobak, da möchte ich auch nicht in der Rolle des Schuldners stecken – gerade wenn der Gerichtsvollzieher partout sein Ding durchzieht. Deshalb bin ich froh, dass ich in Niedersachsen wirken und ein bisschen gegensteuern kann.«

H. zeigt mir, wie der Beitragsservice in Köln darauf reagiert – natürlich wieder mit einem Musterschreiben:

»Die Behauptung des Vollstreckungsschuldners, die entsprechenden Festsetzungsbescheide nicht erhalten zu haben, ist rechtlich unerheblich, da die bloße Behauptung nicht geeignet ist, die Zugangsfiktion, die sich aus dem Verwaltungsverfahrensgesetz ergibt, zu widerlegen.«

Natürlich darf man hier einwenden: Wenn der Mensch den Zugang der Bescheide bestreitet, dann *ist* die »Zugangsfiktion« widerlegt, dann *muss* die Behörde mit Nachweisen kommen. Schließlich argumentiert eine Meldebehörde ja auch nicht so: *Schreie im Sarg sind rechtlich unerheblich, da bloße Lautäußerungen nicht geeignet sind, die behördlich angenommene Todesfiktion zu widerlegen.*

Wie leicht darf es sich der Beitragsservice hier machen? Diese Frage muss schon wieder vor Gericht geklärt werden. H. könnte einen Präzedenzfall in Niedersachsen schaffen – ob zum Guten oder zum Schlechten, wissen wir nicht. H. muss aber auch bedenken: Der Beitragsservice führt nicht nur 45 Millionen Beitragsnummern und Beitragskonten, er führt über uns auch eine Akte: Wann wurden wir postalisch erfasst, wann haben wir bezahlt, wann wurden die Festsetzungsbescheide verschickt, wann haben wir mit dem Beitragsservice kommuniziert – und wie? Bei einem Verfahren wird diese Akte auf den Tisch geknallt und unser Anwalt muss dann gewitzt sein. Wir haben in diesem Kapitel gelernt, dass ein Prozess zur wackeligen Angelegenheit werden kann. Am Ende steht und fällt alles mit dem Richter.

H. beweist Rückgrat – aber seine Methode funktioniert in der Vollstreckung nur deshalb, weil er als Vollstrecker mitspielt, weil er einen formalen Mangel sieht, weil er den Fall zurückgibt, weil er sich mit dem Beitragsservice dann weiterstreitet. Wie es ist, wenn der Vollstrecker nicht mitspielt, merkt H. bei seiner eigenen Vollstreckung: »Vom NDR als Gläubiger liegt mir bis heute kein Festsetzungsbescheid vor.« Der andere Vollstrecker hat diesen Einwand zwar auch an den Beitragsservice geschickt. Von dort kommen aber die üblichen Textbausteine zurück – und der andere Vollstrecker hat dazu keine Meinung. H. soll also vollstreckt werden; jetzt müsste er vor Gericht ziehen.

Und das wird nicht leicht. Ich schaue mir das Antwortschreiben des Beitragsservice auf H.s Widerspruch in der Vollstreckung an. Der NDR ist vom Gesetz her zwar in der Nachweispflicht, doch der Spieß wird einfach umgedreht! H. soll beweisen, dass er nichts erhalten hat – und wir wissen ja: Juristisch lässt sich das Nichts nicht beweisen. Wer genauso wie der Vollstrecker argumentiert, wird mit den immer gleichen Musterschreiben abgefertigt. Lesen Sie ein paar Sätze daraus:

>»Nach den gesetzlichen Bestimmungen können Bescheide durch Zusendung eines einfachen verschlossenen Briefes übersandt werden.«

>»Die versandten Bescheide sind nicht als ›unzustellbar‹ zurückgesandt worden. Somit besteht kein Zweifel, dass die Bescheide zugegangen sind.«

>»Der Adressat muss sein Vorbringen nach Lage des Einzelfalls derart substanziieren, dass zumindest ernsthafte Zweifel am Zugang begründet werden.«

Und wieder hält der Beitragsservice einen Joker in der Hand: die Zugangsfiktion. Sie stammt noch aus Zeiten, als es eine Bundespost gab, als der Briefträger verbeamtet war. Wie es sich für eine Fiktion gehört, ignoriert sie das neue Jahrtausend: Unsere Post bringt längst der Subunternehmer, für einen Hungerlohn. Ein Paket gilt bereits als zugestellt, wenn es wenigstens *auf* dem Hausdach landet. Geschenkt – ich habe das Gefühl, dass wir uns im Kreis drehen. Egal, was der Tübinger Richter probieren mag, die ARD hat immer eine Antwort, die ARD bekommt immer recht, sie scheint immer einen Schritt voraus. Der Realitätscheck des Rundfunkbeitrags erinnert an das ungleiche Wettrennen zwischen dem Hasen und den zwei Igeln. Hoffentlich geht es nicht so aus. Der Hase brach ja nach dem 74. Versuch erschöpft zusammen und starb.

Der Gerichtskrimi über die Vollstreckung des Rundfunkbeitrags – Teil 4

3. August 2017: Am Landgericht Tübingen wird fleißig in Sachen Rundfunkbeitrag verhandelt. Dieser Ort genießt unter Beitragsrebellen inzwischen einen exzellenten Ruf. Jetzt geht es aber nicht mehr um einen einzelnen Fall, es sind gleich sechs Menschen, die sich im Rechtsstreit mit dem SWR befinden – weil sie sich zwischen 2013 und 2016 mit einer Beschwerde gegen ihre Zwangsvollstreckung gewehrt haben. Richter Matthias Sprißler fasst am 3. August 2017 einen Beschluss, der deutschlandweit für Aufsehen sorgt. Er legt dem Europäischen Gerichtshof (EUGH) sieben offene Fragen aus den laufenden Verfahren vor. Der Tübinger Richter will beim EUGH prüfen lassen, ob der Rundfunkbeitrag in diesen Punkten gegen EU-Recht verstößt.

Inzwischen hat der Gerichtshof in Luxemburg über den Beschluss entschieden: Auch dieser Vorstoß hat keinen Erfolg. Wir kehren später in die Justiz-Arena zurück – dann aber mit einem Anwalt. Schauen wir nun hinter die Kulissen. Dort wartet der brisante Teil von H.s Geschichte. Wir kennen durch ihn bereits die »pädagogischen Briefe« und »Informationsblätter« aus Köln. Lernen wir doch die *Weisungen* des Beitragsservice an die Vollstrecker kennen.

KAPITEL 6

HINTER DEN KULISSEN: SO OR-CHESTRIERT DER BEITRAGS-SERVICE DIE VOLLSTRECKER

»Auf die Vollstreckungsmaßnahmen, die Kommunen ergreifen, haben die Rundfunkanstalten keinen Einfluss.«[1]
Hans Eicher, Justiziar des SWR, Fachgebiet: Beitragsrecht

Dieses Zitat besingt das öffentliche Lied von den hilflosen Rundfunkanstalten. Was wird aber hinter den Kulissen gespielt? Dort schwingt
der Beitragsservice den Taktstock und dirigiert ein gewaltiges Konzert:
Sämtliche Vollstreckungsbehörden im ganzen Land müssen schließlich im richtigen Takt mitspielen.

Der Beitragsservice orchestriert diskret. Seine Rundschreiben an
die Vollstreckungsbehörden sind freundlich gehalten. Er schreibt von
Vorschlägen. Trotzdem macht der Beitragsservice sehr deutlich, was er
beim Vollstrecken wünscht und wie er es wünscht. H. leistet sich aber
einen bürokratischen Luxus: gesunden Menschenverstand. Dieser
Vollstrecker hinterfragt, bevor er funktioniert. Er fühlt sich gemaß-
regelt und gelenkt. Die Rundschreiben nennt er die »Betstunde mit
der GEZ-Bibel«. Darüber hinaus bietet der Beitragsservice den Vollstreckern sogar kostenlose Schulungsseminare an. Mein Vollstrecker
lehnt das ab: »Am Ende wird mir da auch noch der Kopf verdreht.«
Wenn andere Vollstrecker aus den Nachbarkommunen von dort zu-
rückkehren, seien die »hinterher wie ausgetauscht«.

Was aber auch er lesen muss, das sind eben die Rundschreiben aus
Köln. Sie kommen, wenn die Geldmaschine von ARD und ZDF offenbar wieder der Meinung ist, Deutschlands kommunale Vollstreckungsbehörden *aufklären* zu müssen, wenn es einer neuen *Empfeh-*

lung bedarf. Das Schreiben vom März 2017 ist gleich aus zwei Gründen von hohem öffentlichen Interesse. Es geht um den Dauerärger wegen der Erzwingungshaft. Es geht aber auch um das Verhältnis zwischen dem Beitragsservice und den Gemeinden:

> »Zunächst einmal möchten wir Ihnen für Ihre Unterstützung bei der Beitreibung rückständiger Rundfunkbeiträge sehr herzlich danken. Uns ist bewusst, dass Sie trotz der vermehrten Ausbringungen von Vollstreckungsersuchen ohne Aufstockung von Ressourcen die Beitreibung mit großen Anstrengungen bewältigen müssen.«

Der Grund für diese »großen Anstrengungen« fehlt in diesem Schreiben. Ich ergänze ihn gerne: Weil der Rundfunkbeitrag draußen im Land auf breite Ablehnung stößt. Millionen von Bürgern verweigern die Zwangsabgabe, was die kommunale Verwaltung an ihre Grenzen bringt: Städte, Gemeinden, Landkreise, Finanzämter und Amtsgerichte dürfen wortwörtlich den Kopf für ARD und ZDF hinhalten.

Sie müssen den Widerstand brechen. Sie müssen vollstrecken. Sie werden von den Bundesländern durch Verwaltungsgesetze zu diesem Zwang gezwungen. Der Beitragsservice hat eine wahre Welle losgetreten: Er lässt bis zu 1,5 Millionen Menschen pro Jahr vollstrecken.[2] Das ist mehr als doppelt so viel als noch 2012 mit der alten Rundfunkgebühr.[3] Inzwischen tritt sogar der Beitragsservice auf die Bremse und schreibt im Geschäftsbericht: »Um diese Vollstreckungsorgane zu entlasten, wird seit November 2014 die Ausbringung der Vollstreckungsersuchen [...] auf monatlich rd. 60.000 begrenzt.«[4]

Wenn die Zahl der Vollstreckungen explodiert, stellt sich eine Frage natürlich immer öfter: Sollen die Vollstrecker Haftbefehle gegen hartnäckige Beitragsrebellen einsetzen? Der Beitragsservice gibt dazu folgende *Empfehlung* im Rundschreiben vom März 2017:

> »In letzter Zeit erreichen uns vermehrt Anfragen zur Abgabe der Vermögensauskunft. Gleiches erreicht uns auch immer wieder anlässlich unserer mit Ihnen gemeinsam durchgeführten Informati-

onsveranstaltungen. Auch die Rückläufer aus den Vollstreckungsprotokollen bestätigen dieses anscheinend größer werdende Problem.

Entsprechend der länderspezifischen Vollstreckungsregeln ist, optional im Sinne als ›Ultima Ratio‹, im Falle einer nachhaltigen Verweigerung der Vermögensauskunft selbige durch Erzwingungshaft (§ 802g g ZPO) zu erwirken. Ungeachtet dessen bleibt selbstverständlich die Wahl der Mittel im Rahmen der Verhältnismäßigkeit bei Ihnen als Vollstreckungsbehörde.«

Das sind harte Worte im Bürokratenton. Sie entlarven aber einiges: Offiziell spricht die ARD nur von wenigen »Einzelfällen« bei der Erzwingungshaft. Hinter den Kulissen ist es dann ein »anscheinend größer werdendes Problem«. So groß, dass die verunsicherten Vollstrecker den Beitragsservice mit Fragen dazu überhäufen. So groß kann ein kleines Problem werden. Umgekehrt läuft es bei der Verantwortung der Sender. Offiziell findet der ARD-Gremien-Adel die Erzwingungshaft »in der Regel [...] nicht verhältnismäßig«⁵. Für den Beitragsservice ist die Haft dann aber nur eine Maßnahme, die »zu erwirken« ist – und zwar bitte schön von den Vollstreckern. Die haben »selbstverständlich die Wahl der Mittel«.

Wenn das alles so selbstverständlich ist, warum müssen die Vollstrecker darüber *aufgeklärt* werden, warum existieren dort so viele Fragen zum Verhaften eines Menschen? Weil es eben nicht sonnenklar ist. Weil der Rundfunkbeitrag ein Sonderfall in der Verwaltungsvollstreckung ist. Die Rundfunkanstalten vollstrecken nicht selbst. Diesen Kelch reichen sie an alle Gemeinden im ganzen Land weiter. Und dort wird es spätestens bei der Erzwingungshaft schwierig – bei der Frage, wer eigentlich von der Haft eines Menschen wissen und wer zustimmen muss.

Der Standpunkt des Beitragsservice ist offenbar: Er bekommt das Geld. Die kommunalen Vollstreckungsbehörden bekommen »die Wahl der Mittel«, die Arbeit beim Abpressen, die ganze Verantwortung, auch bei den Haftfällen – und natürlich die Vollstreckungs-*Empfehlungen* aus Köln.

Obwohl die Rundfunkanstalten wohl nichts sehen, nichts hören und am liebsten auch nichts sagen wollen: Ihrer *Verantwortung* beim Haftspiel können sie sich nicht ganz entledigen. Sie bleiben der Gläubiger des Rundfunkbeitrags. Sie erklären öffentlich, dass solch eine Haft nicht verhältnismäßig ist. Wenn ich dann aber solch ein Rundschreiben lese, empfinde ich das Beschwören der Verhältnismäßigkeit als Tritt ins Gesicht der Verhafteten.

Wie halten es also die ARD-Sender *intern* mit der Wahrheit, wie sportlich darf sie dort ausgelegt werden? Einen Menschen mit Haft zu bedrohen und ihn wegsperren zu lassen, das bezeichnet ihr Beitragsservice als »Ultima Ratio«: das letzte Mittel, aber eben auch ein Mittel, das eingesetzt werden darf. Um es noch einmal deutlich zu sagen: Es handelt sich hier um kein altes Schreiben. Diese Worte an die Vollstrecker werden im März 2017 gewählt. Über ein Jahr nach den ersten Haftfällen und nachdem sich die ARD öffentlich von der Erzwingungshaft distanziert hat. Zur Ehrenrettung sei aber hinzugefügt, dass es der Beitragsservice hinter den Kulissen wenigstens aufgreift und die Vollstrecker endlich informiert – das aber mit eiskalten Worten:

> »Wenngleich die Erzwingungshaft im Einzelfall erfolgversprechend sein kann, möchten wir darauf hinweisen, dass unsererseits kein Interesse an der Vollstreckung des Haftbefehls besteht.«

Auch dieser Satz ist ein bürokratisches Meisterwerk. Seine wahre Bedeutung erschließt sich nur denen, die wissen, wie die Erzwingungshaft funktioniert – dreistufig. Stufe eins: Dem Schuldner wird mit einem Haftbefehl gedroht. Stufe zwei: Der Haftbefehl wird beantragt. Stufe drei: Knickt der Schuldner nicht ein, wird er wirklich ins Gefängnis chauffiert und in der Haftzelle weichgekocht. Zu all dem muss der Gläubiger jeweils sein Okay geben. Eigentlich.

Wir sind aber bei der Vollstreckung des Rundfunkbeitrags und dazu schreibt der Beitragsservice bloß, dass die Erzwingungshaft »im Einzelfall erfolgversprechend sein kann«. Was ist das? Eine Empfehlung an die Vollstrecker, diese Drohkulisse einzusetzen? Die anschließende »Vollstreckung des Haftbefehls« ist dann aber nicht mehr im »Interesse« der Rundfunkanstalten. Man könnte das als Fortschritt feiern. Leider liefert der Beitragsservice im nächsten Satz den Grund dafür, warum ein massenhaftes Wegsperren von Menschen nicht im »Interesse« der Rundfunkanstalten liegt:

> »Vereinzelte Inhaftierungen haben zu Schlagzeilenpublikationen geführt, die nach unserer Auffassung die Akzeptanz der Finanzierung des öffentlich-rechtlichen Rundfunks belasten. Deshalb sind wir daran interessiert, dass alternativ die Eintragung ins Schuldnerverzeichnis stärker genutzt wird.«

Wer »alternativ« mit einem Eintrag im Schuldnerverzeichnis belohnt wird, bekommt kaum noch einen Handyvertrag, einen Mietvertrag oder gar einen Kredit – selbst laufende Verträge können gekündigt werden. Doch zurück zum Brief: Dem Beitragsservice geht es um den Ruf des Rundfunkbeitrags. Schlechte Schlagzeilen sollen vermieden werden. Die Kernfrage war doch eine ganz andere: Sind das Bedrohen und Weichkochen im Gefängnis beim Rundfunkbeitrag überhaupt verhältnismäßig? Vor dieser Antwort, vor dieser Verantwortung drücken sich die Rundfunkanstalten – auch hinter den Kulissen. Die Vollstrecker haben die »Wahl der Mittel im Rahmen der Verhältnismäßigkeit«. Der Beitragsservice delegiert die Verantwortung weg.

Ich spreche mit dem Vollstrecker H. über diesen Brief. Diese Zeilen haben ihn sehr wütend gemacht, weil er als Beamter eben zwischen den Zeilen liest: »Wie stellen die sich das vor? Wir treten dabei mit einer leeren Drohung vor den Schuldner.« Das Geschäft ist für die Vollstreckungsbehörden hart und der Ton an der Front rau. Vor allem dank des umstrittenen Rundfunkbeitrags ist er noch rauer geworden.

Die Rundfunkanstalten könnten als Gläubiger geradeheraus sein und schreiben: »Wir wollen nicht, dass ihr die Erzwingungshaft einsetzt. Beim Rundfunkbeitrag ist so etwas unangemessen und ihr habt andere Mittel. Unsere Glaubwürdigkeit ist uns wichtiger als der letzte Cent, wenn er hinter Gittern abgepresst werden muss.«

Stattdessen treibt der Beitragsservice ein Spiel, bei dem die Vollstreckungsbehörden nur verlieren können. Sie bekommen eine Spielzeugpeitsche in die Hand gedrückt: Es darf gedroht werden, es sollte aber nicht verhaftet werden. Ich weiß, dass es schwerfällt, aber versetzen Sie sich in einen Vollstrecker hinein. Er hat gerade, wie vom Beitragsservice gewünscht, »im Einzelfall« mit Erzwingungshaft gedroht und wartet nun auf das Ergebnis: Geld. Es kommt aber keines. Die Drohung wirkt nicht, der Rundfunkbeitrag wird nicht gezahlt. Wenn der Vollstrecker den Wünschen des Beitragsservice folgt, schleicht er sich nun beschämt davon, schreibt ein Fruchtlosprotokoll nach Köln und bekommt in ein paar Monaten wieder Post aus Köln: »Bitte den gleichen Schuldner noch einmal vollstrecken. Mit freundlichen Grüßen, der Beitragsservice.«

Also droht der Vollstrecker wieder mit Haft. Er merkt frustriert, dass seine Spielzeugpeitsche nicht wirkt. Es kribbelt ihm in den Fingern. Er könnte eigentlich ernst machen und zur neunschwänzigen Katze greifen – also einen Haftbefehl beantragen. Wie formuliert es der Beitragsservice doch so geschickt im Rundschreiben: Die »Wahl der Mittel« bleibt beim Vollstrecker. Er selbst hat es in der Hand. Seien Sie jetzt eine gnadenlose, frustrierte Beamtenseele und brüllen Sie: »Wer A sagt, muss auch B sagen. Wer mit Haft droht, aber es anschließend nicht durchzieht, macht sich lächerlich. Furcht ist meine Geschäftsgrundlage!« Schon schnappt die Haftfalle wirklich zu und wieder wird ein Mensch verhaftet.

Die Rundfunkanstalten haben wie immer nichts zu tun – mit der Haft. Das ist alles so doppelbödig, dass ich mich frage: Gibt es bei ARD und ZDF neben der Abteilung *Beitragskommunikation* auch noch eine geheime Abteilung *Vollstreckerkommunikation?* Theoretisch wollen die Rundfunkanstalten keine Haft. Theoretisch schreibt der Beitragsservice das auch. Es braucht aber viel guten Willen und gleich zwei geschlossene Augen, um hier zu erkennen, dass er sie auch wirklich verhindern will. Dieses Rundschreiben verwirrt nicht nur die Vollstrecker – es macht die Lage für Beitragsrebellen noch unsicherer. Es zeigt aber noch drei weitere Dinge:

1. Die Rundfunkanstalten handeln, weil sie weitere »Schlagzeilenpublikationen« fürchten. Sie fürchten um den Ruf ihres Rundfunkbeitrags. Das Wohl der Vollstreckten ist kein Thema.
2. Die Rundfunkanstalten nehmen über ihren Beitragsservice doch Einfluss auf das Verhaften.
3. Auf das Vollstrecken an sich nimmt der Beitragsservice ohnehin massiv Einfluss.

»Vorschläge« für die Vollstreckung

Sich klar zu etwas bekennen – das ist also nicht die Stärke der ARD, weder vor noch hinter den Kulissen. Fast noch entlarvender ist für mich aber, was auf der Rückseite dieses Rundbriefs auf die Vollstrecker wartet. Eine riesige Tabelle mit dem Titel »Matrix als Entscheidungshilfe im Rahmen der Vollstreckungsmaßnahmen rückständiger Rundfunkbeiträge«. Sie reguliert fast alles, Punkt für Punkt. Schauen wir uns einen Punkt als Beispiel genauer an.

»Entscheidungshilfe« für Vollstrecker I:

Sachverhalt	Vorschlag für die Bearbeitung
Schuldner/in reagiert nicht auf Vollstreckungsankündigungen, und die wirtschaftlichen Verhältnisse des Schuldners sind unbekannt, gewisse Aussicht auf Erfolg	*Antrag auf Öffnung und Durchsuchung der Wohnung, wenn Aufwand und Nutzen in einem angemessenen Verhältnis zueinander stehen*

Das Wort »Entscheidungshilfe« für Vollstrecker klingt zwar schön, doch passt das Wort »Handlungsanleitung« hier nicht besser? Aber auch das unschöne Wort »Aufbrechen« wird ja vermieden. Wer den Rundfunkbeitrag nicht zahlt, muss tatsächlich um seine Tür und um sein Hab und Gut dahinter fürchten. Einen Gegenstand können Sie aber sorgenfrei stehen lassen: Die Flimmerkiste bleibt unpfändbar.

Laut Gesetz dient der Fernseher einer »bescheidenen Lebensführung«.

Wichtiger sind aber die »Entscheidungshilfen« zur Erzwingungshaft. Sie tauchen gleich dreimal auf, ich habe mir die wichtigste herausgesucht.

»Entscheidungshilfe« für Vollstrecker II:

Sachverhalt	Vorschlag für die Bearbeitung
Schuldner/in reagiert nicht auf Termin zur Abnahme der Vermögensauskunft (Antrag auf Haftbefehl und Haftanordnung steht bevor)	*Drittschuldnerdaten liegen vor = Forderungspfändung anbringen, Fruchtlose Forderungspfändung/en = Abnahme der Vermögensauskunft, Drittschuldnerdaten nicht vorhanden = Abnahme Vermögensauskunft inkl. Eintragungsanordnung in das Schuldnerverzeichnis (durch die Vollstreckungsbehörde oder durch den Gerichtsvollzieher)*

Dieser »Vorschlag für die Bearbeitung« schreibt bis ins letzte Detail vor, was der Vollstrecker zu tun hat. Bis auf eine Ausnahme: Was soll er tun, wenn sich der Schuldner nicht nach Plan verhält, wenn er die Vermögensauskunft verweigert? Zum Haftbefehl schweigt sich auch diese Schritt-für-Schritt-Anleitung aus.

Der Beitragsservice nennt die Erzwingungshaft erst »im Einzelfall erfolgversprechend«, stiehlt sich dann leise aus der Verantwortung und jetzt schwindet auch seine *Empfehlungs*-Wut. Plötzlich darf der dirigierte Vollstrecker wieder schalten und walten. Er bekommt Freiraum, er hat die »Wahl der Mittel« und die Verantwortung.

H. ist der Paragrafen-Robin-Hood, doch ihm gehen offenbar die Pfeile im Köcher aus. Er kann doch nicht der einzige Vollstrecker im Land sein, dem Zweifel kommen. Das millionenfache Eintreiben des Rundfunkbeitrags bedeutet schließlich: immer mehr Fälle, mehr Aufwand, mehr Ärger, mehr Zwangsmaßnahmen, aber nur geringe Kostenpauschalen. »Die GEZ plustert sich auf, so als ob sie ein Hoheitsrecht uns Verwaltungen gegenüber hätte«, sagt H. Das soll kämpferisch klingen, doch ich merke, dass er zweifelt. Sind auch die Vollstrecker bloß noch Getriebene, wie mächtig ist eigentlich der Taktstock des Beitragsservice? Das will H. herausfinden. Er will wissen, ob es Probleme beim Vollstrecken gibt, ob auch andere Behörden das große Konzert des Beitragsservice boykottieren – und wenn ja: wie sie es tun. Doch wo könnte H. das erfahren?

Natürlich bei einem Workshop! Es gibt das, was H. die »GEZ-Seminare« nennt. Es sind Schulungen, die der Beitragsservice organisiert. H. wird daran teilnehmen: »Diese Schulungen finden in den Landesfunkhäusern in Hamburg oder Hannover statt. Eigentlich wollte ich so etwas nie im Leben besuchen. Ich würde Kopfschmerzen bekommen, wenn ich dort eingenordet werde, damit ich, wenn ich wieder zu Hause bin, ans Werk gehe und sage: ›*Jetzt ziehe ich das aber richtig durch.*‹ Das wäre fatal.« Ich denke, dieser Vollstrecker wird der Versuchung widerstehen können.

GEZsponsert: Schulung für Vollstrecker

Vollstrecker sitzen in Seminarräumen, sie bekommen Infoblätter in die Hand gedrückt, die ihnen beim Vollstrecken des Rundfunkbeitrags helfen. Wer bietet denn solch eine großzügige Unterstützung? Ausgerechnet der Beitragsservice! Er ist in Geberlaune und profitiert von diesen Nachhilfestunden – wohl nicht ganz zufällig – am meisten.

Geht es dabei transparent zu? Immerhin beeinflussen die Rundfunkanstalten damit die Arbeit der Behörden. Es entsteht der Verdacht von Nähe. Handeln die Vollstrecker nach der Schulung wirklich noch autonom? Bevorzugen sie bei einem Interessenkonflikt nicht eher die Seite, von der sie ausführlich gebrieft werden? Ist das fair gegenüber den Schuldnern? Ist es angemessen, so etwas mit dem Rundfunkbeitrag zu finanzieren? Im Grunde zahlen wir alle auch noch dafür, besser vollstreckt werden zu können.

Das regt zum Nachdenken an. Schauen wir aber, wie es hinter den Kulissen wirklich zugeht. Dafür müssen wir zum »GEZ-Seminar«, wie H. es nennt. Das ist verblüffend einfach.

Die erste Variante: Der Beitragsservice lädt die Vollstrecker ein

H. legt einen kleinen Stapel mit Einladungen auf den Tisch. Auch sie landen regelmäßig im Postfach. Der Vollstrecker glaubt, die »GEZ-Seminare« werden vom NDR angeboten. Während ich die Papiere durchblättere, komme ich zu einem anderen Schluss. Genau genommen ist es die Abteilung des Beitragsservice beim NDR, die hier zur Schulung lädt. Einige Mitarbeiter der Ex-GEZ sitzen nicht in Köln, sondern bei den Landesrundfunkanstalten. Sie sind einer der Knotenpunkte, die die ARD in ihrem eigenen Behördennetzwerk eingebaut hat. Die Einladungen kommen also aus Hamburg und sind trotzdem vom Beitragsservice.

»GEZ-Seminare« werden übrigens kostenfrei angeboten. Das macht diese Schulungen für Gemeindekassen interessant, die bei der Fortbildung ihrer Mitarbeiter sonst jeden Euro zweimal umdrehen müssen. Soweit ich die Unterlagen richtig verstehe, finden für niedersächsische Vollstrecker insgesamt sechs Termine pro Jahr statt. Sie werden aber aufgeteilt. Im ersten Halbjahr gibt es drei und dann noch einmal zum Jahresende drei. Die Schulungen dauern von 10 bis 16 Uhr. Eine bequeme Zeit.

Ein Teil der »GEZ-Seminare« wird im NDR-Landesfunkhaus in Hamburg abgehalten – also im Nachbarbundesland. Das mondäne Venedig des Nordens liegt vielen Niedersachsen einfach näher als ihre Butterkekshauptstadt. Natürlich findet ein Teil der Seminare auch im NDR-Landesfunkhaus in Hannover statt. Ich denke, hier entscheidet der Beitragsservice ganz praktisch: Wo steht das nächste Landesfunkhaus mit Tagungsräumen? Entsprechend werden dann die Einladungen verschickt.

Kommen wir zum Inhalt: Die Vollstrecker werden fit gemacht für die »Beitreibung rückständiger Rundfunkbeiträge«. Daneben gibt es aber ein Rahmenprogramm. Man glaubt es kaum – geködert wird also auch mit Speck. In der Einladung heißt es: »Die Veranstaltungen beinhalten ein kleines Mittagessen und eine Besichtigung der Fernsehstudios des Norddeutschen Rundfunks.« Wie erwähnt, die Veranstaltungen sind kostenfrei.

H. hört Seminarveteranen immer wieder schwärmen: »War schon toll, sich anderthalb Stunden lang eine Studioführung zu gönnen.« Nicht alle Vollstrecker bleiben so standhaft wie unser Held. Über die Jahre bemerkt H.: »Die GEZ-Seminare sind oft überbucht.« Es melden sich mehr Vollstrecker an, als hinterher zum NDR fahren dürfen. Die Teilnehmerzahl schwankt pro Termin zwischen 30 und 40, und jede Gemeinde darf nur einen Vollstrecker schicken. Außerdem rührt der Fachverband der Kommunalkassenverwalter die Werbetrommel für den Beitragsservice: Auch dort können sich die Vollstrecker anmelden. Wir sehen gleich, dass es noch weitere »GEZ-Seminare« gibt. Sie finden außerhalb der Landesfunkhäuser statt.

Die zweite Variante: Schnittchen, Kaffeepausen und »Argumentationshilfen« gegen Beitragsrebellen

Treffen sich mehr als zwei Deutsche, gründen sie einen Verein: Männerballett oder Fußballverein, Mops-Klub oder FKK-Verein, Karnevalsklub oder Gemeinderat. Ein Hoch auf die Geselligkeit und ein Prosit auf den Karriereturbo. Unser liebstes Hobby ist die Vereinsmeierei. Kombinieren wir sie mit unserem größten Laster: Bürokrat spielen. Was entsteht dann? Richtig, ein Verband. Deutschland hat inzwischen fast 16.000 davon, vom Zentralverband des Deutschen Dachdeckerhandwerks zum Dachverband Deutscher Tanz. Es wird getagt, bis sich die Balken biegen.

Vollstrecker bilden bei der professionellen Vereinsmeierei keine Ausnahme. Es gibt den Bund der Vollziehungsbeamten, den Fachverband der Kommunalkassenverwalter – darunter fächert sich alles in zahlreiche Landesverbände auf. Was tun Vollstrecker in ihren Verbänden? Richtig: Auch sie konferieren, halten Workshops ab und lassen sich schulen.

Der Beitragsservice nutzt die Vereinsmeierei in eigener Sache. Er dockt an, nach dem Motto: Kommt der Vollstrecker nicht zur Rundfunkanstalt, kommt der Beitragsservice zum Vollstrecker. Tatsächlich hat die Ex-GEZ ihren Platz in den Fortbildungsprogrammen. Schauen wir uns den Beweis an und blättern durch eine Broschüre des Bundes der Vollziehungsbeamten. Dort grinst uns ein alter Bekannter entgegen:

>**Die Aufgaben des Beitragsservice von ARD ZDF Deutschlandradio**:

Aufgaben und Strukturen

Erläuterung des Mahnverfahrens an einem Beispiel

Wie viele Anschreiben bekommt der Schuldner vor dem Besuch des VB [Vollziehungsbeamten]?

Von der Anmeldung bis zum Inkassounternehmen

[...]

Teilnehmer: Kolleginnen und Kollegen der Vollstreckungsbehörden«[6]

Veranstalter ist der Beitragsservice. Er bietet für 23 Euro das günstigste Seminar des Jahres 2017 an. Wundert das niemanden? Vermutlich nicht, denn Vollstrecker lernen ansonsten auch schon israelischen Kampfsport – Krav Maga: »Das sichere Betreten einer Wohnung bedarf heute taktischer Verhaltensstrategien.«

Auf den Fachtagungen geht der Beitragsservice noch einen Schritt weiter: Er richtet Workshops aus – etwa bei der Tagung des Bundesverbandes der Kommunalkassenverwalter im Mai 2017. Im Kongresszentrum Fulda lernen Vollstrecker »zusätzliche Kenntnisse als Argumentationshilfen« gegen »Beitragsschuldner«.[7] Das klingt fast schon nach einem Krav-Maga-Kurs. So weit ist es zum Glück aber noch nicht. Der Workshop ist nicht mehr als ein »GEZ-Seminar« vor großem Publikum.

Trotzdem zeigt das, wie tief der Beitragsservice in die Vollstrecker-Szene eindringt. Den Schulungsaposteln aus Köln scheint kein Weg zu weit und kein Ort zu abgelegen. Sie schulen hier und dort und überall. Nicht einmal kleine Landesverbände werden verschont. Im September 2017 findet am Sankelmarker See südlich von Munkwolstrup eine Tagung zum Vollstreckungsrecht statt. Mit drei Stunden nimmt der Rundfunkbeitrag beinahe das halbe Tagesprogramm in Anspruch. Schleswig-Holsteins Vollstrecker bekommen etwas Besonderes spendiert: »Der Beitragsservice steht Rede und Antwort – Besprechung von Problemfällen.«[8] Auch bei einer Thüringer Vollstreckertagung ist der Rundfunkbeitrag das ganz große Thema. Im Protokoll heißt es: »Es zeigte sich, dass allein die Diskussion zu diesem Thema ein tagesfüllendes Programm ermöglicht hätte.«[9]

Haftbefehle? Ja, nein, vielleicht aber doch!

H. sitzt nun im Tagungsraum eines Landesfunkhauses, doch wohl fühlt er sich nicht. Einerseits ist da wieder ein längst vergessenes Gefühl von Schule zurück, andererseits merkt H., dass er mit seinen Mitvollstreckern nicht warm wird: »Man fühlt sich schon sehr verloren unter den vermeintlich Gleichgesinnten.«

Offiziell heißt das hier zwar »Informationsveranstaltung«. Bleiben wir aber beim schöneren Namen »GEZ-Seminar«. Wir überspringen den Teil, in dem der Beitragsservice erklärt, wie rechtmäßig der Rundfunkbeitrag ist. Wir spulen einfach vor zur Diskussion, die es in sich hat. Drei Damen vom Beitragsservice moderieren. Eine davon ist die Koordinatorin des Vollstreckungsbereichs.

Es sind aber auch noch fast vierzig Vollstrecker im Raum, die nicht nur zuhören; sie wollen reden – zum Beispiel darüber, dass das Reden mit dem Beitragsservice oft nicht klappt. H. merkt, dass eine der Damen ihr Geschäft mit dem Moderieren beherrscht: Sie reagiert schnell und »erklärte den Vollstreckungsbeamten, dass die Ansprechpartner beim Beitragsservice in Zukunft freundlicher auftreten müssen. Sollte das nicht der Fall sein, solle man sich den Namen merken und ihr mitteilen.«

Neben dem Tonfall gibt es aber auch Ärger mit den schriftlichen Antworten aus Köln. Die lassen sehr, sehr lange auf sich warten und das scheint Nerven zu kosten. Die Vollstrecker beschweren sich, der Beitragsservice entschuldigt sich.

Es wird lange diskutiert: *Verhaften oder nicht verhaften lassen?* Die Vollstrecker sind verunsichert, was sie tun sollen. Die Rundfunkanstalten rudern mit ihren Aussagen in den Medienberichten vor und zurück. Wenigstens hinter den Kulissen muss doch Klartext gesprochen werden. H. schildert mir mehrere Dinge und sie sind widersprüchlich. Scheinbar fürchtet die ARD das katastrophale Medienecho. Trotzdem will der Beitragsservice, dass bei der Vermögensauskunft nicht auf Haftbefehle verzichtet wird.

Das finde ich erstaunlich. Schließlich erklärte die ARD-Vorsitzende Karola Wille damals öffentlich, dass ein Verhaften bei der Vollstreckung des Rundfunkbeitrags grundsätzlich nicht angemessen sei. Das war aber nach den Presseberichten, nach einer Blitzfreilassung und nachdem sich der MDR öffentlich von der Verhaftung überrascht gezeigt hat.

Im »GEZ-Seminar«, in einem Tagungsraum des NDR und vor Vollstreckern, klingt das anders. Die Dame vom Beitragsservice sagt sinngemäß: Kommt der Beitragsrebell nicht zur Vermögensauskunft, soll der Vollstrecker den Haftbefehl beantragen. Und was passiert, wenn der Beitragsrebell unnachgiebig bleibt? Nichts, wenn möglich. Eine Verhaftung sei eher nicht erwünscht.

Hat der Beitragsservice also doch ein Herz für Beitragsrebellen? Eher nicht. H. sagt, die Erzwingungshaft sei wegen der *Kosten* nicht erwünscht. Im Gespräch wird es danach hitzig: »Einige Teilnehmer waren enttäuscht. Ohne Verhaftung kann man die Vermögensauskunft nicht mehr erzwingen.« H. schildert auch die Reaktion des Beitragsservice auf die Einwände: Beantragt der Vollstrecker doch eine Verhaftung – und das wird ihm überlassen –, solle er doch bitte vorher noch den NDR informieren.

Mit freundlicher Unterstützung der ARD: Vollstreckerlatein gegen Beitragsrebellen

Schauen wir uns kurz an, was der Beitragsservice den Vollstreckern im Seminar in die Hand drückt. Ich würde es »Schulungsmaterialien« nennen. Auf dem Deckblatt steht aber etwas anderes: »Informationsveranstaltung für Mitarbeiterinnen und Mitarbeiter der Vollstreckungsbehörden im Sendegebiet des NDR – Handout«. Nicht alle Blätter des »Handouts« sind für die Öffentlichkeit interessant. Einige zeigen aber deutlich, wie sehr die Ex-GEZ Einfluss auf die Arbeit der Behörden nimmt.

In einem Musterschreiben wird dem Vollstrecker bis zum letzten Komma vorformuliert, was er gegen Beitragsrebellen ins Feld führen kann. Sie sind das Ziel dieses Musterschreibens, das so beginnt: »Sie haben diverse Argumente gegen die Rechtmäßigkeit der Vollstreckung vorgetragen. Hierzu möchten wir Ihnen in aller Kürze Folgendes mitteilen.« Dann folgt eine Liste mit Textbausteinen, aus denen der Vollstrecker auswählen kann. Im Sinne der Ehrlichkeit müsste unter dem Schreiben also ein Sternchentext stehen: *Ihre Einwände wurden mit freundlicher Unterstützung der ARD für null und nichtig erklärt.*

Ich finde dieses Musterschreiben entlarvend. Es reicht nicht, dass Vollstrecker die Zwangsabgabe mit Zwangsmaßnahmen absaugen sollen. Sie machen sich damit zum Prellbock des Volkszorns. Jetzt dürfen sie den Beitragsrebellen auch noch fremde Textbausteine um die Ohren hauen, die sie als ihre eigenen ausgeben. Ein Hoch auf unsere selbstständigen Behörden. Gibt es ein schöneres Beispiel für das Akzeptanzproblem?

Vieles aus diesem Musterschreiben kennen wir bereits: Der Vollstrecker prüft nicht die Rechtmäßigkeit der Vollstreckung, er schaut sich die Festsetzungsbescheide nicht an, ihn interessiert auch nicht, ob sie zugestellt worden sind. Es gibt zwar Fälle, in denen die Vollstreckung eingestellt werden kann, aber: »Ein solcher Fall liegt hier nicht vor.« Natürlich. So geht es Punkt für Punkt weiter. Das Musterschreiben endet mit diesem Satz: »Vor diesem Hintergrund ist die [Name der Vollstreckungsstelle] gezwungen, die Vollstreckung fortzusetzen.«

Etwas muss der Vollstrecker also doch noch tun. Er muss Namen und Paragrafen in den Platzhaltern anpassen. Dabei liest er die Textbausteine selber – immer wieder – und wird unterbewusst gleich mitkonditioniert.

Was ist, wenn das Motto »In aller Kürze« nicht mehr genügt, wenn es mehr braucht als ein Musterschreiben? Keine Sorge, der Beitragsservice liefert noch viel mehr. Es gibt das Informationsblatt »Rechtmäßigkeit der Vollstreckungsersuchen des Norddeutschen Rundfunks«. Diese *Rechtmäßigkeit* muss auf drei eng beschriebenen Seiten erklärt werden. Die Zehn Gebote haben einmal in zehn Zeilen gepasst – weil sie für sich selbst sprachen.

Das Informationsblatt beginnt so: »Des Öfteren wenden sich Beitragsschuldner mit diversen Argumenten schriftlich gegen die Rechtmäßigkeit der Vollstreckung. Bei diesen Schreiben handelt es sich häufig um Texte aus dem Internet, die dazu führen sollen, den Beitragseinzug zu behindern.« Weiter geht es mit Ausführungen, die die Vollstrecker bei ihren Gesprächen mit den Zahlungsverweigerern verwenden können: »Nachfolgend erhalten Sie einige Ausführungen [...], die Sie zum besseren Verständnis auch gerne in der Kommunikation mit den Beitragsschuldnern verwenden können.«

Wie muss man sich das Informationsblatt vorstellen? Wie ein Best-of der Textbausteine, die der Beitragsservice in seinen Schreiben verschickt. Keine Frage, hier hat eine Rechtsabteilung erschöpfend gearbeitet. Alles, was für den Rundfunkbeitrag und die Arbeitsweise des Beitragsservice spricht, ist hier versammelt – aber eben auch nur das. Ist das unfair? Unbedingt! Die Vollstrecker haben eine öffentlich-rechtliche Rechtsabteilung im Rücken, die ironischerweise auch noch vom Rundfunkbeitrag bezahlt wird. Der Beitragsrebell hat niemanden und auch keinen Spickzettel.

Während H. die »Handouts« auf dem Tisch ausbreitet, fällt mir ein weiteres Informationsblatt auf. Der Text beginnt so: »Vollstreckung rückständiger Rundfunkbeiträge – Was können Sie tun?« Damit ist aber nicht der Vollstrecker gemeint. Dieses Blatt hat der Beitragsservice für GEZ-Rebellen geschrieben, die gerade vollstreckt werden. Und der Vollstrecker? Der darf sich hier zurücklehnen. Er verschickt dieses Blatt – zusammen mit der schriftlichen Vollstreckungsankündigung – und wartet ab. Mit etwas Glück bekommt der Beitragsrebell bereits beim Lesen große Augen und gibt auf.

Doch Vorsicht, Vollstrecker: Noch darfst du das Hirn nicht ganz ausschalten: Du musst erst einen kleinen Test bestehen. Im Text tauchen wieder Platzhalter auf. Du musst unbedingt den Namen deiner Gemeindekasse eintragen, sonst wirkt es nicht bedrohlich, sondern nur peinlich: »Die Name der Vollstreckungsbehörde ist als zuständige Vollstreckungsbehörde [...] beauftragt worden, Vollstreckungsmaßnahmen gegen Sie wegen nicht gezahlter Rundfunkbeiträge durchzuführen.«

Wie ist nun dieses Informationsblatt aufgebaut? Dem Beitragsrebellen wird erklärt, dass er falschliegt und dass ihm Unangenehmes bevorsteht – sollte er nicht endlich einlenken. Insgesamt listet das Blatt sechs Punkte auf; schauen wir uns drei Punkte an, die ich für problematisch halte:

»1. Ist ein Widerspruch zu dieser Vollstreckung möglich?«

Hier folgt die Antwort: »Nein. Diese Vollstreckung ist nicht rechtsmittelfähig, und deshalb ist ein rechtswirksamer Widerspruch nicht möglich. Eine Erledigung kann nur durch Zahlung erfolgen.«

Das halte ich – mit Verlaub – mindestens für bedenklich. Der Beitragsrebell wird nicht über seine Abwehrrechte aufgeklärt. Es sind immer Eilanträge vor dem zuständigen Verwaltungsgericht möglich. Es gibt etwa den Paragrafen 766 in der Zivilprozessordnung: »Erinnerung gegen Art und Weise der Zwangsvollstreckung«. Auch das ist wieder Juristenlatein. Eine »Erinnerung« ist eine Art Widerspruch vor Gericht gegen den Ablauf der Vollstreckung. Sonst könnte der Vollstrecker ja schalten und walten, wie er will!

»3. Sie wollen weder auf diese Vollstreckungsankündigung reagieren noch freiwillig eine Zahlung leisten?«

Hier verschwimmen alle Grenzen. Der Beitragsservice schreibt jetzt in der Wir-Form weiter: »In diesem Fall sind wir gesetzlich dazu verpflichtet, Vollstreckungsmaßnahmen gegen Sie durchzuführen, die unvermeidbar auch Ihren privaten Lebensbereich betreffen.« Spätestens jetzt käme ich mir als Vollstrecker ferngesteuert vor, wenn ich dieses Blatt eins zu eins übernähme. Der Beitragsservice droht an, was ich bei anderen Menschen zu pfänden habe: das Auto, das Arbeitseinkommen, das Konto – und »Unterhaltungselektronik«: Das Beste kommt aber erst zum Schluss. Im Falle einer »erfolglosen Vollstreckung« kommt die Vermögensauskunft.

Das Informationsblatt hat aber auch unterhaltsame Passagen. Der Beitragsservice gibt Beitragsrebellen Verhaltenstipps, die nicht glücklicher, aber auf jeden Fall ärmer machen.

»6. Was sollten Sie noch beachten?«

Es folgt etwa der Ratschlag: »Um erneute Vollstreckungsmaßnahmen gegen Sie zu vermeiden, empfehlen wir dringend die Aufnahme regelmäßiger Zahlungen.« Hat das einen zynischen Beigeschmack? Vielleicht. Deshalb muss ich daran denken, was mir H. beim Ausbreiten dieser Unterlagen erklärt: »GEZ – ganz einfach zahlen. Damit ist alles über die Papiere gesagt.« Ich kann dem Vollstrecker nicht widersprechen. Je mehr ich lese, was sich Juristen beim Beitragsservice ausdenken, desto eher erkenne ich: Das ist wohl der Kern der Sache, und der Rest ist wortreicher Lärm.

Der Beitragsservice ist für die Vollstrecker im Land da. Eines der Blätter bietet »Hilfreiche Telefonnummern/E-Mail-Adressen (ausschließlich für Behörden)«. Es gibt zum Beispiel eine exklusive und kostenfreie »Hotline für Vollstreckungssachverhalte«. So etwas habe ich erwartet. In der Liste mit E-Mail-Adressen gibt es aber etwas, das ich nicht erwartet habe. Eine Dame von der Rechtsabteilung darf einfach so kontaktiert werden. Daneben steht ein kleiner Text: »Nur für Klärung bzw. Stellungnahme gerichtlicher Sachverhalte«.

Was für ein Service: Wenn eine Vollstreckung vor Gericht landet, bekommen die Gemeindekassen also Hilfe bei Rechtsfragen. Der Beitragsservice geht sogar noch einen Schritt weiter. Er will zu diesen Verfahren offiziell hinzugezogen werden. H. erklärt mir, dass die Vollstrecker im »GEZ-Seminar« eine Aufforderung bekommen: »Wir sollen eine Beiladung des NDR beantragen, wenn das Gericht das nicht schon von sich aus beschließt.«

Vor Gericht heißt es dann: zwei gegen den Beitragsrebellen. Die Teambildung von Vollstreckungsbehörde und Beitragsservice zeugt zwar nicht von Sportsgeist, sie ist aber legal. Die Rundfunkanstalten dürfen beigeladen werden, weil ihre rechtlichen Interessen berührt sind – der Rundfunkbeitrag. Außerdem sind sie ja auch Gläubiger der Zwangsabgabe.

Ich empfinde das als sehr gewissenhaft, weil sonst etwas Schreckliches passieren könnte. Die Vollstreckungsbehörde wäre auf sich allein gestellt! Sie könnte vor Gericht Schiffbruch erleiden! Andere Beitragsrebellen könnten sich später auf dieses Urteil berufen! Da ist es doch viel sicherer für die ARD, wenn sich ihre Juristen in die Gerichtsverfahren mit einklinken.

Trotzdem gibt es da noch ein paar Kleinigkeiten, die ich unfair finde: Einerseits arbeitet die Dame in der Rechtsabteilung des Beitragsservice. Sie ist Ansprechpartnerin für Vollstreckungsbehörden bei Gerichtsverfahren. Andererseits hat sie auch am *Beck'schen Kommentar zum Rundfunkrecht* mitgeschrieben. Vereinfacht gesagt, ist das ein Lehrbuch mit knapp 2300 Seiten. Es erklärt Anwälten und Richtern, wie die Paragrafen im Rundfunkrecht zu verstehen sind und wie sie angewandt werden sollen. Die Rundfunkanstalten können gleich von zwei Seiten Einfluss auf die Verfahren nehmen. Die Dame darf sich bei ihren gerichtlichen Stellungnahmen selbst zitieren – und zwar das, was sie zuvor im *Beck'schen Kommentar* über den Rundfunkbeitragsstaatsvertrag geschrieben hat. Stört das denn keinen unserer Richter?

Erzwingungshaft: Wie einfach wird das für die ARD gemacht?

Blicken wir in den Werkzeugkoffer eines Vollstreckers. Sein mächtigstes Werkzeug ist die *Vermögensauskunft*. Sie wirkt wie ein Vorschlaghammer. Der Stiel ist zwar extrem lang, es dauert also lange. Am Ende wird aber umso härter zugeschlagen. Will sich der Beitragsrebell einfach nicht beugen, kann es ihn fürchterlich treffen. Der sprichwörtliche Schlag auf den Kopf heißt: Erzwingungshaft – und sie verändert ein ganzes Leben, und das für ein paar Hundert Euro Rundfunkbeitrag. Der Mensch landet in der Gefängniszelle. Von dort führen drei Wege wieder hinaus:

1. Er zahlt.
2. Er offenbart sein Vermögen – um doch noch gepfändet zu werden.
3. Oder er sitzt das sechs Monate aus – dann öffnet sich die Zellentür wieder.

So brutal ist die Vermögensauskunft. *Russischer* kann behördliches Inkasso nicht werden. Schlimmeres darf man Nichtzahlern bei uns nicht antun.

Die Sender der ARD und ihr Beitragsservice haben mit all dem nichts zu tun. Sagen sie. Offiziell. Umso erstaunlicher finde ich, was auf einem »GEZ-Seminar« passiert. H. erlebt dort eine lebhafte Diskussion. Die Vollstreckungsbehörden stehen dabei auf der einen Seite. Der Beitragsservice steht auf der anderen – und dazwischen ist keine Einigung in Sicht. In Niedersachsen geht es darum, wer die Vermögensauskunft beauftragt – und damit den Haftbefehl und das Verhaften:

Die Vollstrecker in Niedersachsen können ihren Handlangerdienst für die Rundfunkanstalt an diesem Punkt beenden. Sie können den Fall *zurück* zum Beitragsservice schicken. Der soll dann das Haftspiel mit Beitragsrebellen selbst spielen. Die Vollstrecker sehen den Paragrafen 22 im Niedersächsischen Verwaltungsvollstreckungsgesetz auf ihrer Seite. Dort steht im letzten Absatz ein kleiner Satz:

> Die »Vollstreckungsbehörde oder der Vollstreckungsgläubiger [kann] die Abnahme der Vermögensauskunft [...] durch die Gerichtsvollzieherin oder den Gerichtsvollzieher ausführen.«[10]

Die Gemeindekassen möchten in Niedersachsen also mehr Spielraum in eigener Sache.

Der Beitragsservice sieht das mit dem Paragrafen 22 anders. Die Vollstrecker in den Gemeinden sollen die Vermögensauskunft entweder selbst durchführen oder einen Gerichtsvollzieher damit beauftragen. Die Gemeinden müssen damit auch den Haftbefehl und eine Verhaftung der Beitragsrebellen beantragen.

Woher kommt diese Zuversicht?

Die ARD-Anstalten haben das, was Juristen eine andere Rechtsauffassung nennen: Weil der NDR nicht selbst vollstreckt, hat er diese Aufgabe an die Gemeinden gleich *komplett* abgegeben. Die können deshalb einzelne Vollstreckungsmaßnahmen nicht mehr *zurück*geben.

Salopp gesagt: Der NDR und die anderen Sender haben sich selbst aus der Gleichung genommen. Trotz allem bleiben sie aber Gläubiger des Rundfunkbeitrags, der hier vollstreckt wird. Wenn sie etwa selbst Konten bei Beitragsrebellen pfänden lassen, dann treten sie als Vollstreckungsgläubiger in Erscheinung, das haben verschiedene Gerichte bestätigt.[11] Hier tauchen wir aber nun wirklich ab in die Welt der juristischen Spitzfindigkeiten.

Gesunder Menschenverstand und die Rechtsauffassung der ARD – hier prallen scheinbar zwei Welten aufeinander. Können wir uns den Streit vielleicht bildhafter erklären? Ich versuche es.

Stellen Sie sich vor: Sie haben eine Plantage mit Apfelbäumen. Die bereiten nur Ärger und Probleme. Warum sich selbst damit herumärgern? Sie klopfen an Nachbars Tür und posaunen: *Nachbar! Du übernimmst ab sofort alle Aufgaben zur Pflege und trägst auch alle Risiken. Falls ein Sturm kommt und mein Baum auf mein Dach fällt, ist das zum Beispiel auch dein Problem. Die Ernte möchte ich von dir aber bekommen – und zwar bis auf den letzten wurmstichigen Apfel! Verstanden, Nachbar? Dann mach dich an die Arbeit!*

In Niedersachsen sagen die *Nachbarn* jetzt aber: *Wir kriegen das mit den Würmern in den Äpfeln nicht mehr in den Griff. Weil du aber unbedingt auf jeden Apfel bestehst, müssten wir jetzt Gift versprühen. Mach das bitte wieder selbst.*

Warum wollen die Vollstrecker den Ball zurück zum Beitragsservice spielen?

Lassen wir die Verantwortung für das Schicksal eines Menschen einmal beiseite – dann geht es um die bürokratische Frage: Wer ist im Recht und wer hat die Arbeit? Das ist übrigens ein gutes Stichwort: Arbeit. Wer verursacht sie und wer hat sie am Hals?

Wir wissen, dass die ARD ein Problem hat: Millionen von Beitragszahlern zahlen nicht mehr. Die ARD kann dieses Problem aber auf die denkbar einfachste Weise lösen. Sie darf ihre vielen Vollstreckungsfälle auf die unterste Ebene der Verwaltung abwälzen. Vollstrecker laufen sich millionenfach für ein paar Hundert Euro Rundfunkbeitrag die Hacken ab. Sie fühlen sich wie Sisyphos, der immer und immer wieder einen Felsblock den Berg hinaufwälzt, der sowieso wieder ins Tal zurückrollt. So geht das Fall für Fall – und immer wieder kommen neue Fälle aus Köln.

Die Vollstrecker werden »unbotmäßig belastet« und sind »besonderen Anfeindungen ausgesetzt«. Das wurde so im Niedersächsischen Landtag diskutiert und dort wurde auch die Erfolgsquote der Vollstreckungen für den NDR untersucht: 2016 lag sie bei gerade einmal 26 Prozent.[12] Das heißt: Der Beitragsservice stößt eine Vollstreckung in den Gemeinden an und ein Jahr später haben knapp drei Viertel der Rebellen trotzdem nicht gezahlt. Das heißt aber auch: Viele Vollstreckungen dauern zwei Jahre oder länger.

Wenn nichts mehr geht, dann soll der Vorschlaghammer ausgepackt werden – der Haftbefehl. Das Verfahren zur Erzwingungshaft kann sehr aufwendig werden und noch länger dauern, wenn der Beitragsrebell nicht einknickt. Es wird zum Psychothriller: Wann zerbricht ein Mensch zwischen finanzieller Selbstentblößung und angedrohter Verhaftung? Das kann der NDR doch auch in Eigenregie inszenieren, oder? In Niedersachsen wollen Vollstrecker nun die Reißleine ziehen, sie wollen solche Fälle zurückgeben.

Jetzt müsste der Beitragsservice im Namen der ARD-Anstalten die Vollstreckerarena selbst betreten und den Harnisch anlegen.

Problem Nummer eins: Die immense Zahl der Fälle wird dann zum Bumerang.

Problem Nummer zwei: Der Beitragsservice müsste bei der Erzwingungshaft Farbe bekennen. Ist eine Erzwingungshaft beim Rundfunkbeitrag angemessen oder nicht? Wir haben ja gesehen, dass ein bekannt gewordener Haftfall bereits einer zu viel war – gerade, weil immer mehr Menschen immer weniger Verständnis für das Treiben von ARD und ZDF aufbringen.

Beginnen Ihre Augen gerade zu leuchten? Moment, da geht noch mehr. Stellen wir uns nur kurz vor, diese Pattsituation würde nicht nur in Niedersachsen gelten. Dehnen wir sie auf Deutschland aus. Der Beitragsservice müsste dann Zehntausende Haftbefehle beantragen und Hunderte von Verhaftungen im Auge behalten. Viele Fälle von Erzwingungshaft laufen bisher unter dem Radar, weil sie auf unzählige Vollstreckungsbehörden verteilt sind und die ARD damit nicht in Verbindung gebracht wird.

Bisher spricht der Beitragsservice so leichtfertig von der Beitragsgerechtigkeit: Sie muss für alle »hergestellt« werden.[13] Es ist die Art von Gerechtigkeit, die ihn selbst wenig kostet, weil andere sie erzwingen müssen. Das Eintreiben des Rundfunkbeitrags wird millionenfach an die Verwaltungsvollstreckung weitergereicht – und das funktioniert, weil es automatisiert, widerspruchsfrei und rein auf Masse läuft. Der Paragraf 22 im niedersächsischen Verwaltungsvollstreckungsgesetz könnte dieser Erntemaschine wie eine Eiche im Weg stehen.

Will sich der Beitragsservice damit abfinden?

Es sieht nicht danach aus. Es wird sogar richtig merkwürdig. H. erzählt mir, dass der Beitragsservice im »GEZ-Seminar« um eine Sache bittet: Wenn der Vollstrecker das mit der Vermögensauskunft *nicht* übernehmen will – dann soll er den Fall *nicht* nach Köln zurückschicken. Er soll den Fall auch *nicht* beenden, er soll ihn *parken*.

H. erklärt mir den Grund dafür: »Die GEZ wartet ab. Wird entschieden, dass die Vollstreckungsbehörde bei der Vermögensauskunft doch den Schwarzen Peter hat, haben wir alle Fälle auf Wiedervorlage. Die GEZ käme ansonsten ins Rudern, wenn wir so viele unklare Fälle zurückschicken, und die müssten es später erneut rausschicken. Diesen Aufwand wollen die sich sparen.«

Kommt Ihnen diese Ansage aus Köln nicht auch verdammt optimistisch vor? *Parkt die Fälle.* Fast so, als ob es nur eine Frage der Zeit sei, bis die Rundfunkanstalten auch hier ihren Vollstreckungsbonus bekommen. Wie wollen die das denn erreichen?

H. zeigt mir ein Protokoll. Geschrieben hat es nicht der Beitrags-service, sondern der Fachverband der Kommunalkassenverwal-ter – Landesverband Niedersachsen. Mit diesem Protokoll werden alle Mitglieder darüber informiert, was denn nun herauskam beim »GEZ-Seminar« oder bei der Infoveranstaltung des NDR – wie immer wir das jetzt nennen möchten. Auf jeden Fall gab es dort eine sehr interessante Debatte: *Wer spielt das Haftspiel gegen Beitragsrebellen – Vollstrecker oder Beitragsservice?*

Es gab keine Einigung, das wissen wir. Auch den Standpunkt der Kommunalkassenverwalter kennen wir bereits. Hier ist er noch ein-mal wortwörtlich: »Aufgrund der gesetzlichen Bestimmung« liege die »Zuständigkeit beim Gläubiger und nicht bei den Kommunen. [...] Wenn Kommunen für die Forderungen des NDR die Vermögensaus-kunft selbst abnehmen bzw. den zuständigen Gerichtsvollzieher be-auftragen, so ist dies freiwillig und ein Entgegenkommen gegenüber dem NDR.«

Spielen wir das Haftspiel jetzt einmal gedanklich durch:

- **Variante 1:** Der Vollstrecker macht es nicht, der Beitragsservice will es nicht, der Beitragsrebell atmet befreit auf. Seine Vollstreckung wird geparkt. Er wird nicht mit Haft bedroht oder verhaftet. Ein freiheitliches Hoch auf dieses Paragrafen-Patt.
- **Variante 2:** Der Vollstrecker macht es, der Beitragsservice jubelt, der Beitragsrebell s(chw)itzt. In der Zelle darf er sich zumindest ein paar berechtigte Fragen stellen: Vollstrecker, warum hast du den Fall nicht zurückgegeben? Warum hast du den Haftbefehl beantragt und nicht die Rundfunkanstalt? Die ist schließlich mein Gläubiger. Wie steht man dort zu dieser Posse? Wissen die überhaupt davon?

Aber wie lange gibt es in Niedersachsen noch Wahlfreiheit? Wir wis-sen ja, dass der Beitragsservice einen eindeutigen Standpunkt hat: Es gibt nur ein Muss! Das ist seine Rechtsauffassung. Wie wird die zur Vorschrift für Vollstrecker? Schließlich besitzen der Beitragsservice und sein NDR in dieser Frage selbst keine Macht, zumindest keine direkte. In der Seminardebatte einigen sich Vollstrecker und Ex-GEZ darauf, dass sie sich in dieser Sache nicht einig sind. Dafür einigen sich beide Seiten auf etwas anderes: Der NDR soll das niedersächsische Innenministerium einschalten. Es ist die oberste Landesbehörde im Kommunalwesen – also auch für die Gemeindekassen. Die Obrigkeit soll den Salomon in dieser Streitfrage spielen.

Dieses Treffen findet im Juni 2017 statt: Am Tisch sitzen der NDR, das Innenministerium, der Fachverband der Kommunalkassenverwalter und die Städte Hannover, Göttingen und Braunschweig. Das Ministerium ist nicht damit zufrieden, dass so viele Fälle zurück zum Beitragsservice gehen. Die Vollstrecker sollen mehr tun. Sie sollen pfänden oder es zumindest versuchen. Und wenn das Pfänden nichts bringt? Dann kann der Beitragsservice nicht noch eine Vermögensauskunft verlangen. Weil abzusehen ist, dass das auch nichts mehr bringen wird.

Diese *Handlungsempfehlung* klingt erst einmal nach Deeskalation, und so etwas ist für Beitragsrebellen immer gut. Das Treffen hat zwar stattgefunden, aber etwas Schriftliches für die Vollstrecker liegt H. immer noch nicht vor. Er kann auch ohne Ansage von oben noch durchatmen.

Kommt nach dem großen Datenhunger wieder die Vollstreckungsobergrenze?

Ende 2017 sitzt H. im nächsten Vollstreckerseminar. Das wird nicht vom Beitragsservice organisiert, sondern vom Land Niedersachsen. Die Runde ist klein. Die Vollstrecker können Klartext reden. Offiziell soll der Rundfunkbeitrag gar kein Thema sein. Er ist es aber doch, sonst würde mir H. ja nicht davon berichten wollen: »Der Seminarleiter erzählte uns vom Datenabgleich, den die GEZ 2018 mit den Meldebehörden durchführt.«

In der Runde wird ein Informationsblatt verteilt. Natürlich: Auch dieses Blatt hat wieder einmal der Beitragsservice geschrieben und verschickt. Es ist schon etwas älter und stammt noch aus der Zeit des ersten »einmaligen« Datenabgleichs. Die Vollstrecker haben es aufgehoben: 2013 mussten alle Meldebehörden unsere Daten dem Beitragsservice übermitteln. 2018 kommt es dann zur großen Neuauflage, die auch wieder »einmalig« bleiben soll. Von wegen: Inzwischen ist klar, dass der Beitragsservice seinen großen Datenhunger dauerhaft stillen darf. Im Entwurf zum 23. Rundfunkänderungsstaatsvertrag steht: Es wird einen »regelmäßig alle vier Jahre stattfindenden Abgleich der Meldedaten zwischen Meldebehörden und jeweils zuständiger Landesrundfunkanstalt« geben.[14]

Déjà-vu: Die Meldebehörden bleiben im Ausnahmezustand. Immer wieder müssen sie einen Datenschnappschuss jeder »volljährigen Person« im Land anfertigen. Wieder funken sie alles nach Köln. Immer wieder alle paar Jahre wird dort der riesige Datenbestand aktualisiert, und wenn dem Beitragsservice dabei neue Rebellen ins Netz gehen, kommt hinterher noch mehr Arbeit auf die Vollstrecker zu.

Ich zitiere aus dem Informationsblatt für den ersten Datenabgleich 2013 nur, was von öffentlichem Belang ist. Das zeigt allerdings, wie schon damals über sechs Millionen Menschen gegen ihren Willen angemeldet wurden, warum es danach zu einer Vollstreckungswelle kam und wie sich das wiederholen kann. Hier also der erste Satz des Beitragsservice, der Sprengkraft hat:

> »Dieser einmalige Meldedatenabgleich dient dazu, möglichst alle Beitragspflichtigen zu erfassen und hierdurch Beitragsgerechtigkeit herzustellen.«

Das ist ein Ideal, aber kein schönes. Es soll Gerechtigkeit geschehen, und gehe die Welt darüber zugrunde. Die ARD bekommt ihren Traum erfüllt, aber Millionen müssen darunter leiden. Millionen sehen nur absolute Ungerechtigkeit: Der Beitragsservice wird damals mit Datengold überschüttet. Allein im Jahr 2013 liefern die Meldebehörden 45 Millionen Datensätze nach Köln.[15] Ende 2014 werden es insgesamt unfassbare 70 Millionen Datensätze sein.[16] Der digitale

Fingerabdruck eines ganzen Volkes. Sie, ich, wir alle – aber keiner wurde vorher gefragt, ob sein Datenpaket verschickt werden darf! Das findet ohne unsere Zustimmung statt, ganz still und leise.

Die Gesetze sind so geschrieben, dass all das erlaubt ist. Auf einem anderen Blatt steht aber, ob es angemessen ist. Mich erinnert der große Datenabgleich an eine Rasterfahndung – oder an eine Treibjagd auf Nichtzahler. 2006 entschied das Bundesverfassungsgericht: Eine »Rasterfahndung ist nur bei konkreter Gefahr für hochrangige Rechtsgüter zulässig«.[17] Ich wusste gar nicht, dass der Rundfunkbeitrag so »hochrangig« ist. Was hier stattfindet, ist beispiellos in der deutschen Geschichte. Bei der ARD wird dieser Meldedatenabgleich aber so unfassbar harmlos begründet: »um möglicherweise fehlende Angaben zu ergänzen«.[18]

Es hat natürlich auch seine guten Seiten, dass sich der Beitragsservice jetzt auch noch von den Meldebehörden beliefern lässt: Er kauft bei Adresshändlern nicht mehr ein. Er lässt seine GEZ-Fahnder nicht mehr durch Gänge schleichen, durch Fenster spannen oder den Müll durchwühlen – auf der Suche nach Fernsehzeitungen. Entweder verzichtet man in Köln darauf, weil unsere Privatsphäre respektiert wird – oder die Ex-GEZ hat das mühselige Katz-und-Maus-Spiel einfach nicht mehr nötig. Entscheiden Sie selbst, was wohl eher zutrifft.

»Schattenmelderegister«: Das sagen unsere Datenschützer

Erlauben Sie mir noch eine kurze Frage. Ist das so in Ordnung? Hat das keiner verhindern wollen? Eigentlich müssten die Datenschützer landauf, landab Sturm laufen. Es geht um unser Grundrecht auf informationelle Selbstbestimmung! Nun ja, der Proteststurm sieht im Moment übersichtlich aus: Es gibt keinen, nicht einmal ein laues Lüftchen. Inzwischen herrscht Windstille. Dabei fing es so gut an. 2010 wird in den Hinterzimmern der Staatskanzleien noch am neuen Rundfunkbeitragsstaatsvertrag gefeilt. Den Datenschutzbeauftragten des Bundes und der Länder wird der Entwurf vorgelegt, mit Bitte um eine Stellungnahme.

Die fällt im Ton drastisch aus: Der Datenabgleich »erscheint mit dem Grundsatz der Datensparsamkeit nicht vereinbar«.[19] Den dann folgenden Nebensatz übersetze ich in einfaches Deutsch: Es kann nicht sein, dass die ARD-Sender ganz pauschal und massenhaft Zugriff auf unsere Meldedaten bekommen, nur weil sie dank des neuen Gesetzes in uns allen einen Beitragszahler *vermuten* dürfen.[20] Der Entwurf dieses Gesetzes widerspreche den »Grundsätzen der Verhältnismäßigkeit und Datensparsamkeit sowie den Grundsätzen der Normklarheit und Transparenz«.[21]

Die Datenschützer sollen mit einer Friedenskonferenz ins Boot geholt werden. Danach werden aber nur Details kosmetisch überarbeitet. Sachsens Datenschutzbeauftragter Andreas Schurig sagt dazu: Es gab »keine grundlegenden und grundrechtsschonenden Änderungen«.[22]

März 2013: Der Rundfunkbeitrag ist da, der erste große Meldeabgleich läuft gerade an, das letzte Aufbäumen kommt. Thilo Weichert, der Datenschutzbeauftragte für Schleswig-Holstein, nennt den massenhaften Zugriff auf unsere Daten »verfassungswidrig«. »Von Datensparsamkeit – wie Politik und Rundfunkanstalten sie zuvor versprochen haben – kann keine Rede sein.« Weichert sieht sich aber machtlos und spricht von einem »Trick«: »Die Datenschützer dürfen die Sammelwut der Sender nicht kontrollieren.« Die nutzen das Privileg der Pressefreiheit und haben sich »ihre eigenen Datenschutzbeauftragten installiert – finanziert von den Zwangsgebühren derer, die ausspioniert werden«.[23] Dieser Vorwurf ist nicht von der Hand zu weisen. Bei der ARD heißt es etwa offiziell:

»Bei der Umstellung auf den Rundfunkbeitrag wurden datenschutzrechtliche Fragen von Anfang an sehr sorgfältig behandelt. So waren die Datenschutzbeauftragten der Länder eng in die Belange der Datenschutzbeauftragten der öffentlich-rechtlichen Sender einbezogen.«[24]

Soso, die unabhängigen Datenschützer werden noch in die »Belange« der ARD mit »einbezogen«. Danke, aber das sind *unsere* Daten! Einwände der Datenschützer – wie die von Weichert – bewirken so viel wie ein paar Regentropfen in der Wüste. Der Abgleich ist gesetzlich erlaubt. Wenigstens gibt es aber noch eine kleine symbolische Quittung. Die 16 Ministerpräsidenten gewinnen 2013 den Big-Brother-Award, den Oscar für Datenkraken. Ein Schnüffel-Negativpreis für unsere Landesfürsten. Das ist nicht schön. Etwas Besseres werden sie für den Rundfunkbeitrag, den Beitragsservice und den großen Datenabgleich aber nicht mehr bekommen. Der Big-Brother-Award bleibt die einzige Auszeichnung.

Bei der Preisverleihung spricht Juror und Datenschutzaktivist Frank Rosengart vom »Schattenmelderegister«, das ARD und ZDF nun betreiben: »Unter dem Strich hat der Beitragsservice jetzt also dreimal so viele Datensätze wie vorher: Den Altbestand der GEZ, den neuen Schnappschuss vom 3.3.2013 und das regelmäßige Update von sämtlichen Umzugsbewegungen.«[25]

Neben dem großen Datenabgleich alle vier Jahre gibt es also auch einen ständigen »anlassbezogenen« Abgleich.[26] Jedes Mal, wenn Sie umziehen, melden Sie sich nicht nur bei den Meldebehörden an und ab. Die geben das natürlich weiter nach Köln. Die Meldebehörden werden durch die Bestimmungen im Rundfunkbeitragsstaatsvertrag dazu gezwungen. Sie müssen folgende Daten nach Köln funken:

- Familienname,
- Vornamen unter Bezeichnung des Rufnamens,
- frühere Namen,
- Doktorgrad,
- Familienstand,
- Tag der Geburt,
- gegenwärtige und letzte Anschrift von Haupt- und Nebenwohnungen,
- alle Angaben zur Lage der Wohnung,
- Tag des Einzugs.[27]

Die Fische zappeln im Netz

2013 gab es einen Stichtag. In allen Meldebehörden taten alle Mitarbeiter das Gleiche: Sie drückten auf einen ganz bestimmten Knopf: Abspeichern. Das war der digitale Schnappschuss, der Fingerabdruck eines ganzen Volkes, exklusiv für ARD und ZDF. Das war aber noch nicht das Ende dieser »einmaligen« Aktion. Die wirkliche Arbeit begann mit dem Verschicken der Datenmassen. Erst 2014 trudelte das letzte Datenpaket der letzten Meldebehörde in Köln ein. Der Beitragsservice war natürlich längst am Auswerten und ließ wieder die nächste Papierflut auf das Land los. Millionen wurden angeschrieben und sollten sich erklären. Wer vorher nicht schon bei der Ex-GEZ gespeichert war, flog nun beim großen Abgleich auf. Die Fische zappelten im Netz. Wie ging es dann weiter? Nun schließt sich der Kreis. Wir sind wieder bei unseren Vollstreckern – und beim Informationsblatt des Beitragsservice. Dort werden die Vollstrecker damals aufgeklärt, was bald auf sie zurollen wird – eine Vollstreckungswelle:

> »Viele Personen haben jedoch auf mehrere mehrfache Klärungsschreiben des Beitragsservice bisher nicht reagiert. In diesen Fällen sind die Rundfunkanstalten verpflichtet, diese Personen auf Basis der gesetzlichen Vermutung (§ 2 Abs. 2 Nr. 1 RBStV) für den Rundfunkbeitrag anzumelden (›Direktanmeldung‹).« Das »erfolgt somit ohne aktive Mitwirkung der Angeschriebenen. Hintergrund dieser Regelung ist, die in der Vergangenheit bestehenden Vollzugsdefizite zu mindern.«

Viele Menschen wunderten sich, wie der Beitragsservice wohl an ihre Meldedaten gekommen war. Für noch mehr ungläubiges Augenreiben dürfte wohl die »Direktanmeldung« gesorgt haben. 6,2 Millionen traf es. Sie konnten sich nicht dagegen wehren. Preisfrage: Wie wahrscheinlich ist es, dass der Patient nach einer solchen Behandlung zahlen wird? Wer nicht freiwillig zahlt, muss gezwungen werden. Der Beitragsservice klärt die Vollstrecker im Land also vorsorglich auf:

»Aufgrund der bisherigen Erkenntnisse zeichnet sich heute bereits ab, dass eine zunehmende Anzahl von Beitragsschuldnern nach Durchführung des Mahnverfahrens in die Vollstreckung gehen wird.«

»Uns ist bewusst, dass die steigenden Vorgangszahlen zu einer Mehrbelastung auch auf Ihrer Seite führen werden. Die gesetzlichen Vorgaben hinsichtlich des Meldedatenabgleichs und der gesetzlichen Anmeldung sind jedoch eindeutig und für die Landesrundfunkanstalten bindend; sie lassen kein abweichendes Vorgehen zu.«

Der Beitragsservice kannte die Zahlen, er konnte das Ausmaß abschätzen und hat das den Vollstreckern auch mitgeteilt. Warum gab er aber keine Kurskorrektur aus? Vergleichen Sie das bitte nicht mit dem Kapitän der *Titanic*, der mit Volldampf auf den Eisberg zuhält. Wenn es kracht, sitzen ARD, ZDF und ihr Beitragsservice schließlich nicht mit an Bord der MS *Vollstrecker*.

Datenabgleich 2013, Datenabgleich 2018 und jetzt der regelmäßige große Datenabgleich– so viele Menschen können sich doch gar nicht mehr verstecken. Die meisten Beitragsrebellen werden wohl schon enttarnt sein und in der Vollstreckung stöhnen und schwitzen.

Das ist doch ein fantastisches Konjunkturprogramm für die Vollstrecker: Arbeit, Arbeit und noch viel mehr Arbeit. Die Branche reagiert aber nicht begeistert. Ende 2017 sitzt H. mit anderen Vollstreckern in der Runde. Der Seminarleiter hat gerade über den neuen »einmaligen« Datenabgleich aufgeklärt. Das sorgt für Murren auf den Stühlen. Brandreden gegen den Beitragsservice folgen aber auch nicht. Man kann dort eben nicht aus seiner Rolle. Man sieht es von der nüchtern-bürokratischen Seite, sagt H.: »Wir haben darüber diskutiert, ob der Anteil, den wir für die GEZ vollstrecken sollen, nicht ohnehin schon zu hoch ist.«

Vollstreckungsanteil – das Wort klingt interessant. Der landesweite Marktanteil schnellt für den Beitragsservice seit dem Datenabgleich 2013 zweifellos in die Höhe. Meiner Ansicht nach hätte es die Vollstrecker im Land aber noch viel härter treffen können. In Köln gab es dann doch noch eine Kurskorrektur – ganz still und leise. Ich würde sogar sagen: Dort wurde eine *Vollstreckungsobergrenze* festgelegt. Der Beitragsservice nahm und nimmt dieses Wort allerdings nie in den Mund. Blicken wir aber in seinen Geschäftsbericht für das Jahr 2015. Wie würden Sie diese Notmaßnahme denn sonst nennen wollen?

»Durch die erhöhte Ausbringung von Vollstreckungsersuchen ab Ende 2014 liegt eine Belastung der bundesweiten Vollstreckungsorgane (z. B. örtliche Vollstreckungsbehörden) vor. Um diese Vollstreckungsorgane zu entlasten, wird seit November 2014 die Ausbringung [...] auf monatlich rd. 60.000 Vollstreckungsersuchen begrenzt. Diese Vollstreckungsersuchen werden prozentual anteilig auf die Bundesländer verteilt.«[28]

Der Beitragsservice kann also doch noch auf die Bremse treten. Freiwillig? Mir fehlt der Glaube, aber mir fehlen dazu auch die Informationen. Es gibt noch etwas, was ich mir nicht vorstellen kann: Wie soll es denn bei einer *Vollstreckungsobergrenze* gerecht zugehen? Den einen Beitragsrebellen trifft es, den anderen eben nicht. Entscheidet der Münzwurf? Zahl: Es wird vollstreckt. Kopf: noch einmal Glück gehabt. Geht es ähnlich wechselhaft zu wie beim Feinstaubalarm in Stuttgart: *Heute dürfen die mit den geraden Kennzeichen zu Hause bleiben.* Bei Beitragsrebellen bieten sich ja dann Straßennummern oder Postleitzahlen an.

KAPITEL 7

VON OBEN VERORDNET: ERZWINGUNGSHAFT UND VERMÖGENSAUSKUNFT

Wir sitzen noch immer im Vollstreckeraustausch Ende 2017. Dort sollte es ja eigentlich nicht um den Rundfunkbeitrag gehen. Doch nach dem Datenabgleich reden sich die Vollstrecker auch noch den Frust über die Vermögensauskunft und die Erzwingungshaft von der Seele.

Es gibt nichts Neues. Das Patt beim Paragrafen 22 besteht nach wie vor, sagt H.: »Der Seminarleiter fragte in die Runde: ›Wie regelt ihr das mit der Vermögensauskunft? Nehmt ihr die selber ab, beantragt ihr die?‹« Tja, wie handhaben es die Vollstrecker nun? Nach dem Motto: jeder nach seiner Fasson. H. hat sich die unterschiedlichen Strategien notiert.

Einer macht es dem Beitragsservice ganz recht. Er beauftragt den Gerichtsvollzieher. Und das Resultat? Suboptimal, vorsichtig ausgedrückt. H. berichtet mit einem Lächeln im Gesicht: »Das Amtsgericht hat ihm seine eingereichten Haftbefehle nach drei Monaten zurückgeschickt – mit dem Hinweis, zu welchen Zeiten die Schuldner vom Gerichtsvollzieher *erfolglos* aufgesucht wurden. Der Vollstreckungsbeamte berichtete ganz enttäuscht, dass er die Haftbefehle dann knickt, locht und mit dem Fall abheftet.«

Ein anderer Vollstrecker führt die Vermögensauskunft für den Beitragsservice im eigenen Haus durch. Die Erfolgschancen werden dadurch aber auch nicht besser. H. erfährt: »Im letzten Jahr waren es bei ihm mehr als dreißig Schuldner – davon kam nur ein Viertel zur Abgabe der Vermögensauskunft vorbei.«

Der älteste Vollstrecker in der Runde muss niemandem mehr etwas beweisen, er geht das Ganze entspannt an: »Er lässt sich im Protokoll vom Schuldner unterschreiben, dass die Zahlung von GEZ-Beiträgen verweigert wird; dann schickt er den Fall zur GEZ zurück. Einige Teilnehmer machen es ähnlich. Sie schicken den Vorgang hin und her, bis sich die GEZ nicht mehr meldet.«

So gelassen sehen das aber nicht alle: »Einige schimpften über die Abwehrschreiben der Schuldner, die sich auf Reichsbürger-Argumente stützen und den Vollstreckungsbeamten beleidigen oder bedrohen. Die Frage war: *Wie gehen wir dagegen vor?* Da hieß es: *Weitermachen, einfach vollstrecken.* Obwohl vieles gegen die GEZ spricht, sehen einige Vollstrecker darin ein viel größeres Problem. Sie fühlen sich angegriffen.«

Das ist tragisch und beweist keine Souveränität. Ein Vollstrecker schaltet auf Wutmodus, wenn sich der Beitragsrebell als Wutbürger verdächtig macht. H. bestätigt mir, dass einige seiner Kollegen bei diesem Thema rotsehen und die Vermögensauskunft dann erst recht anschieben. Wer sich die bekannten Fälle anschaut, merkt, dass Eskalation oft eine Rolle gespielt hat. Man schaukelt sich gegenseitig hoch. Allerdings: »Viele wollen sich damit auch nicht herumärgern und schicken die Abwehrschreiben mit dem Vollstreckungsfall wieder an den Beitragsservice zurück. Die Wut richtet sich ja gegen die, aber wir bekommen sie ab.«

Der Seminarleiter hört ruhig zu, dann zieht er sein Fazit zur Vermögensauskunft. H. macht sich auch davon Notizen und berichtet mir dann: »Er sagte, dass wir da einen unnötigen Arbeitsaufwand betreiben, weil die Erfolgschancen so gering sind. Das hätten wir uns im Gruppengespräch ja gerade selbst bestätigt. Alle hatten das gleiche Gefühl: Hier wird etwas auf uns abgewälzt.«

Und was sollen die Vollstrecker stattdessen tun? »Der Seminarleiter hat uns freie Hand gewährt«, erzählt H. Mehr sagte er dazu nicht? Doch, da kam mehr. H. hat die Ansprache des Seminarleiters sinngemäß mitgeschrieben: »Wenn eure Vorgesetzten nichts dagegen haben, dann sendet das wieder zurück, damit der NDR die Vermögensauskunft selbst beantragt. Wenn eure Pfändungsversuche fruchtlos bleiben, wozu sollt ihr dann noch die Vermögensauskunft einsetzen – nur um den Schuldner wirtschaftlich kaputt zu machen? Das ist nicht im Sinne der Vollstreckung.«

Einem Vollstrecker in der Runde gefällt so viel Entscheidungsfreiheit nicht, er hätte lieber eine Weisung. Der Seminarleiter reagiert darauf gereizt: »Das müssen Sie mit sich selbst ausmachen, ob Sie die Vermögensauskunft selbst beantragen oder ob Sie das dem Beitragsservice überlassen!«

Fassen wir noch einmal zusammen. Die Vollstrecker bekommen nun eine Anleitung, wie sie Schritt für Schritt autonom handeln können. »Der Seminarleiter sagte uns: ›Schließt den Fall so weit ab, bis nur noch die Vermögensauskunft übrig bleibt. Ich schicke euch ein Musterschreiben, das sich auf Paragraf 22 bezieht. Ihr legt dann noch ein Fruchtlosprotokoll bei. Beides schickt ihr dem Beitragsservice und beendet damit den Vorgang.‹«

Zugegeben: Beim Beitragsservice wird man so etwas nicht gerne lesen, aber im Prinzip ist diese Schritt-für-Schritt-Anleitung doch auch nur das, was H. bisher im Alleingang praktiziert hat. Der Unterschied liegt im Detail: H. beruft sich nicht mehr auf Tübingen oder auf Festsetzungsbescheide, die nie angekommen sind. Das sind alles Argumente, die man in Köln ganz leicht abtun kann. Weil es Textbausteine gibt – und genügend Richter, die der großen Erntemaschine Beitragsservice eine tadellose Arbeitsweise bescheinigen. Nun führt H. aber eine Waffe ins Feld, die sonst gegen ihn gerichtet wird – einen Paragrafen. Paragraf 22 im Niedersächsischen Verwaltungsvollstreckungsgesetz. Der verspricht ihm Handlungsspielraum, auch wenn der Beitragsservice das anders sieht.

»Da hätte ich das Gefühl, in einer Diktatur zu leben«

Erinnern wir uns: Die Lage in Nordrhein-Westfalen ist besonders beängstigend. Dort tobte vor Jahren auch ein Streit zwischen dem Beitragsservice und den Gemeinden. Der Spielraum der Vollstrecker wurde dort immer kleiner (gemacht). Früher konnten sie in NRW ähnlich wie in Niedersachsen sagen: »Der Beitragsservice soll das mit der Vermögensauskunft und der Erzwingungshaft gefälligst selbst machen! Wir geben den Fall zurück.« Dann kam im größten Bundesland ein Erlass aus dem Innenministerium: Vollstrecker führen beim Rundfunkbeitrag »eigene Aufgaben« durch, also auch eine Vermögensauskunft mit Haftbefehl. Fälle können an diesem Punkt nicht mehr einfach so zurückgegeben werden. Es ist wohl kein Zufall, dass die Medien besonders oft über die Verhaftung von Beitragsrebellen in Nordrhein-Westfalen berichten.

In Niedersachsen scheint es ein Patt zwischen Vollstreckern und Beitragsservice zu geben: in Form des Paragrafen 22 im niedersächsischen Verwaltungsvollstreckungsgesetz. Auch im Norden wurde über einen Erlass aus dem Innenministerium diskutiert. Dort könnte den Vollstreckern ebenso eine Vollstreckung bis zum bitteren Ende verordnet werden. Darüber spreche ich mit H. – zu einem Zeitpunkt, als nicht klar ist, wie sich das niedersächsische Innenministerium am Ende entscheiden wird. Der Vollstrecker weiß noch nicht, dass es in seinem Bundesland glimpflicher ausgeht. H. steht damals beinahe vor dem gleichen Dilemma wie die Vollstrecker in Nordrhein-Westfalen:

Was wirst du tun, wenn du keine Wahl mehr hast, wenn der Ball nicht mehr zurückspielt werden kann, wenn kein Pingpong mehr möglich ist, wenn du noch mehr vollstrecken musst – wenn du die Vermögensauskunft für den Beitragsservice durchführen musst? Entweder der Rebell beugt sich oder er wird finanziell tiefendurchleuchtet. Am Ende gibt es mehr Pfändungen, mehr Haftbefehle – und mehr Geld für den Beitragsservice.

Aus meinem Gespräch mit dem Vollstrecker H.

Haben die Vollstrecker vor solch einem Erlass des Innenministeriums eigentlich ein Mitspracherecht?

»Nicht von Amts wegen. Wir sind ja nur Erfüllungsgehilfen, wir werden gar nicht erst gefragt. Unser Durchsetzungsvermögen richtet sich allein gegen Schuldner, nicht gegen Vorgesetzte.«

Und inoffiziell?

»Wir können hoffen, dass die Gemeinden, der Städte- und Gemeinde-bund oder unsere Fachverbände unsere Interessen vertreten.«

Würden viele Vollstrecker vielleicht am Schreibtisch streiken – so wie Sie?

»Ich bezweifele das. Viele sind schon über 50. Sie wollen sich nicht die Zukunft verbauen oder ihren Brötchengeber verärgern. Sie sagen sich: ›Was geht mich das Schicksal anderer Menschen an? Die sind doch selbst schuld.‹«

Belastet ein Erlass denn nicht das Arbeitsklima zwischen Beitragsser-vice und Vollstreckern?

»Die meisten haben jetzt schon die Nase voll. Die GEZ ist der größte externe Auftraggeber. Sie will alle Möglichkeiten der Vollstreckung unbedingt ausgeschöpft wissen. Ihre Schreiben haben schon einen Befehlston, ganz nach dem Tenor: *Bitte weiter vollstrecken, da geht noch was.* Inzwischen sollen wir über 300.000 Menschen für den NDR vollstrecken. Warum baut sich der Sender denn keinen eigenen Vollstreckungsapparat auf oder beauftragt Inkassounternehmen? Trotzdem schlucken viele den Ärger runter, weil die GEZ politisch geschützt wird.«

Das heißt?

»Die Wut wird an den vielen GEZ-Schuldnern ausgelassen. Sie werden we-gen ihrer Antihaltung als Querulanten abgestempelt. Da geht man kein Risiko ein. Ich hinterfrage das immer: ›Warum haben diese Menschen damit ein Problem?‹ Vielen anderen Vollstreckern sind die Beweggründe aber egal. Da wird nicht lange gefackelt, da wird nicht diskutiert. Es gibt den Auftrag, und den führt man aus.«

Klingt erschreckend ...

»Viele machen Dienst nach Vorschrift. Die sagen sich: ›Wenn die Schuld-ner zahlen würden, hätten wir keine Probleme.‹«

Wird wirklich so gedacht?

»Ich höre Sachen – manchmal greif ich mir da an den Kopf. Zum Beispiel: Wir zahlen das, also sollen die auch zahlen, und wenn alle zahlen, wird das Programm wieder besser.«

Könnt ihr das mit der Vermögensauskunft überhaupt umsetzen?

»Nicht sofort. Viele Vollstreckungsbehörden sind eigentlich froh, dass sie die Vermögensauskunft nicht selbst abnehmen müssen – das ist vom Arbeitsumfang her gar nicht zu schaffen. Wir müssten dann wegen der GEZ extra das Personal aufstocken.«

Und wie sieht es bei Ihnen aus?

»In unserer kleinen Gemeinde würde das bedeuten, dass ich beim Amtsgericht die Vermögensauskunft und die Haftbefehle beantragen muss – dann stapft der Obergerichtsvollzieher los. Ich kann mir vorstellen: Bei dem Aufwand, der da betrieben wird, sprengt das irgendwann den Rahmen. Die Gerichte sagen: ›Also, Leute, wir sind hier überlastet und haben noch ganz andere Kaliber am Start, weil die Schere zwischen Arm und Reich sowieso immer weiter auseinandergeht.‹«

Würden Sie denn wirklich Haftbefehle beantragen?

»Nein, da hätte ich das Gefühl, in einer Diktatur zu leben. Das könnte ich in Bezug auf die GEZ nicht mit meinem Gewissen vereinbaren. Ich würde mich ständig fragen: ›Was haben die Menschen eigentlich verbrochen?‹ Ich glaube, ich würde dann noch mal dagegenschießen. Ich würde zusehen, dass ich die Fälle trotzdem wieder zurückschicke.«

Und wenn der Beitragsservice dann das Innenministerium einschaltet?

»Das sind ja auch erst einmal Drohgebärden. Da wird mit den Ketten gerasselt. Die GEZ springt mit uns um wie mit den Schuldnern. Vieles von dem, was wir androhen, machen wir aber selber nicht wahr. Ich kann mir nicht vorstellen, dass die GEZ wegen einer Gemeinde das Ministerium einschaltet.«

Der Beitragsservice sieht sich in Niedersachsen aber vielen Vollstre-ckern gegenüber – in fast tausend Gemeinden. Alle bekommen mehr Arbeit verordnet. Viele werden sich vielleicht auch taub stellen wollen. Ich glaube also, dass die anders vorgehen würden.

»Was heißt anders?«

Wieder mit Musterschreiben. Nicht Sie bekommen Post vom Beitrags-service, sondern Ihr Vorgesetzter in der Gemeindekasse. Der wird erst einmal aus allen Wolken fallen, weil eine Kopie der Mail gleich an das Ministerium gegangen ist. Der Vorgesetzte erfährt nun: Da gibt es ei-nen Erlass von oben, einen Minister, der sich nicht gerne wiederholen möchte, und einen Vollstrecker, der nicht mitziehen will. Ihr Vorgesetz-ter ist dienstlich für Ihr Verhalten verantwortlich. Großzügig, wie der Beitragsservice nun einmal ist, gewährt er der Gemeinde ein paar Tage Bedenkzeit, um dieses bedauerliche Missverständnis aus der Welt zu schaffen. Wie geht es jetzt wohl weiter?

»Mein Vorgesetzter und ich würden uns über diese Mail kaputtlachen.«

Ich glaube nicht ...

»Stimmt, mein Vorgesetzter wird das nicht witzig finden. Sie haben recht. Das wird schwierig. Käme wirklich ein Erlass vom Innenministerium, dann akzeptiert er das. Das ist schließlich die oberste Landesbehörde der Ge-meinden.«

Ist der Beitragsservice immer noch eine Lachnummer?

»Nein, die GEZ hat dann ein Ministerium im Rücken. Sie kann ihre Inte-ressen von oben durchboxen lassen. So funktioniert die Hackordnung, von oben nach unten. Entweder riskiert die Gemeinde einen Streit oder sie sagt ihren Vollstreckern: ›Komm, zieh durch und mach den Job.‹«

Woran glauben Sie eher?

»Mein Vorgesetzter will mich dann einnorden. Trotzdem kann ich Haftbe-fehle wegen der GEZ nicht mit meinem Gewissen vereinbaren. Ich muss wohl die Konsequenzen ziehen.«

Das heißt?

»Ich müsste gucken, dass ich den Job in der Art aufgebe. Vielleicht gibt es in der Verwaltung ja andere Tätigkeiten. Wenn ich nicht mehr mitspiele, dann macht es bestimmt ein anderer.«

Der Finger am Abzug:
Bitte beendet dieses Experiment!

Damit endet mein Interview mit H. Das Aufnahmegerät läuft aber weiter. Aus Erfahrung. Oft wird es dann spannend, wenn die Gedanken nicht mehr wie im Karussell um einen Fixpunkt kreisen. Ich will H. noch von meiner Recherche berichten: von einer Vermögensauskunft, der ich als Zeuge einige Monate zuvor beiwohnen durfte.

Eigentlich wollte ich dabei einen Gerichtsvollzieher in seiner natürlichen Umgebung beobachten. Eigentlich wollte der Gerichtsvollzieher sein Programm abspulen. Eigentlich passt beides perfekt zusammen, aber es geht schief:

Weil ich als Zeuge der Beitragsrebellin nicht still auf dem Stuhl sitzen kann, weil ich einfach nicht meinen Mund halten kann. Dabei hatte ich mir das so fest vorgenommen. Schweigen und beobachten. Aber ach: Hier wird es sofort emotional. Die Raumtemperatur steigt und die Fensterscheiben vibrieren. Ich merke, dass zwei Menschen wie Rammböcke aufeinanderprallen. Auf der einen Seite Leidenschaft, auf der anderen routinierte Gleichgültigkeit in der Sache und der Wille, endlich anzufangen. Das Papier wartet. Die Vermögensauskunft wartet. Der finanzielle Nackttanz eines gebrochenen Menschen soll beginnen. Die Beitragsrebellin ist aber hier, um Nein zu sagen. Da hätte also ein Satz genügt.

Trotzdem reden alle schon sehr lange und sehr laut – aber eben aneinander vorbei. Wir umkreisen uns mit Worten. Ja, wir. Ich mache auch mit. Ich stelle Zwischenfragen, ich will mir dies und das erklären lassen. Ein paar Minuten später soll ich dann den Raum verlassen. Die Beitragsrebellin geht mit, aus Solidarität.

Vor der Tür schaue ich auf meine Finger. Sie zittern leicht. Ich stelle mir vor, es wäre hier um meine Freiheit gegangen. Keine Sorge: Um die Freiheit der Beitragsrebellin ging es (noch) nicht. Das hier war der erste Termin. Der Gerichtsvollzieher hatte noch keinen Haftbefehl in den Händen. Das passiert also, wenn sich Menschen den Paragrafen nicht beugen wollen. Schlimm!

Ob das jetzt eine typische Vermögensauskunft war? Eher nicht. Trotzdem wäre das ein Anschauungsunterricht für Juristen. Gerade sie sollten mit eigenen Augen erleben, was sie da am Schreibtisch fabriziert haben. Das ganze Laientheater dreht sich zwar um den Beitragsrebellen, aber der weiß gar nicht, was auf ihn zurollt. Ich kann nur intensives Training empfehlen.

Die letzte Stufe ruft auch noch zwei neue Laiendarsteller auf den Plan: eine Polizeistreife, die gleich verhaften soll – und die lassen die Handschellen auch noch wirklich klicken, weil der Vorgang das so vorschreibt.

So viel bürokratischer Irrsinn fordert die hohe Kunst der stoischen Gelassenheit. Sie müssen über den Dingen wie ein Vogel schweben können. Leidenschaft schafft hier Leiden, aber gerade Beitragsrebellen stehen ja leidenschaftlich zu ihrer Haltung und das wird auch zu ihrer größten Prüfung. Sie werden mit den Zwangsmaßnahmen für gewöhnliche Schuldner gebrochen, aber damit wird eben auch ihre innere Haltung gebrochen. Wollen wir als Gesellschaft bloß dabei zuschauen, dass ARD und ZDF eine breite Boykotthaltung auf *diese* Weise bekämpfen dürfen?

Ich habe eine solche Vermögensauskunft erlebt und schildere sie H., mit ein wenig mehr Tiefe in den Details. Das kann ich hier in diesem Buch aber nicht. H. hört interessiert zu. Schließlich soll er so etwas ja auch auf den Weg bringen für den Beitragsservice – koste es, was es wolle. Gegen Menschen, die 17,50 Euro im Monat nicht gezahlt haben.

Diese Menschen werden vom Beitragsservice in ein Zwangssystem abgeschoben, mithilfe eines automatisierten Massenverfahrens. Ich frage H., ob er über seine Rolle in diesem System nachdenkt. Schließlich erinnert mich das massenhafte und immer fabrikmäßigere Vorgehen durchaus an dunklere Zeiten. Auch damals eskalierte es Stück für Stück. Alles hatte immer seine Ordnung, alles war immer bürokratisch geregelt. Es ging weiter und weiter und jeder zuckte bloß mit den Schultern. Wer sich nicht zwingen lassen will, der ist an seinem Elend eben selbst schuld. Damals und auch heute?

Welche Rolle spielen bei diesem Zwangsspiel die Rundfunkanstalten und ihr Beitragsservice? Haben sie noch eine? Oder bekommen sie bloß das Geld, was abgepresst wird? H. und ich, wir philosophieren ein wenig. Wie können wir das mit der Vermögensauskunft so einfach und so drastisch wie möglich erklären?

Die Vermögensauskunft, das ist der Mündungslauf, der auf die Stirn aufgesetzt wird.

Der Gerichtsvollzieher, das ist der Schütze. Er hält den Finger am Abzug.

Der Vollstreckungsbeamte liefert die Patrone – den Haftbefehl. Er spannt auch den Hahn – das ist das Okay zum Verhaften. Der Vollstrecker macht die Waffe des Gerichtsvollziehers also scharf. Sonst wäre es nicht einmal eine Schreckschusspistole.

Und der Beitragsservice? Der war gar nicht am Tatort. Kein Forensiker wird seine Fingerabdrücke auf dem Abzug und auf der Patrone finden. Im Polizeibericht wird stehen: »Der Gerichtsvollzieher wurde nervös, die Waffe war zu lange geladen, ihm zitterten bereits die Hände. Der Schuss war am Anfang zwar nicht beabsichtigt, aber der Beitragsrebell verweigerte seine Zahlungspflicht bis zum Ende.« Im Polizeibericht stehen einige wichtige Dinge *nicht*. Die sind mir aber wichtig:

Es gibt einen, der hat dem Vollstrecker gesagt: »Lad die Waffe!«

Es gibt einen, der hat den Vollstrecker aufgefordert, immer weiter und immer weiter zu gehen.

Es gibt auch einen Erlass von oben, der den Vollstrecker unter Druck gesetzt hat. Das Eintreiben des Rundfunkbeitrags ist jetzt »seine eigene Aufgabe«. Kneifen gilt nicht mehr. Der Vollstrecker soll außerdem dem genau zuhören, der ständig fordert: »Lad die Waffe!«

H. denkt darüber nach. Schließlich soll er die Vermögensauskunft ja selbst beauftragen. Und sie steht ihm wohl bald selbst bevor – aber auf der anderen Seite des Tischs, als Beitragsrebell. Wir schweigen einen Moment lang. Ich merke, wie es in H. arbeitet. Vermutlich grübelt er gerade über unser Gespräch nach. Ich habe ihn vor ein paar Minuten im Interview ja unter Druck gesetzt. Ich habe ihm gezeigt, wie subtil und unentrinnbar auch ein Beitragsservice werden kann – mit dem passenden Erlass von oben und einer Autorität im Rücken.

Während ich nun schweige, spricht H. wieder: »Wir machen Druck auf andere und stehen selber unter Druck. Es ist tagtäglich ein Experiment. Wie weit gehen wir, was akzeptieren wir? Ab wann sagen wir Nein?« Ich hake nach: »Experiment?« H. antwortet knapp: »Das Milgram-Experiment«.

Natürlich, Stanley Milgram und sein Elektroschockexperiment! Der schonungslose Klassiker der Sozialpsychologie. Uralt, aber bewährt. Das Experiment fand bereits 1961 statt. Seitdem wird es ständig wiederholt – mit den immer gleichen schockierenden Ergebnissen. Wir sind nicht so menschlich, wie wir hoffen. Die einen sehen das Milgram-Experiment so: »Fast jeder würde auf Befehl foltern.«[1] Die anderen sprechen vom »Gehorsam gegenüber Autorität«.

Betrachten wir es ganz nüchtern: Fast 90 Prozent aller Menschen würden ihre Mitmenschen foltern. Einfach so. Obwohl Sie den anderen nicht kennen. Er hat Ihnen nichts getan. Entschuldigung, habe ich gerade *Sie* angesprochen? Nein, das geht doch nicht! Sie, ich und H. – wir würden bestimmt niemals foltern, oder? Seien wir *uns* da nicht so sicher. Es müssen natürlich ganz bestimmte Bedingungen herrschen, damit das mit dem Foltern klappt. Bei der Zwangsvollstreckung des Rundfunkbeitrags herrschen diese Bedingungen nicht nur, sie sind auch noch verschärft.

Doch der Reihe nach: Im Milgram-Experiment bekommt ein Mensch die Rolle des Schülers zugelost, der andere spielt den Lehrer. Der Schüler sitzt im Nebenraum. Beide sind durch eine Glasscheibe getrennt, sie blicken sich aber nicht an. Immer dann, wenn der Schüler beim Lösen der Aufgabe versagt, soll der Lehrer bestrafen – mit einem Elektroschock. Das geht denkbar einfach: Der Lehrer muss bloß auf einen Knopf drücken. Der erste Stromschlag ist noch ganz harmlos: 15 Volt, kaum mehr als ein Zwicken. Mit jedem weiteren Fehler steigt aber die Voltzahl rasant an. Das heißt, die Elektroschocks werden immer schmerzhafter. Bei 450 Volt ist Schluss – mit dem Schüler. Dieser Stromschlag endet tödlich.

Der Lehrer bekommt zu Beginn noch den Hinweis, dass er *jederzeit abbrechen darf*. Seine Aufwandsentschädigung erhält er trotzdem. Würden Sie einen Menschen mit Stromschlägen quälen – vielleicht sogar umbringen –, nur weil der harmlose Fehler begeht? Vermutlich nicht. Obwohl das Leben des anderen in Ihrer Hand liegt, gewinnen Sie nichts dabei außer dem Gefühl, absolute Macht über einen anderen Menschen zu haben.

Jetzt bringen wir aber einen Dritten ins Spiel. Dieser Mensch spiegelt die *Autorität* wider und fordert *Gehorsam* ein. Er gibt sich als Versuchsleiter aus und behauptet, dass »Bestrafungen die Lernfähigkeit verbessern«. Genau das möchte er mit seinem Experiment angeblich beweisen. Der Lehrer soll ihm dabei helfen. Zumindest glaubt das der Lehrer. In Wahrheit ist er das eigentliche Ziel des Experiments. Er wird manipuliert und dabei gleich doppelt betrogen.

Die erste Lüge: Es geht hier nicht ums Lernen, es geht ums Foltern. Der Schüler im Nebenraum ist offenbar hilflos am Stuhl festgebunden und kann die Elektroden nicht abreißen; er sitzt also auf einer Art elektrischer Stuhl. Der vermeintliche Lehrer ist sein Folterknecht. Im Namen des gesunden Menschenverstands müsste jetzt Folgendes passieren: Der Lehrer steht auf, beendet das Experiment, befreit den Schüler und alarmiert natürlich noch die Polizei, weil hier etwas ganz und gar nicht stimmt. Das passiert aber nicht. Kaum einer bricht das Experiment ab. Die Probanden arrangieren sich mit ihrer Rolle als Lehrer und Folterknecht – im Namen einer wissenschaftlichen Autorität. Jetzt wird für ein höheres und gemeinsames Ziel gefoltert!

Die zweite Lüge: Der vermeintliche Schüler ist eingeweiht. Seine Schreie und seine Hilflosigkeit sind bloß gespielt. Die Elektroschocks des Lehrers bleiben immer harmlos. Die Fehler sind fingiert. Eskalation ist hier das Ziel – bis hin zur vermeintlich lebensbedrohlichen Voltzahl.

Wie weit wird der Lehrer beim Foltern gehen, nur weil es ihm eine Autoritätsperson befiehlt? Natürlich meldet sich früher oder später das Gewissen: Der Lehrer zweifelt, ist erschrocken über die Schreie des Schülers und will abbrechen. In diesem Moment schreitet der Versuchsleiter verbal ein. Er will, dass es weitergeht. Er wird die Schreie voller Schmerz relativieren und die Stärke der Stromschläge kleinreden.

Wir erwarten, dass alle Versuchspersonen den Gehorsam verweigern, dass sie nicht ein einziges Mal auf den Knopf drücken. In Wahrheit drücken aber fast alle Lehrer. 65 Prozent foltern sogar bis zum Ende und verabreichen vermeintlich lebensgefährliche Stromschläge, während der Schüler im Nebenraum schreit. Es gibt unzählige Varianten dieses Experiments. Ist der Versuchsleiter nicht im Raum, sondern steht mit dem Lehrer bloß in telefonischer Verbindung, schummeln viele Lehrer bei der Stärke der Stromstöße. Sie wollen keinen offenen Ungehorsam riskieren. Wird der Versuchsleiter ausgewechselt, ändert sich der Gehorsam nicht. Bittet der Schüler am Mikrofon um einen Abbruch, weil er einen Herzfehler hat, wirkt sich auch das nicht auf die Folgsamkeit aus. Nur die allerwenigsten Lehrer stehen von sich aus auf und gehen. Das erfordert nämlich wahre Charakterstärke. Die meisten unterwerfen sich der Autorität und handeln grausam. Neuere Milgram-Experimente zeigen sogar, dass viele Menschen aus Überzeugung foltern – im Gefühl, damit einem größeren Ziel zu dienen.

Es sind keine Drohungen des Versuchsleiters nötig. Allein seine Autorität und seine Unerbittlichkeit genügen. Es ist erstaunlich, wie leicht man bei Menschen das eigene Gewissen ausschalten kann und wie schnell die sich zu Tätern machen. Der Finger am Abzug, der Finger auf dem Knopf. Wir drücken fast immer, wenn das Opfer weit genug weg scheint und uns eine Autorität im Nacken sitzt. Der Psychopathologe David Mantell hat die Experimente in Deutschland wiederholt und kam zu dem Schluss, dass in einer autoritären Struktur die »banalste und oberflächlichste Begründung ausreicht, um destruktives Verhalten hervorzubringen«.[2]

Der Psychologe Jerry Burger hat die Milgram-Experimente 2008 wiederholt, mit einem erschreckenden Ergebnis: Wir sind heute noch so gehorsam wie vor 50 Jahren – obwohl die Experimente jetzt in einer »Light-Version« durchgeführt werden, obwohl eine zweite Person im Experiment mäßigend einwirkt. Die Zahl der gehorsamen Mitläufer liegt bei 65 Prozent. Sie foltern trotz der Gewissensbisse. 25 Prozent stellen Befehle infrage und verweigern den Gehorsam. 10 Prozent sind Sadisten, die das Foltern sogar genießen.[3] Hoffen wir, dass die in der echten Welt nie in eine Position gelangen, um diese Neigung auszuleben.

Vergleichen wir das Experiment einmal mit der Zwangsvollstreckung. Hier ist die Autorität sogar Bestandteil des Verfahrens, auch hier eskaliert es. Die Verhaftung bei der Vermögensauskunft ist dann der 450-Volt-Schlag. Erleben Beitragsrebellen also ein millionenfaches Milgram-Experiment?

Nun, es gibt viele Gemeinsamkeiten, aber auch Unterschiede: Der Lehrer kann das Experiment jederzeit abbrechen. Auch der Vollstrecker hatte einmal diese Wahl. Er konnte den Ball zurückspielen, jetzt muss er seine »eigenen Aufgaben« wie in Nordrhein-Westfalen bis zum Ende durchführen. In diesem Punkt ist der Vollstrecker also sogar schlechtergestellt als der Lehrer im Experiment.

Der Vollstrecker hat außerdem keinen Kontakt mehr zu seinem Opfer. Er beantragt den Haftbefehl und die Verhaftung. Er erfährt aber erst hinterher, ob der Beitragsrebell entkommen ist, aufgegeben hat oder in einer Zelle schwitzt. Er ist zwar der Auslöser des Stromschlags. Verabreichen muss ihn aber der Gerichtsvollzieher. So etwas haben Milgram-Experimente auch simuliert – mit einem zweiten Lehrer, der eingeweiht war und auf den Knopf drückte. In dem Fall stieg die Gehorsamkeitsrate des ersten Lehrers sogar auf über 90 Prozent.

Der Beitragsservice ist zwar ein eifriger Versuchsleiter – aber auch ein schwacher. Von ihm kommen massenhaft schriftliche Aufforderungen: *Bitte weiter vollstrecken!* Die Ex-GEZ sitzt weit weg und sie kann den Gehorsam nur schwer einfordern. Dafür gibt es aber den Erlass von oben. Der ist zwar geborgte Autorität, aber wir haben gesehen, dass auch so etwas wirkt.

Schüler und Beitragsrebell teilen sich eine ähnliche Rolle. Es gibt allerdings einen Unterschied: Der Rebell ist nicht eingeweiht, und die verabreichten *Stromstöße* sind alles andere als harmlos.

Der Beitragsrebell soll gebrochen werden. Das ist ein weiterer Unterschied zum Milgram-Experiment. Ich frage mich aber: Ist er denn der Einzige, der gebrochen wird? Muss nicht erst das Gewissen beim Vollstrecker ausgeschaltet werden, bevor er dann den Beitragsrebellen bricht? Muss nicht erst das Gefühl für Verhältnismäßigkeit abgebaut sein?

Wer sich das Milgram-Experiment anschaut, kann sich eigentlich nur wundern, dass nicht noch mehr Beitragsrebellen in der Haftzelle sitzen. Warum ist das so? Vermutlich, weil vom Beitragsservice zwar die Aufforderung zur Vermögensauskunft kommt, aber Haftbefehle braucht es dazu auch. Beim 450-Volt-Schlag, also beim Verhaften, da kommt vom Beitragsservice aber keine deutliche Ansage mehr – und auch keine deutliche Absage. Ja, was nun, abdrücken oder nicht? Der Vollstrecker am Knopf wundert sich plötzlich über das Nuscheln aus Köln: *Geld? Unbedingt! Schlechte Schlagzeilen? Eher nicht!*

Das finde ich schade, weil die Parallelen zum Milgram-Experiment vorher so deutlich sind. Der Vollstrecker kann wie der Lehrer eigentlich sein Hirn abschalten. Ihm wird vom Beitragsservice schließlich nicht nur eine Art Auftragspapier in die Hand gedrückt. Das Vollstreckungsersuchen ist nach meinem Verständnis auch eine Art Persilschein. Der Zettel bescheinigt, dass die Vollstreckung rechtmäßig ist und dass sich der Rebell in der Sache nicht mehr wehren darf. Da wird das Knöpfchendrücken doch gleich viel leichter gemacht.

Knöpfchen drücken und Hirn abschalten, gerade das kann H. eben nicht: »Dann sollen die den Hebel selbst umlegen. Aber ich soll nach dem Motto handeln: *Sie haben die Anweisung und Sie werden dafür bezahlt, jetzt machen Sie mal.* Das widerstrebt meiner Weltanschauung.« Natürlich erkennt H., dass hier eine gewaltige Verantwortungslücke entsteht und eine große Versuchung: »Wie weit würde ein Vollstrecker gehen, wenn er die Macht hat und die Verantwortung jemand anderes übernimmt?« Übernimmt diese Verantwortung aber jemand anderes? Oder streiten sich Vollstreckungsbehörde und Beitragsservice hinterher bloß darum, wer nicht schuld gewesen sein kann? Natürlich nicht vor der Presse, die gerade wieder über einen verhafteten Beitragsrebellen berichten will.

Sherlock Holmes, ermitteln Sie bitte!

Wer hatte den Finger am Knopf, wer hat gedrückt? Wer will seinen Finger nicht am Knopf haben und äußert im Hintergrund trotzdem sehr laut Wünsche – wie und vor allem wie lange im großen Zwangsspiel vollstreckt werden soll? Wie autonom hat der gehandelt, dem der Finger am Knopf dann doch zu sehr zitterte?

Autoritäres Denken und sich hinter Anweisungen von oben verstecken – das steht hier nicht weit entfernt vom Wort »Rundfunkbeitrag«. Jetzt wird auch schon darüber gerätselt, wer das eigentliche Okay zum Verhaften von Beitragsrebellen gibt. Dabei wäre der Ausweg so einfach gewesen – wie beim Milgram-Experiment: *Folge deinem Gewissen!* Dumm nur, dass es beim Rundfunkbeitrag weder Gewissensfreiheit noch Auswege geben darf: verboten! Erst recht bei der Zwangsvollstreckung der Zwangsabgabe. Aber was tut man nicht alles, um 45 Millionen Menschen sein Zwangssystem aufzustülpen? Wenn dann noch unbedingte Beitragsgerechtigkeit dazukommt, folgt eben auch eine gespenstische Zwangsläufigkeit.

Wir haben uns gewöhnt: an Fernseh-Radio-Leitmedien oder Rundfunkbehörden oder was immer sie sein mögen. Jetzt brauchen wir eben mehr Vollstrecker im Land, die weiter gehen als je zuvor. Auch daran können wir uns gewöhnen, oder? Der Frosch im Kochtopf, der springt ja auch nicht aus seinem Hitzegefängnis. Der lässt sich garen, wenn die Temperatur nur langsam genug ansteigt.

Wirklich? Selbst Tiere sind nicht so naiv: »Wenn die Temperatur steigt, wird der Frosch immer aktiver bei dem Versuch, dem erhitzten

Wasser zu entkommen. [...] Für Organisationen und Völker mag also gelten, dass sie eine kontinuierliche Verschlechterung ihrer Situation hinnehmen, ohne mit der Wimper zu zucken – bei Tieren lassen sich die Sensoren nicht so leicht täuschen.«[4]

TEIL III
DER ANWALT

KAPITEL 8

EIN SCHICKSALSTAG
IN KARLSRUHE

Der Weg nach Karlsruhe beginnt in Berlin, zumindest für Rebellen. Heute ist der 29. April 2017. In einem Jahr, also im Frühjahr 2018, wird das Bundesverfassungsgericht über den Rundfunkbeitrag verhandeln, aber heute gehört die Straße noch den Menschen und ihren Hoffnungen. In Berlin findet gerade eine Demonstration gegen ARD und ZDF statt und ich laufe über den Alexanderplatz. Ausgerechnet bei dieser Demo möchte ich einen Anwalt finden – nein, nicht irgendeinen –, denn auch damit sind wir überversorgt. Ich suche *ihn*, den einen Anwalt unter 165.000. Er wird hoffentlich bald mit ARD und ZDF in Karlsruhe Schlitten fahren, er wird das ganze Gedankengebäude hinter dieser seltsamen Abgabe ins Wanken bringen. Vielleicht, aber nur vielleicht, stürzt dann alles ein; weil es ein Kartenhaus voller Widersprüche ist oder weil von Anfang an ein kleines Puzzleteil gefehlt hat. Einer mit einem Auge für das Detail – heute geht dieser eine Anwalt mit den Menschen auf die Straße. Er demonstriert gegen den Rundfunkbeitrag. Er ist unter denen, die Turnschuhe tragen. Ihn möchte ich kennenlernen und für mein Buch gewinnen.

Eröffnung: Das Plädoyer
gegen den Rundfunkbeitrag

Der Einstieg klingt nett, etwas kitschig und er nimmt ein glückliches Ende vorweg. Heute wissen wir: Karlsruhe sorgt für Katerstimmung, der Rundfunkbeitrag wird nicht einmal wackeln. Trotzdem soll dieser Einstieg hier stehen bleiben, als Symbol. Ich habe ihn am 29. April

2017 geschrieben; zu einer Zeit, in der alles noch möglich scheint. Ausgerechnet einem Anwalt drücken damals Millionen die Daumen, wenigstens im Stillen: *In Karlsruhe wird doch noch alles gut – es muss. Er wird es schaffen!* Er, der Anwalt, den bis heute leider kaum jemand kennt. Die großen Hoffnungen sterben mit den abgeschmetterten Verfassungsbeschwerden. Die Zwangsabgabe eines Volkes an ARD und ZDF ist inzwischen höchstrichterlich abgesegnet. Bloß eine winzige Sache muss beim Rundfunkbeitrag nachgebessert werden – der doppelte Beitrag für Zweitwohnungen. Also alles abgehakt? Nicht für mich. Ich frage jetzt nach dem Wie: Wie kam es zu dieser Entscheidung? Wie souverän, also unabhängig, war sie? Wie weit können sich Richter vor einer Realität verschließen, die Millionen Menschen ertragen müssen? Es gibt da jemanden, der hat es hautnah in Karlsruhe miterlebt, und er möchte reden: der Anwalt.

Meine, seine, unsere Geschichte beginnt also doch am 29. April 2017. »Aktionstag« steht auf einem Handzettel, es soll gegen den kleinen Beitrag mit dem großen Zwang demonstriert werden. Ich suche auf dem Alex, ich laufe am Fernsehturm vorbei, und ich finde die Menschen endlich vor dem Roten Rathaus. Sie versammeln sich am Neptunbrunnen, viele Augenpaare richten sich auf einen weißen Lkw. Warum? Leider versperren Bauzäune die Sicht, doch nach dem Seitenwechsel wird es klar. Der Lkw ist eine mobile Bühne, die Seite ist aufgeklappt, ein kleiner Ofen brennt dort und vier Damen sprechen gerade – über Haftbefehle und ihre Haft: Sieglinde Baumert, Kathrin Weihrauch, Mandy Bock und Tetyana Rusina. Ich warte heute auf zwei Anwälte: Thomas Koblenzer und Thorsten Bölck.

Sie werden gleich die Bühne betreten, sie retten hier die Ehre ihres Berufsstandes – der Rundfunkbeitrag ist für Juristen nämlich gar nicht sexy. Der Streitwert bleibt gering, ein Prozess ist nicht lukrativ, der Gegner ist bestens aufgestellt und dann geht es auch noch ums Verfassungsrecht. Nur wenige setzen sich damit auseinander. Anwälte glauben an die Macht der Gesetze, sie hinterfragen sie nicht. Koblenzer und Bölck haben es getan – mit insgesamt drei Mandaten stehen sie bald vor dem Bundesverfassungsgericht. Dabei sind einmal mehr als 4000 Kläger angetreten. Im Mai 2018 können wir alle nur zuschauen, es ist die letzte Chance, um den Rundfunkbeitrag einfach so zu Fall zu bringen. Koblenzer und Bölck vertreten nicht das Profilager, keine Organisation, keinen Lobbyverband, keinen Politiker, keinen vermögenden Unternehmer, niemanden, der bekannt oder wichtig wäre. Sie vertreten bloß einfache Menschen und ich muss mich heute für einen der beiden entscheiden: Wem möchte ich über die Schulter schauen, wer liefert in Karlsruhe die besseren Argumente gegen den Rundfunkbeitrag? Etwas, was jedem aus der Seele spricht. Millionen haben ein Gefühl, dass nicht Recht sein kann, was sich so ungerecht anfühlt. Bitte gießt es in präzise Worte, die auch die Richter in den roten Roben nicht ignorieren können! Ich glaube, viele sind heute nur deshalb hierhergekommen, das lässt sie geduldig vor dieser Bühne ausharren. Es ist eine Mischung aus Angst und Hoffnung.

Thomas Koblenzer darf beginnen. Er sprintet mit Elan auf die Bühne, wie ein Sportler, der den Wettkampf nicht erwarten kann, doch der Moderator bremst ihn aus – mit der Bitte: jetzt nur »zwei, drei wesentliche Punkte, um es nicht zu kompliziert zu machen«. Koblenzer sortiert unterdessen seine Unterlagen. Ich sortiere mich auch. Koblenzer ist in aller Munde, ohne dass wir ihn kennen. Wer gegen den Rundfunkbeitrag wettert, der benutzt dabei garantiert seine Argumente: *Das ist doch kein Beitrag, er gleicht einer Steuer; dafür sind die Bundesländer nicht zuständig und deshalb ist er verfassungswidrig!*

Koblenzer führt eine Kanzlei in Düsseldorf, er ist Honorarprofessor für Steuerrecht, er schrieb ein Gutachten über den Rundfunkbeitrag und darauf baut seine Verfassungsbeschwerde auf. Der Moderator bittet Koblenzer jetzt endlich um seinen Vortrag. Er wird das Wort für vierzig Minuten haben, danach folgt Thorsten Bölck, der zwanzig Minuten spricht. Ich schreibe mit, Seite um Seite, schließlich soll hier der bessere Mann die Kandidatenwahl gewinnen, also möchte ich auch alles verstehen. Wie schwierig kann das schon sein? 24 Seiten und einen Schreibkrampf später ruht meine Hand. Viele Blicke im Publikum verraten, was wohl alle denken: Verdammt, das ist kompliziert! Die Anwälte auf der Bühne sind zutiefst davon überzeugt, hier im Recht zu sein, sie verlieren sich aber auch im juristischen Klein-Klein. Was kann ich davon hier wiedergeben? Belassen wir es bei drei Szenen.

Szene eins: Wir haben doch bereits gewonnen, oder?

Thomas Koblenzer erklärt dem verblüfften Publikum, dass das Verfahren in Karlsruhe schon in trockenen Tüchern sein könnte: Im Gesetz zum Rundfunkbeitrag muss nämlich erklärt werden, wofür der Beitrag erhoben wird. »Ein Satz hätte genügt, aber der fehlt nun eben«, sagt Koblenzer.[1] Es droht also die Rote Karte aufgrund eines Formfehlers. Der Anwalt fordert die Menschen auf, das Gesetz einmal selbst zu prüfen, zu Hause. Tatsächlich: Ich finde später im Rundfunkbeitragsstaatsvertrag nichts über den Zweck. In Paragraf 1 wird nur weiterverwiesen, und zwar auf den Rundfunkstaatsvertrag. Hoffentlich wird der Zweck dort erklärt? Nein, dort bleibt es genauso mysteriös: ARD und ZDF haben verfassungsmäßige Aufgaben, die müssen eben finanziert werden. Also hangeln wir uns wieder weiter, zum Grundgesetz. Dort muss doch endlich alles erklärt werden! Nein, die verfassungsmäßigen Aufgaben von ARD und ZDF werden in der Verfassung mit keiner Silbe erwähnt. Die Richter in Karlsruhe haben sie bloß herausgelesen, also gedeutet; sie erfanden verschwurbelte Begriffe wie *Grundversorgung* und *Finanzierungsgarantie*. Immerhin ist das schon ein Fortschritt. Schamanen haben Rauchzeichen gedeutet, römische Auguren studierten Fischeingeweide, unsere Verfassungsrichter vermuten verborgene Wahrheiten im Grundgesetz. Die Rundfunk-Relikte und Karlsruhe, das bleibt eine rätselhafte Geschichte. Koblenzer befasst sich aber nur mit dem Gesetz – und dort sieht er einen Mangel: »Das Bundesverfassungsgericht hat an anderer Stelle deutlich gemacht, dass dieses formelle Defizit nicht dadurch geheilt werden kann, dass man sich etwas zusammenreimt, etwas auslegt, etwas [aus anderen Gesetzen nimmt] und sagt: Aber es war doch völlig klar, wofür das gedacht ist. Das reicht eben nicht aus, es muss explizit im Gesetz stehen und das tut es nicht«. Doch, beim Rundfunkbeitrag reicht das aus – so viel möchte ich von der Verhandlung in Karlsruhe schon vorwegnehmen.

Szene zwei: Das Potemkinsche Mediendorf

Thorsten Bölck hat inzwischen das Wort und zeigt mit dem Finger auf den nahen Fernsehturm. Der ist ein Denkmal und Touristenmagnet, strahlt aber nebenbei immer noch Funksignale aus. Bölck fragt ins Publikum: »Gibt es eine Beziehung zwischen elektromagnetischen Schwingungen und Ihrer Wohnung?« Natürlich nicht. Keine Wohnung dieser Welt kann Funksignale empfangen und dann abspielen. Trotzdem bezahlen die Deutschen den Rundfunkbeitrag auf ihre Wohnung. Soweit ist das vielen Zuhörern bekannt. Bölck erklärt aber nun, wie das juristisch trotzdem funktioniert – durch einen Winkelzug. Es wird hier *typisiert*. Es wird einfach angenommen, dass in nahezu jeder Wohnung ein Empfangsgerät steht. Grundlage ist die bundesweite Statistik. Bölck zitiert aber Statistiken der Länder, schließlich ist der Rundfunkbeitrag Landesgesetz: In Berlin haben 11 Prozent der Haushalte gar keinen Fernseher,[2] in Hamburg 8 Prozent.[3] Es gibt Grenzen, bis wann eine *Typisierung* erlaubt ist – und über diese Grenze hat Karlsruhe mehrfach selbst entschieden. Bölck zitiert aus den Urteilen und kommt zu einem einfachen Schluss: »Wenn es mehr als nur wenige sind, dann darf nicht mehr typisiert werden. Bei 200.000 Haushalten in Berlin kann man nicht mehr von einer kleinen Anzahl sprechen.«

Ich habe dieses Beispiel aus einem bestimmten Grund ausgewählt. Das Argument von Bölck gegen die *Typisierung* klingt schlüssig, lässt sich aber leicht auskontern, indem wir einfach noch eine Statistik dazunehmen und noch eine und noch eine. Zählen wir doch die Notebooks, Radios oder Handys und schon ergibt sich ein ganz anderes Bild. Voilà, die *Typisierung* ist gerechtfertigt. Nahezu jeder besitzt irgendein Gerät, mit dem er ARD und ZDF empfangen könnte. Wo liegt hier also das Problem? Wenn Geräte im Überfluss vorhanden sind, dann können Geräte auch keine Grundlage mehr sein, um zu *typisieren*. Wenn es einfach alle trifft, dann wird an der falschen Stelle *typisiert*. Leider zwingt uns das Gesetz, auf einer absolut unsinnigen Ebene zu diskutieren, bei der wir nur verlieren können: Wer eine Wohnung hat, hat auch irgendein Gerät, und wer ein Gerät hat, der könnte ja bei ARD und ZDF einschalten, also müssen einfach alle zahlen.

In unserer Zeit geht es doch um eine ganz andere Frage: Was stellen die Menschen mit der Technik an, die überall verfügbar ist? Wie viele nehmen überhaupt noch die Möglichkeit wahr, bei ARD und ZDF einzuschalten? Leider wird in Karlsruhe nicht über die Wirklichkeit verhandelt, sondern über ein Gesetz. Das Problem liegt also beim seltsamen Realitätsverlust unserer Gesetzgeber. Unsere Politiker möchten an ein Potemkinsches Mediendorf glauben: Sie interessieren sich nur für ARD und ZDF, sie zählen auf ARD und ZDF; sie setzen es als gegeben voraus, dass jeder ARD und ZDF einschaltet, der die Möglichkeit dazu hat. Schließlich sind unsere Politiker dort zu bewundern, das Alpha und das Omega. Das sind die Rahmenbedingungen, sie wurden in ein Gesetz gegossen und innerhalb dieses Rahmens müssen Thorsten Bölck und Thomas Koblenzer in Karlsruhe argumentieren. Ich beneide sie nicht.

Szene drei: Kirchhof

Das ist bei mir haften geblieben, ein anderer mag es ganz anders sehen. Wichtig bleibt die Reaktion des Publikums: Bei welchen Aussagen gehen die Menschen mit, was belohnen sie mit besonders großem Applaus? Es sind nicht die üblichen Verdächtigen. Juristische Spitzfindigkeiten werden mit Kopfschütteln zur Kenntnis genommen. Die Widersprüche lösen ein Murren aus – etwa, dass der Single den gleichen Beitrag wie eine achtköpfige Großfamilie zahlt. Nein, die Anwälte werden sich mit ihren Zuhörern auf einer ganz anderen

Ebene einig: Was fühlen wir beim Rundfunkbeitrag? Das sorgt für die Spitzen beim Lärmpegel. Thorsten Bölck erntet für diesen Ausruf den größten Beifall: »Es kann nicht richtig sein, weil es nicht gerecht ist, dass wir ein Leben lang für das bloße Wohnen eine Abgabe bezahlen müssen.«

Thomas Koblenzer sagt das Gleiche, bloß in andere Worte gekleidet: »Daraus resultiert das Unrechtsempfinden, was Sie alle haben. Es ist für keinen nachvollziehbar, warum allein das Innehaben einer Wohnung ausreichen soll, einen Beitragstatbestand zu begründen. Das ist der Schwenk, der stattgefunden hat.« Der Schwenk – das war das Gutachten von Paul Kirchhof. Die harmlose und einfache Rundfunkgebühr verwandelt sich danach in den unentrinnbaren und hinterlistigen Rundfunkbeitrag.

Koblenzer spricht weiter, ich überfliege aber noch einmal einen Artikel aus dem *Spiegel*. Er liegt zusammengefaltet in meinem Notizbuch. Bereits 2010 erkannte ein Journalist, um was es eigentlich geht: »Man verbietet die Flucht. Der Trick, den Kirchhof der Medienpolitik nahelegt, ist ganz einfach: Man schafft eine Gebühr ab, die nach Zwang riecht, aber immer weniger bezahlen wollen, um eine Abgabe zu schaffen, die tatsächlich Zwang ist. Und das Geld fließt in alle Ewigkeit.«[4] Seit 2013 werden wir alle vor eine unmögliche Wahl gestellt: Hör auf, zu wohnen, nur dann bist du von ARD und ZDF befreit. Am Ende landen wir also immer wieder beim Namen Kirchhof.

Ich bin ganz in Gedanken und werde durch ein lautes Johlen zurück in die Wirklichkeit katapultiert. Thomas Koblenzer spricht auf der Bühne gerade den Familiennamen aus, der so untrennbar mit dem Rundfunkbeitrag verbunden ist: »Man muss hier ernsthaft die Frage stellen, ob Professor Ferdinand Kirchhof nicht formal befangen ist.« Ganz langsam, denke ich mir, jetzt rutschen wir schon in die Geschichte zweier Brüder. Gemeint ist nicht Paul, ehemaliger Bundesverfassungsrichter und Ideengeber des Rundfunkbeitrags. Gemeint ist Ferdinand – Vorsitzender des Ersten Senats beim Bundesverfassungsgericht. Der jüngere Bruder urteilt in ein paar Monaten über die Verfassungsbeschwerden und damit auch indirekt über das Lebenswerk des älteren Bruders. Der eine Kirchhof und ein Gutachten, für das gezahlt wurde, der andere Kirchhof und ein Antrag auf Befangenheit – eigentlich ist das nur eine Randnotiz. Der Antrag wird von den sieben weiteren Richtern des Ersten Senats als »unbegründet zurückgewiesen«.[5] Sie erklären Ferdinand Kirchhof, ihren Vorsitzenden, damit als nicht befangen. Er wird die Verhandlung leiten. Alles andere hätte ein Erdbeben in Karlsruhe ausgelöst: Kirchhof, der Zweite, ist zu dieser Zeit auch noch der Vizepräsident des Bundesverfassungsgerichts.

Wir können darüber spekulieren, ob der Name Kirchhof in diesem Fall nicht einmal zu oft auftaucht. Wir können darüber reden, dass Taktgefühl anders aussieht. Wir können uns fragen: Erreicht der Antrag gerade durch das Scheitern nicht sein Ziel? Wir können einwenden, dass noch sieben weitere Richter über die Verfassungsbeschwerden mitentscheiden. All das spielt am Ende aber keine Rolle. Es geht um diesen einen Moment in Berlin: Der Name Kirchhof fällt und es ist so, als ob Thomas Koblenzer ein rotes Tuch in die Arena wirft. Es vergehen bloß Sekunden, aber die Zeit scheint erst still zu stehen, nur um sich dann explosionsartig zu beschleunigen, so fühle ich das. Unter den Menschen steigt etwas auf, eine Mischung aus Angst, Frust, Verachtung, Verzweiflung und Hass. Die schlafenden Stiere erwachen zum Leben, von einem Moment auf den anderen, und ich frage mich, warum das so ist. Paul Kirchhof lieferte der Politik den Bauplan für diesen verhängnisvollen Rundfunkbeitrag. Zum Gesetz wurde er aber in den Staatskanzleien, unsere Parlamentarier haben ihn abgenickt. Warum konzentriert es sich also auf den Namen Kirchhof?

Es ist wohl ein Gefühl: Die Rundfunkgebühr war nachvollziehbar, mit dem Rundfunkbeitrag wurde es so weit ins Abstrakte hochgeschraubt, dass allein das Nachdenken oder das Sprechen darüber den Menschen die Lust raubt. Sie fühlen sich müde, überfordert und ausgeliefert. Sie glauben, dass wir getäuscht werden. Millionen *wissen*: Das ist ungerecht und trotzdem sind wir machtlos, weil das Wesentliche keine Rolle mehr spielt. Wir reiben uns in Nebensächlichkeiten auf: ob das nun eine Steuer ist oder ein Beitrag. Die beiden Anwälte auf der Bühne trifft keine Schuld. Sie können nicht anders. Sie arbeiten mit dem, was juristisch vorgegeben ist, was in Kirchhofs Gutachten seinen Anfang nahm. Und diese beiden Anwälte können nur hoffen, dass sie einen Fehler oder eine Lücke finden oder etwas, was noch spitzfindiger ist – etwas, das zur Abwechslung einmal nicht gegen die Menschen arbeitet. Ja: Der Rundfunkbeitrag bleibt der Brennpunkt. Hier sollen die Menschen und ihr großer Unwille mithilfe einer juristischen Rabulistik gezähmt werden. Dass das nicht klappt, sehen wir an den Vollstreckungszahlen. Auch dafür steht der Rundfunkbeitrag und an ihm haftet der Name Paul Kirchhof, wahrscheinlich für immer. Die Medien nannten ihn vor Jahren »Vater des neuen Modells«. Kirchhof selbst lobte die neue Zwangsabgabe als »Kurtaxe«[6]. Ich glaube, das war der Punkt, an dem es viele persönlich genommen haben. Es ist aber nicht nur Kirchhof: Sie bauen seit Jahrzehnten an einem juristischen Wolkenschloss – um eine Sonderstellung von ARD und ZDF zu rechtfertigen, die sich gesellschaftlich immer weniger erklären lässt. Ein paar Monate später folgt in Karlsruhe der vorläufige Höhepunkt. Mit den Verfassungsbeschwerden gegen den Rundfunkbeitrag wird im Großen und Ganzen kurzer Prozess gemacht. Es gibt nicht einmal die zwei Verhandlungstage, wie angekündigt, sondern bloß einen.

Die beiden Anwälte beenden nun ihren Auftritt auf der Bühne, die Masse setzt sich in Bewegung. Es folgt ein Protestmarsch, vorbei am ARD-Hauptstadtstudio, direkt an der Spree gelegen und unweit des Bundestags, vorbei am ZDF-Hauptstadtstudio, Unter den Linden. Ganz spontan wächst der Zug, Schaulustige schließen sich an, bald gibt es laute Sprechchöre in Richtung ARD und ZDF: »*Abzocker, Abzocker, Abzocker!*« Ich habe Zeit zum Nachdenken. Thomas Koblenzer oder Thorsten Bölck? Wem möchte ich in Karlsruhe über die Schulter schauen? Welchem der beiden Anwälte traue ich es zu, dass er auch danach weitermacht – falls es schlecht ausgeht? Wer hat eine Botschaft, die über das juristische Geplänkel hinausgeht? Ich weiß es nicht, es bleibt ein Bauchgefühl. Ich entscheide mich für …

Prozess um Prozess –
ein Marathonlauf nach Karlsruhe

Thorsten Bölck steht nicht vor einem Berg voller Akten – nein, es ist ein Schrank voller Akten, ganz aus Metall, meterhoch gefüllt mit Ordnern. Darin schlummern kiloweise Unterlagen aus 162 Gerichtsverfahren gegen die ARD und ganz oben liegen sie dann: die 50 Verfassungsbeschwerden gegen den Rundfunkbeitrag. Fünfzig! Dieser Schrank wirkt wie eine Visitenkarte. Thörsten Bölck ist klagefreudig, seit dem Jahr 2014 möchte er unbedingt nach Karlsruhe und endlich hat er es geschafft. Eine große Reise steht an. Ich stelle mir lebhaft vor, dass all die Menschen hinter den Akten mit uns nach Karlsruhe ziehen. Leider bleibt der Ansturm der Bürger auf das Bundesverfassungsgericht ein schöner Traum. Es wird vielmehr ein Stelldichein der Rundfunkbosse geben. Die hohen Herrschaften und ihre Entourage werden im Mai 2018 im Gerichtssaal Platz nehmen. Sie sind ausdrücklich eingeladen auf Wunsch der Richter und natürlich wird die ARD ihren Auftritt in eigener Sache dezidiert ins Bild setzen, in der *Tagesschau*. Und die Gegner des Rundfunkbeitrags? Sie werden deutlich in der Unterzahl bleiben. Für sie ist zwar nicht der Katzentisch reserviert, aber die paar Kläger dürfen sich dann schon etwas verloren fühlen, in diesem großen Sitzungssaal. In Karlsruhe heißen die Kläger übrigens nicht einmal mehr Kläger, offiziell sind wir bloß Beschwerdeführer.

Es ist Mitte April 2018, in etwa 30 Tagen wird die Verhandlung gegen den Rundfunkbeitrag eröffnet. Ich besuche Thorsten Bölck in seiner Kanzlei bei Hamburg und er durchsucht gerade den großen Schrank nach Unterlagen, die er mir zeigen möchte. Ich frage Bölck: Warum darf er nicht mit fünfzig, sondern bloß mit einem einzigen Mandanten nach Karlsruhe ziehen? Der Anwalt beantwortet diese Frage nebenbei. Die Richter in den roten Roben suchen sich unter der Flut der Verfassungsbeschwerden eben nur die aus, die sie verhandeln möchten. Am 16. Mai dürfen vier Verfahren an den Start gehen: Bölck vertritt einen Mandanten, Thomas Koblenzer zwei und dann ist da noch der Autovermieter Sixt. Warum wurden gerade diese vier ausgewählt? Es gab ja noch andere Anwälte mit vielen weiteren Verfahren. Hat da ein großes Aussieben stattgefunden, wurde nach juristischen Gesichtspunkten sorgfältig abgewogen oder war es bloß Rosinenpickerei? Vielleicht ist ja auch dieser eine Fall von Bölck ausgesprochen interessant? »Nein, es ist ein Fall wie viele andere auch«, sagt Thorsten Bölck und zieht gerade einen Aktenordner aus dem Schrank. Ich wundere mich noch immer. Wollen die Richter seine Beharrlichkeit belohnen? Landet sein Name besonders oft im Lostopf, weil er schlicht die meisten Verfassungsbeschwerden schreibt? Er glaubt an eine andere Erklärung: »Vielleicht auch nur, weil mein Fall das älteste Aktenzeichen hat.« Der Anwalt hat jetzt gefunden, wonach er sucht, und wir gehen damit in den Besprechungsraum.

Auf dem Tisch liegt nun das Dokument. Sechs Seiten, mit denen alles begann. Dieser Fachaufsatz trägt den staubtrockenen Titel: »Der Rundfunkbeitrag – eine verfassungswidrige Wohnungs- und Betriebsstättenabgabe.« Bölck schreibt ihn bereits im Jahr 2013, der Aufsatz wird später in der *Neuen Zeitschrift für Verwaltungsrecht* abgedruckt.[7] Selbst unter Juristen gelten diese grünen Heftchen nicht unbedingt als Lieblingslektüre, sie liegen in den Büchereien der Gerichte eben einfach aus. Vergessen und verstaubt, dieses Schicksal erwartet die allermeisten solcher Aufsätze.

Auf dem Tisch liegt nun aber ein kleines Wunder. Dieser Aufsatz weckt seit dem Jahr 2014 große Hoffnungen unter den Menschen. Eine Frau meldet sich kurz nach der Veröffentlichung. Sie vermietet Zimmer an der Ostsee und möchte mit Bölcks Argumenten gegen den Rundfunkbeitrag klagen. Mehr und mehr Menschen kommen zu Bölck. Viele fühlen sich nicht zu einer Klage berufen, sondern gezwungen. Die ARD lässt ja Millionen Menschen vollstrecken und überall heißt es: Es soll keinen Ausweg geben. Da tüfteln sie jahrelang in den Staatskanzleien, mit Paul Kirchhof wird sogar ein ehemaliger Richter am Bundesverfassungsgericht bezahlt – es soll doch juristisch wasserdicht sein. Alles scheint so unausweichlich, dann aber taucht der Anwalt Thorsten Bölck aus dem Nichts auf. Er nimmt das milliardenschwere Werk auseinander und schreibt: Dieser Rundfunkbeitrag ist verfassungswidrig! Ohne es zu ahnen, liefert Bölck genau das, was die Menschen vermissen – den Hauch einer Chance beim ungleichen Kampf gegen die große Erntemaschine. Im Forum GEZ-Boykott.de heißt es etwa: »Wer Depressionen oder Demotivation verspürt, dem verordne ich hiermit eine homöopathische Dosis dieser grandiosen, vergleichsweise leicht zu lesenden, gut strukturierten und anschaulich beschreibenden juristischen Analyse.«[8]

Bölcks Aufsatz ist trotzdem anspruchsvoll. Der Anwalt prüft, ob der Rundfunkbeitrag überhaupt ein Beitrag ist. Wie das funktioniert? Zunächst einmal nimmt er ihn Stück für Stück auseinander, definiert ihn, dann vergleicht er ihn mit älteren Entscheidungen, die das Bundesverfassungsgericht zu anderen Beiträgen gefällt hat. Dabei fallen Bölck Widersprüche auf: Das, was Karlsruhe damals festgelegt hat, ist hier nicht mehr erfüllt. Diese Widersprüche wird der Anwalt in Karlsruhe vortragen, wir werden ihm dabei über die Schulter schauen, und die Reaktion der Richter wird bemerkenswert sein, doch zurück zum Aufsatz. Das Fazit fällt dort knallhart aus: Der Rundfunkbeitrag ist bloß »eine leere Umhüllung«. Die Landesgesetzgeber haben »das ihn Charakterisierende genommen und sich lediglich seines Namens bedient«[9]. So etwas nährt natürlich den Groll vieler, die im Rundfunkbeitrag eine Art Quasi-Steuer sehen, und das wiederum lässt die Menschen an der viel beschworenen Staatsfreiheit von ARD und ZDF zweifeln.

Im Gespräch merke ich aber, dass sich Thorsten Bölck nicht in Gegnerschaft zum Rundfunk sieht. ARD und ZDF interessieren ihn nicht einmal sonderlich, er besitzt auch keinen Fernseher. Für ihn ist es eine Frage der Ehre, so würde ich es nennen. Es mag bei einem Anwalt erstaunlich klingen, aber da ist etwas, was ihn innerlich antreibt. Er spürt: Die Logik hinter dem Rundfunkbeitrag ist nicht schlüssig; er nimmt ihn auseinander, er erkennt, dass die Politik hier ein handwerklich schlecht gemachtes Gesetz auf den Weg gebracht hat – und er ist zutiefst davon überzeugt, dass dieser Fehler von der Rechtsprechung korrigiert wird, korrigiert werden muss.

Ich bitte um ein Beispiel für diese handwerklichen Fehler. Auf der Demo in Berlin habe ich ja bereits gelernt, dass der Zweck des Rundfunkbeitrags im Gesetz nicht erklärt wird. Nun erfahre ich: Warum wir ausgerechnet als Inhaber einer Wohnung für ARD und ZDF ein Leben lang bezahlen müssen, wird dort genauso wenig erklärt. Das Gesetz erklärt nichts über die Beziehung einer Wohnung zur Veranstaltung namens Rundfunk. Bölck kritisiert, dass »verfassungsrechtliche Abgabengrundsätze der Folgerichtigkeit und Sachgerechtigkeit verletzt« werden, und ich denke mir: ergibt Sinn. Ansonsten könnte ja Willkür Einzug halten. Warum hat das keiner der vielen Abgeordneten bemerkt? Das Gesetz wurde doch gleich in 16 Landesparlamenten verabschiedet. Warum steht in diesem Gesetz zwar alles über Pflichten, Zwang, Zahlung und Vollstreckung, aber so wenig über den Sinn des Ganzen?

Trotzdem interessiert mich noch die Perspektive eines Betroffenen. Was vermisst denn der Anwalt persönlich an diesem Rundfunkbeitrag? »Man hat keine realistische Möglichkeit, den Abgabenentstehungstatbestand nicht zu verwirklichen, weil dann müsste man ja seine Wohnung aufgeben, man müsste obdachlos werden. Es müsste zumindest eine Widerlegungsmöglichkeit geben, wenn man keine Geräte hat. Die gibt es aber nicht.« Gerade das erstaunt mich. Paul Kirchhof hat doch im Grunde alles vorgegeben. Er erklärt in seinem Gutachten, wie es funktioniert. Er verrät sogar das juristische Kunststück mit dem *Typisieren*, dank dem es einfach alle trifft. Die Politik hat das gerne übernommen. Kirchhof schlägt damals aber auch vor: »um der Rechtssicherheit und der öffentlichen Akzeptanz willen [scheint es] geboten, eine widerlegbare Regelvermutung zu schaffen« und sie »in einem individuellen Antragsverfahren zuzulassen«[10]. Ausgerechnet dieser Vorschlag fiel auf dem Weg zum Gesetz unter den Tisch. Wenigstens einen Vorwurf muss sich die Politik also nicht gefallen lassen: Sie hat nicht alles sklavisch übernommen.

Bölck erklärt also in seinem Aufsatz, dass der Rundfunkbeitrag gegen unsere Verfassung verstößt. Es gibt nur ein Gericht in Deutschland, was darüber entscheiden darf – das Bundesverfassungsgericht.

Der Anwalt führt Prozess um Prozess und er weiß: »Wir verlieren. Wir müssen verlieren, sonst kommen wir gar nicht erst nach Karlsruhe. Trotzdem argumentiere ich immer wieder nach bestem Wissen und Gewissen.« Antreten, um eine Verhandlung nach der anderen zu verlieren, das klingt zermürbend. Es wird aber noch zermürbender, denn Bölck muss den wilden Ritt durch alle Instanzen nicht nur einmal wagen, er muss es für jeden seiner 162 Mandanten tun. Stufe eins: Bölck klagt für den Mandanten gegen die ARD-Anstalt. Stufe zwei: Niederlage bei einem der Verwaltungsgerichte. Stufe drei: Niederlage bei einem der Oberverwaltungsgerichte. Stufe vier: Niederlage beim Bundesverwaltungsgericht in Leipzig. Jetzt sind die Rechtsmittel erschöpft und die meisten Mandanten steigen aus. Fünfzig wollen aber weitermachen und für sie kann Bölck endlich eine Verfassungsbeschwerde in Karlsruhe einlegen.

Jetzt wird es aber erst richtig staatstragend. Der Gegner heißt plötzlich nicht mehr ARD. Jetzt verklagen wir die Regierungen der sechzehn Bundesländer und ihre Parlamente. Bölck korrigiert mich. Ich darf das Wort Gegner nicht schreiben, »weil es in diesem Verfahren offiziell keinen Gegner mehr gibt«. Wie soll ich die Gegner denn sonst nennen? »Gegnerische Seite.« Außerdem darf ich nicht schreiben, dass wir klagen. Wir legen in Karlsruhe bloß Beschwerde gegen ein Gesetz ein: Wir erklären, dass der Rundfunkbeitragsstaatsvertrag uns in unseren Grundrechten verletzt und deshalb muss er – logisch – verfassungswidrig sein. Also noch einmal: Wir verklagen die Bundesländer und ihre Parlamente nicht. Weil die Nichtverklagten dieses Gesetz aber zu verantworten haben, nehmen sie auf der gegnerischen Seite Platz. Sie verteidigen ihr Gesetz und sie erklären, warum der Rundfunkbeitrag über alle verfassungsrechtlichen Zweifel erhaben ist.

Der Anwalt nimmt es hier sehr genau. Er ist überzeugt, dass ARD und ZDF in diesem Verfahren eigentlich keine Rolle mehr spielen. Sie sind schließlich nicht der Urheber des Rundfunkbeitrags. Die Verhandlung in Karlsruhe wird ihn deshalb verwundern; ich glaube, sie wird ihn sogar verärgern: Nicht die Länder, sondern ARD und ZDF werden dort ihren großen Auftritt haben.

Noch sind wir aber nicht in Karlsruhe und der Weg ist steinig, viel steiniger, als ich das glauben wollte. Das ganze Prozedere klingt sehr gestelzt und umständlich. Ich frage Thorsten Bölck, ob der lange Ritt durch die Justiz-Wüste der einzige Weg ist. Der Anwalt schüttelt den Kopf. Es gibt eine Abkürzung, die für uns Bürger kostengünstiger, zielführender und nervenschonender ist – oder es zumindest gewesen wäre. Bölck darf »abkürzen«, wenn es ein Richter in den unteren Instanzen zulässt: »Ich kann das Gericht mit meinen Argumenten überzeugen, dass der Rundfunkbeitrag verfassungswidrig ist. Dann legt es unseren Fall dem Bundesverfassungsgericht vor.« Kein einziger Richter öffnet die Tür zu dieser Abkürzung.

Wie müssen wir uns denn eine typische Verhandlung über den Rundfunkbeitrag vorstellen? »Im Wesentlichen halte ich einen Monolog. Der Richter hört sich das an. Die Vertreter der Rundfunkanstalt sind da, sie können sich aber zurücklehnen und sagen: Dieses Gesetz gilt. Es entwickelt sich kein Dialog, die Meinungen stehen ja schon fest. Bei der Urteilsverkündung höre ich oft: Sie kennen ja die Rechtsprechung des Oberverwaltungsgerichts ...« Und beim Gespräch nach der Verhandlung? Kommen den Richter denn nicht einmal leise Zweifel an der betonharten Tatsache, dass offiziell nicht der geringste Zweifel besteht? »Das ist auch eine Frage der Konformität. Fachlich darf man Richtern keine Weisungen erteilen, aber sie sind eingebunden in den Organismus Gericht.«

Das klingt nebulös, also möchte ich mehr wissen. Bölck erklärt, dass sogar Richter Leistungsdruck kennen. Für eine Beförderung spricht eine hohe Zahl abgeschlossener Fälle – und die erreicht ein Richter, wenn er sich nicht zu sehr in Einzelheiten verbeißt. Außerdem möchte das Bundesverfassungsgericht eine ausführliche und kluge Begründung lesen, warum gerade dieser Richter gerade in diesem Fall die Tür nach Karlsruhe öffnet. All das klingt für mich nach Ausreden, um sich keine eigene Meinung erlauben zu müssen. Ich bohre weiter nach und höre dann: »Das Land hat den Rundfunkbeitrag durch sein Parlament als Gesetz erlassen. Er wird an Verwaltungsgerichten verhandelt – und deren Dienstherr ist natürlich das Land. Vielleicht fehlt der Mut, zu sagen: Wir betrachten das als verfassungswidrig. Es ist nicht nur eine rechtliche Frage, sondern auch eine politische – und von großer finanzieller Dimension.«

Es ist aber auch eine Frage, die sehr, sehr lange auf eine Antwort warten muss – ganze acht Jahre. 2010 wird der große Zwang mit dem Rundfunkbeitrag politisch vorbereitet, 2011 beginnt die öffentliche Diskussion; die allermeisten merken aber erst 2013, was da auf uns zurollt. Tausende Bürger quälen sich dann durch die Instanzen, zusammen mit ihren Anwälten. Ein Wunder, dass wir all die Jahre am Ball bleiben, dass wir nicht einfach aufgegeben haben. 2018 können wir uns glücklich schätzen, endlich gibt es die große Verhandlung in Karlsruhe – und darf ich Ihnen etwas verraten? Diesen langen und teuren Justiz-Marathon so vieler Bürger hätte es gar nicht geben müssen. Bereits im Jahr 2010 reicht ein Bürger seine Verfassungsbeschwerde direkt in Karlsruhe ein. Er möchte die Einführung des Rundfunkbeitrags verhindern. Das ist denkbar bei Gesetzen, die gerade erst entstehen. Der Erste Senat unter dem Vorsitzenden Ferdinand Kirchhof beschließt aber: Wir nehmen diese Verfassungsbeschwerde nicht an, weil sie »unzulässig« ist. Außerdem darf der Bürger »die von ihm gerügten Grundrechtsverletzungen in zumutbarer Weise in verwaltungsgerichtlichen Klageverfahren [...] geltend machen«[11]. Diese Tür wird krachend zugeschlagen, der große Justiz-Marathon bleibt der einzige Weg – und endlich, endlich bekommen wir sie doch noch: eine Chance bei der großen Verhandlung in Karlsruhe gegen den Rundfunkbeitrag. Ich weiß nicht, ob Thorsten Bölck dieses Detail kennt. Er scheint gerade so zuversichtlich sein. 2016 war der Ritt durch die Instanzen beendet, alle Rechtsmittel waren erschöpft. Im Grunde ging es immer nur darum, dass sich eine Tür nach Karlsruhe öffnet. Es dauert dann aber noch einmal zwei Jahre. Die Verfassungsbeschwerden gegen den Rundfunkbeitrag werden dem Ersten Senat zugeordnet, unter dem Vorsitzenden Ferdinand Kirchhof. Er erwartet die hohen Herrschaften des Rundfunks – und natürlich auch ein paar klagende Bürger.

Neues aus der Karlsruher Republik

16. Mai 2018, kurz vor zehn Uhr, Auftakt: Der Sitzungssaal am Bundesverfassungsgericht übertrumpft gerade eine Bahnhofshalle – was den Lärmpegel betrifft. Fernsehkameras wandern durch die Reihen, Mikrofone schwanken unter den Nasen, Interviews werden geführt; jeder spricht mit jedem, doch das Zuhören fällt schwer. So viele Stimmen verschwimmen zu einem Hintergrundrauschen. Die Presse sitzt auf einer Empore. Von oben betrachtet, wirkt dieser Saal mit seinen grauen Stuhlreihen, Holztischen, Deckenleuchten und nervösen Menschen eigenartig – wie ein Klassenzimmer. Gleichzeitig dient dieses Klassenzimmer aber auch als Bühne für den großen Auftritt. Die Seitenwände sind aus Glas. Sie schreien: Schaut hinein! Und wer hineinschaut, der blickt zuerst auf die Rückwand. Sie ist mit Holzplatten vertäfelt, sie ist praktisch eine Studiokulisse. Wer Karlsruhe nur aus dem Fernsehen kennt, der glaubt an einen prachtvollen Holzsaal. In Wahrheit gibt es hier nur diese eine eindrucksvolle Wand. Sie scheint für die Kameras bestimmt, die Bilder müssen stimmen. Ja, sie müssen wirklich stimmen: Der Bundesadler blickt genau auf den Tisch, an dem die Kläger sitzen. Jeder kennt diesen strengen Adler, geschnitzt aus Pinienholz. Farblich passt der Wandkoloss nicht so recht zu den Platten, aber wer ihn betrachtet, fühlt sich klein und eingeschüchtert. Wer ihn betrachtet, hat immer auch die zeremonielle Tür im Blick. Wie hoch mag sie wohl sein, dreieinhalb oder vier Meter? Sie wirkt wie ein Portal und sie teilt die holzvertäfelte Wand. Acht Richterinnen und Richter werden gleich durch die monumentale Tür schreiten, sie werden Einzug halten. Noch bleibt die Tür aber fest verschlossen. Der Saaldiener prüft sorgsam die Richterstühle; er streicht sanft über das Leder und richtet diesen und jenen Stuhl noch einmal millimetergenau aus.

Zehn Uhr, jeder sitzt jetzt an seinem Platz, auf den Tischen rascheln die Unterlagen, es wird geblättert, die Aktenordner werden hin und her geschoben, bis sie in optimaler Position sind. Die Menschen sind ruhelos, so als ob gleich eine mündliche Prüfung beginnt. Der Verwaltungsdirektor spricht am Pult und ermahnt: keine Handys! Übrigens sind immer noch keine Richter anwesend. Wir warten. Der Saaldiener verlässt den Saal. Er wird ihnen sagen, dass alle bereit sind. Eine Minute später öffnet sich die große Tür erneut, der Saaldiener ruft in den Saal hinein: »Das Bundesverfassungsgericht!« Großes Stühlerücken, die Menge erhebt sich, überall werden die Sakkos eilig zugeknöpft. Die beiden Türflügel werden zur Seite gestoßen, sie schlagen dumpf gegen das Holz und dann – endlich – beginnt der eilige Einzug der Professoren-Richter, und sie laufen in eine Kaskade der Klickgeräusche. Die Fotoapparate werden immer schneller ausgelöst, es klingt wie ein Maschinengewehrfeuer, bei dem die Patronen im Lauf fehlen. Klack-klack-klack-klack. Ja, heute darf es ein bisschen mehr sein. Die einen Richter sonnen sich in der Wertschätzung der Medien, die anderen fühlen sich wohl eher abgeschossen.

Der Platz von Andreas Paulus ist links von Ferdinand Kirchhof – eigentlich –, heute verirrt sich Paulus hinter den falschen Stuhl. Der um seinen Platz Gebrachte bleibt verdutzt hinter Paulus stehen und schiebt ihn dann sanft nach rechts. Dort wartet ein freier Stuhl. Alle acht stehen nun an der richtigen Stelle, die Hände an den Hüften, das Kreuz durchgestreckt. Klack-klack-klack. Leiden auch Richter unter Lampenfieber? Was geht in ihnen vor, sobald diese majestätische Satinrobe über die Schultern gleitet, das weiße Beffchen eng um den Hals gezogen wird und das scharlachrote Barett auf dem Kopf sitzt? Das sind meine Gedanken, während die Fotoapparate immer langsamer rattern. Klack-klack. Endlich sagt Ferdinand Kirchhof: »Bitte nehmen Sie Platz!« Die Richter sitzen erhöht, auf dem großen Podium haben sie den ganzen Saal im Blick, auch die hinterste Reihe. Die große Verhandlung beginnt – gegen oder für den Rundfunkbeitrag.

Kirchhof prüft die Anwesenheit. Er beginnt mit den vier Klägern und verliest laut ihre Namen. Sie stehen auf und verbeugen sich vor den Richtern. Mir fällt dabei auf: Niemand kennt sie, wenn wir den Autovermieter Sixt einmal ausklammern, der hier für sich selbst angetreten ist. Die anderen drei Kläger bleiben stille Helden. Sie haben den ungleichen Kampf mit der ARD gewagt. Sie haben Geld, Zeit und

Nerven gelassen. Ihre Verfassungsbeschwerden wurden unter insgesamt 520 ausgewählt.[12] Auf diesen drei Bürgern – und wohl noch mehr auf ihren Anwälten Thorsten Bölck und Thomas Koblenzer – ruhen heute viele Blicke. Da draußen im Land ist die Lage eindeutig: Laut einer aktuellen Umfrage möchten bloß noch 7,9 Prozent der Menschen den Rundfunkbeitrag in gleicher Höhe weiterzahlen, wenn er freiwillig wäre.[13] In diesem Saal geht es aber nicht um das große Hadern mit der aufgeblasenen und zwangsweise verordneten Demokratieabgabe. Kaum einer hofft, dass das Bundesverfassungsgericht den Rundfunkbeitrag in seiner aktuellen Form ganz kippt. Das gleiche Gericht hat schließlich ARD und ZDF mit einer Finanzierungsgarantie gesegnet.

Und selbst, wenn das Undenkbare doch eintritt und diese Zwangsabgabe mit einer Roten Karte vom Platz schleichen muss, weil sie doch eine Steuer war: Dann kommt eben ein anderes Modell. Dann könnte es aber gerechter zugehen, logischer und zeitgemäßer; man könnte dafür sorgen, dass die Menschen und ihre Lebenswirklichkeit geachtet werden. Das klingt nach einer Mammutaufgabe und jetzt schaue ich noch einmal auf den Tisch mit unseren Klägern: Ich sehe dort Bürger, die Mut haben, aber auch begrenzte Ressourcen. Wo sind die Profis, warum streiten sie nicht für uns in Karlsruhe? Wo sind zum Beispiel die Sozialverbände? Sie hätten sich großartig am Rundfunkbeitrag abarbeiten können. Natürlich trifft er jeden, der wohnen muss – also alle. Gerade weil er aber pauschal pro Wohnung erhoben wird, belastet er die Armen ungleich mehr als die Reichen. Es gibt Millionen, die sich die Zwangsabgabe für ARD und ZDF vom Munde absparen müssen. Sie sind die Gekniffenen: alle, die mit Dumpinglöhnen knapp über der Sozialleistungsgrenze schwimmen; alle Studenten, die ohne BAföG über die Runden kommen; alle, die nur Wohngeld beziehen; alle, die kein Einkommen haben, aber auch keine Sozialleistungen wollen. Einer der Kläger darf heute zumindest symbolisch für die Alleinstehenden antreten. Sie zahlen unter dem Strich genauso viel wie eine Großfamilie. Es geht weiter: Was ist mit den Menschen mit Handicap? Von denen schauen jetzt mehr in die

Röhre, natürlich nur bildlich gesprochen. Im Gegensatz zu früher müssen sie heute schon blind und taub sein, um ganz von ARD und ZDF befreit zu werden.

Es gibt aber noch eine andere Ebene der Gerechtigkeit. Was ist mit den Verzichtbaren, also den Medien und Medienschaffenden, die nicht von Karlsruhe gesegnet sind? Sie bleiben beim staatlich garantierten Rettungsschirm namens Rundfunkbeitrag ausgesperrt, sie dürfen nicht in einer Blase abseits der Realität schweben. In Karlsruhe merke ich es so deutlich wie noch nie: Wir haben keine Lobby. Die ARD erklärt uns zum Beitragskonto. Inzwischen gibt es davon mehr als 45 Millionen und all die Gezwungenen und Gepressten haben einfach keine Lobby. Keine Institution will unsere Interessen bündeln, kein bekannter Name will den Vorreiter spielen, kein Politiker will sich vor den großen Karren spannen lassen. Was an Prominenz heute da ist, sitzt auf der gegnerischen Seite – und dort verteidigen sie das, was immer weniger wollen.

Wo sich die Parlamentarier einen schlanken Fuß machen

Ferdinand Kirchhof wechselt mit seiner Anwesenheitskontrolle in das gegnerische Lager. Die ARD-Delegation sitzt in der ersten Reihe, das ZDF in der zweiten. Die Senderbosse Ulrich Wilhelm (ARD) und Thomas Bellut (ZDF) sind zugegen und sie werden heute wieder negativ auffallen: Die Intendanten »ergingen sich vornehmlich in Selbstlob, mitunter hart am Rande des Erträglichen«, notiert etwas später die *Zeit*.[14]

Wir wissen bereits: ARD und ZDF sitzen hier nicht auf der Anklagebank, auch wenn sie *ihren* Rundfunkbeitrag verteidigen, mit allem, was die Wortakrobatik eben so hergibt. Die Rundfunkanstalten waren der Gegner in den einzelnen Gerichtsverfahren, sie sind sein Nutznießer. Jetzt aber steht der Rundfunkbeitrag in Karlsruhe selbst auf dem Prüfstand: Verstößt er gegen unsere Verfassung? Jetzt sollten also andere in der ersten und zweiten Reihe Platz nehmen, sie sollten Verantwortung zeigen – aber wer? Natürlich alle, die dieses Gesetz offiziell erklügelt und auf die Menschheit losgelassen haben. Das sind meine Worte, Bölck hält sich als Anwalt etwas zurück: »Wen das Bundesverfassungsgericht auf der Gegnerseite lädt, das ist sein freies Ermessen. Eigentlich spielt der Rundfunk hier aber keine Rolle mehr. Nach meinem Staatsverständnis hätten dort Vertreter der Staatskanzleien und der Landtage sitzen müssen. Die Staatskanzleien haben es initiiert und die Parlamente haben es abgesegnet. Das sind die Verantwortlichen auf der politischen und auf der gesetzgeberischen Ebene.«

Stattdessen erlebe ich vor allem wieder einen Auftritt der ARD in eigener Sache. Natürlich erwartet keiner, dass Tausende Parlamentarier nach Karlsruhe pilgern. Sie sind aber unsere gewählten Abgeordneten, und es geht um ein Gesetz, was sie dem ganzen Volk aufgebürdet haben, was so umstritten ist. Wenigstens die Präsidenten der Landtage hätten sich doch zeigen dürfen! Kirchhof liest Name für Name vor und mir wird klar: Kein einziger Abgeordneter steht auf der Liste. Karlsruhe hat zwar vor der Verhandlung auch die 16 Landesparlamente angeschrieben und um eine Stellungnahme gebeten, Thorsten Bölck ist aber von der Reaktion enttäuscht: »Nur der Landtag von Rheinland-Pfalz hat sich überhaupt schriftlich geäußert. Die anderen 15 haben nicht geantwortet. In der Verhandlung war dann von der Landtagsseite keiner geladen worden, also ist erst recht keiner erschienen. Das erachte ich als defizitär, weil die Parlamentarier das Gesetz zu verantworten haben.«

Die Legislative der 16 Bundesländer macht sich einen schlanken Fuß. Sie ist nicht da, während eines ihrer umstrittensten Gesetze vor Gericht steht. Sie verteidigen es nicht einmal. Wie sollen wir das bewerten? Ist es Verantwortungslosigkeit? Dann geht mir ein Licht auf: Natürlich, das muss ein stiller Protest sein! Die Landesparlamente dürfen beim Rundfunk inhaltlich nicht mitbestimmen. Sie dürfen bloß abnicken oder ablehnen, was die Staatskanzleien untereinander aushandeln. Durch ihre Abwesenheit wollen die Parlamentarier endlich ein Zeichen setzen. Schließlich ist auch das verfassungsrechtlich bedenklich! Thorsten

Bölck glaubt nicht daran. Ich sehe die Dinge wohl wieder zu optimistisch. Unsere Politiker treten niemals in einen stillen Streik. Es bleibt beim ernüchternden Zwischenfazit: Die, die das zu verantworten haben, sind nicht da. Es interessiert sie offenbar nicht einmal.

Es wird noch kurioser. Ich erlebe die nächste Überraschung. Karlsruhe hat auch die Regierungen der Bundesländer angeschrieben und neun kritische Fragen zum Rundfunkbeitrag gestellt. Heute müssten also 16 Ministerpräsidentinnen und Ministerpräsidenten in der ersten Reihe sitzen. Wann immer wir mit der Zwangsabgabe für ARD und ZDF hadern und uns fragen: Wer hat all das hier auf den Weg gebracht? Denken Sie einfach an Ihren Landesvater oder Ihre Landesmutter. Die Vorstellungsrunde in Karlsruhe wird heute aber ohne die großen und staatstragenden Namen auskommen müssen. Die öffentliche Gewalt lässt sich auch entschuldigen. Sie ist nicht da, aber trotzdem irgendwie doch da. Wie das geht? Hören wir einfach weiter zu. Ferdinand Kirchhof geht seine Anwesenheitsliste durch und spricht ins Mikrofon: »Sowie Herr Professor Dieter Dörr als Bevollmächtigter, wie ich gesehen habe, für alle Regierungen der 16 Bundesländer.« Dörr erhebt und verbeugt sich. Kirchhof kommentiert erleichtert: »Dann brauche ich das nicht vorzulesen.« Ich höre Gelächter, ich sehe grinsende Gesichter im gegnerischen Lager.

Die Bundesländer haben den Rundfunkbeitrag 2011 in die Welt gesetzt. Jetzt beschließen sie, dass sie sich zu diesem Gesetz ausschweigen wollen. Sie beauftragen lieber Dieter Dörr. Der Medienrechtler schreibt ein Gutachten, 65 Seiten lang, aber bloß ein einziger Satz ist wichtig: »Die angegriffenen Regelungen des Rundfunkbeitragsstaatsvertrags sind verfassungsrechtlich nicht zu beanstanden.«[15] Heute darf der Professor sogar die stummen Bundesländer in Karlsruhe vertreten und ich frage mich: Wer ist eigentlich Dieter Dörr? Er war Justiziar in der ARD,[16] er ist Professor an der Uni Mainz. Deshalb dürfen wir darauf vertrauen, dass seine Gutachten wissenschaftlich und unabhängig sind. Allerdings ist Dörr auch Gründungsdirektor des Mainzer Medieninstituts. Hinter diesem Institut stehen die Staatskanzlei Rheinland-Pfalz – und der SWR und der WDR und das ZDF.[17] Das

Institut wird also von denen getragen,[18] die sich vom Rundfunkbeitrag tragen lassen. Ausgerechnet der Gründungsdirektor dieses Instituts erklärt heute, dass der Rundfunkbeitrag über alle Zweifel erhaben sei und damit wohl bis in alle Ewigkeit fließen darf. Dörr war 2017 Mitunterzeichner eines in den Medien lancierten offenen Briefes mit dem Tenor »Gäbe es den öffentlich-rechtlichen Rundfunk nicht, müsste man ihn gerade jetzt erfinden«.[19] Dörr erklärt bereits 2013 öffentlich: Der Rundfunkbeitrag ist nicht nur »verfassungsmäßig« ohne Alternative, sondern auch »eine sachgerechte und überzeugende Lösung«.[20] Dörr spricht sich 2005 als Vorsitzender der Kommission zur Ermittlung der Konzentration im Medienbereich (KEK) gegen eine Fusion von Springer mit Pro Sieben und SAT.1 aus.[21] Damals wäre um ein Haar eine Meinungsmacht entstanden, die auch die Pfründe von ARD und ZDF bedroht hätte.

Machen wir es kurz: Ich finde diese Wahl seltsam, aber die Bundesländer entscheiden sich unter der federführenden Staatskanzlei in Mainz für Dieter Dörr. Er ist ihr Bevollmächtigter in Karlsruhe. Die öffentliche Gewalt selbst glänzt durch Abwesenheit, abgesehen von ein paar Staatssekretären in der dritten, vierten und fünften Reihe. Darf denn die ARD bei einem Gesetz, das offiziell nicht *ihr* Gesetz ist, derart massiv auftreten? Darf sie diesem Prozess so deutlich ihren Stempel aufdrücken? Darf es eine solch geringe Ausgewogenheit unter den Positionen geben? Dürfen denn die demokratisch legitimierten Akteure so bereitwillig auf ihren Platz und ihre Stimme verzichten? Fällt denn keinem auf, dass hier einiges nicht so ist, wie es sein sollte?

Kirchhof geht seine Anwesenheitsliste weiter durch. Er benennt zum Abschluss beliebige Bundesministerien mit beliebigen Vertretern. Offiziell haben sie alle mit dem Rundfunkbeitrag nichts zu tun, nicht das Geringste. Trotzdem wärmen sie die hinteren Plätze an. Jenseits der Glaswand erkenne ich dann ein paar Gegner des Rundfunkbeitrags. Wenigstens dürfen sie vor dem Saal sitzen und zuhören. Ich beschließe, dass ich mich über nichts mehr wundern werde – oder doch: Was hat denn Thorsten Bölck erlebt? Sein Tag in Karlsruhe beginnt ja bereits vor der offiziellen Verhandlung.

Innenansichten aus der Blase

9 Uhr: Ferdinand Kirchhof erklärt den Anwälten und ihren Klägern im kleineren Plenarsaal gerade, was ab 10 Uhr verhandelt wird – und was nicht. Ein wesentlicher Punkt aus den Verfassungsbeschwerden von Thorsten Bölck und Thomas Koblenzer wird heute unter den Tisch fallen. Welcher Punkt ist das? Wir alle wissen: Der Rundfunkbeitrag höhlt das Prinzip der alten Rundfunkgebühr in verhängnisvoller Weise aus. Früher wurde für ein Gerät gezahlt, heute für eine Wohnung. Hätten die Bundesländer ihren neuen Rundfunkbeitrag deshalb nicht in Brüssel vorlegen müssen? Damit die EU prüft, ob diese neue Beihilfe für ARD und ZDF überhaupt mit dem Europarecht vereinbar ist? Das passiert damals nicht. 2016 stellt sich die Europafrage dann ein zweites Mal. Der Rundfunkbeitrag wird vor dem Bundesverwaltungsgericht in Leipzig verhandelt und dieses Gericht hätte ihn beim Europäischen Gerichtshof in Luxemburg vorlegen können – zur Prüfung. Auch das geschieht nicht, und das rügen die Anwälte. Es gibt ein Grundrecht auf den richtigen Richter und aus ihrer Sicht wurde ihnen der Europäische Gerichtshof vorenthalten.

Das klingt nach einer Randnotiz, denken wir dabei aber an Thorsten Bölck. Ein Anwalt glaubt daran, dass hier die besseren Argumente gewinnen, nun muss er erleben, dass wichtige Argumente nicht einmal mehr im Ablaufplan der Verhandlung auftauchen. Was hat das in ihm ausgelöst? »Das hat mich sehr überrascht und geärgert. Man ist beim Bundesverfassungsgericht wegen einer Grundrechtsverletzung, und dass dann das Gericht sagt, eine gerügte Grundrechtsverletzung behandeln wir überhaupt nicht, das fand ich sehr suspekt.« Die Vorbesprechung dauert eine Viertelstunde. Bölck steht auf, er geht vorbei an den langen Holztischen, er blickt auf die Porträt-Reihe: Präsidenten und Vizepräsidenten des Bundesverfassungsgerichts schmücken die Wände dieses Plenarsaals. Wird bald ein weiteres Gemälde in dieser großen Galerie hängen – das von Ferdinand Kirchhof? Er wird aus Altersgründen aus dem Amt scheiden. Der Familienname Kirchhof überdauert das juristische Kapitel Rundfunkbeitrag in Karlsruhe nur um wenige Monate. Die nächsten 45 Minuten verbringt Thorsten Bölck mit seinem Mandanten im Besprechungsraum. Der Saaldiener ruft, die Verhandlung beginnt.

Eine Verhandlung, mit der sich alle Zuschauer erst einmal abfinden müssen. Ja, in Karlsruhe wird nur über ein Gesetz verhandelt. Ein Gesetz, das einen bedenklichen Realitätsverlust der Politik zeigt. Ein Gesetz, das den geschickten Lobbyismus der ARD offenbart. Ein Gesetz, das für viele zum Symbol einer aufgezwungenen Entmündigung wurde: Millionen Menschen ändern einfach nur ihre Mediennutzung. Weder die ARD noch das ZDF noch die Politik können damit umgehen. Sie erklären es zur Flucht aus ihrem *System* und wollen dem Lauf der Dinge einen Riegel vorschieben. Mit dem Rundfunkbeitrag wird ein großer Zwang eingeführt, den die meisten nicht einmal erkennen. Der Rundfunkbeitrag trifft uns alle, er provoziert so viel Widerstand, dass am Ende Millionen Menschen vollstreckt werden. Er bringt sogar den Beitragsservice an die Belastungsgrenze. Dort wurde »eine große Anzahl zusätzlicher Mitarbeiter«[22] eingestellt. Dabei war doch eigentlich ein Abbau geplant, weil es für alle jetzt so einfach ist.

In ein paar Jahren, vielleicht auch erst in Jahrzehnten, werden die Menschen auf diesen Tag in Karlsruhe zurückblicken. Sie werden sich wundern: Warum haben so kluge Köpfe so lange eine Sonderstellung des Rundfunks herbeifabuliert, die es längst nicht mehr gab? Sie werden dann über die großen digitalen Netze reden. Sie werden über neue Medien sprechen und darüber, wie sehr sich unsere Meinungsbildung, unsere Wahlen, ja sogar unsere ganze Demokratie wandeln mussten. Sie werden über den Rundfunkbeitrag und seine Scheinlogik mit der Wohnung lachen. Sie war so lächerlich, sie konnte ja kaum kaschieren, dass es nur um eines ging: Der Strom der Milliarden für ARD und ZDF darf nicht versiegen. Irgendwann werden sich alle fragen: War das denn einmal wahr? Heute geht es aber noch nicht um die unbequemen Wahrheiten. Heute sitzen die Sender und die Staatskanzleien in Karlsruhe. Wo die Sender aufhören und die Staatskanzleien beginnen, das weiß ich übrigens nicht. Wie auch: Sie sitzen schließlich in einer Reihe. ARD und ZDF werden durch diese Verhandlung aber mehr Zeit geschenkt bekommen, noch ein klein wenig mehr von ihrer teuer erkauften Zeit, durch den Rundfunkbeitrag.

Und trotzdem: Warum fehlt es dieser Verhandlung an leidenschaftlichen Plädoyers, warum kleben sie an ihren Manuskripten, warum wird hier nicht wirklich diskutiert? Das möchte ich von Thorsten Bölck wissen. Er erklärt, dass im Grunde alles in den Verfassungsbeschwerden und in den Gutachten steht. »Die Verhandlung ist nur ein kleiner Extrakt der wesentlichen und strittigen Kernpunkte«, sagt Bölck. Ferdinand Kirchhof hakt hier also eine Liste ab. Vermutlich muss das so sein und trotzdem wirkt der Anwalt unzufrieden. Warum? »Diese Verhandlungsgliederung war recht oberflächlich und karg. Kirchhof ruft auf, dann ergreift man dazu das Wort, hält einen Monolog und setzt sich wieder.« So etwas erinnert an eine Schulstunde. Der Dreh- und Angelpunkt bleibt Ferdinand Kirchhof. Er gibt die Themen vor, er stellt die meisten Fragen, die anderen Richter haken nach und nur manchmal entwickelt sich daraus ein echter Dialog. Meistens bleibt es aber beim Frage-und-Antwort-Spiel und es bleibt immer eine Art Frontalunterricht. Die Richter wollen durch Spitzfindigkeiten glänzen, sie setzen die beiden Seiten gleichermaßen unter Druck, es ist ein wahres Bombardement der Fragen. Wir haben nur ein Problem: Die Kritiker sind im Saal absolut in der Minderheit. Es gibt zu viele Befürworter des Rundfunkbeitrags und ihr Redebedürfnis scheint grenzenlos – und der Wille ist groß, sich mehr und mehr in Details zu verlieren.

Thorsten Bölck überlegt: Was kann er mit seiner begrenzten Redezeit erreichen? Was kann er sagen? Was bringt wirklich zum Nachdenken? Wie kann er die Phalanx durchbrechen? Wie kann er ein kleines Zeichen setzen, inmitten all dieser professorenhaften Monologe? Er probiert etwas: »Ich möchte jetzt ein Beispiel aus der gesellschaftlichen Realität geben.« Er nimmt eine Zeitung, das *Hamburger Abendblatt*, und liest daraus vor. Es ist ein Bericht über eine Rentnerin, die mit 708 Euro Rente über die Runden kommt, von einem Monat zum anderen: Das wenige Geld reicht für Miete, Strom, Telefon

– und den Rundfunkbeitrag. Für Lebensmittel reicht es nicht, dafür muss die Rentnerin putzen gehen. Keine Frage: Diese Rentnerin müsste auch ohne den Rundfunkbeitrag zu Wischmob und Eimer greifen, bei fremden Menschen. Mit dieser Zwangsabgabe wird es aber noch schwerer, und sie kann nichts dagegen tun – außer eben noch mehr zu putzen, für die fantastischen Pensionen bei ARD und ZDF. Das ist eine kleine Geschichte, da draußen gibt es noch viele davon. Die Geschichte passt aber nicht zum Publikum. Wer im Saal sitzt, der merkt es nicht einmal, dass der Beitragsservice schon wieder 52,50 Euro abbucht. Kein Justiziar der ARD versteht, wie es ist, wenn jeder Cent zählt. Kein Richter am Bundesverfassungsgericht fühlt sich ohnmächtig, weil am Ende des Geldes wieder so viel Monat übrig ist.

Deshalb frage ich mich: Was erzählt diese Verhandlung den Menschen da draußen, jenseits der Blase? Vor allem, da das niederschmetternde Ergebnis allen bekannt ist. Ist es wichtig, dass von 10 Uhr bis kurz vor 19 Uhr verhandelt wird? Dass der zweite Verhandlungstag komplett gestrichen wird, weil Ferdinand Kirchhof das Tempo beim Ablaufplan anzieht? Bringt es etwas, hier Ausschnitte aus dem Zusammenhang zu reißen? Nicht das Geringste, auch wenn sie im Einzelfall amüsant klingen mögen. Aber das erklärt eben nichts über das stundenlange Bombardement mit klugen und immer kleinteiligeren Fragen. Es zeigt nichts von den Rechtfertigungen, die immer abstrakter werden. Soll ich zeigen, dass selbst die klügsten Argumente so lange zerredet werden, bis sie von selbst zerfließen? Probieren wir das doch anhand eines Beispiels.

Eine demaskierende Diskussion über den Sinn des Rundfunkbeitrags

Dieses Beispiel kennen wir bereits aus Berlin. Bei der großen Demonstration gegen den Rundfunkbeitrag erklärt Thomas Koblenzer damals dem verblüfften Publikum: Das Verfahren in Karlsruhe könnte in trockenen Tüchern sein. Der Zwangsabgabe für ARD und ZDF könnte ein Formfehler zum Verhängnis werden. Im Gesetzestext – also dem Rundfunkbeitragsstaatsvertrag – muss nämlich erklärt werden: Wie sieht unser konkreter Vorteil aus, für den wir diesen Beitrag bezahlen? Unseren Vorteil finde ich in diesem Gesetz nicht einmal mit einer Lupe. In Paragraf 1, Zweck des Rundfunkbeitrags, wird bloß der Vorteil für ARD und ZDF erklärt – dass sie finanziert werden. Unsere Perspektive war dem Gesetzgeber ganz offensichtlich nicht einmal eine Erwähnung wert.

Thomas Koblenzer hält während der Verhandlung einen langen Vortrag. Er erklärt dabei in vielen Punkten, weshalb der Rundfunkbeitrag eine Steuer ist – und er greift auch sein Argument aus Berlin auf: Eine nichtsteuerliche Abgabe bedürfe zur Wahrung der Belastungsgleichheit der Abgabenpflichtigen eine besondere sachliche Rechtfertigung, die über den Zweck der Einnahmeerzielung hinausgeht.

Dieser Satz ist ein schwerer Brocken, aber ich denke, ich habe den Kern bereits erklärt: Wir zahlen ein Leben lang einen seltsamen Beitrag und erfahren im Gesetz nicht einmal, welchen Vorteil wir daraus ziehen. Interessant ist nun die Reaktion in Karlsruhe. Ferdinand Kirchhof sagt, dass der Zweck des Rundfunkbeitrags doch klar und deutlich im Gesetz erklärt werde. Dort stehe, wofür er genutzt würde. Ich denke mir: Dort steht bloß der milliardenschwere Vorteil für ARD und ZDF, unser Vorteil wird mit keiner Silbe erwähnt. Richter Michael Eichberger hilft nun indirekt. Er fragt Koblenzer, ob es ausreiche, wenn das Gesetz einen Hinweis auf die Nutzung gibt. Der Anwalt antwortet mit einem knappen Ja. Der Ball liegt wieder bei Ferdinand Kirchhof. Er sagt, dass dieser Punkt für ihn nun nachvollziehbar sei. Er möchte die Gegenseite hören.

Zuerst wird Hanno Kube antworten. Er ist Professor an der Uni Heidelberg und dort Direktor des Instituts für Finanz- und Steuerrecht. Er trat damit die Nachfolge seines akademischen Lehrers Paul Kirchhof an, das aber nur am unbedeutenden Rande.[23] Heute spricht Kube für die ARD und er muss jetzt Koblenzers Argument kontern. Kube erklärt, dass das individuelle Gegenleistungsverhältnis doch problemlos in den Rundfunkbeitragsstaatsvertrag hineininterpretierbar sei. Anschließend spricht Professor Joachim Wieland für das ZDF und dabei fällt mir ein weiterer Satz auf: Natürlich dürfe, ja müsse das Gericht hier auslegen. Ich finde das seltsam. Sie geben indirekt zu, dass der Gesetzgeber etwas Wichtiges vergessen hat. Sollen die Richter am Ende in die Bresche springen? Sollen sie das Vergessene herbeideuten? Darf es egal sein, dass sich der Gesetzgeber keine Gedanken macht? Ich habe mir Gesetze immer als in Stein gemeißelte Tafeln vorgestellt. Moses ist schließlich mit zehn und nicht mit fünf Geboten vom Berg herabgestiegen, er hat den Menschen auch nicht erklärt: »Den Rest könnt ihr euch ja denken.«

Thorsten Bölck spürt, dass die Gegenseite mit ihrem Juristenlatein am Ende ist. Er setzt nach: »Nein, man darf es nicht auslegen. Der Sondervorteil, der den Beitrag auslöst, muss wortwörtlich im Gesetz stehen.« Bölck zitiert nun eine Entscheidung, die das Bundesverfassungsgericht selbst getroffen hat. Karlsruhe erklärte 2014 zu Straßenausbaubeiträgen: Der Gesetzgeber hat zwar einen Spielraum bei Beiträgen, aber der ist überschritten, »wenn kein konkreter Bezug zwischen dem gesetzlich definierten Vorteil und den Abgabepflichtigen mehr erkennbar ist«.[24] Wie wir wissen, wird im Gesetz erst gar kein Vorteil für uns Abgabenpflichtige genannt – und noch etwas ist interessant: Bölck konfrontiert Ferdinand Kirchhof hier mit seinem eigenen Beschluss. Muss der Kirchhof aus dem Jahr 2018 nun dem Kirchhof aus dem Jahr 2014 widersprechen, wenn er es heute anders sieht? Natürlich dürfen wir uns wundern: Sind das nicht alles Haarspaltereien? Das frage ich Thorsten Bölck später und er wird mir sagen, weshalb er es so genau nimmt: »Der Gesetzgeber muss den abzugeltenden Vorteil im Gesetz nennen, denn damit beweist er, dass er ihn geprüft hat. Fehlt der Vorteil, muss man darauf schließen, dass diese Prüfung erst gar nicht stattgefunden hat.«

Ich stelle mir gerade die Staatskanzlei in Mainz vor – und wie diese Staatssekretäre, diese Schattengestalten, vor Jahren in den Hinterzimmern über den Entwürfen grübeln. Sie spinnen damals ein Paragrafennetz, was den Menschen das Abmelden unmöglich machen soll. Sie haben horrende Zahlen auf dem Tisch liegen; all die vielen Milliarden, die ARD und ZDF in Zukunft noch brauchen werden. Darum geht es, das hat politische Priorität. Es erscheint mir also absolut plausibel, dass über eine Sache damals nicht allzu viele Gedanken verschwendet werden: Was haben die Menschen eigentlich vom neuen Rundfunkbeitrag? Der Treppenwitz der Geschichte ist nun, dass sich diese Nachlässigkeit in das Gesetz schleicht. Der Vorteil für uns Bürger wird einfach unterschlagen. Niemandem fällt das auf – auch keinem unserer Abgeordneten in den 16 Landesparlamenten. Sie dürfen ja sowieso nicht mitgestalten, sie dürfen abnicken. Erst heute, und das ist viel zu spät, kommt alles zur Sprache. Leider bleibt diese Perle matt. Die Medien berichten nicht darüber, es geht einfach unter. Wie geht aber die Diskussion in Karlsruhe weiter?

Ferdinand Kirchhof fragt, ob es angesichts der historischen Entwicklung der Rundfunkfinanzierung notwendig sei, den Vorteil eigens zu benennen. Thorsten Bölck antwortet: »Auf die Nennung des Vorteils kann im Gesetz nicht verzichtet werden, da sich Gesetze an die Bürger richten und sie müssen das Gesetz verstehen. Gesetze richten sich nicht an Juristen, bei denen man das voraussetzen kann.« Er verweist jetzt wieder auf Kirchhofs Beschluss aus dem Jahr 2014. Es muss einen Vorteil geben, der »definiert« wird, und das gehe nur, sagt Bölck, »wenn er explizit im Gesetz genannt wird. Außerdem muss der Sondervorteil bei den zahlungspflichtigen Bürgern liegen und nicht bei der öffentlichen Einrichtung. Dieser Sondervorteil ist aber nicht definiert, weshalb der Rundfunkbeitragsstaatsvertrag schon aus formaler Sicht verfassungswidrig ist«. Richter Paulus sagt, dass man sich ansehen müsse, was im Gesetz steht – dann ist dieser eine Moment vorbei. Es geht zwischen Bölck, Paulus und Kirchhof noch kurz hin und her, aber Karlsruhe dreht sich im Kreis, der nächste Punkt in dieser Verhandlung ist an der Reihe und dann noch einer und noch einer ...

Kaltgestellt – mit einer Missbrauchsgebühr

Eigentlich waren zwei Verhandlungstage angesetzt. Nur einer ist es dann geworden. Es bleibt ein Gewaltritt. Später gehe ich gemeinsam mit Thorsten Bölck seine Aufzeichnungen und Notizen durch. Wir suchen nach einem zweiten Beispiel, das – obwohl eben klein – doch einiges über das große Ganze erzählen kann. Der Anwalt schlägt mir ein Argument aus seinem Fachaufsatz vor. Es kann von Karlsruhe eigentlich nicht widerlegt werden – weil es ja selbst aus Karlsruhe stammt. Bölck hat sich den Beschluss zu Straßenausbaubeiträgen aus dem Jahr 2014 noch gründlicher angesehen. Dabei entdeckt er einen weiteren Punkt: Wenn es Beitragspflichtige gibt, die einen Vorteil aus dem Beitrag ziehen – dann gibt es auch die »nichtbeitragspflichtige Allgemeinheit«[25]. Oder, um es direkt mit den Worten von Thorsten Bölck zu sagen: »Die Allgemeinheit ist nicht beitragspflichtig.«

Wie ist das gemeint? Denken wir an unser Grundstück; denken wir daran, was vor der Haustür liegt. Meistens eine alte Straße. Angenommen, es wird neu gebaut. Sie haben jetzt eine wunderbare Straße, die direkt vor Ihrer Haustür verläuft. Jeden Morgen fahren Sie nun auf dieser Straße und jeder sieht: Sie genießen da einen Vorteil, also müssen Sie sich an den Kosten dafür beteiligen. Sie zahlen einen Beitrag. Mit dieser Logik wollen uns ARD und ZDF auch ihren Rundfunkbeitrag schmackhaft machen, dabei gibt es bloß ein kleines Problem: Hier zahlen einfach alle. Das führt zu einem größeren Problem: Ganz Deutschland zahlt symbolisch für eine bestimmte Straße, wenn man so will – unabhängig davon, ob wir an dieser Straße wohnen oder ob wir sie nutzen. Das führt zu einem gigantischen Problem und uns zurück zu Bölcks Argument: Die Beitragspflichtigen, die direkt einen Vorteil daraus ziehen, und die Allgemeinheit lassen sich hier nicht mehr voneinander abgrenzen, also kann der Beitrag kein Beitrag mehr sein. Er muss verfassungswidrig sein.

Dann darf der Rundfunkbeitrag übrigens den Kohlepfennig umarmen, die Älteren kennen diese andere seltsame Zwangsabgabe noch. Alle Stromkunden mussten damals den Kohlepfennig bezahlen, damit der Steinkohleabbau in Deutschland noch ein wenig länger lebt. Zwanzig Jahre lang, bis das Bundesverfassungsgericht den Kohlepfennig aus dem Verkehr gezogen hat. Er war verfassungswidrig, weil er eine Allgemeinheit von Stromkunden belastete, die keine besondere Finanzierungsverantwortlichkeit für Steinkohle aus Deutschland hatte.[26]

Es tut mir leid, aber ich denke gerade an zwei große, alte Kraftwerke, die ausschließlich mit Steinkohle befeuert werden – oder besser gesagt, mit den Milliarden aus dem Kohlepfennig. Diese Kraftwerke heißen das Erste und das Zweite und rings herum stehen die neuen Alternativen, schon seit über vierzig Jahren. Vielleicht lässt sich die deutsche Kohlelandschaft nicht eins zu eins mit der deutschen Medienlandschaft vergleichen, aber trotzdem weiß ich: Den Rundfunkbeitrag und den Kohlepfennig eint mehr, als sie trennt. Auf jeden Fall halte ich damals diesen einen Satz von Thorsten Bölck für sehr wichtig: »Die Allgemeinheit ist nicht beitragspflichtig.« Gerade, weil die ARD so kühn für ihren »Beitrag für die Allgemeinheit«[27] wirbt und ihn sogar zur Demokratieabgabe hochjubelt. Die vielen Argumente gegen den Rundfunkbeitrag klingen schlüssig. Am 18. Juli 2018 werden sie aber fast alle nicht mehr das Papier wert sein, auf dem sie stehen – zumindest in allen deutschen Gerichtssälen. An diesem Tag äußert sich Karlsruhe abschließend zu den Verfassungsbeschwerden. Das ist der Schlussstrich unter dem juristischen Kapitel Rundfunkbeitrag.

18. Juli 2018, kurz vor 10 Uhr wandern bereits die Abdruckexemplare des Urteils durch die Reihen. Punkt 10 Uhr wiederholt sich dann das Karlsruher Schauspiel: Die Menge erhebt sich, die Fotoapparate rattern los, die Richter halten Einzug, sie alle finden dieses Mal den richtigen Stuhl, die Menge im Saal setzt sich, die scharlachroten Barettmützen ruhen auf dem Podium, auf der Klägerseite bleiben einige Stühle leer. Anwesenheitskontrolle, die Menge erhebt sich wieder, die Baretts sitzen wieder auf den Richterköpfen, das Urteil wird verlesen. Ein Urteil, das Thorsten Bölck »mit großem Ärger zur Kenntnis nimmt. Es ist so ausgefallen, wie es den Wünschen der Politik entspricht«.

Der Anwalt nimmt an diesem Tag etwas wahr. Er nennt es den »Extraplatz, der für die ARD reserviert ist«. Die anderen Pressevertreter stehen im Eingangsbereich oder sie sitzen auf der Presseempore. Die ARD hat im Obergeschoss aber wie immer ihren eigenen Bereich, mit schönem Ausblick auf das Karlsruher Schloss. Übrigens: die ARD. Natürlich berichtet sie vom fabelhaften Urteil aus Karlsruhe. Richter Ferdinand Kirchhof taucht kurz im Beitrag auf, der Ausschnitt ist perfekt gewählt. Er verliest gerade salbungsvolle Worte: »Der Rundfunkbeitrag wird speziell zur Finanzierung des demokratiewesentlichen Auftrags des öffentlich-rechtlichen Rundfunks erhoben.« Anschließend lobt der ARD-Vorsitzende Ulrich Wilhelm die ARD: »Das Urteil bestätigt die große Bedeutung des öffentlich-rechtlichen Rundfunks in der Demokratie.«[28]

Wie seltsam, denke ich mir. Wie unterschiedlich wir doch die Welt sehen. Für mich ist das bloß die halbe Wahrheit, denn offenbar ist es äußerst schwierig, diesem seltsamen Rundfunkbeitrag die Verfassungsmäßigkeit zu bescheinigen. Es bedarf eines weiteren juristischen Kunststücks – Richter Kirchhof liest noch etwas vor, was die ARD dann aber nicht mehr zeigt: Die Auffassung, »der Rundfunkbeitrag sei in Wirklichkeit eine Demokratiesteuer [...], weist zwar zu Recht auf eine Aufgabe hin, die in Deutschland dem öffentlich-rechtlichen Rundfunk [...] zukommt, dieser allgemeine Nutzen würde einen Rundfunkbeitrag als Sonderlast aber nicht legitimieren.«[29] Der Satz macht mich hellhörig, also schaue ich mir das Urteil genauer an. Das unselige Wort Demokratieabgabe bekommt dort eindeutig die Rote Karte:

»Allerdings liegt der individuelle Vorteil noch nicht darin, dass ›der öffentlich-rechtliche Rundfunk der gesamten Gesellschaft nutzt‹ [...]. Der Rundfunkbeitrag stellte dann eine nicht durch Vorzugslasten finanzierbare ›Demokratieabgabe‹ dar.«[30]

Wenn die ARD vom »Beitrag für die Allgemeinheit« spricht, vom pompösen »Beitrag zur Funktionsfähigkeit der Gesellschaft«[31] oder eben von *ihrer* »Demokratieabgabe«, dann zeigt mir das: Die wissen es offenbar selbst nicht so genau. Demokratie wird nicht aus Beiträgen bezahlt, das habe ich gerade gelernt. Wir müssen einen ganz persönlichen Nutzen aus Beiträgen ziehen, auch das habe ich gerade gelernt. Dass ARD und ZDF von uns eine Milliarde nach der anderen bekommen, kann schwerlich unser persönlicher Vorteil sein. Auch das große, aber nebulöse Demokratiefördern ist es nicht. Warum verstößt der Rundfunkbeitrag dann trotzdem nicht gegen die Verfassung?

Aufpassen, wir müssen uns jetzt verwundert die Augen reiben, denn es kommt der juristische Feenstaub: Wir bezahlen zu Recht, weil wir ganz persönlich den Vorteil haben, ARD und ZDF empfangen zu dürfen! Diese »Empfangsperspektive«, erklärt Richter Kirchhof während der Urteilsverkündung, »erlaubt es den Gesetzgebern, [...] Beiträge zu erheben.« So einfach ist das Wunder und so schnöde. Das mag vielleicht die höchste Stufe der Rabulistik sein, aber der Rundfunkbeitrag ist nicht verfassungswidrig – und darum geht es ja in Karlsruhe. Halleluja: Der demokratieförderndste aller Beiträge passt am Ende doch noch, wenn auch auf eine ganze banale Weise. Der Berg kreißte und gebar eine Maus.

Findige Menschen möchten sich das Amen nun trotzdem ersparen, sie möchten einwenden: *Moment, wir müssen den Beitrag nicht pauschal für das ARD-ZDF-Demokratieförderprogramm bezahlen? Wir müssen bloß für unseren persönlichen Vorteil zahlen, dieses gesegnete Programm empfangen zu dürfen? Damit öffnet sich doch ein Handlungsspielraum! Willkommen zurück, ihr einfachen Zeiten, auf Nimmerwiedersehen, du finsteres Medienmittelalter! Am Ende sind wir wieder beim Gerät – denn wer kein Gerät besitzt, hat auch keinen Empfangsvorteil!* Zu früh gefreut, Karlsruhe schiebt frechen Fluchtgedanken gleich einen Riegel vor. Es geht nicht um Geräte, es geht um den Vorteil, den Rundfunk empfangen zu dürfen. *Aber wenn ich diesen Vorteil doch nicht habe oder haben will?* Auch da weiß Karlsruhe Rat. Diesem bedauernswerten Zustand kann ganz leicht abgeholfen werden:

»Es ist nicht erforderlich, dass der beitragsrelevante Vorteil wahrgenommen wird; maßgeblich ist, dass eine realistische Nutzungsmöglichkeit besteht [...]. Sie ist stets gegeben, weil den Beitragsschuldnern ein Empfang durch das Beschaffen von entsprechenden Empfangsgeräten möglich ist.«[32]

Ganz platt umformuliert: Kauf dir doch einen Fernseher, du Depp! Ich finde, das ist ein Schlag ins Gesicht. Übertragen wir es auf unser Beispiel mit dem Straßenausbaubeitrag. Sie wohnen an einem idyllischen Seitenweg, der Kleinen Freiheit Nummer 4. Trotzdem müssen Sie den Straßenausbau an der Steinkohlenstraße 1 bis 99 durch Beiträge bezahlen. Sie klagen, weil das doch ungerecht ist. Am Ende erklären die Richter: *Aber jeder hat doch jederzeit die realistische Möglichkeit, in die Steinkohlenstraße umzuziehen. Dort können auch Sie den Vorteil genießen, für den Sie bezahlen.* Es tut mir leid, aber ich habe selten so deutlich eine politische Absicht hinter einem Urteil durchschimmern sehen: Wir zahlen dafür, dass wir ARD und ZDF empfangen. Wir zahlen dafür, dass wir ARD und ZDF empfangen könnten. Wir zahlen aber auch dafür, dass wir ARD und ZDF nicht empfangen wollen – weil es doch so einfach ist, dieses abweichende Verhalten zu beenden.

Viele Menschen werden nun die weiße Fahne schwenken: *Möchtest du wirklich auf das verzichten, wofür du ohnehin bezahlen musst?* Der Verzicht – ob bewusst oder unbewusst – ist nicht legitim, er wird vom Gesetz nicht anerkannt. Was wir wollen, spielt keine Rolle. Ich weiß, das ist nicht neu, das haben die Staatskanzleien ja so gewollt. Es ist aber tragisch, dass am Ende und unter sorgfältiger Abwägung unserer Grundrechte dieser große Zwang nur noch fester zementiert wird. Man sagt zwar, über dem Bundesverfassungsgericht ist bloß noch der Himmel, aber offenbar fällt Gerechtigkeit wirklich nicht vom Himmel.

Der Vollständigkeit halber: Wie reagiert Karlsruhe auf die beiden Argumente, die ich in diesem Buch beispielhaft geschildert habe? Wir haben gerade durch Thorsten Bölck erfahren: Das Bundesverfassungsgericht war 2014 der Ansicht, dass die Allgemeinheit nicht beitragspflichtig ist. Und wie sieht das beim Rundfunkbeitrag 2018 aus? Im Urteil finde ich dazu Folgendes:

»Auch eine unbestimmte Vielzahl oder gar alle Bürgerinnen und Bürger können zu Beiträgen herangezogen werden, sofern ihnen jeweils ein Vorteil individuell-konkret zugerechnet werden kann.«[33]

Moment, ich bin beinahe auf wachsweichen Worten ausgerutscht. Machen wir weiter: Und was ist mit unserem Vorteil, der doch gar nicht im Gesetz zum Rundfunkbeitrag auftaucht? Auch da nehmen die Richter eine flexible Position ein:

»Die Verknüpfung der finanziellen Belastung mit dem Zweck der Abgabe und mit einer öffentlichen Leistung ist im gesetzlichen Tatbestand hinreichend verankert. [...] Zudem nennt die Begründung des Gesetzesentwurfs die ›Möglichkeit der Nutzung‹ und die ›Empfangsmöglichkeit‹ des öffentlich-rechtlichen Rundfunks als Belastungsgrund.«

Wir Bürger dürfen jetzt also Erklärtexte durchwälzen; nein, nicht zum Gesetz selbst, sondern bloß zum Entwurf. Preisfrage: Wissen Sie jetzt, wo Sie wälzen müssen? Bitte in der Drucksache 15/197 des Landtags von Baden-Württemberg nachschlagen, wenn vorhanden. Dort muss irgendwo unser Vorteil beim Rundfunkbeitrag versteckt sein. Natürlich könnte man hier noch so viel mehr schreiben, in Karlsruhe wird über so viel mehr verhandelt. Allein das Hin und Her zur Steuerfrage sprengt jeden Rahmen und es landet weit jenseits des Horizonts, den ein normaler Mensch noch überblicken kann.

Gerade deshalb ist es wichtig, auf dem Boden der Tatsachen zu bleiben. Worum geht es denn eigentlich? Bis zum Jahr 2013 laufen die Menschen scharenweise davon. Sie melden sich ab, das ist damals ihr gutes Recht – und es ist ein alarmierendes Anzeichen für die schwindende Akzeptanz von ARD und ZDF. Das gute Recht ist uns nun genommen worden, der Faktor Mensch stört beim Rundfunkbeitrag nicht mehr. Karlsruhe hat bestätigt: Dieser seltsame Beitrag steht im Einklang mit unserer Verfassung. Die Rundfunk-Relikte müssen nun bis zum Ende ihrer Tage kein »strukturelles Erhebungsdefizit« mehr befürchten.[34] Das ist die einfache Wahrheit, sie ist jetzt höchstrichterlich abgesegnet – und unter Papierbergen, Paragrafen und betonschweren Wörtern begraben.

Werden die Menschen das aber einfach so hinnehmen? Hören Sie auf, Fragen zu stellen? Fragen wie diese: Warum müssen wir denn nun wirklich bezahlen – doch wohl nicht bloß dafür, dass wir ARD und ZDF empfangen (könnten), oder? Das klingt nach einer abenteuerlichen Abkürzung. Das führt uns zu einer weiteren Frage: ARD und ZDF sind absolut unabhängig, was sie ja auch bei jeder Gelegenheit betonen – aber warum zwingt uns dann der Staat, ausgerechnet diese Sender zu finanzieren? Die Daumenschrauben werden immer fester angezogen, wenn es nötig wird, das haben wir in Karlsruhe gerade erlebt. Ach, Karlsruhe: Wollen diese Richter überhaupt noch einen Rundfunk grundsätzlich infrage stellen, dem sie seit Jahrzehnten den Rücken stärken, mit immer neuen Urteilen? Das wäre auch eine dieser Fragen, aber ich glaube, beim Durchdringen der Karlsruher Rundfunkphilosophie verlieren wir uns endgültig im Dickicht. Außerdem möchte ich die sehr, sehr alten Männer nicht durcheinanderbringen. Ich möchte ihre gebrechlichen und seit Jahrzehnten gehüteten Weisheiten nicht infrage stellen. Wie die Professoren wohl reagieren mögen, wenn sie erfahren: Die Deutschen verbringen bloß noch 54 Prozent ihrer Sehzeit ganz traditionell vor dem TV, die klassische Klientel von ARD und ZDF vergreist, Streaming ist längst das neue Normal.[35] Nein, solch eine Dosis Wirklichkeit löst zu viel Aufregung aus. Sie darf – schon aus medizinischer Sicht – wohl nicht mehr zugemutet werden. Gerade, weil ARD und ZDF doch eine Herzensangelegenheit für die Karlsruher Richter sind.

Was bleibt dann noch? Das Wichtige, das große politische Wunschdenken, was hinter ARD und ZDF steht. Ich kann dieses Wolkenschloss sogar durch das Karlsruher Urteil hindurchscheinen sehen: Wir alle müssen im Rundfunkland ausharren; koste es, was es wolle. Weil doch sonst die Demokratie in Gefahr ist! Nein, sie ist nicht in Gefahr, sie wird sich wandeln. Das ist das große Ganze, was hier gerade passiert. Leider gibt es aber auch immer die, die sich gegen den

Wandel stemmen, und was die ausrichten können, erkennen wir alle an diesem seltsamen Rundfunkbeitrag. Leider ist es nicht bloß ein Erkennen, es ist mehr ein Ertragen. Hier ist uns das Selbstbestimmungsrecht über einen wichtigen Aspekt in unserem Leben weggenommen worden. Keiner hat uns das gesagt, es gab keine ergebnisoffene Diskussion in der Öffentlichkeit, wir durften nicht darüber abstimmen, unsere gewählten Abgeordneten durften beim Gesetzgebungsprozess inhaltlich nicht mitwirken.

Ich glaube, es gibt ein weiteres Detail aus der Verhandlung, das uns einiges über dieses große Ganze erzählen kann. Also möchte ich Thorsten Bölck in seiner Kanzlei bei Hamburg besuchen. Wir wollen seine Aufzeichnungen noch einmal durchgehen, dort muss noch etwas verborgen sein. Außerdem hat er angekündigt: Es geht weiter, trotz Karlsruhe. Monate später sieht es dann ganz anders aus. Wir führen ein Telefonat. Ich höre, dass es eine »dramatische Entwicklung« gab, und lerne schon wieder ein neues Wort: *Missbrauchsgebühr*. Keine Sorge, eine Jungfrau aus Fleisch und Blut ist nicht in Gefahr, betroffen ist bloß Justitia – doch der Reihe nach.

Beim Besuch möchte ich zunächst vom Anwalt wissen, warum er trotz allem so hartnäckig am Ball bleibe. Bölck betont, dass nicht der Rundfunk sein Gegner sei, es geht ihm um den Beitrag: »Demokratie lebt von Informationen. Die Menschen sollen informiert sein, um wählen zu können, um sich eine Meinung bilden zu können. Das ist nicht falsch, aber die Frage ist doch: Darf man von allen Wohnenden einen Rundfunkbeitrag erheben? Dass man für das bloße Wohnen zahlen muss, so etwas hat es in dieser Form in Deutschland noch nie gegeben. Man kommt nicht mehr umhin; solange man lebt, muss man zahlen.« Ich frage ihn, ob er einen Fernseher besitze. Bölck verneint, für Fernsehen habe er als Anwalt gar keine Zeit. Er erlebt diese große gefühlte Ungerechtigkeit also am eigenen Leib. Vielleicht erklärt das ein Stück weit auch seine Hartnäckigkeit, die über das Honorardenken hinausgeht, wie es bei Anwälten üblich ist.

Ein Urteil des Bundesverfassungsgerichts kann nicht mehr angefochten werden, es gibt bloß noch einen Weg: »Ich habe weitere

Verfassungsbeschwerden für meine Kläger erhoben.« Bölck verfasst dabei neue Begründungen. Er vergleicht ältere Entscheidungen der Karlsruher Richter mit dem neuen Urteil vom Juli 2018. Er muss es tun, um überhaupt angehört zu werden: »Ich zeige auf, was daran verfassungsrechtlich falsch ist.« Ein Beispiel: »Es darf keine Abgabe auf die bloße Möglichkeit geben, sich ein Rundfunkempfangsgerät kaufen zu können. Das stellt keinen beitragspflichtigen Vorteil dar.« Die Antwort aus Karlsruhe kommt postwendend: Bölcks neue Beschwerde wird gar nicht erst angenommen. Unser Bundesverfassungsgericht begründet seinen Beschluss nicht und muss das auch nicht.

Der Anwalt blickt sehr missmutig und ich frage, ob ihn diese Antwort so sehr überrascht hat? Er nimmt ein Schreiben in die Hand und zeigt mit dem Finger auf einen Satz, der viel Geld wert war: Die Richter sprechen eine *Missbrauchsgebühr* in Höhe von 1000 Euro aus – ganz persönlich gegen ihn als Anwalt. Bölck zahlt diese 1000 Euro, aus eigener Tasche, erst einmal. Als Freiberufler mit einer Kanzlei könnte er eine Vollstreckung nicht einfach aussitzen, er kann im schlimmsten Fall die Zulassung als Anwalt verlieren. Bölck fordert dieses Geld nun von seinem Mandanten, es klingt kompliziert. »Ich habe den anderen Klägern sofort geraten, dass sie ihre Verfassungsbeschwerden zurückziehen.« Ansonsten drohen für jeden weiteren Fall weitere 1000 Euro. »Das wäre fatal, dann könnte ich diesen Beruf nicht mehr ausüben. So erzeugt man Angst.«

Es wirkt für mich so, als ob ihn die Richter bestrafen, doch wofür? Gerade das ärgert den Anwalt: Es fehle an neuen Argumenten in der neuen Beschwerde und sie habe deshalb keine Aussicht auf Erfolg. Bölck nimmt eine alte Beschwerde und legt sie neben den 1000 Euro teuren Schriftsatz. Dort markiert er mit einem Rotstift alles, was neu ist. Wie die Richter das übersehen konnten, versteht er nicht: »Haben sie es überhaupt gelesen?« Natürlich schreibt Bölck wieder nach Karlsruhe. »Ich habe erklärt, unter welcher Gliederungsnummer die neuen Argumente zu finden sind.« Er wiederholt sie sogar, doch die Antwort fällt denkbar knapp aus: Der Senat habe es zur Kenntnis genommen und würde nicht weiter antworten.

Wieder geht ein Schreiben nach Karlsruhe. Dieses Mal fällt die Antwort ganz aus. Dafür lässt sich Bölck zu einem klaren Urteil hinreißen: »Die Kritik am Rundfunkbeitrag, das ist eine Bewertungsfrage. Wie sie aber auf Kritik an ihren eigenen Entscheidungen reagieren – das ist nicht souverän, das ist einfach nur bissig.« Ich höre die nächsten Minuten zu. »Wir haben es versucht und geglaubt: Mit neuen Argumenten können wir etwas erreichen. Dass sie aber so mit Kritik an sich umgehen, so etwas von unsouverän und verärgert.« Ihm ist klar, dass er hier »ein Gesetz angreift«, aber »dass sie jetzt zum Gegenangriff auf den Anwalt übergehen, das ist unerhört – so weit sind wir mittlerweile schon.«

Kaltgestellt – so fühlen sich da draußen Millionen. Er ist aber ein Anwalt. Er ist *der* Anwalt, der für uns in Karlsruhe gekämpft hat. Er wollte mit seinem Leitverfahren beweisen, dass sich die besseren Argumente durchsetzen, dass es ums Recht geht. Wie ernüchtert müssen erst die vielen Menschen sein, die einfach nur gegen den Rundfunkbeitrag geklagt haben, die mit ihrer Verfassungsbeschwerde in Karlsruhe bloß Zaungäste bleiben durften. Ich frage dort nach – und erfahre Seltsames. Unser Bundesverfassungsgericht nimmt offenbar überhaupt keine Beschwerden mehr zum Rundfunkbeitrag an. Das ist unanfechtbar und muss auch nicht begründet werden. Dafür hat sich das Gericht einen eigenen Paragrafen geschaffen. Selbstverständlich gibt es diesen Paragrafen schon lange und es geht nicht bloß um den Rundfunkbeitrag. Fast 99 Prozent aller Verfassungsbeschwerden scheitern bereits an den Kammern der beiden Senate.[36]

Mich erstaunt aber, was außerdem im ganzen Land passiert: All die vielen Kläger erhalten Standardschreiben. Die Post kommt vom jeweiligen Gericht, bei dem sie gerade klagen, und der Inhalt ist immer gleich, sinngemäß: Das Bundesverfassungsgericht hat entschieden. Nehmen Sie jetzt bitte Ihre Klage zurück? Meist liegt eine Kopie des Karlsruher Urteils bei. Dem Thema Rundfunkbeitrag wird insgesamt der Stecker gezogen. Die Richter in Deutschland machen es sich einfach: Was Karlsruhe entschieden hat, daran soll der Mensch nicht mehr rütteln. Praktisch alle Argumente wurden abgeschmettert, vielleicht blieb dabei die Logik auf der Strecke, aber da ist noch etwas: Wie schätzt der Anwalt seine Lage ein? »Auf juristischer Ebene war der Zug bereits am 18. Juli 2018 abgefahren; spätestens durch die Missbrauchsgebühr ist es endgültig vorbei. Der Effekt Angst hat tatsächlich gewirkt. Karlsruhe nimmt nichts mehr an, sie wollen keine Kritik an sich heranlassen, sie lassen sich auch durch neue Argumente nicht überzeugen.«

Haben wir nun vor Gericht herausbekommen, ob der Rundfunkbeitrag gerecht ist? Eher nein, aber das ist ja dann auch ein Zeitzeugnis unserer Gesellschaft. Die Zwangsabgabe für ARD und ZDF wurde anstandslos durchgewunken. Es ist rechtens, die Finanzierung von ein paar Fernsehsendern dadurch zu erzwingen, dass wir alle wohnen müssen. Es trifft praktisch jeden und niemand würde nicht wohnen wollen, nur um ARD und ZDF nicht zu bezahlen. Chapeau, eine Sternstunde der deutschen Rechtswissenschaft. Ich glaube, wir müssen dringend über einen anderen Aspekt sprechen: das politische Wunschdenken. Ich hatte das Gefühl, dass Thorsten Bölck bei seinem Vortrag in Karlsruhe dazu einen wertvollen Hinweis gibt – und ich täusche mich nicht. Wir werden in seinen Aufzeichnungen fündig.

Der Rundfunkbeitrag bleibt ein Demokratiedefizit

In Bölcks Aufzeichnungen stehen folgende Stichpunkte: »Besuch in der Hamburgischen Bürgerschaft, Gespräche mit Abgeordneten über Gesetzgebung zum Rundfunkbeitrag, klares Defizit in der Politik.« Ich muss zugeben: Das Wort »Defizit« interessiert mich, wie mich überhaupt alles interessiert, was Politiker entzaubert. Thorsten Bölck hat also in Hamburg den Landtag besucht. Er spricht mit denen, die den Rundfunkbeitrag zu verantworten haben. Sie gaben im Plenarsaal ihre Ja-Stimme, erst dadurch wurde aus dem Entwurf der Staatskanzleien ein bindendes Gesetz. Bölck fühlt den Politikern damals auf den Zahn und er erfährt oder erkennt bei seinen Gesprächen etwas Wichtiges. Was es ist, weiß ich noch nicht, aber der Anwalt hält dieses

»Defizit« für wichtig. Er trägt es später bei der großen Verhandlung vor. Im Saal greift es keiner auf, in den Medien wird es nicht zitiert – ausgestrahlt wird es erst recht nicht. Es bleibt in Karlsruhe vollkommen unter dem Radar. Könnte hier noch ein Schatz zu heben sein?

Ich möchte mehr wissen; ich möchte die Hintergründe der Geschichte erfahren, die Thorsten Bölck bereits vorgetragen hat. Er steht auf und geht in den Nebenraum. Seine Notizen für Karlsruhe genügen nun nicht mehr, er braucht jetzt die Mitschriften aus den Parlamentsgesprächen. Ich erfahre: Es gab insgesamt drei Gespräche mit Politikern, aber wie kam es überhaupt dazu? Anwälte wälzen gerne Unterlagen. Thorsten Bölck tut es auch in seiner Freizeit und weil er sich sehr für den Rundfunkbeitrag interessiert. Vor ein paar Jahren hält er ein Sitzungsprotokoll in den Händen. Es dokumentiert, wie die Abgeordneten in der Hamburgischen Bürgerschaft abstimmen; damals, als der Rundfunkbeitrag zum Gesetz wird. Natürlich stimmen sie zu, aber wie sie das tun, ist mehr als nur kurios. Bei Bölck wirft es viele Fragen auf: »Es gab keine Debatte im Plenum. Die Präsidentin fragte: ›Wird eine Aussprache gewünscht?‹ Nach einer kurzen Pause sagte sie dann: ›Nein, ich sehe, das ist nicht der Fall. Damit ist das Gesetz beschlossen.‹«

Darf man so schnell und teilnahmslos ein Gesetz abnicken, was Millionen betrifft, Milliarden kostet und die Bürger bis an ihr Lebensende für das bloße Wohnen bestraft? Wie verantwortungsvoll gehen Politiker mit unserem Mandat um, wie gründlich setzen sie sich mit Problemen auseinander, auch wenn sie kompliziert sein mögen? Und überhaupt: Was bedeutet dieses Schweigen im Plenum? Thorsten Bölck stellt sich damals ähnliche Fragen. Er betrachtet es aber durch die Brille eines Juristen und er möchte wissen: »Kennen die Abgeordneten überhaupt die Voraussetzungen, unter denen ein Beitrag erhoben werden darf?« Das klingt nun sehr sachlich, im Grunde geht es hier aber um die großen Fragen: Wisst ihr überhaupt, was ihr da beschließt? Wollt ihr es denn überhaupt wissen?

Der Anwalt sucht also das Gespräch mit einem Abgeordneten der Hamburgischen Bürgerschaft. Bölck geht es dabei nicht um eine Person, schon gar nicht um die Partei. Ich glaube, er hat eine Milieustudie im Sinn; also wählt er seinen Politiker danach aus, ob der leicht zu erreichen ist: »Farid Müller bietet einmal im Monat Bürgergespräche in einem Café an. Es gibt auch Tee und Kuchen auf seine Kosten, jeder kann sich zu Wort melden. Ich hatte mich vorher mit anderen Bürgern verabredet und bin hingegangen.« Bölck hält sich beim Gespräch erst einmal zurück und lässt einer Dame den Vortritt. »Sie sagte: ›Wir haben Fragen zum Rundfunkbeitrag.‹ Andere haben sich dann zu Wort gemeldet, auch ich habe gesagt: ›Was die Dame sagt, finde ich wichtig. Das mit dem Rundfunkbeitrag ist nicht in Ordnung, darüber muss man sprechen.‹«

Und was passiert? Erst einmal gar nichts. Der kleine Rundfunkbeitrag sprengt wohl den Rahmen eines Gesprächs bei Kaffee und Kuchen. Es wird vertagt – und zwar direkt ins Hamburger Rathaus. Farid Müller wirbt für das große Gespräch sogar auf seiner Webseite: »Im Mai dieses Jahres kamen gleich mehrere BürgerInnen mit vielen offenen Fragen und einem gewissen Unmut bezüglich des Rundfunkbeitrages [...] auf mich zu.« Er schließt mit dem Satz: »Als medienpolitischer Sprecher der Grünen Bürgerschaftsfraktion freue ich mich daher auf Ihr Interesse.«[37] Die Politik möchte also mehr Interesse? Thorsten Bölck fällt das leicht, schließlich ist er im Verein »Rundfunkbeitragsfreies Wohnen und Wirtschaften« und dort einer der Vorsitzenden. Er kann mehr Menschen aktivieren und am 28. November 2017 sitzen sie im Hamburger Rathaus. Der Anwalt und zwanzig weitere Bürger möchten Antworten aus der Politik hören. Ja, Bölck hilft hier im Sinne der Bürger ein wenig nach, damit sie mehr Präsenz zeigen – allerdings fährt die ARD noch größere Geschütze auf.

Moment: die ARD? Wer spricht denn plötzlich mit der ARD? Thorsten Bölck ist verwundert: »Herrn Müller standen zwei Mitarbeiter des NDR zur Seite.« Es sind nicht einfach nur Mitarbeiter. Michael Kühn ist der Justiziar des NDR. Ein Justiziar besitzt eine Zulassung als Rechtsanwalt, aber keine Kanzlei. Er lässt sich vom Rundfunk bezahlen; dafür steht er einer ganzen Rechtsabteilung vor, die allein beim NDR aus 55 Planstellen besteht.[38] Kühn hat auch einen Vertreter des Beitragsservice mitgebracht. Leider notiert sich Thorsten Bölck den Namen nicht. Soll aus dem Bürgergespräch jetzt ein juristisches Wortgefecht mit der ARD werden? Anwalt gegen Anwalt, das hat sich Thorsten Bölck nicht gewünscht. Er möchte hier als Bürger mit einem Politiker ins Gespräch kommen. »Die Mitarbeiter des NDR haben erst einmal für den Abgeordneten gesprochen. Sie haben natürlich den Rundfunkbeitrag verteidigt.« Sagen wir es doch ganz deutlich: Die Lobbyisten erklären hier den Bürgern ein Gesetz, was die Politik zu verantworten hat. Thorsten Bölck stellt eine Frage, die aber nur Farid Müller beantworten kann: »Kannten die Abgeordneten der Hamburgischen Bürgerschaft die verfassungsrechtlichen Voraussetzungen, unter denen ein Beitrag überhaupt erhoben werden darf?« Ich denke, solch eine Frage hört ein Politiker selten. Wie reagiert er? »Die Antworten, die er gegeben hat, waren recht knapp und eindeutig. Ich habe sie notiert und dann so dem Bundesverfassungsgericht vorgetragen.«

Was waren das aber für Antworten? Bölck zeigt in seinen Notizen auf einen Satz. Er hat ihn im Gespräch mit Müller notiert: »Wir haben uns auf das Gutachten von Kirchhof verlassen.« Ein Politiker verlässt sich also auf ein Gutachten. Weiß er aber auch, dass der Rundfunk dieses Gutachten selbst bestellt hat? Bölck fragt weiter: »Warum hat man sich dafür entschieden?« Und? »Seine Antwort habe ich auch wortwörtlich aufgeschrieben, sonst vergisst man das ja. Er sagte: ›Wir sind Überzeugungstäter bezüglich des Rundfunkbeitrags.‹« Ich lese dann noch eine Antwort: »›Der öffentlich-rechtliche Rundfunk ist ein politisches Pfund.‹« Ich möchte vom Anwalt wissen, wie er das beurteilt. »Ich sehe da eine enorme Verbundenheit. Man sagt: Wir brauchen den Rundfunk. Das ist deren Motiv, solche Gesetze zu beschließen. Ob das rechtlich zu missbilligen ist, das ist eine andere Frage. Deshalb sind Gespräche mit Abgeordneten hilfreich. Was dort gesagt wird, ist offen und ehrlich.«

Natürlich stellt nicht bloß Thorsten Bölck Fragen, auch andere Bürger wollen wissen, wie Politiker es finden, dass jetzt alle zahlen müssen. Der Anwalt notiert sich hier die Antworten stichpunktartig:

»Demokratieabgabe, Demokratie lebt von Information.« Wie steht denn der Anwalt zum Wort Demokratieabgabe? »Das Wort finde ich persönlich entsetzlich. Das habe ich damals auch so gesagt. Zu einer Demokratie gehört doch viel mehr.« Er zählt nun vieles auf und es erscheint mir einleuchtend. Würden Sie einen Beitrag zahlen, damit Sie wählen dürfen? Würden Sie einen Beitrag für Ihren Abgeordneten zahlen? Dehnen wir das Wort Demokratie einmal auf das ganze Staatswesen aus: Würden Sie einen Beitrag an das Finanzamt zahlen, damit Sie endlich besteuert werden? Würden Sie einen Beitrag an die Polizei oder die Feuerwehr zahlen? Vermutlich erst, wenn das eigene Haus brennt oder ein Dieb mit dem Geldbeutel flüchtet.

Doch zurück zu Thorsten Bölck: »Demokratie ist eine Last, die die Allgemeinheit trifft. Diese Last muss aus Steuergeldern finanziert werden, also aus den Haushalten des Bundes und der Länder. Für eine Gemeinlast kann man keinen Beitrag erheben, denn bei einem Beitrag muss es immer auch die geben, die nicht zahlen, weil sie keinen Vorteil haben. Wenn wir eine Situation haben wie beim Rundfunkbeitrag, wo alle für etwas zahlen sollen, dann mag das politisch erwünscht sein – aber dann ist es kein Beitrag mehr.«

Also: Wer auf dem ganz großen Fuß lebt, wer sich als unverzichtbar für Allgemeinheit und Demokratie wähnt, der kann dafür keinen Beitrag mehr kassieren. Gerade das Wort Steuer scheuen ARD und ZDF aber offenbar wie der Teufel das Weihwasser. Warum? Dazu kurz ein paar Informationen: ARD und ZDF sollen staatsfern bleiben, sie möchten eine staatstragende Rolle spielen – und dann werden sie aus dem Staatshaushalt finanziert? Das ist der Punkt, an dem viele Bürger aussteigen werden, weil sie es einfach nicht mehr verstehen. Es gäbe viel zu erklären. Bei einer allgemeinen Demokratiesteuer, so irrsinnig das klingt, müsste geprüft werden: Was leisten ausschließlich die Rundfunk-Relikte, was ist für unsere Demokratie unersetzlich, was darf im üppigen Programmangebot nicht aus dem Steuertopf finanziert werden? Außerdem: Wenn der Staat Steuergelder zuteilt, muss er dann nicht prüfen, wie ARD und ZDF das Geld der Allgemeinheit verwenden – oder verschwenden? Muss er sie dann nicht in irgendeiner Form kontrollieren? Übrigens: Das ist längst der Fall, ganz ohne das Wort Steuer. Seit bald sechzig Jahren wachsen die Widersprüche. Heute bedarf es aber juristischer Rabulistik und staatlichen Zwangs, damit scheinbar alles so bleibt, wie es schon lange nicht mehr ist. Das Ganze gleicht einem gordischen Knoten, der nicht mehr zu entwirren ist. Also konzentrieren sich die vielen Beteiligten eben auf ihre eigenen Interessen – es wird machiavellistisch.

Thorsten Bölck mag das vielleicht anders sehen. Er erkennt aber, dass die Politik das Recht hier falsch anwendet: »Rundfunkfinanzierung und Rundfunkpolitik muss man voneinander trennen. Das sind zwei unterschiedliche Dinge. Wer das vermischt, zeigt, dass er sich im Finanzverfassungsrecht nicht auskennt.« Es leuchtet ein. Beim Rundfunkbeitrag sollten Begriffe wie *politisches Pfund* oder *Überzeugungstäter* nicht fallen. Schließlich wollen die Bürger den Rundfunk nicht dafür bezahlen, dass er ein politisches Pfund ist. Gesetze sollten auch nicht von Überzeugungstätern beschlossen werden. Das wirkt alles seltsam deplatziert. Noch deplatzierter erscheint mir aber der Auftritt der ARD beim Bürgergespräch mit der Politik.

Es gibt aber weitere Gespräche: Am 1. Februar 2018 sitzt der Anwalt mit sechs Bürgern wieder im Hamburger Rathaus, dieses Mal in den Fraktionsräumen der SPD. Bölck spricht nun mit dem Fraktionsvorsitzenden Dirk Kienscherf und dem medienpolitischen Sprecher Hansjörg Schmidt. »Ich habe die gleiche Frage gestellt: Kennen die Abgeordneten die verfassungsrechtlichen Voraussetzungen für einen Beitrag?« Und was hört er? »Kienscherf antwortete erst einmal mit einer rhetorischen Frage an sich selbst: ›Findet man das schlüssig oder nicht schlüssig?‹« Und nach einer kurzen Bedenkzeit sagte er: »›Ich fand das logisch. Wir nahmen einen praktikablen Weg. Aus unserer Sicht war das eine praktikable Lösung‹.« Das dritte Gespräch führt Bölck dann in Dresden. Er vertritt dort mehrere Kläger, sie besuchen gemeinsam den Sächsischen Landtag – die gleichen Fragen, die gleichen Antworten. Es gibt nur eine kleine Abweichung: »Sie haben geantwortet: ›Es gibt doch den juristischen Dienst des Parlaments. Der prüft das.‹ Auch sie kannten die Voraussetzungen nicht.«

Das war das Demokratie-Experiment eines Anwalts: »Es lässt sich sicherlich auf das gesamte Bundesgebiet übertragen. Die Abgeordneten kennen die rechtlichen Voraussetzungen nicht. Sie machen das, was politisch gewollt ist.« Überrascht so etwas Bölck denn wirklich?

»Diese Antworten hatte ich schon erahnt – aber so, wie sie gegeben wurden, sprechen sie doch eine deutliche Sprache. Die Politik geht hier zulasten der Bürger vor. Man will es gar nicht in der Tiefe ergründen. Damit erklären sich auch solche Gesetze wie der Rundfunkbeitrag. Man findet es praktisch, logisch und schlüssig, und dann macht man das. Das sind aber keine Kriterien des Rechts und der Verfassung. Sie beschließen Gesetze, aber sie kennen die Rechtsvorschriften nicht, sie schauen nicht in das Grundgesetz. Das ist doch ein ganz erhebliches Defizit in unserem Staatswesen. Jetzt liegt es an den Bürgern. Wir müssen das aufgreifen, kritisieren und zum Bundesverfassungsgericht tragen – in der Hoffnung, dass der Fehler dort behoben wird. So schließt sich dann der Kreis.«

Oder auch nicht. Bölck hat das einkalkuliert: »Die Gerichte betrachten nur den Gesetzestext. Das hier ist aber wichtig. Die Abgeordneten haben über etwas abgestimmt, wovon sie schlichtweg keine Ahnung hatten. Das ist das Ergebnis dieser Gespräche.«

Ich glaube, es geht hier nicht nur um Abgeordnete, die innerlich abwesend sind. Es geht nicht nur um Pfründe. Es geht nicht nur um einen Lobbyismus, der den politischen Prozess untergräbt. Darunter leiden viele Gesetze. Der Rundfunkbeitrag setzt dem Ganzen aber leider eine unrühmliche Krone auf: Der Gesetzgebungsprozess selbst ist zweifelhaft. Das ist keine pauschale Aussage, das ist eine wissenschaftliche Einschätzung. Der *Beck'sche Kommentar zum Rundfunkrecht* steht nicht im Verdacht, kritisch zum Thema zu stehen, aber selbst hier finden sich folgende Sätze:

»Von der faktischen Mitwirkung der Landtage an der Entscheidungsfindung kann nach der derzeitigen Praxis kaum die Rede sein. [...]

Die heutige Praxis läuft daher im Ergebnis auf eine Art verselbständigter ›Bundesgesetzgebung‹ durch Länderkooperation hinaus, die auch unter rechtsstaatlichen Gesichtspunkten, insbesondere dem der Transparenz des Entscheidungsverfahrens, als verfassungsrechtlich zweifelhaft angesehen werden muss.«[39]

Was heißt das nun? Unsere gewählten Abgeordneten dürfen beim Rundfunkbeitrag inhaltlich nicht mitbestimmen. Die Staatskanzleien der Bundesländer handeln ihn 2010 als Staatsvertrag unter sich aus. Auch das beschönigt die Wahrheit: Federführend bleibt die Staatskanzlei in Mainz, dort wird diese Zwangsabgabe erdacht. Ende 2010 unterschreiben dann 16 Ministerpräsidenten den Staatsvertrag. Erst 2011 dürfen unsere Parlamente eine offizielle Rolle spielen. Sie dürfen zustimmen oder ablehnen – und das bei einem Werk, bei dem die Tinte längst trocken ist. Sie stimmen zu – und so wird der Rundfunkbeitrag dann zum Gesetz, in 16 Bundesländern.

Jetzt verstehe ich dieses Schweigen in der Hamburgischen Bürgerschaft. Die Abgeordneten sind die gesetzgebende Gewalt – eigentlich. Sie müssen 2011 aber über ein Gesetz abstimmen, was nicht ihr Gesetz ist. Es kommt aus den Hinterzimmern der Staatskanzlei in Mainz, jetzt wird es den Landesparlamenten praktisch vor die Nase gesetzt. Was sollen die Demokraten da noch groß diskutieren? Was bleibt außer dem großen Durchwinken? Stellen wir uns einen Abgeordneten vor – keinen Fachreferenten, sondern einen Hinterbänkler. Er hat da etwa 100 Seiten vor sich liegen und vieles von dem liest er zum ersten Mal. Er ist kein Jurist, er war nicht in den Hinterzimmern dabei, er weiß nicht, was da verabredet wurde. Er sieht bloß diesen Gesetzestext. Er weiß: *Das haben 16 Ministerpräsidenten bereits unterschrieben – darunter auch meiner. Ich bin Teil der Mehrheit im Parlament. Wir stellen die Regierung. Soll ich als schwarzes Schaf aus der Reihe tanzen? Soll ich unserem Regierungschef in den Rücken fallen und ihn öffentlich bloßstellen?*

Der Hinterbänkler wird auch an seine Zukunft denken: *Es geht um den Rundfunk, den brauchen wir. Wie sollen wir denn sonst die nächste*

Wahl gewinnen? Wir müssen den Rundfunk doch irgendwie finanziert bekommen. Natürlich wird der Hinterbänkler ein paar Gedanken für seine Wähler übrighaben: *Es muss gerecht zugehen!* Hat er aber nicht in den Medien gelesen, dass der neue Rundfunkbeitrag jetzt einfach für alle ist? Das klingt doch gerecht, das klingt sogar wie ein wunderschönes Wahlversprechen. Ob es auch die Wahrheit ist, erfährt der Hinterbänkler nur, wenn er sich durch 100 Seiten quält, wenn er juristische Fachwerke wälzt. Jetzt drängt aber die Zeit! Der Rundfunkbeitrag ist ein fertig gesatteltes Pferd aus dem Regierungsrennstall. Es wartet bloß noch auf den Start. Der Hinterbänkler müsste jetzt Mut haben, er müsste den großen Zeitplan durcheinanderbringen: *Moment, das sehen wir uns noch einmal genauer an! Bringt das Pferd zurück, nehmt ihm den Sattel und das Zaumzeug wieder ab. Ich glaube, das ist ein trojanisches Pferd.* Bei diesem Sprachbild klingt das Ganze beinahe interessant. In Wahrheit müssten die Abgeordneten jetzt Ausschüsse bilden, sich die Expertise aneignen, lange diskutieren – und aufdröseln, was da juristisch sorgsam verschnürt wurde. Sie müssten erst einmal den großen Zwang hinter dem Rundfunkbeitrag erkennen. Auch das klingt noch machbar. Wird sich der Hinterbänkler aber gegen den Willen der Staatskanzleien stemmen? Sie haben erkannt, dass die Finanzierung von ARD und ZDF zum Problem wird, also trafen sie drei Entscheidungen, die ich für mich so zusammenfasse: Die Menschen sollen ihren Handlungsspielraum verlieren. Es soll jetzt Zwang für alle herrschen. Die ARD soll sich nicht mehr mit den Menschen und ihren Sehgewohnheiten herumschlagen müssen.

Das kann man alles hinnehmen, wenn es das Ergebnis eines echten Diskurses ist – aber eben nicht so, wie es beim Rundfunkbeitrag passiert. Natürlich dürfen unsere Parlamentarier das Paket aus den Staatskanzleien wieder aufschnüren, sie dürfen es öffentlich zur Debatte stellen. Mein Hinterbänkler hätte es getan – aber wie sieht damals die Wirklichkeit aus? Schauen wir uns an, was 2011 im Berliner Senat geschieht. Die Abgeordneten bekommen vor der Abstimmung eine Vorlage ausgehändigt. Dort steht: »Lösung: Das Abgeordnetenhaus ratifiziert den Fünfzehnten Rundfunkänderungsstaatsvertrag. Alternative: keine.«⁴⁰ Das liest sich ernüchternd; so, als ob es nicht mehr um Mitbestimmung geht – sondern bloß um Zustimmung. Wenn es ums symbolische Absegnen geht, dann verkommt die Demokratie aber zu einem inhaltsleeren Akt. Wenn wir uns das Experiment von Thorsten Bölck noch einmal anschauen, dann fällt das Urteil vernichtend aus: Unsere Abgeordneten haben viel Meinung, aber wenig Ahnung, und sie folgen dem politischen Wunschdenken, das gerade vorherrscht. Alles richtig. Trotzdem bleibt es nur die halbe Wahrheit. Gerade beim Rundfunkbeitrag sehen wir: Sie werden doch herausgehalten, sie dürfen inhaltlich nicht mitwirken.

Ich würde gerne an den folgenden Satz glauben: Gefahr erkannt, Gefahr gebannt. Viele Menschen haben bereits vor mir bemerkt, dass die Gesetzgebung des Rundfunkbeitrags verfassungsrechtlich bedenklich ist. Sie wandten sich an die Gerichte – und wurden abgeschmettert. Dort sieht man kein Problem. Die Parlamente haben dem Rundfunkbeitrag zugestimmt, also ist er ein gültiges Landesgesetz, also genügt das. Wer so etwas liest, der kann verzweifeln. Hat denn Thorsten Bölck nicht erklärt: »Die Gerichte betrachten nur den Gesetzestext.« Der Anwalt hat aber auch im ganzen Land vor Gerichten gegen den Rundfunk geklagt – und im Rückblick sagt er ernüchtert: »Die Verwaltungsgerichtsbarkeit sagt, es gebe für jede Person eine Finanzierungsverantwortung für den Rundfunk. Das bricht ganz klar mit dem Grundsatz der nicht-beitragspflichtigen Allgemeinheit.« Sehen wir hier das gleiche Wunschdenken, das die Abgeordneten in den Parlamenten zu ihren Ja-Stimmen getrieben hat? Wie sickert es denn auch in die Gerichte ein? Das weiß ich nicht, denn bisher durfte ich keinem Richter in den Kopf blicken. Ich kann bloß Indizien zusammentragen. Durch Thorsten Bölck habe ich gelernt: Der Rundfunkbeitrag wird an den Verwaltungsgerichten verhandelt und dort ist das Land der Dienstherr – es war übrigens auch das Land, was diese Zwangsabgabe erlassen hat. Beim Bundesverfassungsgericht bestimmen Bundestag und Bundesrat, welcher Kandidat auf dem nächsten Richterstuhl landet. Es ist also eine politische Wahl. So ist es nun einmal und das bringt uns auf der Suche nach der Wahrheit auch nicht viel weiter.

Richter sind Menschen und Menschen dürfen politische Ansichten haben. Die sollten nur nicht in ihre Urteile einfließen. Niemand darf Richtern Weisungen erteilen, niemand darf sie damit unter Druck setzen, dass es etwas zu gewinnen oder etwas zu verlieren gibt. Als Journalist weiß ich aber: Auf den wichtigen Stühlen sitzen immer die richtigen Menschen, weil sie instinktiv wissen, was erwünscht ist. Müsste man ihnen das erst erklären, wären sie niemals auf diesem Stuhl gelandet. Unbequeme Menschen sitzen übrigens ganz woanders. Ich kann also nur sagen, dass politisches Wunschdenken sogar an den Gerichten eine Rolle spielt. Ich weiß aber nicht, wie es die Urteile zum Rundfunkbeitrag beeinflusst hat, auch wenn alles so seltsam für uns Bürger wirkt – wie eine unsichtbare Wand. Tausende Kläger scheitern, selbst die klügsten Argumente werden abgeschmettert, alle Gerichte blicken nach Karlsruhe – und am Ende siegt eine banale Rechtfertigung für den Rundfunkbeitrag. Im ganzen Land gibt es bloß einen Richter, der sich traut, die Dinge konsequent gegen den Strich zu bürsten: Matthias Sprißler in Tübingen. Der Rundfunkbeitrag bleibt, trotz allem. Millionen hassen ihn abgrundtief. Vielleicht, weil sie an ihm sehen können, was wir sonst nur spüren: dass etwas grundsätzlich nicht richtig läuft. Millionen hatten aber auch Hoffnung: Sie haben gehofft, dass nicht rechtens sein kann, was so ungerecht ist. So viele Menschen haben für einen Moment in das juristische Biotop geblickt, das sonst ein Schattendasein fristet. Diese Einblicke haben nur wenigen gefallen.

Was gibt es also zum Schluss über das Demokratiedefizit namens Rundfunkbeitrag noch zu sagen? Nichts und doch alles. Schauen wir auf eine kleine Szene aus der großen Verhandlung in Karlsruhe. Es ist ein Gespräch über eine tiefgründige Weisheit, die hinter der Zwangsabgabe steht. Wenn uns dieses Argument nicht auf der Stelle in einen beglückten Zahler verwandelt, dann bleiben wir auf ewig Rebellen. Das Gespräch ist eigentlich bloß ein kurzer Wortwechsel zwischen Ferdinand Kirchhof und Hermann Eicher:

»Das mit dem Rundfunkbeitrag sei nicht so einfach, erläuterte SWR-Justiziar Hermann Eicher den Bundesverfassungsrichtern in Karlsruhe: Man müsse sich das so vorstellen, als sitze man in einem Raum mit vier Löwen in jeder Ecke und sobald man sich bewege, drohe einer dieser Löwe [sic!], einen zu fressen. Einer dieser vier Löwen heiße ›Hoher Verwaltungsaufwand‹.«[41]

Damit versuchte Eicher die Komplexität des Rundfunkbeitrags deutlich zu machen. Der Vizepräsident Ferdinand Kirchhof nahm die Warnung dankend entgegen und betonte, »wenn er vorher gewusst hätte, dass das Beitragswesen so gefährlich ist, hätte er den Fall mit spitzeren Fingern angefasst.«[42]

Was fällt hier ins Auge? Nein, bitte keine Bemerkungen über den Humor unter Juristen. Das darf nicht sein, denn dann müssten wir uns ja fragen, ob manche Urteile nicht doch verdeckte Satire sind. Es geht auch nicht um die anderen drei imaginären Löwen. Wir werden wohl nie erfahren, wer sie sind und wann sie den Rundfunkbeitrag endlich auffressen. Es geht um den vierten Löwen: den hohen Verwaltungsaufwand. Nun ist alles gesagt. Das mit dem Rundfunkbeitrag ist nicht einfach, aber die Politik macht es sich trotzdem gerne einfach. Wunsch gewährt. Die ARD möchte das große Abernten ohne großen Aufwand haben. Wunsch gewährt. Wer spricht noch davon, was Millionen von Bürgern wollen? Richtig: niemand. Unsere Wünsche hatten keinen Platz mehr in der Wunschmaschine namens Rundfunkbeitrag.

Karlsruhe ist verloren – was bleibt da noch? Wir könnten uns beleidigt in die kleine Hausbibliothek zurückziehen und dort nach einem aufbauenden Schluck suchen – oder nach einem aufbauenden Bonmot: »Wer weiß, wie Gesetze und Würste zustande kommen, kann nachts nicht mehr ruhig schlafen.« Ja, Otto von Bismarck wusste offenbar schon damals mehr. Was ist aber mit den Tausenden Klägern da draußen im Land – und den Millionen Vollstreckten? Sie dürfen sich ja nun wirklich wie auf der Schlachtbank fühlen. Thorsten Bölck betreut viele Mandanten und hat in der großen Sache verloren – das hält ihn aber nicht davon ab, es im Kleinen weiter zu versuchen.

KAPITEL 9

DIE STRATEGIE
DER KLEINEN STEINE

So viele Menschen wollten nach Karlsruhe – jetzt wähnen sie sich in Bielefeld, also im amtlich anerkannten Nirgendwo. Tausende klagen noch gegen den Rundfunkbeitrag und können eigentlich nichts mehr gewinnen. Trotzdem laufen diese Klagen ja immer noch weiter, noch immer wird millionenfach vollstreckt. Wir wissen, dass Karlsruhe einen Schlussstrich zieht, und ich habe geschrieben, dass die Klagewelle beendet werden soll: Die Gerichte fordern die Bürger sinngemäß auf, doch bitte endlich eine weiße Fahne zu schwenken. Thorsten Bölck bleibt dem Thema Rundfunkbeitrag aber treu. Er prozessiert weiter, er erhebt auch neue Klagen. Trotzdem ändert sich vieles, wie ich von ihm erfahre: »Der Rundfunkbeitrag ist nur noch der Aufhänger, inhaltlich spielt er keine Rolle mehr. Es wird um verwaltungsrechtliche Fragen gestritten – ob etwa eine Kontopfändung rechtmäßig war.« Das klingt mühsam. Bölck führt Prozess um Prozess, in allen Verwaltungsgerichten Deutschlands, und er verliert oft.

Ihm gelingen aber auch Punktsiege: »Mahngebühren des Rundfunks sind nicht vollstreckbar.«[1] Diese Meldung ist ein Lichtblick aus dem hohen Norden; ein Sieg, den der Anwalt im August 2018 verbucht: »In Schleswig-Holstein müssen auch Mahngebühren mit einem Leistungsgebot festgesetzt werden – das hat der Beitragsservice bis dato nicht getan.« Leistungsgebot klingt merkwürdig, also frage ich nach. Der Anwalt übersetzt: »Der Beitragsservice forderte in seinen Schreiben nicht ausdrücklich zur Zahlung der Mahngebühren auf.« Wer sich eines dieser Schreiben ansieht, merkt recht schnell: Der Beitragsservice rechnete die Mahngebühren einfach beiläufig auf die Summe oben drauf. In Schleswig-Holstein will es das Gesetz aber, dass die Behörden auch Mahngebühren »festsetzen«. Es muss alles sehr förmlich ablaufen, es muss nach einem Bescheid aussehen; Juristen sprechen von einem Verwaltungsakt. Für uns Bürger ist wichtig: Einfach beiläufig oben drauf rechnen, das geht nicht, und das ist nur folgerichtig: Schließlich werden diese Mahngebühren später mit vollstreckt. Der Beitragsservice befolgt offenbar den Wortlaut eines Gesetzes nicht – das ist die Lücke, die Thorsten Bölck sucht. Er kann angreifen.

Einem Bürger aus Norderstedt wird das Konto gepfändet – es fließen aber nicht nur Rundfunkbeiträge ab, sondern auch 5 Euro Mahngebühren. Der Bürger klagt, Thorsten Bölck siegt vor Gericht, der NDR reicht keine Beschwerde ein. Später wird das Urteil des Schleswig-Holsteinischen Verwaltungsgerichts rechtsgültig: Das Mahnschreiben wird nicht als Verwaltungsakt gewertet, die Kontopfändung war rechtswidrig (4 A 194/18). Anschließend ändert der Beitragsservice die Textbausteine in seinen Schreiben. Sie sind nun rechtlich in Schleswig-Holstein nicht mehr angreifbar, die Lücke schließt sich wieder.

Millionen Menschen geben auf. Sie glauben, dass wir sowieso keine Chance haben. Sie denken, dass wir das große Abernten durch die ARD stumm ertragen müssen. Auf den ersten Blick scheint das so. Wenn wir uns wehren – wenn wir einen rechtlichen Widerspruch einlegen –, dann wird die große Maschine dadurch nicht gestoppt. Die Vollstreckung läuft an, die Vollstrecker machen trotzdem weiter. Unser Widerspruch hat keine »aufschiebende Wirkung«, wie es im Recht eigentlich üblich ist. Das große Abernten bleibt sozusagen *widerspruchsfrei*. Warum kann dann Thorsten Bölck aber seinen Punktsieg erzielen? Warum kann er den Beitragsservice ausbremsen? Warum können 5 Euro Mahngebühren zum Stolperstein für die Vollstrecker werden? Die Stadt Norderstedt hat diese Kontopfändung für den Beitragsservice durchgeführt – sie darf hinterher einiges erklären.

Ich möchte mehr wissen, denn ich erkenne: Wo ein Wille ist, da ist immer ein Weg. Es gibt Möglichkeiten. Der Beitragsservice lässt in 16 Bundesländern vollstrecken – und dort gibt es zum Teil sehr

unterschiedliche Regelungen. Es bestehen also Chancen, dass die große Erntemaschine aus Köln Fehler macht, dass sie etwas hier und
etwas dort übersieht. Ein Urteil zu den Mahngebühren hilft genau
einem Bürger in Norderstedt, oder? Nein, es hätte vielen weiteren helfen können. Der Beitragsservice arbeitet auf Masse; wenn er Fehler
macht, dann wird es auch da ganz massiv: Die Fehler multiplizieren
sich durch Zehntausende von Mahnschreiben, die sich in den Brief-
kästen finden. Wie viele Bürger konnten sich auf dieses Urteil auch
berufen? Wie viele Pfändungen in Schleswig-Holstein waren demnach rechtswidrig? Das wissen wir nicht, denn der Erfolg von Thorsten Bölck bleibt unter dem öffentlichen Radar. Schade, denke ich mir,
und dann wird mir schlagartig klar: Moment, du wirst doch gerade
selbst vollstreckt. Geht da noch was?

Mein Selbstversuch auf dem Prüfstand

Erinnern wir uns an meine Vollstreckung. Sie begann gleich mit einer Frage im Shakespeare-Format: Soll ich bis zu sechs Monate hinter
Gittern schmoren oder nicht? Der Gerichtsvollzieher drohte mit dem
Haftbefehl, der SWR wollte ihn am Ende doch nicht beantragen. Ach
ja, der Haftbefehl, den es nie gab. Leider konnte ich als Journalist nur
so überprüfen: Wie weit geht der SWR bei diesem Drohspiel? Eigentlich und offiziell schließt er eine Haft doch aus, oder? Ich habe nichts
gezahlt, ich habe mein Vermögen verschwiegen. Am Ende wartet auf
mich kein Gefängnis – auf mich wartet bloß der Eintrag im zentralen
Schuldnerverzeichnis. Auch das hat seine Folgen: Kredite, Kreditkarten, Dispo oder Ratenzahlungen, all das wird zum Tabu. Diese Datenbank warnt vor denen, die ihre Schulden nicht mehr bezahlen können
oder wollen. Vielen gilt das als Höchststrafe, eine Verbannung aus der
Heute-kaufen-morgen-draufzahlen-Gesellschaft. Mich schmerzt eher
etwas anderes: Ich habe nie einen Kredit aufgenommen – und lande jetzt im Schuldnerverzeichnis? Sollte ich dieses Experiment nicht
lieber jetzt beenden? Das Rechercheziel ist erreicht. Der SWR lässt

nicht verhaften. Jetzt muss ich bloß noch den Rundfunkbeitrag zahlen, dann endet dieser ganze Spuk.

Nein, es fühlt sich falsch an. Ich habe zwei Mal beim Gerichtsvollzieher gesessen. Ich habe ihm von meinen Gewissensbissen erzählt: Ich kann keinen Rundfunkbeitrag zahlen, bei dem ich hinter die Kulissen geschaut habe; bei dem ich weiß, was uns angetan wird – für dieses Geld und mit diesem Geld. Ich habe eine Stunde mit einem Mitarbeiter des Beitragsservice beim SWR telefoniert. Ich wollte ihn auf diesen Haftbefehl festnageln; ich wollte wissen, ob er seine berufliche Distanz für einen Moment vergisst, ob er es als Mensch sieht. Das waren also alles nur leere Worte? So kann es nicht enden.

Ich lege also meinen Widerspruch ein – gegen alle Vernunft, so kommt es mir vor. Ich befinde mich schließlich in einem Zwangsverfahren. Ich will die Eintragung ins Schuldnerverzeichnis verhindern. Ich kann den Rundfunkbeitrag aus Gewissensgründen nicht zahlen, also kann ich auch mein Vermögen nicht offenlegen, damit er am Ende gepfändet wird. Klingt das nicht logisch? Das Amtsgericht antwortet leider ganz unpathetisch: Es erkenne keine »vollstreckungsrechtlich relevanten Einwendungen« und lehnt den Widerspruch ab. Das Gericht sieht also keinen legitimen Grund. Es wird nicht eingreifen und meinen Ausflug ins Schuldnerverzeichnis verhindern. Wir haben ja bereits im ersten Buchteil mit Olaf Kretschmann gelernt: Zwang und Freiheit, das ist wohl das größte Spannungsfeld im Rechtsstaat. Leider löst es sich hier auch nicht auf. Es bleibt aussichtslos, sich in einem Zwangsverfahren auf die Gewissensfreiheit zu berufen. Es soll wohl auch deshalb aussichtslos sein, damit der Rundfunkbeitrag endlich gezahlt wird.

Außerdem: Wer einen Grund für die Gewissensnot anerkennt, muss sie alle anerkennen. Darin liegt ja gerade das Wesen der Gewissensfreiheit. Fassen wir zusammen: Die gesetzlichen Spielregeln räumen keinen Platz für Gewissensbisse ein, nicht in meiner Situation. Es gibt nichts, was ich auf diese Weise noch tun kann, auch das habe ich gelernt. Was ist aber, wenn wir es anders angehen, wenn wir zwei Dinge zusammenbringen? Ich habe ein auswegloses Verfahren am Hals und Thorsten Bölck ist ein Anwalt, der sich an ausweglosen Dingen versucht. Bringen wir dieses Experiment doch ganz zu Ende. Warum finde ich nicht persönlich für mich heraus: Können wir uns noch wehren? Kann der Anwalt wieder einen Punktsieg verbuchen? Wenigstens den einen, für unsere Würde. Gelingt ihm vielleicht sogar der ganz große Triumph? Was möglich ist, erfahren wir nur, wenn wir das Unmögliche wagen. Ich wage diesen Prozess, hoffentlich wird er nicht allzu kafkaesk.

Mensch gegen Maschine

Ich möchte lernen: Wie erzielt man einen Punktsieg gegen die große Erntemaschine ARD? Thorsten Bölck ist dafür ein guter Gesprächspartner. Wir sprechen also – zuerst über das Kostenrisiko beim Prozess. Es geht um 157 Euro Rundfunkbeiträge, aber das spielt hier keine Rolle. Solange der Streitwert unter 500 Euro bleibt, betragen die Gerichtskosten pauschal 105 Euro. Ich höre nun auch: »Ein Anwalt darf Sie nicht kostenlos vor Gericht vertreten.« Das erinnert dann doch an eine alte und unangenehme Lebensweisheit: *Fragen kostet nichts, sagte der Mensch – und der Anwalt lachte.* Verfahrensgebühr, Termingebühr, Reisekosten. Wir einigen uns auf ein Modell. Die Gegenseite kann das ganz gelassen sehen. Sie bezahlt aus dem Rundfunkbeitrag ohnehin eine ganze Rechtsabteilung. Langsam verstehe ich, weshalb es so viele aufmunternde Sinnsprüche zum Recht gibt. Die Juristerei schreckt ab, allein beim Blick auf die Kostenrechnung. Wir müssen uns das Abenteuer erst einmal schönreden. Ein Sieg ist nicht sicher, ich brauche jetzt Mut und Gelassenheit – also her mit Ciceros Worten: »Ich will lieber mit Weisen irren, als mit Unwissenden recht zu behalten.« Zum Glück werden wir nach dieser Odyssee gewinnen, der SWR wird zahlen. Bis dahin ist es aber noch ein weiter Weg.

Besonders die ersten Schritte sind nicht einfach, das lerne ich auf schmerzhafte Weise. Thorsten Bölck stellt eine Frage, die kurz mein Herz aus dem Takt bringt: »Ihr Widerspruch hat keine aufschiebende Wirkung. Haben Sie denn beim Amtsgericht den Erlass einer einstweiligen Anordnung beantragt?« Nein, habe ich nicht. Ich hätte also den klügsten Widerspruch der Welt zu Papier bringen können – mein Name landet so oder so im Schuldnerverzeichnis, weil die Vollstreckung einfach weiterläuft. Ich habe das Wichtigste vergessen, den Antrag auf eine Auszeit! Thorsten Bölck sind die Hände gebunden.

Ich muss den Fall anders angehen: Wir brauchen einen neuen Angriffspunkt, um die Maschine zu stoppen. Wir brauchen einen Rechtsstreit mit dem Südwestrundfunk. Es geht also ein Schreiben nach Stuttgart und darin erkläre ich dem SWR, dass seine Vollstreckung mangelhaft ist. Er hat gesetzliche Voraussetzungen nicht beachtet. Welche das sind, schauen wir uns später genau an. Wichtig ist jetzt aber, dass überhaupt ein Streit entsteht. Was tut man nicht alles für sein gutes Recht. Ich stelle also die Vollstreckung infrage und fordere den SWR auf, dass er sie unterlassen soll. Wenn er das wie erwartet ablehnt, darf ich endlich ein Gericht einschalten. Es soll in dieser Streitfrage entscheiden und es soll noch etwas tun. Schauen wir uns den kurzen Absatz aus dem Brief an den SWR an:

»Falls Sie mir die Rücknahme des Vollstreckungsersuchens nicht bis zu dem von mir genannten Termin bestätigen, werde ich am 21. Dezember 2018 beim Verwaltungsgericht Sigmaringen einen Antrag nach Paragraf 123 Absatz 1 Satz 2 der Verwaltungsgerichtsordnung (VwGO) stellen: Mit dem Erlass einer einstweiligen Regelungsanordnung ordnet das Gericht an, dass der SWR die Vollstreckung aus dem Vollstreckungsersuchen vom 3. September 2018 zu unterlassen hat.«

Wir wissen ja: Mit einem reinen Widerspruch ist es hier nicht mehr getan. Die Maschine läuft trotzdem weiter. Das Gericht soll in meine Vollstreckung eingreifen und sie unterbrechen, aber wird es das überhaupt tun? Es hat zumindest einen guten Grund dafür und den erkläre ich vorsorglich auch dem SWR:

»Ich stütze mein Begehren auf den öffentlich-rechtlichen Unterlassungsanspruch. Der öffentlich-rechtliche Unterlassungsanspruch ist spezialgesetzlich nicht geregelt. Er wurde von der Rechtsprechung entwickelt (vgl. Urteil des Bundesverwaltungsgerichtes vom 21. Mai 2018, 6 C 13/07, Juris Rz 13, ständige Rechtsprechung). Er leitet sich aus der grundrechtlich geschützten Position der Bürger ab. Diese ergibt sich aus dem allgemeinen Persönlichkeitsrecht (Artikel 2 Absatz 1 Grundgesetz in Verbindung mit Artikel 1 Absatz 1 Grundgesetz). Die Grundrechte schützen die Grundrechtsträger vor rechtswidrigen Beeinträchtigungen jedweder Art – also auch vor einer nicht gesetzmäßigen Vollstreckung im Rahmen eines Vollstreckungsersuchens, das den Gerichtsvollzieher zur Abnahme der Vermögensauskunft beauftragt.«

Wie erkläre ich bloß einen öffentlich-rechtlichen Unterlassungsanspruch? Am besten gar nicht. Er steht in keinem Paragrafen, aber es gibt ihn. Er hilft dabei, dass der Bürger beim Kampf mit den Behörden nicht bloß Untertan bleibt. Er ermöglicht mir den Eilrechtsschutz. Der Name ist Programm: Das Verwaltungsgericht wird eingreifen und die Vollstreckung unterbrechen – bis geklärt ist, ob der SWR hier als Behörde überhaupt das Gesetz befolgt. Die drohende Gefahr, das Damoklesschwert, darf so lange nicht über meinem Kopf schweben. Ohne diesen Eilrechtsschutz kann die Vollstreckung einfach weiterlaufen; ich würde im Schuldnerverzeichnis landen, mit all den bedauerlichen Konsequenzen – und ich würde schlimmstenfalls für Jahre am Pranger stehen. Besonders bitter wird es, wenn hinterher das Gericht entscheidet: Die Vollstreckung des Südwestrundfunks war gar nicht rechtens. Bereits an dieser Stelle türmen sich Fragen auf: Wieso bleibt uns hier der Eilrechtsschutz? Wann muss man ihn nach Paragraf 80 der Verwaltungsgerichtsordnung begründen, wann nach Paragraf 123 und was ist dabei der Unterschied? Das sind alles Fragen für Anwälte, die dann gerne sagen: *Das kommt auf den Einzelfall an.* Außerdem braucht es noch ein überzeugendes Argument, damit das Gericht in die Vollstreckung eingreift. Sie sehen: Unser Verwaltungsrecht ist so aufgebaut, dass Massenverfahren wie der Rundfunkbeitrag möglichst nicht gestört werden. Die Milliarden müssen fließen. Wenn Millionen Bürger ihre Vollstreckung einfach stoppen könnten, dann würde die große Erntemaschine ins Stottern geraten. ARD und ZDF droht der Stillstand. Sie wissen doch: Es soll einfach sein, nur nicht für uns. Das hier sollte aber funktionieren. Wie reagiert nun der Südwestrundfunk auf die Bitte, dass er meine Vollstreckung unterlassen soll?

Der SWR antwortet im Dezember 2018: Er wird den Gerichtsvollzieher nicht aufhalten. Er denkt auch nicht daran, in meine Vollstreckung einzugreifen. Der Beitragsservice darf also von Köln aus munter weitermachen. Überhaupt: Dieser ganze Brief bleibt eine Ansammlung von Textbausteinen aus dem Computer. Sie passen nicht zu dem, was ich will – und das ist gut. Der SWR hatte solch einen Fall wohl noch nicht; er weiß offenbar nicht, wie er ihn abschmettern soll. Endlich kommen wir ins Klagegeschäft, denke ich mir, dann bekomme ich Post von meiner Bank: Sie sperrt mir die Kreditkarte, weil mein Name jetzt im Schuldnerverzeichnis steht. Oh nein! Der Gerichtsvollzieher ist zur Tat geschritten; er hat mich eintragen lassen. Ich stehe am Pranger. Dagegen wollte ich mich doch wehren! Haben wir jetzt ein Problem? Ja. Thorsten Bölck erklärt mir, dass die Klage wieder in weite Ferne rückt. Das mit der Unterlassung hat sich im wahrsten Sinne des Wortes erledigt. Der Südwestrundfunk muss nichts mehr unterlassen, denn der Schaden durch seine Vollstreckung ist ja schon eingetreten. Warum ist es in diesem Land nur so schwierig, endlich zu einer Klage zu kommen?

Wir sprechen jetzt darüber, ob wir den Fall wieder umstellen. Der Anwalt erklärt mir, dass es neben dem Unterlassungsanspruch natürlich auch einen öffentlich-rechtlichen Folgenbeseitigungsanspruch gibt. Mir schwirrt der Kopf, ich sitze wieder am Schreibtisch. Zwei verschiedene Versionen des Schreibens an den SWR entstehen, ich überarbeite sie insgesamt fünf Mal. Ende Januar 2019 soll der Folgenbeseitigungsanspruch auf seine Reise nach Stuttgart gehen – da passiert endlich einmal etwas Gutes: Mir wird das Konto gepfändet.

Jackpot: Drei Eigentore bei einer Pfändung

Vorerst bleibt es beim Versuch, denn die Kontopfändung läuft ins Leere. Ich habe bereits geschrieben: Wir haben dann vier Wochen Zeit, wir können einen Pfändungsschutz bei der Bank beantragen. Es wird dann eine Art Mauer errichtet, diese Pfändung schwebt nur noch über dem Konto. Solange dort ein bestimmter Freibetrag von etwa 1200 Euro pro Monat nicht überschritten wird, kann sie nicht greifen.

Warum freue ich mich nun? Weil wir endlich im Klagegeschäft sind! Es gibt wieder etwas, wogegen ich mich wehren kann. Der Beitragsservice darf übrigens nicht aus heiterem Himmel pfänden. Er muss mir das vorher mitteilen. Dieses Schreiben heißt förmlich: Pfändungs- und Einziehungsverfügung. Ich finde es im Briefkasten, doch bereits der erste prüfende Blick macht mich so glücklich: In welcher kurzen Mittagspause mag denn nur dieses Zettelchen entstanden sein?

Es folgt eine kurze Recherche im Internet, nur um ganz sicherzugehen. Nein, das hier ist kein Unfall aus der Druckmaschine, kein Versehen, kein Narrenspaß aus Köln. Ich halte gerade eine echte und übliche Pfändungsverfügung des Beitragsservice in den Händen. Die sehen wirklich so aus. Ich finde ein weiteres Beispiel im Internetforum gez-boykott.de, es wurde ebenfalls im Namen des SWR verschickt, es gleicht meinem Exemplar bis auf die Zahlen. Da liegt nun also ein nacktes Zettelchen auf meinem Tisch und behauptet ganz frech: *Ich bin eine formal korrekte Pfändungsverfügung!*

Inhaltlich bietet das Zettelchen nur einen spärlichen Haupttext. Er besteht aus drei Sätzen – und die werfen mehr Fragen auf, als sie beantworten. Er bleibt kryptisch und rätselhaft, aber urteilen Sie selbst:

»Sehr geehrter Herr Mähler,

wir setzen Sie davon in Kenntnis, dass heute eine Pfändungs- und Einziehungsverfügung bei Ihrem Geldinstitut veranlasst wurde. Grund für die Pfändung ist die Forderung des Südwestrundfunks in Höhe von 265,27 Euro. Die Forderung setzt sich wie folgt zusammen: [...]«

Dem Schreiben fehlen gleich drei wesentliche Dinge. Erstens: Der Beitragsservice verrät nicht, welches Konto er pfänden wird, nicht einmal die Bank nennt er. Zweitens: Der Beitragsservice muss mir gebieten, dass ich mich der Verfügung dieser Forderung ab sofort enthalten soll. Einfach gesprochen heißt das, ich darf das Konto nicht leer räumen, damit die Pfändung nicht ins Leere läuft. Dieses Gebot verschweigt der Beitragsservice. Ich verstoße also beim Geldabheben oder Bezahlen mit der Karte gerade gegen ein Gesetz und weiß es gar nicht. Ich weiß ja nicht einmal, welches Konto überhaupt betroffen ist! Drittens: Der Beitragsservice muss mir mitteilen, dass diese Pfändungsverfügung auch an die Bank geschickt wird. Sie ist ab sofort der sogenannte Drittschuldner. Sie muss die geforderte Summe einbehalten und dem Gläubiger zuführen. Selbst dieser Hinweis fehlt – und ich müsste auch in diesem Fall weiterrätseln: Welche Bank denn bitteschön?

Zählen wir all diese Rätsel zusammen. So wie hier darf es einfach nicht laufen; das spüre ich sofort, dafür muss ich nicht erst das Gesetz studieren. Was bedeutet das nun? Jackpot! Dieses Zettelchen ist ein echter Glücksfall. Ursprünglich wollte ich diesen Prozess mit nur einem Argument wagen. Es steht auf allzu wackeligen Beinen und bereitet mir viele schlaflose Nächte. Jetzt öffnet sich hier gleich eine ganze Schatztruhe für Thorsten Bölck. Darin findet er genügend Munition, er kann nun gegen den Südwestrundfunk feuern. Doch erst einmal brauchen wir einen Rechtsstreit. Ich schreibe sofort Anfang Februar 2019 und fordere den SWR auf, diese Pfändung zurückzunehmen. Ich zähle die gesetzlichen Fehler auf, ich nenne die Paragrafen.

Es antwortet natürlich wieder der Beitragsservice aus Köln. Er ist nicht rechtsfähig und hat trotzdem eine eigene Rechtsabteilung. Das Schreiben kommt wieder aus der Maschine, es bleibt eine Aufzählung von Textbausteinen. Es besteht aus drei Seiten und keine einzige Zeile geht inhaltlich auf die vorgetragenen Rechtsverstöße ein. Sie werden mit keiner Silbe entkräftet. Aus juristischer Sicht bleibt es ein nichtssagendes und wertloses Massenschreiben. Ich bin bisher ganz ohne

Anwalt aufgetreten. Thorsten Bölck bleibt im Hintergrund, weil ich etwas testen möchte. Wie der SWR auf das Schreiben eines Anwalts reagiert, werden wir noch sehen. Wie der Beitragsservice aber auf die Schreiben eines Bürgers eingeht, das weiß ich nun.

Mir tun die vielen Menschen leid, die sich in solch einer Dauerschleife aufreiben, die sinngemäß doch nur immer wieder hören: *Entschuldigung, ich möchte Sie nicht verstehen.* Viele kapitulieren jetzt vor der Maschine. Wir werden aber weitergehen, wir werden gegen den Südwestrundfunk klagen, wir werden am Ende siegen. Ich frage mich trotzdem: Wie viele berechtigte Einwände sind bereits in der Dauerschleife des Beitragsservice gestorben?

Die guten Argumente liegen auf unserer Seite und wir können endlich Klage gegen den Südwestrundfunk beim Verwaltungsgericht Sigmaringen erheben (5 K 3161/19). Vielleicht interessiert es den einen oder anderen – so detailliert nimmt Thorsten Bölck die Pfändungsverfügung des Beitragsservice in seiner Klageschrift auseinander:

1. Sachverhalt
[...] Einen regelnden Inhalt hat dieses Schreiben nicht. Es ist keine Rechtsbehelfsbelehrung enthalten. An welchem Tag eine Zustellung bei »Ihrem Geldinstitut« erfolgte, wird nicht mitgeteilt. [...]

2. Rechtslage
Die »Pfändungs- und Einziehungsverfügung des Südwestrundfunks« ist rechtswidrig. [...]

2.2 Verstoß gegen § 15 (1) LVwVG in Verbindung mit § 309 (1) AO
[...] Nach § 309 (1) AO gilt: Soll eine Geldforderung gepfändet werden, so hat die Vollstreckungsbehörde dem Drittschuldner schriftlich zu verbieten, an den Vollstreckungsschuldner zu zahlen (Arrestatorium). Sie hat dem Vollstreckungsschuldner schriftlich zu gebieten, sich jeder Verfügung über die Forderung, insbesondere ihrer Einziehung, zu enthalten (Inhibitorium).

2.2.1 Keine Angabe eines Drittschuldners, kein Arrestatorium

Elementare Voraussetzung für eine Pfändungsverfügung ist, dass es einen Drittschuldner gibt, der namentlich in der Pfändungsverfügung genannt wird. Denn der Drittschuldner ist es, der dem Vollstreckungsschuldner eine Zahlung schuldet, auf die die Vollstreckungsbehörde im Vollstreckungswege Zugriff nehmen will.

Hier fehlt es an einem Drittschuldner, da kein solcher benannt ist. Falls der Drittschuldner ein Geldinstitut sein soll, muss dieses mit seiner Firma genannt sein. Das ist hier nicht der Fall. Es ist nicht ersichtlich, bei welchem Geldinstitut eine Forderung bestehen soll, deren Gläubiger der Kläger sein soll. Wenn noch nicht einmal ein Geldinstitut benannt ist, kann auch kein schriftliches Verbot an einen Drittschuldner ergangen sein, an den Kläger zu zahlen. [...] Es fehlt an einem Arrestatorium. Da kein Drittschuldner genannt ist und kein Arrestatorium ergangen ist, fehlt es auch an der inhaltlich hinreichenden Bestimmtheit im Sinne von § 37 (1) LVwVfG.

2.2.2 Keine Angabe einer gepfändeten Forderung, kein Inhibitorium

Entgegen der Pflicht nach § 15 (1) LVwVG in Verbindung mit § 309 (1) AO hat der Beklagte kein schriftliches Gebot an den Kläger ausgesprochen, sich jeder Verfügung über die Forderung zu enthalten. Der Beklagte hat dem Kläger noch nicht einmal mitgeteilt, welche Forderung bei welchem Schuldner des Klägers von der »Pfändungs- und Einziehungsverfügung des Südwestrundfunks« umfasst sein soll. Dieses muss der Beklagte aber tun, da nur dann ein Gebot, sich jeder Verfügung über der Forderung zu enthalten, überhaupt Sinn ergibt. Der Beklagte hat kein Inhibitorium ausgesprochen. Damit ist dem § 309 (1) AO ersichtlich nicht genüge getan.

Das war bloß ein Ausschnitt aus der Klageschrift. So geht es bei Gericht eben zu, so wird erklärt, dass eine Pfändungsverfügung des Beitragsservice nicht rechtens ist. Vielleicht haben Sie das Ganze übersprungen? Sie wollen wohl erst den Ausgang der Geschichte erfahren; sie wollen wissen, ob sich die Mühe lohnt? Ich kann Ihnen versichern:

Wir werden siegen, aber anders, als ich mir das am 1. Juni 2019 vorstelle.

Wir besprechen noch letzte Details zur Klageschrift. Sie wird in ein paar Tagen auf ihre Reise zum Verwaltungsgericht Sigmaringen gehen – und ich bin mir sicher: Was die Pfändung betrifft, da haben wir einen Punktsieg bereits in der Tasche. Ich male mir den Sieg im Gerichtssaal aus. Thorsten Bölck wird zwei unvereinbare Dinge auf den Tisch legen: einen Ausdruck des Paragrafen 309 der Abgabenordnung und das Zettelchen des Beitragsservice. Er wird dann zu den Anwälten des Südwestrundfunks sprechen: »Meine Herren, erklären Sie uns bitte, inwieweit Ihre Pfändungsverfügung den gesetzlichen Anforderungen dieses Paragrafen genügt!« Was die wohl antworten werden? Der Gegenseite hilft hier auch keine Rabulistik mehr: *Aus dem Gesamteindruck ergibt sich doch ... aber der Bürger müsse doch wissen ... aber der Bürger könne doch erahnen ... aber der Bürger solle doch bitte erdulden, dass der Beitragsservice bloß eines muss – abkassieren.* Nein, diese Pfändungsverfügung genügt den gesetzlichen Anforderungen nicht. Punkt. Das bekommen wir wohl vom Gericht bescheinigt. Ich freue mich bereits auf diese verbale Schlacht.

Der SWR gibt vor Gericht auf

»Sie haben gewonnen!«, posaunt Thorsten Bölck durchs Telefon. Ich kann es noch gar nicht glauben. Wann haben wir denn bitteschön gesiegt? Das Gericht hat noch nicht einmal über den Termin der Verhandlung entschieden. Der Anwalt bittet mich, in mein Postfach zu schauen, dort wartet eine E-Mail.

Im Anhang befindet sich ein Schreiben des Südwestrundfunks: Er hebt die Pfändungsverfügung gegen mich auf, übernimmt die Kosten des Verfahrens und erklärt den Rechtsstreit damit für erledigt. Eine Begründung suche ich in diesem Vierzeiler vergebens. Also telefoniere ich abermals mit Thorsten Bölck. Er erklärt: »Sie haben gewonnen, weil meine rechtliche Argumentation überzeugt hat und der SWR seine Pfändung als rechtswidrig erkannt hat. Was Besseres kann Ihnen nicht passieren. Das macht eine Behörde eigentlich nur, wenn sie sieht: Ich habe keine Chance, ich werde vor Gericht verlieren.« Der Südwestrundfunk streicht also die Segel, er geht einer gerichtlichen Entscheidung aus dem Weg.

Warum fühlt sich dieser stille Sieg dann nicht wie ein Sieg an? Es gibt kein Urteil, auf das sich die anderen Menschen berufen können. Der Beitragsservice muss nichts ändern, er kann wohl weiter solche Pfändungsverfügungen schreiben – alles bleibt ruhig an der Beitragsfront. Ich möchte weiterklagen, doch das möchte Thorsten Bölck nicht: »Sie haben gewonnen, wenn auch auf andere Weise. Das rechtliche Ziel bei der Anfechtungsklage war die Aufhebung des Verwaltungsaktes. Das ist eingetreten.« Der Verwaltungsakt, das ist die Pfändung, aber das war doch nur ein Ziel in der Klage. Es gab noch ein weiteres: Wir wollten auch die Festsetzungsbescheide des Beitragsservice angreifen. Das klingt nach Haarspalterei, aber diese Bescheide sind die Basis der ganzen Vollstreckung. Siegen wir vor Gericht, dann hat der Beitragsservice Millionen von Verwaltungsakten erlassen, die nichtig sind. Der Vollstreckungsmaschine wird das Benzin entzogen. Das war mein Ziel, das hätte so vielen Menschen etwas gebracht, wenigstens für einen Moment.

Ich habe bereits Schlagzeilen getextet, die ARD wäre bis auf die Knochen blamiert. Wer weiß, welche Kreise hier ein Sieg ziehen könnte? Alles scheint möglich! Thorsten Bölck muss mich am Telefon ausbremsen, aus mehreren Gründen:

- Unser Argument gegen den Festsetzungsbescheid hat sich gerade in Luft aufgelöst. Bölck hat beim Verwaltungsgericht Frankfurt in genau dieser Frage verloren.
- Der SWR könnte bei einem Sieg den Beschluss des Gerichts anfechten. »Er wird sich an eine höhere Instanz wenden, die ihn aufhebt. Das ist auch vorher so gelaufen. Der Betroffene kann sich natürlich zurücklehnen, er kann nicht mehr so einfach vollstreckt werden.«

Wenn wir jetzt vor Gericht weiterstreiten, dann können wir nichts mehr gewinnen. Aber haben wir nicht schon einen kleinen Sieg errungen? Ist er überhaupt so klein? Der Beitragsservice verschickt bundesweit Pfändungsverfügungen in einer Form, die der SWR nicht einmal vor Gericht verteidigen will. Er gibt lieber klein bei. Ich habe gesiegt. Nicht so, wie ich das wollte, aber vielleicht ist es der bessere Sieg. Mehr geht im Moment nicht. Der Gegner riskiert nicht einmal einen technischen K.o., er verlässt lieber den Ring.

Dass sich später wieder die Tür zu einem neuen Kampf öffnen wird, das weiß ich da noch nicht – doch was bedeutet denn nun dieser Sieg für mich, für Sie, für alle? Wir haben hier gewonnen und doch kein Urteil. Das ist von öffentlichem Belang: Sollen die Pfändungsverfügungen etwa in dieser Form einfach weiter verschickt werden; so, als ob nichts geschehen ist? Nein, wir müssen die Öffentlichkeit suchen, wir müssen das Problem mit den Pfändungen benennen. Es braucht öffentlichen Druck, um eine Veränderung zu erzwingen.

Wie stellen wir das an? Ich frage Thorsten Bölck, was mein Prozess den anderen mit auf den Weg geben könnte. Er antwortet: »Schreiben Sie doch, dass diese Prozess-Strategie zum Erfolg führte – und zwar so schnell, dass es gar keines Urteils bedurfte. Der SWR hat selbst die Rechtswidrigkeit der Pfändung eingesehen, und er hat sie aufgehoben.«

Vielleicht habe ich keinen Musterprozess gewonnen, aber trotzdem kann ich den anderen Menschen etwas geben. Das findet auch der Anwalt: »Die Handlungsanleitung ist die Klagebegründung. Schreib eine Klagebegründung mit diesem Inhalt und du wirst obsiegen.«

Das könnte der Weg sein. Wir geben den Menschen ein Beispiel: *Argumentiert so gegen die Pfändungsverfügung, und die ARD wird einen Rückzieher machen.* Ein Prozess stößt den nächsten an; so lange, bis der Beitragsservice seine Pfändungsverfügungen überarbeitet.

Ich finde, dieser Anwalt ist einmalig. Wer versucht sich denn im Moment sonst noch an einer Handreichung, wie die große Vollstreckungsmaschine ARD vor Gericht ausgebremst werden kann? Vielleicht mag das als juristisches Geplänkel kritisiert werden. Braucht es aber nicht auch einen Robin Hood im Paragrafendschungel, einfach nur als Symbol? Wenigstens im Kleinen. Ausgleichende Gerechtigkeit gibt es nicht im Großen, das weiß ich. Ein Anwalt kann für über vierzig Millionen Menschen etwas erreichen – mit einer einzigen Entscheidung vor Gericht.

Aber wir bekommen eben keine Schlacht vor Gericht: Im September 2019 möchte ich mich damit abfinden. Ich möchte alles zu den Akten legen. Trotzdem lässt einen der Beitragsservice nicht einfach so los. Ich denke an ihn und dabei kommt mir immer wieder ein Wort in den Sinn. Ich kann dieses Wort einfach nicht vergessen, weil es so kafkaesk klingt. Nein, nicht *Datenkrake* oder *Big Brother*. Diese Worte bleiben schemenhaft. Sie regen unsere Fantasie an, aber es hat oft mit der Realität nichts zu tun. Das Wort, an das ich denke, erzeugt sofort ein beängstigend klares Bild – *Sonntagsbescheid*:

Der Bescheid aus der Maschine, die es mit sich selbst ausmacht. Sie verwaltet uns, sie entscheidet über unser Leben. Kein Mensch ist da, der die Plausibilität ihrer Entscheidungen überprüft, weil wir die Effizienz dieser Maschine stören könnten. Sie trifft schließlich Millionen von Entscheidungen in Sekunden. Sie handelt autonom nach Algorithmen und mit vorher festgelegten Parametern. Sie ist die Zukunft.

Vielleicht ist der Beitragsservice ein bitterer Vorgeschmack auf diese Zukunft. Natürlich verwaltet er bloß einen winzigen Teil unseres Lebens, aber trotzdem trifft es Millionen: Menschen werden in Zahlungsverzug gesetzt, eine Vollstreckung wird angedroht oder sogar eingeleitet. Es passiert auch an einem Sonntag. Das ist bereits vielen aufgefallen, die auf das Datum dieser Bescheide aus Köln achten. Am Wochenende sitzt garantiert niemand am Schreibtisch, aber trotzdem ergeht ein Druckbefehl beim Beitragsservice. Bescheide werden in die Welt gesetzt und kein Mensch ist da, um sie zu autorisieren oder zu hinterfragen. Eine Maschine verwaltet, sie trifft Entscheidungen, automatisiert und ohne menschliches Zutun – auch an einem Sonntag. Ich hätte nur zu gerne etwas dagegen vor Gericht erreicht. Es soll aber wohl nicht sein. Wir müssen eben mit den *Sonntagsbescheiden* aus Köln leben.

Vielleicht aber doch nicht: Ende Januar 2020 erhalte ich einen weiteren Anruf von Thorsten Bölck. Er gibt mir einen Tipp. Im Juni sollen neue gesetzliche Bestimmungen zum Rundfunkbeitrag in Kraft treten. Sie werden gerade in den Landesparlamenten diskutiert. Ich schaue mir den Gesetzentwurf für Baden-Württemberg an:

»Darüber hinaus soll eine Rechtsgrundlage für den Erlass [vollständig] automatisierter Beitragsbescheide durch den Beitragsservice geschaffen werden.«[2]

Im Gesetzentwurf für Schleswig-Holstein findet sich dazu eine brisante Ergänzung: »Diese Praxis besteht bereits jetzt.«[3]

Darf der Beitragsservice etwas schon längst »praktizieren«, was erst jetzt explizit erlaubt werden soll? Dieses Gesetz ist noch nicht in die Welt gesetzt, kein Parlament hat es abgesegnet. Werden hier nicht die demokratischen Abläufe auf den Kopf gestellt? Ich spreche darüber mit Thorsten Bölck und der Anwalt hat noch bessere Neuigkeiten. Einer seiner Mandanten wollte von der Staatskanzlei Schleswig-Holstein wissen, »wann und von welcher Institution die Landesregierung davon Kenntnis erlangt hat, dass bereits jetzt rundfunkbeitragsrechtliche Bescheide von der zuständigen Landesrundfunkanstalt vollständig automatisiert erlassen werden«? Die schriftliche Stellungnahme vom 16. Januar 2020 lässt tief blicken:

> »Im Rahmen der Verhandlungen zum 23. Rundfunkänderungsstaatsvertrag im Jahr 2018 wurden die Länder bei einer gemeinsamen Sitzung mit dem Justiziar des Südwestrundfunks (SWR), Herrn Dr. Eicher [...], über das bei den Anstalten übliche Verfahren des Erlassens automatisierter Bescheide informiert und darum gebeten, dies nach allgemeinem Verwaltungsrecht zulässige Verfahren im Rundfunkstaatsvertrag transparent zu normieren.«

Für die ARD kommt erst die »Praxis«, dann kommt das Gesetz. Dazwischen gibt es Verhandlungen mit der Politik. Bürger erfahren von diesem Lobbyismus immerhin noch auf Nachfrage. Ist das unsere Chance auf einen Sieg vor Gericht? Wagen wir das juristische Abenteuer mit ungewissem Ausgang. Am 29. Januar geht mein Widerspruch an den Südwestrundfunk in Stuttgart. Den entscheidenden Absatz möchte ich hier zitieren:

»Der 23. Rundfunkänderungsstaatsvertrag wird voraussichtlich Ende Mai 2020 von allen 16 Landtagen verabschiedet werden, damit er zum 1. Juni in Kraft treten kann. Dem vollständig automatisiert erlassenen Festsetzungsbescheid vom 3. Januar 2020 fehlt es damit an der Ermächtigungsgrundlage des Landesgesetzgebers. Dieser Verwaltungsakt verstößt mangels gesetzlicher Grundlage gegen die Bindung der vollziehenden Gewalt an Gesetz und Recht nach Art. 20 (3) GG und ist rechtswidrig.«

Letztendlich können wir also doch noch vor Gericht um die Bescheide des Beitragsservice streiten. Wieder geht es um einen Paragrafen, der sich gegen die Menschen richtet – eigentlich. Zum dumm, dass er noch gar nicht in Kraft getreten ist. Vielleicht helfen hier kein juristischer Winkelzug und keine Wortakrobatik mehr, vielleicht können wir zeigen: Der Kaiser ist in diesem Fall nackt.

ANMERKUNGEN

Einleitung

[1] »Nebenwirkung«, *FAZ.net*, 19.02.2020, abrufbar unter: https://www.faz.net/aktuell/feuilleton/ard-chef-tom-buhrow-fuerchtet-um-neuen-rundfunkbeitrag-16640515.html.

[2] »Öffentlich-Rechtliche wollen drei Milliarden Euro zusätzlich«, *Welt Online*, 27.06.2019, abrufbar unter: https://www.welt.de/kultur/medien/article195986047/Rundfunkbeitraege-Oeffentlich-Rechtliche-wollen-drei-Milliarden-Euro-zusaetzlich.html.

[3] »Einnahmen von ARD und ZDF steigen erstmals seit fünf Jahren wieder«, *Berliner Tagesspiegel*, 02.07.2019, abrufbar unter: https://www.tagesspiegel.de/gesellschaft/medien/acht-milliarden-euro-gebuehren-einnahmen-von-ard-und-zdf-steigen-erstmals-seit-fuenf-jahren-wieder/24516028.html.

[4] »Rundfunkbeitrag bringt 1,5 Milliarden Euro Überschuss«, *Der Tagesspiegel*, 05.03.2015, abrufbar unter: http://www.tagesspiegel.de/medien/jetzt-ist-es-amtlich-rundfunkbeitrag-bringt-1-5-milliarden-euro-ueberschuss/11463600.html.

[5] »Deutschland leistet sich den mit Abstand teuersten öffentlich-rechtlichen Rundfunk in Europa«, Verband privater Medien, 19.09.2017, abrufbar unter: https://www.vau.net/finanzierung/content/deutschland-leistet-abstand-teuersten-oeffentlich-rechtlichen-rundfunk-europa.

[6] »In Pensionskassen von ARD und ZDF klafft Milliardenlücke«, *Berliner Morgenpost*, 11.02.2016, abrufbar unter: https://www.morgenpost.de/kultur/tv/article207031625/In-Pensionskassen-von-ARD-und-ZDF-klafft-Milliarden luecke.html.

[7] »NRW-Ministerpräsident Laschet über öffentlich-rechtlichen Rundfunk: ›Egal ob einer schaut, der Sender sendet‹«, *Der Spiegel*, 10.01.2020, abrufbar unter: https://www.spiegel.de/politik/deutschland/armin-laschet-ueber-wdr-und-umweltsau-egal-ob-einer-schaut-der-sender-sendet-a-00000000-0002-0001-0000-000168892043.

[8] »Der Beweis: Überwältigende Mehrheit lehnt die GEZ-Zwangsabgabe ab«, *Focus Online*, abrufbar unter: https://www.focus.de/kultur/videos/insa-meinungs

trend-verraet-der-beweis-ueberwaeltigende-mehrheit-lehnt-die-gez-zwangsabgabe-ab_id_5640260.html.

9   »ARD-Vorsitzender spricht von einem ›sehr guten Urteil‹«, *WELT*, 18.07.2018, abrufbar unter: https://www.welt.de/wirtschaft/article179561258/Rundfunkbeitrag-ARD-und-ZDF-mit-Urteil-zufrieden-Klaeger-Sixt-nicht.html.

10 »Demokratie in den Medien: Von Staatsrundfunk und Zwangsgebühr«, *FAZ. net*, 26.08.2017, abrufbar unter: https://www.faz.net/aktuell/feuilleton/rundfunkbeitrag-alle-fuer-alles-ist-dumm-15168540.html.

11 »Zu viel GEZahlt«, *Spiegel Online*, 07.05.2010, abrufbar unter: https://www.spiegel.de/kultur/tv/debatte-ueber-rundfunkgebuehren-reform-zu-viel-gezahlt-a-693570.html.

12 »4,87 Millionen Konten im Mahnverfahren«, *Der Tagesspiegel*, 23.03.2017, abrufbar unter: https://www.tagesspiegel.de/gesellschaft/medien/mehr-saeumige-zahler-beim-rundfunkbeitrag-4-87-millionen-konten-im-mahnverfahren/19563238.html.

13 »Jahresbericht 2013«, ARD ZDF Deutschlandradio Beitragsservice, S. 20.

14 »Jahresbericht 2016«, ARD ZDF Deutschlandradio Beitragsservice, abrufbar unter: https://www.rundfunkbeitrag.de/e175/e5042/Jahresbericht_2016.pdf, S. 25.

15 »Jahresbericht 2017«, ARD ZDF Deutschlandradio Beitragsservice, abrufbar unter: https://www.rundfunkbeitrag.de/e175/e5774/Jahresbericht_2017.pdf, S. 21, »Jahresbericht 2018«, ARD ZDF Deutschlandradio Beitragsservice, abrufbar unter: https://www.rundfunkbeitrag.de/e175/e6100/Jahresbericht_2018.pdf, S. 21, »Jahresbericht 2013«, ARD ZDF Deutschlandradio Beitragsservice, S. 20.

16 »Gebühren-Rebellin nach 61 Tagen aus Haft entlassen«, *Welt Online*, 05.04.2016, abrufbar unter: https://www.welt.de/politik/deutschland/article154015177/Gebuehren-Rebellin-nach-61-Tagen-aus-Haft-entlassen.html.

17 »Für den Rundfunkbeitrag muss keiner mehr ins Gefängnis«, *Berliner Tagesspiegel*, 13.09.2016, abrufbar unter: https://www.tagesspiegel.de/gesellschaft/medien/oeffentlich-rechtliche-sender-fuer-den-rundfunkbeitrag-muss-keiner-mehr-ins-gefaengnis/14539400.html.

18 »Video-Mitschnitt«, *ARD Online*, 28.06.2016, abrufbar unter: http://www.ard.de/home/die-ard/presse-kontakt/pressearchiv/Video_Mitschnitt_der_ARD_Pressekonferenz/3293646/index.html.

Kapitel 1: Haft und Rundfunkbeitrag: Wir sind der Einzelfall

1   »Die erzwungenen Einnahmen werden dann rausgeschmissen«, *Welt Online*, 04.04.2016, abrufbar unter: https://www.welt.de/politik/deutschland/article153966392/Die-erzwungenen-Einnahmen-werden-dann-rausgeschmissen.html.

2   »Sie hat den Kanal voll«, *Welt Online*, 03.04.2016, abrufbar unter: https://www.welt.de/print/wams/politik/article153931688/Sie-hat-den-Kanal-voll.html.

3   »GEZ nicht gezahlt – Frau muss in Gefängnis«, *Märkische Allgemeine*, 04.04.2016, abrufbar unter: https://www.maz-online.de/Nachrichten/Kultur/GEZ-nicht-gezahlt-Frau-muss-in-Gefaengnis.

4   »Die erzwungenen Einnahmen werden dann rausgeschmissen«, *Welt Online*, 04.04.2016, abrufbar unter:
    https://www.welt.de/politik/deutschland/article153966392/Die-erzwungenen-Einnahmen-werden-dann-rausgeschmissen.html.

5   »Gebühren-Rebellin« nach 61 Tagen aus Haft entlassen«, *Welt Online*, 06.04.2016, abrufbar unter:
    https://www.welt.de/print/die_welt/politik/article154041282/Gebuehren-Rebellin-nach-61-Tagen-aus-Haft-entlassen.html.

6   »Der MDR zum Fall Baumert«, *Zapp – das Medienmagazin*, abrufbar unter:
    http://www.ndr.de/fernsehen/sendungen/zapp/Der-MDR-zum-Fall-Baumert,stellungnahme132.html.

7   »Gebühren-Rebellin« nach 61 Tagen aus Haft entlassen«, *Welt Online*, 06.04.2016, abrufbar unter:
    https://www.welt.de/print/die_welt/politik/article154041282/Gebuehren-Rebellin-nach-61-Tagen-aus-Haft-entlassen.html.

8   »Sieglinde Baumert ist wieder frei«, *RP Online*, 05.04.2016, abrufbar unter:
    http://www.rp-online.de/panorama/deutschland/gez-rebellin-sieglinde-baumert-wieder-aus-gefaengnis-entlassen-aid-1.5881029.

9   »Frau im Gefängnis«, *Welt Online*, 04.04.2016, abrufbar unter:
    https://www.welt.de/regionales/sachsen/article153986994/Frau-im-Gefaengnis.html.

10 »Der MDR zum Fall Baumert«, *Zapp – das Medienmagazin*, abrufbar unter:
    http://www.ndr.de/fernsehen/sendungen/zapp/Der-MDR-zum-Fall-Baumert,stellungnahme132.html.

11 »Video-Mitschnitt«, *ARD Online*, 20.04.2016, abrufbar unter:
    http://www.ard.de/home/die-ard/presse-kontakt/pressearchiv/Video_Mitschnitt_der_ARD_Pressekonferenz/3124720/index.html.

12 »Es ist ein Zwangssystem«, rundfunk-frei, abrufbar unter: https://rundfunk-frei.de/rundfunk-frei_grund_aktiv_zu_werden_zwangs-system.html.

13 »Video-Mitschnitt«, *ARD Online*, 20.04.2016, abrufbar unter: http://www.ard.de/home/die-ard/presse-kontakt/pressearchiv/Video_Mitschnitt_der_ARD_Pressekonferenz/3124720/index.html.

14 »Meilenweit weg«, *Süddeutsche Zeitung*, 28.06.2016, abrufbar unter:
    http://www.sueddeutsche.de/medien/fussball-meilenweit-weg-1.3054955.

15 »Video-Mitschnitt«, *ARD Online*, 28.06.2016, abrufbar unter: http://www.ard.de/home/die-ard/presse-kontakt/pressearchiv/Video_Mitschnitt_der_ARD_Pressekonferenz/3293646/index.html.

16 »Nicht gezahlt – Haftbefehl«, *taz Online*, 18.10.2016, abrufbar unter: https://taz.de/Oeffentlich-rechtliche-Rundfunkgebuehren/!5346000/.

17 »Die Frau, die keine Rundfunkgebühren zahlen wollte«, *Welt Online*, 25.10.2016, abrufbar unter: https://www.welt.de/vermischtes/article159044427/Die-Frau-die-keine-Rundfunkgebuehren-zahlen-wollte.html.

18 »Bei ihm gerät der Rundfunkbeitrag an seine Grenzen«, *Welt Online*, 03.03.2017, abrufbar unter: https://www.welt.de/print/welt_kompakt/debatte/article162542742/Bei-ihm-geraet-der-Rundfunkbeitrag-an-seine-Grenzen.html.

19 »Jahresbericht 2015«, ARD ZDF Deutschlandradio Beitragsservice, abrufbar unter: https://www.rundfunkbeitrag.de/e175/e4730/Jahresbericht_2015.pdf, S. 25.

20 »In deutschen Gefängnissen herrscht akute Platznot«, *Welt Online*, 25.04.2018, abrufbar unter: https://www.welt.de/politik/deutschland/article175791841/Justiz-In-deutschen-Gefaengnissen-herrscht-akute-Platznot.html.

21 Mit der Heinrich Dück dem Gerichtsvollzieher sein gesamtes Vermögen offenlegen würde.

22 »Dann muss ich halt wieder ins Gefängnis«, *Planet Interview*, 03.03.2017, abrufbar unter: http://www.planet-interview.de/interviews/heinrich-dueck/49582/.

23 »Vor dem Siegburger Knast zittern die schwersten Jungs«, *SPIEGEL Online*, 17.11.2006, abrufbar unter: http://www.spiegel.de/panorama/justiz/foltermord-hinter-gittern-vor-dem-siegburger-knast-zittern-die-schwersten-jungs-a-449208.html.

24 »Keiner wollte das Weichei sein«, *stern Online*, 01.08.2007, abrufbar unter: https://www.stern.de/panorama/stern-crime/foltermord-in-der-jva-siegburg--keiner-wollte-das-weichei-sein--3267772.html.

25 »50 Jahre EXPRESS ›Klingelpütz war löchrig wie ein Schweizer Käse‹«, *EXPRESS Online*, 10.01.2014, abrufbar unter: https://www.express.de/news/50-jahre-express--klingelpuetz-war-loechrig-wie-ein-schweizer-kaese--2711132.

26 »›Ich wurde mehrfach bedroht‹ – JVA-Beamter: Die Wahrheit über den Kölner Klingepütz«, *EXPRESS Online*, 05.06.2017, abrufbar unter: https://www.express.de/koeln/-ich-wurde-mehrfach-bedroht--jva-beamter--die-wahrheit-ueber-den-koelner-klingelpuetz-27031928.

27 »Dann muss ich halt wieder ins Gefängnis«, *Planet Interview*, 03.03.2017, abrufbar unter: http://www.planet-interview.de/interviews/heinrich-dueck/49582/.

28 Der Brief ist online abrufbar unter: https://rundfunk-frei.de/assets/images/henning-dornauf-reaktion-wdr-1-1078x1527.jpg.

29 »Dann muss ich halt wieder ins Gefängnis«, *Planet Interview*, 03.03.2017, abrufbar unter: http://www.planet-interview.de/interviews/heinrich-dueck/49582/.

30 »Bei ihm gerät der Rundfunkbeitrag an seine Grenzen«, *Welt Online*, 03.03.2017, abrufbar unter: https://www.welt.de/print/welt_kompakt/debatte/article162542742/Bei-ihm-geraet-der-Rundfunkbeitrag-an-seine-Grenzen.html.

31 »Dann muss ich halt wieder ins Gefängnis«, *Planet Interview*, 03.03.2017, abrufbar unter: http://www.planet-interview.de/interviews/heinrich-dueck/49582/.

32 »Bei ihm gerät der Rundfunkbeitrag an seine Grenzen«, *Welt Online*, 03.03.2017, abrufbar unter: https://www.welt.de/print/welt_kompakt/debatte/article162542742/Bei-ihm-geraet-der-Rundfunkbeitrag-an-seine-Grenzen.html.

33 »Dann muss ich halt wieder ins Gefängnis«, *Planet Interview*, 03.03.2017, abrufbar unter: http://www.planet-interview.de/interviews/heinrich-dueck/49582/.

34 »Sachsen«, Transparenzranking Deutschland, abrufbar unter: https://transparenzranking.de/laender/sachsen/.

35 »Was Behörden uns nicht verheimlichen dürfen«, mdr 360G Medien, abrufbar unter: https://www.mdr.de/medien360g/medienpolitik/informationsfreiheit-102.html.

36 »Beschluss der 2. Kammer des Ersten Senats vom 15. Dezember 2003«, Bundesverfassungsgericht, 15.12.2003, abrufbar unter: https://www.bundesverfassungsgericht.de/SharedDocs/Entscheidungen/DE/2003/12/rk20031215_1bvr237803.html, Randnummer 6.

37 Antwort der Landesregierung von Nordrhein-Westfalen auf die Kleine Anfrage 5016 vom 1. August 2016, Drucksache 16/12793, abrufbar unter: https://www.landtag.nrw.de/Dokumentenservice/portal/WWW/dokumentenarchiv/Dokument/MMD16-12793.pdf, S. 4.

Kapitel 2: Vollstreckung: Mein Selbstversuch mit dem Haftbefehl

1 »Befreiung oder Ermäßigung beantragen«, Rundfunkbeitrag.de, abrufbar unter: https://www.rundfunkbeitrag.de/buergerinnen_und_buerger/formulare/befreiung_oder_ermaessigung_beantragen/.

2 »Befreiung vom Rundfunkbeitrag rückwirkend möglich«, Verbraucherzentrale Brandenburg, 20.12.2016, abrufbar unter: https://www.verbraucherzentrale-brandenburg.de/pressemeldungen/presse-bb/befreiung-vom-rundfunkbeitrag-rueckwirkend-moeglich-9692.

3 »Dein Zahlungsstop zählt«, rundfunk-frei, abrufbar unter: https://rundfunk-frei.de/rundfunk-frei_zahlungsstopp.html.

4   »Urteil v. 25.01.2017 – M 6 K 16.4076«, Verwaltungsgericht München, 25.01.2017, abrufbar unter: https://www.gesetze-bayern.de/Content/Document/Y-300-Z-BECKRS-B-2017-N-106364.
»Jahresbericht 2018«, ARD ZDF Deutschlandradio Beitragsservice, abrufbar unter: https://www.rundfunkbeitrag.de/e175/e6100/Jahresbericht_2018.pdf, S. 8.

5   »Jahresbericht 2018«, ARD ZDF Deutschlandradio Beitragsservice, abrufbar unter: https://www.rundfunkbeitrag.de/e175/e6100/Jahresbericht_2018.pdf, S. 8.

6   VG Augsburg, Gerichtsbescheid vom 25.08.2016 – Au 7 K 15.246, Randziffer 23, abrufbar unter: https://www.gesetze-bayern.de/Content/Document/Y-300-Z-BECKRS-B-2016-N-52722?hl=true.

7   »Das passiert, wenn du den Rundfunkbeitrag verweigerst«, *Welt Online*, 20.10.2016, abrufbar unter: https://www.welt.de/kmpkt/article158897963/Das-passiert-wenn-du-den-Rundfunkbeitrag-verweigerst.html.

8   »Vollstreckung von Rundfunkbeiträgen«, *Haufe Online*, 04.12.2015, abrufbar unter: https://www.haufe.de/recht/weitere-rechtsgebiete/prozessrecht/vollstreckung-von-rundfunkbeitraegen-durch-den-beitragsservicegez_206_329496.html.

9   Landtag Nordrhein-Westfalen, Drucksache 16/12793, 31.08.2016, abrufbar unter: https://www.landtag.nrw.de/Dokumentenservice/portal/WWW/dokumenten archiv/Dokument/MMD16-12793.pdf, S. 3; sowie: »NDR soll Rundfunkbeitrag selbst eintreiben«, shz.de, 29.10.2016, abrufbar unter: https://www.shz.de/regionales/schleswig-holstein/ndr-soll-rundfunkbeitrag-selbst-eintreiben-id15211516.html.

10 Bundesgerichtshof, Beschluss vom 21.10.2015 – I ZB 6/15, Randziffer 21, abrufbar unter: https://openjur.de/u/864953.html.

11 Wer bei Ihnen den Rundfunkbeitrag vollstrecken würde, können Sie unter www.vollstreckungsbehoerden.de prüfen. Leider wird diese Datenbank nicht mehr aktualisiert.

12 Diese Regelung gilt nicht nur in Baden-Württemberg, sondern auch in Bayern und Sachsen.

13 Mahatma Gandhi, abrufbar unter: https://www.zitate-online.de/sprueche/historische-personen/18971/sei-du-selbst-die-veraenderung-die-du-dir.html.

14 »Geld oder Knast«, *ZEIT Online*, 02.06.2016, abrufbar unter: https://www.zeit.de/gesellschaft/zeitgeschehen/2016-06/ersatzfreiheitsstrafe-geldstrafe-gefaengnis-reform.

15 »Die Unterbringung in der Justizvollzugsanstalt Tübingen«, Justizvollzugsanstalt Rottenburg, abrufbar unter: https://justizportal.justiz-bw.de/pb/j1157828,Lde/Startseite/Vollzugseinrichtung/Unterbringung+in+der+JVA+Tuebingen.

16 »Verweigerung der Beiträge lohnt sich nicht«, *Tagesspiegel Online*, 24.10.2016, https://www.tagesspiegel.de/gesellschaft/medien/brandenburgerin-zahlte-keinen-rundfunkbeitrag-verweigerung-der-beitraege-lohnt-sich-nicht/14732206.html.

17 »Dr. Hermann Eicher, Justitiar«, *SWR Online*, https://www.swr.de/unternehmen/organisation/Justitiar-Dr,dr-hermann-eicher-102.html.

18 »Wir haben ein Glaubwürdigkeitsproblem«, *Planet Interview*, 26.06.2017, abrufbar unter: http://www.planet-interview.de/interviews/beitragsservice-ard-zdf-dradio/49710/.

19 »Knöllchen-Ärger! Knast, wenn er 1 Euro nicht bezahlt«, *BZ Online*, 09.06.2019, abrufbar unter:
https://www.bz-berlin.de/berlin/spandau/knoellchen-aerger-knast-wenn-er-1-euro-nicht-bezahlt.

20 »Verweigerung der Beiträge lohnt sich nicht«, *Tagesspiegel Online*, 24.10.2016, abrufbar unter: https://www.tagesspiegel.de/gesellschaft/medien/brandenburgerin-zahlte-keinen-rundfunkbeitrag-verweigerung-der-beitraege-lohnt-sich-nicht/14732206.html.

21 Zivilprozessordnung: § 802g Erzwingungshaft, abrufbar unter: https://dejure.org/gesetze/ZPO/802g.html.

Kapitel 3: Rettung naht

1 Morgenstern in: NJW 1979, 2277, 2279; Baumbach/Lauterbach/Albers/Hartmann, ZPO, 71. Aufl. 2013, § 802 j Randnummer 1; Keller, Taktik in der Vollstreckung, 2002, Randnummer 767, S. 208.

2 Rosinus/Landsberg, »Der zivilrechtliche Haftbefehl und dessen Vollzug bei Schuldnern mit unbekanntem Aufenthalt bei der Vollstreckung wegen Forderungen aus der Schädigung durch Straftaten«, in: *Journal der Wirtschaftsstrafrechtlichen Vereinigung (WiJ)*, Ausgabe 2/2013, abrufbar unter: https://wi-j.com/wp-content/uploads/2013/04/WiJ-2013-2-Rosinus-Landsberg.pdf, S. 90.

3 »Eventuell weichkochen«, *SPIEGEL Online*, 19.12.1977, abrufbar unter: http://www.spiegel.de/spiegel/print/d-40680507.html.

4 Ebd.

5 »Wegen fünf Euro hinter Gittern«, *SPIEGEL Online*, 15.04.2013, abrufbar unter: http://www.spiegel.de/panorama/justiz/haftstrafe-wegen-fuenf-euro-hinter-gittern-a-894456.html.

6 »Beschlussempfehlung und Bericht«, Landtag Nordrhein-Westfalen, 05.11.213, abrufbar unter: https://www.landtag.nrw.de/portal/WWW/dokumentenarchiv/Dokument/MMD16-4324.pdf, S. 8.

7 »Beugehaft kann für den MDR teuer werden«, *Zapp – das Medienmagazin*, 07.04.2016, abrufbar unter: https://web.archive.org/web/20160419153114/http://www.ndr.de:80/fernsehen/sendungen/zapp/blog/MDR-muss-fuer-Haftkosten-aufkommen,baumert102.html.

8 »Gottwald/Mock, Zwangsvollstreckung, ZPO § 802g Erzwingung ... / 6 Kosten – Gebühren, HAUFE Online, abrufbar unter: https://www.haufe.de/recht/deutsches-anwalt-office-premium/gottwaldmock-zwangsvollstreckung-zpo-802g-erzwingun-6-kosten-gebuehren_idesk_PI17574_HI7427470.html.

9 Goscinny, René / Uderzo, Albert: *Asterix bei den Schweizern*, Stuttgart 1973, S. 32.

10 »Eisfelderin droht Haft wegen nicht gezahlter Rundfunkbeiträge«, inSüdthüringen.de, 27.01.2017, abrufbar unter: https://www.insuedthueringen.de/region/hildburghausen/Eisfelderin-droht-Haft-wegen-nicht-gezahlter-Rundfunkbeitraege;art83436,5338846.

11 »Thüringerin droht Knast wegen nicht gezahlter Rundfunkgebühren«, *Thüringer Allgemeine*, 30.01.2017, abrufbar unter: http://www.thueringer-allgemeine.de/web/zgt/leben/detail/-/specific/Thueringerin-droht-Knast-wegen-nicht-gezahlter-Rundfunkgebuehren-1934851986.

12 »Eisfelderin droht Haft wegen nicht gezahlter Rundfunkbeiträge«, inSüdthüringen.de, 27.01.2017, abrufbar unter: https://www.insuedthueringen.de/region/hildburghausen/Eisfelderin-droht-Haft-wegen-nicht-gezahlter-Rundfunkbeitraege;art83436,5338846.

13 Ebd.

14 »Und in meiner Zelle stand ein Fernseher«, *BILD Online*, 29.06.2017, abrufbar unter: http://www.bild.de/regional/bremen/gez/acht-polizisten-brachten-mich-in-den-knast-52365084.bild.html.

15 »Verwaltungsvorschriften zum Verwaltungsvollstreckungsgesetz«, recht.nrw.de, abrufbar unter: https://recht.nrw.de/lmi/owa/br_text_anzeigen?v_id=10000000000000000255.

Kapitel 4: Haftbefehl Reloaded

1 »Arme ARD, reiche ARD«, *Spiegel Online*, 20.02.2018, abrufbar unter: https://www.spiegel.de/kultur/tv/ard-sender-streitet-mit-kommission-um-hoehe-der-tv-gebuehren-a-1194338.html.

2 »Keine Rundfunkgebühr mehr in Dänemark«, *Der Tagesspiegel*, 16.03.2018, abrufbar unter: https://www.tagesspiegel.de/medien/diskussion-um-rundfunkbeitraege-keine-rundfunkgebuehr-mehr-in-daenemark/21080958.html.

3 »RBB-Intendantin Patricia Schlesinger: ›Allen Beteiligten ist klar, dass die ARD sich verändern und sparen muss‹«, *MEEDIA*, 16.02.2018, abrufbar unter: http://meedia.de/2018/02/16/rbb-intendantin-patricia-schlesinger-allen-beteiligten-ist-klar-dass-die-ard-sich-veraendern-und-sparen-muss/.

4 »Schilder können bestellt werden!«, *Deutschlandfunk*, 02.03.2018, abrufbar unter: https://www.deutschlandfunk.de/is-was-aufreger-der-woche-schilder-koennen-bestellt-werden.807.de.html?dram:article_id=412073.

5 »Wozu brauchen wir noch ARD und ZDF?«, *Menschen bei Maischberger*, 28.02.2018, abrufbar unter: https://programm.ard.de/TV/daserste/maischberger/eid_28106519593762.

6 »Und wie sich über Geld streiten lässt«, *SPIEGEL Online*, 01.03.2018, abrufbar unter: https://www.spiegel.de/kultur/tv/sandra-maischberger-mit-thomas-gottschalk-zu-ard-und-zdf-die-tv-kritik-a-1195931.html.

7 »Wir haben ein Glaubwürdigkeitsproblem.«, *Planet Interview*, 26.06.2017, abrufbar unter: http://www.planet-interview.de/interviews/beitragsservice-ard-zdf-dradio/49710/.

8 »Bis zum Jüngsten Tag«, *Frankfurter Allgemeine*, 08.12.2010, abrufbar unter: http://www.faz.net/aktuell/feuilleton/medien/25-jahre-lindenstrasse-bis-zum-juengsten-tag-11083902.html.

9 »Gebühren-Hasser gefasst – Axt-Attacke auf GEZ-Gebäude in Bocklemünd«, *EXPRESS Online*, abrufbar unter: https://www.express.de/koeln/gebuehren-hasser-gefasst-axt-attacke-auf-gez-gebaeude-in-bocklemuend-3398970.

10 »Karola Wille – Die Quote darf nicht zum alleinigen Impulsgeber werden«, *Planet Interview*, 01.08.2016, abrufbar unter: http://www.planet-interview.de/interviews/karola-wille/49077/.

11 »Werden Beitragsverweigerer auch in Zukunft inhaftiert?«, *Planet Interview*, 29.06.2016, abrufbar unter: http://www.planet-interview.de/interviews/ard-pressekonferenz-vom-28-06-2016/48984/.

12 »Kathrin (43) besiegt die GEZ«, *BILD Online*, 23.10.2016, abrufbar unter: http://www.bild.de/news/inland/gez/rundfunk-rebellin-guckt-nicht-zahlt-nicht-kathrin-besiegt-die-gez-48420242.bild.html.

13 »Die Frau, die keine Rundfunkgebühren zahlen wollte«, *Welt Online*, 25.10.2016, abrufbar unter: https://www.welt.de/vermischtes/article159044427/Die-Frau-die-keine-Rundfunkgebuehren-zahlen-wollte.html.

14 »Kommentar zum [sic] Haft für AfD-Mann Dornauf: Inszenierte Verhaftung«, *Remscheider General-Anzeiger*, abrufbar unter: https://www.rga.de/lokales/wermelskirchen/kommentar-haft-afd-mann-dornauf-inszenierte-verhaftung-7358430.html.

15 »Bei ihm gerät der Rundfunkbeitrag an seine Grenzen«, *Welt Online*, 03.03.2017, abrufbar unter:

https://www.welt.de/print/welt_kompakt/debatte/article162542742/Bei-ihm-geraet-der-Rundfunkbeitrag-an-seine-Grenzen.html.

16 »§ 4a (Fn 13) Gläubigerfiktion, Aufrechnung«, recht.nrw.de, abrufbar unter: https://recht.nrw.de/lmi/owa/br_bes_detail?sg=0&menu=1&bes_id=5144& anw_nr=2&aufgehoben=N&det_id=391267.

17 Hans-Joachim Musielak, Wolfgang Voit: *Zivilprozessordnung*. Mit Gerichts-verfassungsgesetz. Kommentar. München (Verlag Franz Vahlen), 2016, S. 2139.

18 »Verwaltungsvorschriften zum Verwaltungsvollstreckungsgesetz«, recht.nrw.de, abrufbar unter: https://recht.nrw.de/lmi/owa/br_text_anzeigen?v_id=10000000000000000255.

19 »Verwaltungsvorschriften zum Verwaltungsvollstreckungsgesetz«, recht.nrw.de, abrufbar unter: https://recht.nrw.de/lmi/owa/br_text_anzeigen?v_id=10000000000000000255.

20 »Wieder ARD und ZDF, eine Frau und 300 EUR – Weiterer Haftbefehl erlassen«, *Online-Boykott*, 31.01.2017, abrufbar unter: https://online-boykott.de/nachrichten/163-wieder-ard-und-zdf-eine-frau-und-300-eur-weiterer-haftbefehl-erlassen.

21 »Dortmund zahlt bei Schwarzsehern drauf«, *Westfalenpost*, 12.02.2016, abrufbar unter: https://www.wp.de/staedte/hagen/dortmund-zahlt-bei-schwarzsehern-drauf-id11558558.html.

22 »Antwort«, Landtag Nordrhein-Westfalen, 31.08.2016, abrufbar unter: https://www.landtag.nrw.de/Dokumentenservice/portal/WWW/dokumentenarchiv/Dokument/MMD16-12793.pdf, S. 4.

23 »Stadt Essen zahlt bei der Rundfunkgebühr drauf«, *Der Westen*, 26.02.2016, abrufbar unter: https://www.derwesten.de/staedte/essen/stadt-essen-zahlt-bei-der-rundfunkgebuehr-drauf-id11599559.html.

24 »Rundfunkbeitrag ist auch eine Last für die Städte«, *Westdeutsche Zeitung*, 15.08.2016, abrufbar unter: http://www.wz.de/home/politik/inland/rundfunkbeitrag-ist-auch-eine-last-fuer-die-staedte-1.2253783.

25 »Rundfunkgebühr – Wuppertal beschwert sich über hohe Kosten«, *RP Online*, 11.08.2016, abrufbar unter: http://www.rp-online.de/nrw/panorama/rundfunkgebuehr-wuppertal-beschwert-sich-ueber-hohe-kosten-aid-1.6177645.

26 »Rundfunkbeitrag ist auch eine Last für die Städte«, *Westdeutsche Zeitung*, 15.08.2016, abrufbar unter: http://www.wz.de/home/politik/inland/rundfunkbeitrag-ist-auch-einelast-fuer-die-staedte-1.2253783.

27 »Mitteilung der Verwaltung«, Stadt Bochum, 01.08.2016, abrufbar unter: https://session.bochum.de/bi/getfile.asp?id=369017&type=do&.

28 »Schwarzseher: Stadt Duisburg zahlt beim Rundfunkbeitrag drauf«, *WAZ*, 25.02.2016, abrufbar unter: https://www.waz.de/staedte/duisburg/schwarzseher-stadt-duisburg-zahlt-beim-rundfunkbeitrag-drauf-id11595403.html.

29 »›Reichsbürger‹ zahlen Rundfunkgebühr nicht«, *RP Online*, 25.06.2016, abrufbar unter: https://rp-online.de/nrw/staedte/moenchengladbach/reichs buerger-zahlen-rundfunkgebuehr-nicht_aid-18235703; sowie:

»Kommunen als Erfüllungsgehilfen für den Rundfunk«, *Westfalenpost*, 02.05.2016, abrufbar unter: https://www.wp.de/staedte/meschede-und-umland/kommunen-als-erfuellungsgehilfen-fuer-den-rundfunk-id11786026.html.

30 »Kommunen wollen Rundfunkbeitrag nicht länger eintreiben«, *Osnabrücker Zeitung*, 19.10.2016, abrufbar unter: https://www.noz.de/deutschland-welt/niedersachsen/artikel/792058/kommunen-wollen-rundfunkbeitrag-nicht-laenger-eintreiben.

31 »Kommunen – Droht Boykott der Rundfunkgebühr?«, *Kölner Stadt-Anzeiger*, 28.01.2013, abrufbar unter: https://www.ksta.de/koeln/kommunen-droht-boykott-der-rundfunk gebuehr--3968458.

32 »Kommunen drohen mit Zahlungsverweigerung«, *Süddeutsche Zeitung*, 30.01.2013, abrufbar unter: http://www.sueddeutsche.de/medien/neuer-rundfunkbeitrag-kommunal verbaende-sprechen-von-zahlungsverweigerung-1.1586956.

33 »WDR bietet Städten Rundfunkbeitrags-Modell wie in Köln an«, *WAZ*, 05.02.2013, abrufbar unter: https://www.waz.de/panorama/wdr-bietet-staedten-rundfunkbeitrags-modell-wie-in-koeln-an-id7571507.html.

34 »ARD, ZDF und Deutschlandradio setzen auf Dialog mit Städten und Kommunen«, *ARD Online*, 30.01.2013, abrufbar unter: http://www.ard.de/home/die-ard/presse-kontakt/pressearchiv/ARD_setzt_auf_Dialog_mit_Staedten_und_Kommunen/228348/index.html.

35 »Stadt Köln handelt mit WDR spezielle Rundfunkgebühr aus«, *WAZ*, 31.01.2013, abrufbar unter: https://www.waz.de/region/stadt-koeln-handelt-mit-wdr-spezielle-rundfunkgebuehr-aus-id7543840.html.

36 »Dortmund zahlt bei Schwarzsehern drauf«, *Westfalenpost*, 12.02.2016, abrufbar unter: https://www.wp.de/staedte/hagen/dortmund-zahlt-bei-schwarzsehern-drauf-id11558558.html.

37 »Stadt Essen zahlt bei der Rundfunkgebühr drauf«, *Der Westen*, 26.02.2016, abrufbar unter: https://www.derwesten.de/staedte/essen/stadt-essen-zahlt-bei-der-rundfunkgebuehr-drauf-id11599559.html.

[38] »Stadt treibt häufiger Rundfunkgebühren ein«, *Der Westen*, 01.04.2016, abrufbar unter: https://www.waz.de/staedte/oberhausen/stadt-treibt-haeufiger-rundfunkgebuehren-ein-id11695508.html.

[39] »Rundfunkbeitrag ist auch eine Last für die Städte«, *Westdeutsche Zeitung*, 15.08.2016, abrufbar unter:
http://www.wz.de/home/politik/inland/rundfunkbeitrag-ist-auch-eine-last-fuer-die-staedte-1.2253783.

[40] »Schwarzseher: Stadt Duisburg zahlt beim Rundfunkbeitrag drauf«, *WAZ*, 25.02.2016, abrufbar unter:
https://www.waz.de/staedte/duisburg/schwarzseher-stadt-duisburg-zahlt-beim-rundfunkbeitrag-drauf-id11595403.html.

[41] »Beitragsmuffeln geht die Luft aus«, *Stuttgarter Nachrichten*, 14.10.2015, abrufbar unter:
https://www.stuttgarter-nachrichten.de/inhalt.ventilwaechter-beitragsmuffeln-geht-die-luft-aus.7db8ab28-ab4b-46e4-b974-c0e9ecbe5e82.html.

[42] »Erfurter verweigert Rundfunkgebühr – da war das Auto plötzlich weg«, *Thüringer Allgemeine*, 02.08.2017, abrufbar unter:
http://www.thueringer-allgemeine.de/web/zgt/leben/detail/-/specific/Erfurter-verweigert-Rundfunkgebuehr-da-war-das-Auto-ploetzlich-weg-1031157093.

[43] »Stadt Essen ist zum Eintreiben der GEZ-Gebühren gezwungen«, *WAZ*, 09.05.2012, abrufbar unter:
https://www.waz.de/staedte/essen/stadt-essen-ist-zum-eintreiben-der-gez-gebuehren-gezwungen-id6637089.html.

[44] Ebd.

[45] »Stadt Essen ist zum Eintreiben der GEZ-Gebühren gezwungen«, *WAZ*, 09.05.2012, abrufbar unter: https://www.waz.de/staedte/essen/stadt-essen-ist-zum-eintreiben-dergez-gebuehren-gezwungen-id6637089.html.

[46] »Inkasso von Rundfunkgebühren«, Städte- und Gemeindebund Nordrhein-Westfalen, Mitteilung 484/2010, 05.11.2010, abrufbar unter: https://www.kommunen.nrw/informationen/mitteilungen/datenbank/detailansicht/dokument/inkasso-von-rundfunkgebuehren.html.

[47] »Schwarzseher: Stadt Duisburg zahlt beim Rundfunkbeitrag drauf«, *WAZ*, 25.02.2016, abrufbar unter:
https://www.waz.de/staedte/duisburg/schwarzseher-stadt-duisburg-zahlt-beim-rundfunkbeitrag-drauf-id11595403.html.

[48] »Niederschrift über die 24. Sitzung des Rates«, Stadt Bochum, 13.06.2012, abrufbar unter:
https://session.bochum.de/bi/getfile.asp?id=284467&type=do&, S. 11 f.

[49] »Verwaltungsvorschriften zum Verwaltungsvollstreckungsgesetz«, recht.nrw.de, abrufbar unter:
https://recht.nrw.de/lmi/owa/br_text_anzeigen?v_id=10000000000000000255.

50 »Mitteilung der Verwaltung«, Stadt Bochum, 12.06.2012, abrufbar unter: https://session.bochum.de/bi/getfile.asp?id=285576&type=do&, S. 3.

51 »Mitteilung der Verwaltung«, Stadt Bochum, 12.06.2012, abrufbar unter: https://session.bochum.de/bi/getfile.asp?id=285576&type=do&, S. 3.

52 Ebd.

53 Ebd., S. 4.

54 Etwa hier: https://www.online-boykott.de/ablage/20170828-01-antwort-eicher-an-ketterer/20170828-01-antwort-eicher-an-ketterer.pdf.

Kapitel 5: Gewissensnot: Wenn ein Vollstrecker nicht mehr vollstrecken kann

1 »Offene Rundfunkgebühren: Rentnerin wird gepfändet«, *Ostsee Zeitung*, 28.11.2017, abrufbar unter:
http://www.ostsee-zeitung.de/Mecklenburg/Wismar/Offene-Rundfunk-gebuehren-Rentnerin-wird-gepfaendet.

2 »Rundfunkgebühren – Auch Blinde müssen zahlen«, *Kölner Stadt-Anzeiger*, 03.01.2013, abrufbar unter:
https://www.ksta.de/kultur/rundfunkgebuehren-auch-blinde-muessen-zahlen-3990874.

3 »Sozialverbände protestieren gegen Rundfunkbeitrag für Behinderte«, derwesten.de, 29.12.2012, abrufbar unter: https://www.derwesten.de/panorama/sozialverbaende-protestieren-gegen-rundfunkbeitrag-fuer-behinderte-id7431898.html.

4 »Die Reform der Sachaufklärung in der Zwangsvollstreckung«, Helmut Hagemann, 27.09.2012, abrufbar unter: https://kassenverwalter.de/wp-content/uploads/2015/08/prozessbeschreibung.pdf, S. 10.

5 »§ 187 Verfahren bei der Verhaftung«, *Beck-online*, abrufbar unter: https://beck-online.beck.de/?vpath=bibdata/komm/KinMelWolKoZV_2/GVGA/cont/KinMelWolKoZV.GVGA.p187%2Ehtm.

6 »Die Geschichte vom Daumenlutscher«, Heinrich Hoffmann, 1845, abrufbar unter: https://de.wikisource.org/wiki/Der_Struwwelpeter/Die_Geschichte_vom_Daumenlutscher.

7 www.vollstreckungsportal.de.

8 Aktenzeichen I ZB 64/14, abrufbar unter: http://juris.bundesgerichtshof.de/cgi-bin/rechtsprechung/document.py?Gericht=bgh&Art=pm&Datum=2015&Sort=3&anz=116&pos=0&nr=71633&linked=bes&Blank=1&file=dokument.pdf.

9 Aktenzeichen 5 T 81/14, abrufbar unter: http://lrbw.juris.de/cgi-bin/laender_rechtsprechung/document.py?Gericht=bw&nr=1832.0

10 Aktenzeichen 5 T 296/14, abrufbar unter: http://lrbw.juris.de/cgi-bin/laender_rechtsprechung/document.py?-Gericht=bw&nr=18966.

11 Aktenzeichen I ZB 6/15, abrufbar unter: http://juris.bundesgerichtshof.de/cgi-bin/rechtsprechung/document.py?Gericht=bgh&Art=en&nr=72994&pos=0&anz=1&Blank=1.pdf

12 AktenzeichenIZB6/15,abrufbarunter:http://juris.bundesgerichtshof.de/cgi-bin/rechtsprechung/document.py?Gericht=bgh&Art=en&nr=72994&pos=0&anz=1.

13 Aktenzeichen 5 T 232/16, abrufbar unter: http://lrbw.juris.de/cgi-bin/laender_rechtsprechung/document.py?Gericht=bw&nr=21332.

14 Aktenzeichen I ZB 91/16, abrufbar unter: http://juris.bundesgerichtshof.de/cgi-bin/rechtsprechung/document.py?Gericht=bgh&Art=en&az=I%20ZB%2091/16&nr=79197.

15 »21. Bericht«, Kommission zur Ermittlung des Finanzbedarfs der Rundfunkanstalten, Februar 2018, abrufbar unter: https://kef-online.de/fileadmin/KEF/Dateien/Berichte/21._Bericht.pdf, S. 319.

Kapitel 6: Hinter den Kulissen: So orchestriert der Beitragsservice die Vollstrecker

1 »Wir haben ein Glaubwürdigkeitsproblem«, *Planet Interview*, 26.06.2017, abrufbar unter: http://www.planet-interview.de/interviews/beitragsservice-ard-zdf-dradio/49710/.

2 »Jahresbericht 2016«, ARD ZDF Deutschlandradio Beitragsservice, abrufbar unter: https://www.rundfunkbeitrag.de/e175/e5042/Jahresbericht_2016.pdf, S. 25.

3 »Geschäftsbericht 2014«, ARD ZDF Deutschlandradio Beitragsservice, abrufbar unter: https://www.vau.net/system/files/documents/Beitragsservice_Geschaeftsbericht_2014.pdf, S. 22.

4 »Jahresbericht 2015«, ARD ZDF Deutschlandradio Beitragsservice, abrufbar unter: https://www.rundfunkbeitrag.de/e175/e4730/Jahresbericht_2015.pdf.

5 »Bei ihm gerät der Rundfunkbeitrag an seine Grenzen«, *Welt Online*, 03.03.2017, abrufbar unter: https://www.welt.de/print/welt_kompakt/debatte/article162542742/Bei-ihm-geraet-der-Rundfunkbeitrag-an-seine-Grenzen.html.

6 »Seminare 2016«, Bund der Vollziehungsbeamten - Landesverband Nordrhein-Westfalen, S. 15, abrufbar unter: https://docplayer.org/19835089-Bund-der-vollziehungsbeamten-e-v-landesverband-nordrhein-westfalen-seminare-2016.html.

7 »Einladung zur Bundesarbeitstagung«, Fachverband der Kommunalkassenverwalter, S. 21, abrufbar unter: https://kassenverwalter.de/?ddownload=6586.

8 »Einladung zur 1. Arbeitstagung ›Vollstreckungsrecht‹«, Fachverband der Kommunalkassenverwalter - Landesverband Schleswig-Holstein, S.1, abrufbar unter: http://sh.kassenverwalter.de/wp-content/uploads/sites/13/2017/03/einladung-sankelmark-2017-web-final-final.pdf.

9   »Bericht zur Landesarbeitstagung 2016«, Landesverband Thüringen, abrufbar unter: http://th.kassenverwalter.de/2016/11/01/bericht-zur-landesarbeitstagung-2016/.

10 »Niedersächsisches Verwaltungsvollstreckungsgesetz«, Paragraf 22 Vermögens-auskunft, Absatz 9, Satz 1, abrufbar unter: http://www.nds-voris.de/jportal/?quelle=jlink&query=VwVG+ND&psml=bsvorisprod.psml&max=true.

11 VG Gelsenkirchen, Beschluss vom 15.01.2016 – 14 L 2169/15, abrufbar unter: https://openjur.de/u/873490.html.

12 »Kleine Anfrage zur schriftlichen Beantwortung mit Antwort der Landesregierung – Drucksache 17/6339, Niedersächsischer Landtag, 28.09.2016, abrufbar unter: http://www.landtag-niedersachsen.de/Drucksachen/Drucksachen_17_7500/6501-7000/17-6587.pdf, S. 2.

13 »Jahresbericht 2015«, ARD ZDF Deutschlandradio Beitragsservice, abrufbar unter: https://www.rundfunkbeitrag.de/e175/e4730/Jahresbericht_2015.pdf, S. 23.

14 Entwurf des Dreiundzwanzigsten Staatsvertrags zur Änderung rundfunkrechtlicher Staatsverträge, Landtag von Baden-Württemberg, Drucksache 16 /6539 vom 09.07.2019, abrufbar unter: https://www.landtag-bw.de/files/live/sites/LTBW/files/dokumente/WP16/Drucksachen/6000/16_6539_D.pdf, S. 1.

15 »Geschäftsbericht 2013«, ARD ZDF Deutschlandradio Beitragsservice, abrufbar unter:
http://web.archive.org/web/20150319113032/https://www.rundfunkbeitrag.de/e175/e814/Geschaeftsbericht_2013.pdf, S. 14.

16 »Hungrig nach Daten«, *Frankfurter Allgemeine Zeitung*, 04.03.2013, abrufbar unter:
http://www.faz.net/aktuell/feuilleton/medien/meldeabgleich-fuer-die-rundfunkgebuehr-hungrig-nach-daten-12102818.html.

17 »Rasterfahndung nur bei konkreter Gefahr für hochrangige Rechtsgüter zulässig«, Bundesverfassungsgericht, 23.05.2006, abrufbar unter: http://www.bverfg.de/pressemitteilungen/bvg06-040.html.

18 »Faktencheck zum umstellungsbedingten, einmaligen Meldedatenabgleich«, ARD Online, 01.04.2015. Die Pressemeldung der ARD ist auf der Webseite online-boykott.de abrufbar unter: https://online-boykott.de/images/schlagzeilen/20170910-einmaliger-meldedatenabgleich/20170910-einmaliger-meldedatenabgleich.pdf.

19 Stellungnahme der Konferenz der Datenschutzbeauftragten des Bundes und der Länder vom 11. Oktober 2010 zum Entwurf des 15. Änderungsstaatsvertrages, abrufbar unter:
https://www.baden-wuerttemberg.datenschutz.de/konferenzentschliesungen-2010-stellungnahme-zum-entwurf-des-15-anderungsstaatsvertrages/

20 Rundfunkbeitragsstaatsvertrag Paragraf 14, Absatz 3, abrufbar unter: https://www.rundfunkbeitrag.de/e175/e4794/Rundfunkbeitragsstaatsvertrag.pdf, S. 4.

21 Stellungnahme der Konferenz der Datenschutzbeauftragten des Bundes und der Länder vom 11. Oktober 2010 zum Entwurf des 15. Änderungsstaaatsvertrages, abrufbar unter: https://www.baden-wuerttemberg.datenschutz.de/konferenzentschliesungen-2010-stellungnahme-zum-entwurf-des-15-anderungsstaaatsvertrages/..

22 »Aktuelle Diskussionen zur Umsetzung des Rundfunkbeitrags« Die Linke, 24.01.2013, abrufbar unter: https://www.linksfraktion.de/fileadmin/user_upload/Publikationen/Reader/130124-gutachten-rundfunkbeitrag-gesamt-2.pdf, S. 16.

23 »Schwarzseher gesucht: GEZ führt die größte Rasterfahndung aller Zeiten durch«, *Deutsche Wirtschaftsnachrichten*, 19.02.2013, abrufbar unter: https://deutsche-wirtschafts-nachrichten.de/23516 .

24 »Faktencheck zum umstellungsbedingten, einmaligen Meldedatenabgleich«, ARD ZDF Deutschlandradio Beitragsservice, abrufbar unter: http://www.ard.de/home/die-ard/presse-kontakt/pressearchiv/Faktencheck_zum_einmaligen_Meldedatenabgleich/113386/index.html, letzter Abruf: 04.09.2017. Das Dokument kann noch einmal hier abgerufen werden: http://docplayer.org/37082503-Faktencheck-zum-umstellungsbedingten-einmaligen-meldedatenabgleich.html.

25 »Ministerpräsidenten der 16 deutschen Bundesländer«, *Big Brother Awards*, abrufbar unter: https://bigbrotherawards.de/2013/politik-ministerpraesidenten.

26 »Informationen zum Meldedatenabgleich«, ARD ZDF Deutschlandradio Beitragsservice, abrufbar unter: https://www.rundfunkbeitrag.de/buergerinnen_und_buerger/informationen/informationen_zum_meldedatenabgleich/index_ger.html.

27 Rundfunkbeitragsstaatsvertrag Paragraf 14, Absatz 9, abrufbar unter: https://www.rundfunkbeitrag.de/e175/e4794/Rundfunkbeitragsstaatsvertrag.pdf, S. 4.

28 »Jahresbericht 2015«, ARD ZDF Deutschlandradio Beitragsservice, abrufbar unter: https://www.rundfunkbeitrag.de/e175/e4730/Jahresbericht_2015.pdf, S. 33.

Kapitel 7: Von oben verordnet: Erzwingungshaft und Vermögensauskunft

1 »Fast jeder würde auf Befehl foltern«, *Spiegel Online*, 15.03.2017, abrufbar unter: http://www.spiegel.de/wissenschaft/mensch/milgram-experiment-fast-jeder-wuerde-auf-befehl-foltern-a-1138728.html.

2 »Stanley Milgram: Gehorsam gegenüber Autorität«, aerzteblatt.de, August 2008, abrufbar unter: https://www.aerzteblatt.de/archiv/61140/Stanley-Milgram-Gehorsam-gegenueber-Autoritaet.

3   »So leicht werden Menschen zu Folterknechten«, *Spiegel Online*, 19.12.2008, abrufbar unter: http://www.spiegel.de/wissenschaft/mensch/stromstoss-experiment-so-leicht-werden-menschen-zu-folterknechten-a-597501.html.

4   »Eingeheizt – Eine Kolumne von Christoph Drösser«, *ZEIT Online*, 31.10.2002, abrufbar unter: https://www.zeit.de/2002/45/200245_stimmts_gekochte.xml.

Kapitel 8: Ein Schicksalstag in Karlsruhe

1   »Aktionstag und Demo gegen den Rundfunkbeitrag – GEZxit in Berlin 2017 – Alle Reden und Protestmarsch«, GEZ-Boykott.de, Youtube, 01.05.2017, abrufbar unter: .https://www.youtube.com/watch?v=21dNHTXZRL4.

2   »Weniger Fernseher, mehr Laptops: Berlin fällt aus dem Rahmen«, *Berliner Morgenpost*, 16.03.2019, abrufbar unter: .https://www.morgenpost.de/berlin/article216679011/Weniger-Fernseher-mehr-Laptops-Berlin-faellt-aus-dem-Rahmen.html.

3   »Statistisches Jahrbuch Hamburg 2018/2019«, Statistisches Amt für Hamburg und Schleswig-Holstein, abrufbar unter: https://www.hamburg.de/contentblob/1005676/9c5c492e6dde8c4bd758cb0cceccoc92/data/statistisches-jahrbuch-hamburg.pdf.

4   »Zu viel GEZahlt«, *Spiegel Online*, 07.05.2010, abrufbar unter: https://www.spiegel.de/kultur/tv/debatte-ueber-rundfunkgebuehren-reform-zu-viel-gezahlt-a-693570.html.

5   »In den Verfahren über die Verfassungsbeschwerden«, Bundesverfassungsgericht, 24.04.2018, abrufbar unter: https://www.bundesverfassungsgericht.de/SharedDocs/Entscheidungen/DE/2018/04/rs20180424_1bvr074517.html.

6   »Der Rundfunkbeitrag ist wie eine Kurtaxe«, *Frankfurter Allgemeine Zeitung*, 19.01.2013, abrufbar unter: https://www.faz.net/aktuell/wirtschaft/recht-steuern/paul-kirchhof-der-rundfunkbeitrag-ist-wie-eine-kurtaxe-12030778.html.

7   Bölck, Thorsten: »Der Rundfunkbeitrag – Eine verfassungswidrige Wohnungs- und Betriebsstättenabgabe«, Aufsatz in *Neue Zeitschrift für Verwaltungsrecht*, NVwZ 2014–266 (Heft 5/2014 vom 01.03.2014).

8   »Thema: Aufsatz in *Neue Zeitung für Verwaltungsrecht* Heft 5/2014 [Bölck] – Forum«, GEZ-Boykott.de, abrufbar unter: https://gez-boykott.de/Forum/index.php?topic=10385.0.

9   Bölck, Thorsten: »Der Rundfunkbeitrag – Eine verfassungswidrige Wohnungs- und Betriebsstättenabgabe«, Aufsatz in *Neue Zeitschrift für Verwaltungsrecht*, NVwZ 2014–266 (Heft 5/2014 vom 01.03.2014).

10 »Gutachten über die Finanzierung des Öffentlich-Rechtlichen Rundfunks«, Prof. Dr. Dres. h. c. Paul Kirchhof, April 2010, abrufbar unter: https://www.ard.de/download/398406/Rechtsgutachten.pdf, S. 62.

11 »In dem Verfahren über die Verfassungsbeschwerde«, Bundesverfassungsgericht, 12.12.2012, abrufbar unter: https://www.bundesverfassungsgericht.de/SharedDocs/Entscheidungen/DE/2012/12/rk20121212_1bvr255012.html.

12 »Rundfunkbeitrag verfassungwidrig? Was in Karlsruhe auf dem Spiel steht«, *WirtschaftsWoche*, 16.05.2018, abrufbar unter: https://www.wiwo.de/unternehmen/dienstleister/bundesverfassungsgericht-rundfunkbeitrag-verfassungswidrig-was-in-karlsruhe-auf-dem-spiel-steht/22570682.html.

13 »ARD-Vorsitzender spricht von einem ›sehr guten Urteil‹«, *Welt Online*, 18.07.2018, abrufbar unter: https://www.welt.de/wirtschaft/article179561258/Rundfunkbeitrag-ARD-und-ZDF-mit-Urteil-zufrieden-Klaeger-Sixt-nicht.html.

14 »Ein System unter Stress«, *ZEIT Online*, 17.05.2018, abrufbar unter: https://www.zeit.de/gesellschaft/zeitgeschehen/2018-05/rundfunkbeitrag-ard-zdf-karlsruhe-verfassungericht/komplettansicht.

15 »Überprüfung des Rundfunkbeitrags: Mündliche Verhandlung beim Bundesverfassungsgericht«, Medienkorrespondenz, 24.04.2018, abrufbar unter: https://www.medienkorrespondenz.de/politik/artikel/ueberpruefung-des-rundfunkbeitrags-muendliche-verhandlung-beim-bundesverfassungsgericht.html.

16 »Biografie Prof. Dr. Dieter Dörr, *ZDF.presse*, 07.10.2016, abrufbar unter: https://www.zdf.de/assets/biografie-dieter-doerr-100~original?cb=1483987212374.

17 »Mainzer Medieninstitut e.V.«, *ARD Online*, abrufbar unter: http://www.ard.de/home/die-ard/fakten/Mainzer_Medieninstitut_e_V_/482546/index.html.

18 »Trägerverein«, Mainzer Medieninstitut, abrufbar unter: https://www.mainzer-medieninstitut.de/traegerverein/.

19 »Erst kommt der Auftrag, dann der Beitrag«, *Tagesspiegel* Causa, 05.10.2017, abrufbar unter: https://causa.tagesspiegel.de/gesellschaft/die-zukunft-der-oeffentlich-rechtlichen-medien/erst-kommt-der-auftrag-dann-der-beitrag.html.

20 »Eine Steuerfinanzierung ist rechtlich zweifelhaft«, medienpolitik.net, 25.02.2013, abrufbar unter: http://www.medienpolitik.net/2013/02/rundfunk-eine-steuerfinanzierung-ist-rechtlich-zweifelhaft/.

21 »Es gibt keinen Teppichhandel«, *ZEIT Online*, 30.12.2005, abrufbar unter: https://www.zeit.de/online/2006/01/doerr_interview/komplettansicht.

22 »Beitragsservice verfehlt Ziel des Stellenabbaus«, *Medienkorrespondenz*, 20.07.2017, abrufbar unter: https://www.medienkorrespondenz.de/politik/artikel/beitragsservice-verfehlt-ziel-desnbspstellenabbaus.html.

23 »Wissenschaftlicher Werdegang«, Universität Heidelberg, Juristische Fakultät, abrufbar unter: https://www.jura.uni-heidelberg.de/fst/personen/personenkube/wissenschaftlicherwerdegang.html

24 »Leitsätze zum Beschluss des Ersten Senats vom 25. Juni 2014«, Bundesverfassungsgericht, 25.06.2014, abrufbar unter: https://www.bundesverfassungsgericht.de/SharedDocs/Entscheidungen/DE/2014/06/rs20140625_1bvr066810.html, Rn 54.

25 »Leitsätze zum Beschluss des Ersten Senats vom 25. Juni 2014«, Bundeverfassungsgericht, 25.06.2014, abrufbar unter: https://www.bundesverfassungsgericht.de/SharedDocs/Entscheidungen/ DE/2014/06/rs20140625_1bvr066810.html.

26 »Beschluß des Zweiten Senats vom 11. Oktober 1999«, DFR – BverfGE 91, 15.02.2018, abrufbar unter: http://www.servat.unibe.ch/dfr/bv091186.html#.

27 »Ein Beitrag für die Allgemeinheit«, *SWR Online*, abrufbar unter: https://www. swr.de/unternehmen/medienkompetenz/medienwissen-zum-rundfunkbeitrag-ein-beitrag-fuer-die-allgemeinheit/-/id=14490918/did=19899836/ nid=14490918/9yojar/index.html.

28 »Bundesverfassungsgericht: Rundfunkbeitrag im Wesentlichen rechtens«, *Tagesschau*, 18.07.2018, abrufbar unter: https://www.tagesschau.de/multimedia/ sendung/ts-26615.html.

29 »Urteilsverkündung des Bundesverfassungsgerichts zum Rundfunkbeitrag am 18.07.18«, *Phoenix*, Youtube, 18.07.2018, abrufbar unter: https://www.youtube. com/watch?v=JjNvQrEmSfg.

30 »Leitsätze zum Urteil des Ersten Senats vom 18. Juli 2018«, Bundesverfassungsgericht, 18.07.2018, abrufbar unter: https://www.bundesverfassungs gericht.de/SharedDocs/Entscheidungen/DE/2018/07/rs20180718_1bvr167516. html, Randnummer 75.

31 »Ein Beitrag zur Funktionsfähigkeit der Gesellschaft«, *ARD Online*, 27.12.2012, abrufbar unter: http://www.ard.de/home/die-ard/presse-kontakt/ pressearchiv/253050/index.html.

32 »Leitsätze zum Urteil des Ersten Senats vom 18. Juli 2018«, Bundesverfassungsgericht, 18.07.2018, abrufbar unter: https://www.bundesverfassungs gericht.de/SharedDocs/Entscheidungen/DE/2018/07/rs20180718_1bvr167516. html, Randnummer 90.

33 »Leitsätze zum Urteil des Ersten Senats vom 18. Juli 2018«, Bundesverfassungsgericht, 18.07.2018, abrufbar unter: https://www. bundesverfassungsgericht.de/SharedDocs/Entscheidungen/DE/2018/07/ rs20180718_1bvr167516.html, 2. Leitsatz.

34 »Vorschriften zur Erhebung des Rundfunkbeitrages für die Erstwohnung und im nicht privaten Bereich verfassungsgemäß«, Bundesverfassungsgericht, 18.07.2018, abrufbar unter: https://www.bundesverfassungsgericht.de/ SharedDocs/Pressemitteilungen/DE/2018/bvg18-059.html, 3. Leitsatz.

35 »Lineares Fernsehen verliert weiter an Bedeutung«, Roland Berger, 25.09.2019, abrufbar unter: https://www.rolandberger.com/de/Publications/Lineares-Fernsehen-verliert-weiter-an-Bedeutung.html.

36 »Die Nichtannahmebeschlüsse des Bundesverfassungsgerichts«, Bundesfinanzministerium, März 2018, abrufbar unter: https://www.bundesfinanzministerium. de/Monatsberichte/2018/03/Inhalte/Kapitel-3-Analysen/3-4-Die-Nichtannahme beschluesse-des-Bundesverfassungsgerichts.html.

37 »Bürgergespräch zum Rundfunkbeitrag am 28.11.«, Farid Müller, abrufbar unter: https://www.farid-mueller.de/2017/10/save-the-date-buergergespraech-zum-rundfunkbeitrag-am-28-11/.

38 »Wer macht was beim NDR?«, *NDR Online*, 09.04.2019, abrufbar unter: https://www.ndr.de/der_ndr/daten_und_fakten/Wer-macht-was-beim-NDR,ndr daten103.html.

39 Vgl. Vesting, in: Hahn/Vesting, Rundfunkrecht, 3. Aufl. (2012), RstV § 1, Rn. 5 ff.; so auch weiterhin in Hahn/Vesting, Rundfunkrecht, 4. Aufl. (2018), genaue Fundstelle S. 130 f.

40 »Vorlage – zur Beschlussfassung – Gesetz zum Fünfzehnten Rundfunkänderungs-staatsvertrag«, Abgeordnetenhaus Berlin, 09.03.2011, abrufbar unter: https://www.parlament-berlin.de/ados/16/IIIPlen/vorgang/d16-3941.pdf.

41 »Ist der Rundfunkbeitrag rechtens?«, *Frankfurter Rundschau*, 17.05.2018, abrufbar unter: https://www.fr.de/politik/rundfunkbeitrag-rechtens-10980956.html.

42 »Ist der Rundfunkbeitrag rechtens?«, *Frankfurter Rundschau*, 17.05.2018, abrufbar unter: https://www.fr.de/politik/rundfunkbeitrag-rechtens-10980956.html.

Kapitel 9: Die Strategie der kleinen Steine

1 »Mahngebühren des Rundfunks sind nicht vollstreckbar«, *Online-Boykott*, 15.10.2018, abrufbar unter: https://online-boykott.de/nachrichten/182-mahngebuehren-des-rundfunks-sind-nicht-vollstreckbar.

2 »Entwurf des Dreiundzwanzigsten Staatsvertrags zur Änderung rundfunk-rechtlicher Staatsverträge«, Landtag von Baden-Württemberg, Drucksache 16 /6539 vom 09.07.2019, abrufbar unter: https://www.landtag-bw.de/files/live/sites/LTBW/files/dokumente/WP16/Drucksachen/6000/16_6539_D.pdf, S. 3.

3 »Entwurf eines Gesetzes zum Dreiundzwanzigsten Staatsvertrag zur Änderung rundfunkrechtlicher Staatsverträge«, Schleswig-Holsteinischer Landtag, Drucksache 19 /1796 vom 14.11.2019, abrufbar unter: http://www.landtag.ltsh. de/infothek/wahl19/drucks/01700/drucksache-19-01796.pdf, S. 5.